D1730374

Parallel zu diesem Band erscheint in der
Ratgeber-Reihe:

EINKOMMENSTEUERBERATER
FÜR ARBEITNEHMER 1989
Band 9184

*Wichtig für alle Arbeitnehmer, die im
Jahr 1989 für das Jahr 1988 zur Einkommensteuer veranlagt werden!*

DIPLOM-VOLKSWIRT JOACHIM BREDE

LOHNSTEUER-BERATER 1989

Lohnsteuerermäßigung 1989 – Lohnsteuerjahresausgleich 1988

Mit neuen Antragsformularen
Einkommensteuer-Jahrestabellen 1988/89
mit Vergleichswerten je DM 500.– für 1990
Monatslohnsteuertabelle 1988/89
Tabelle über Vorsorge-Pauschalen
sowie ausführlichem Sachregister

Originalausgabe

WILHELM HEYNE VERLAG
MÜNCHEN

HEYNE RATGEBER
Nr. 08/9183

Copyright © 1988 by Wilhelm Heyne Verlag, München
Printed in Germany 1988
Umschlag: Atelier Ingrid Schütz, München
Gesamtherstellung: Ebner Ulm

ISBN 3-453-02748-5

Inhalt

Im Text enthalten:

Musterbeispiel auf Antragsformular	Tabelle Vorsorge-Pauschalen
Lohnsteuerermäßigung 1989	Übersicht Steuerklassen-Wahl
Lohnsteuer-Jahresausgleich 1988	Überleitungs-Tabelle für
Muster der Lohnsteuerkarte 1989	Beamte zur Anwendung der
	allgemeinen LSt-Tabelle

	Abkürzungen
AO	Abgabenordnung
BerlinFG	Berlinförderungsgesetz
BFH	Bundesfinanzhof
BFM	Bundesminister der Finanzen
BKGG	Bundeskindergeldgesetz
BStBl	Bundessteuerblatt
BUKG	Bundesumzugskostengesetz
EStDV	Einkommensteuer-Durchführungsverordnung
EStG	Einkommensteuergesetz
EStR	Einkommensteuer-Richtlinien
InvHG	Investitionshilfegesetz
LStDV	Lohnsteuer-Durchführungsverordnung
LStR	Lohnsteuer-Richtlinien
SparPG	Spar-Prämiengesetz
VermBDV	Verordnung zur Durchführung des Vermögensbildungsgesetzes
VermBG	Gesetz zur Förderung der Vermögensbildung der Arbeitnehmer (Vermögensbildungsgesetz)
WoPG	Wohnungsbau-Prämiengesetz

Vorwort

Millionen von Arbeitnehmern schenken dem Staat alljährlich Millionen Deutscher Mark – indem sie gesetzlich verankerte Steuervorteile nicht ausschöpfen. Dieser stets besonders aktuelle Ratgeber zeigt systematisch und gründlich sowie mit unzähligen Tips und vielen Beispielen, wie leicht Steuern echt gespart werden können. Anhand der *neuen amtlichen Antragsformulare* für den Lohnsteuer-Jahresausgleich 1988 und die LSt-Ermäßigung 1989 gibt er wieder eine optimale Anleitung zum Selbstausfüllen.

Der Antrag auf Lohnsteuerermäßigung mit der Folge eines Freibetrages und dem frühzeitigen Verfügen über Eigenmittel ist bereits nach Erhalt der Steuerkarte, d. h. ab Oktober für das Folgejahr möglich. Dieser Band zeigt die Voraussetzungen hierfür und hilft Ihnen, diese zu erreichen. Der Antrag ist auf vorgeschriebenem Formular *spätestens* bis Ende November des Steuerjahres zu stellen und kann sich dann noch voll im LSt-Jahresausgleich durch den Arbeitgeber auswirken.

Der Lohnsteuer-Jahresausgleich ist für eine Vielzahl von Arbeitnehmern, soweit sie nicht der ESt-Veranlagung unterliegen, die letzte Möglichkeit, Steuern vom Staat zurückzufordern. Der Antrag ist beim Wohnsitz-Finanzamt zum Zeitpunkt der Erklärungs-Abgabe zu stellen, die Ausschlußfrist beträgt 2 Jahre, für das Jahr 1988 muß er spätestens Ende 1990 beim Finanzamt sein.

Dieser Ratgeber basiert auf dem sich bei Redaktionsschluß Ende September 1989 ergebenden neuesten Stand des Einkommen- und Lohnsteuerrechts unter Einbeziehung der veröffentlichten Rechtsprechung des Bundesfinanzhofes. *Bestandteil ist auch bereits die Steuerreform 1990* mit den für Arbeitnehmer wichtigen Daten; Vergleiche und Beispiele zeigen, wie hoch die Steuerentlastung dadurch wird.

Als *Änderungen im Steuerrecht 1989* sind hervorzuheben die Anhebung der km-Pauschale für Fahrten »Wohnung–Arbeitsstätte« auf DM –,43/–,19 und ganz besonders die umfassende Einführung der *Quellensteuer auf Kapitalerträge, deren Höhe erstmals für das Jahr 1988 auch beim LSt-Jahresausgleich auf gesondertem Formular (vgl. Seite 154) und unterschrieben zu erklären ist.*

Aufgrund zahlreicher Anfragen zur erweiterten Quellensteuer auf Kapitalerträge zeigt die Folgeseite einen groben Überblick.

Von der Kapitalertragsteuer als Quellensteuer werden *ab 1989* bis auf wenige Ausnahmen auch Zinsen und andere Vorteile aus Bankguthaben, festverzinslichen Wertpapieren, Lebens- und Todesfallversicherungen, Hypotheken-, Grund- und Rentenforderungen, Bausparguthaben etc. mit 10% erfaßt, soweit sie als *inländische* Kapitalerträge anzusehen sind. Hierzu zählen auch entsprechende Gutschriften von *inländischen* Zweigstellen ausländischer Kreditinstitute. *Befreit bleiben* Spareinlagen mit gesetzlicher Kündigungsfrist, sofern kein erhöhter Zinssatz oder Bonus etc. vereinbart ist, des weiteren Erträge aus laufenden Bewegungskonten (Giro- oder Kontokorrentkonto), wenn die Guthaben nicht höher als mit 0,5% verzinst werden, Erträge aus Bausparguthaben, soweit für den gleichen Zeitraum eine Sparzulage oder Wohnungsbau-Prämie gewährt wird, und Erträge aus Jahreskonten mit *einmaliger* Abrechnung, wenn der Zins DM 10,– *nicht* übersteigt. Es ist aber auch die Möglichkeit einer *allgemeinen Befreiung* von dieser Quellensteuer gegeben, wenn der Arbeitnehmer aller Voraussicht nach *nicht* zur Einkommensteuer zu veranlagen ist, d. h. wenn er bestimmte (ab 1990 erhöhte) Einkommensgrenzen (vgl. Seite 142) nicht überschreitet und seine Kapitaleinkünfte (ggf. zusammen mit anderen *Neben*-Einkünften) im Jahr nicht über DM 800,– liegen, was für Alleinstehende unter Berücksichtigung der Freibeträge Zins*einnahmen* bis DM 1200,– und für Eheleute bis DM 1600,– bedeutet. Hierfür stellt das Wohnsitz-Finanzamt *auf Antrag* gemäß § 44a EStG eine (NV-) Nichtveranlagungs-Bestätigung aus, die dann dem Schuldner, der zinszahlenden Bank oder Versicherung etc., vorzulegen ist.

Besonderheiten ergeben sich für Todesfallversicherungen und für Lebensversicherungen mit einer Laufzeit von mindestens 12 Jahren, wenn die Zinsen mit Beiträgen verrechnet oder ihre Auszahlung mit der Versicherungssumme zum Vertragsende oder bei Rückkauf *nach Ablauf von 12 Jahren* erfolgt. Insoweit bleiben 3,5% pro Jahr aus den jeweiligen Versicherungsguthaben als rechnungsmäßiger Zins von Quellensteuer *unbelastet*, für darüber hinausgehende Ertragsgutschriften wird aber nunmehr Quellensteuer mit 10 v. H. erhoben.

Diese neue Kapitalertragssteuer wird mit 10% von Banken, Versicherungsträgern usw. einbehalten und anonym (ohne Namensnennung) an die Finanzkasse abgeführt. Die Steuerschuld aus Erträgen von vorgenannten Versicherungen ist insoweit *abgegolten*, als die Quellensteuer hierfür 10% beträgt; auf Antrag ist hier aber auch eine Einbeziehung in die Einkommensteuer-Veranlagung oder den Lohnsteuer-Jahresausgleich möglich. Im übrigen erfolgt Anrechnung auf die Jahressteuerschuld entsprechend den vorzulegenden, vorgeschriebenen Bescheinigungen seitens der die Kapitalerträge gutschreibenden Geldinstitute, Versicherungen und sonstigen Schuldner. Bei der Veräußerung von Zinsscheinen zusammen mit den entspr. Wertpapieren erfolgt die Anrechnung mit 10% der erhaltenen Stückzinsen, gegebenenfalls aus dem Unterschied zwischen diesem Betrag und den bei Erwerb in der gleichen Periode gezahlten Stückzinsen.

Die erweiterte Quellensteuer auf Kapitalerträge wurde am 25. 7. 1988 als Teil der Steuerreform 1990 Gesetz. Auch diese Steuerreform in ihrer Gesamtheit ist überall im Gespräch, doch wissen viele nicht so recht, welche Vorteile sie bringt. Es sind dies tatsächlich auch für Arbeitnehmer *überwiegend* Vorteile, wenn auch gegenwärtig noch offen ist, in welchem Maße diese durch angekündigte und zu erwartende Verbrauchssteuer-Erhöhungen, so möglicherweise auf Benzin und Heizöl u. a., wieder aufgezehrt werden. Die Reform bringt aber für bestimmte Arbeitnehmer-Gruppen, vorwiegend leider im Bereich der geringer Verdienenden, auch gewisse Nachteile durch Abbau von Vergünstigungen und insoweit wirkt sie sich weniger vorteilhaft aus. Angesprochen sind hier u. a. verminderte bzw. gestrichene Prämien für begünstigte Vermögensanlagen, die Neuregelung der Lohnzuschläge, die Beschränkung des steuerfreien Sachbezugs, die Streichung des Altersfreibetrages und zum Teil auch die verminderte Abzugsmöglichkeit von Werbungskosten durch Einführung eines Arbeitnehmer-Pauschbetrages von DM 2000 bei gleichzeitigem Wegfall des Weihnachts- und Arbeitnehmer-Freibetrages (zus. DM 1080) neben der bisherigen Werbungskosten-Pauschale.

Alle Arbeitnehmer betreffenden Änderungen durch die Steuerreform stehen bei den entspr. Positionen in diesem Ratgeber. Besonders zu erwähnen sind folgende Verbesserungen ab 1990:

- Erhöhung tarifliche Grundfreibeträge, Senkung der Steuer-Eingangsstufe von 22 % auf 19 % und des Steuer-Höchstsatzes von 56 % auf 53 %, weitere Abschwächung der Progression.
- Anhebung Kinderfreibeträge und Haushaltsfreibetrag.
- Höhere Abzugsmöglichkeit für Unterhalt Angehörige.
- Grenze für LSt-Jahresausgleich *neu* DM 27000/54000.
- Weitere Anhebung »km-Satz bei Fahrten Wohnung–Arbeit«.

Im Anhang stehen weitreichende Auszüge der Einkommensteuer-Tabellen *1988/89 mit bereits interessanten Vergleichswerten 1990 und der allgemeinen Monats-Lohnsteuertabelle 1989.* Erheblich weiterreichende Tabellen sind im Heyne-Taschenbuch Nr. 9184 »Einkommensteuer-Berater für Arbeitnehmer« enthalten.

Joachim Brede

I. Lohnsteuerpflichtige Bezüge

(§§ 2, 3, 19, 24 EStG., §§ 1–4 LStDV., Abschn. 1–21, 50–58 LStR)

Lohnsteuerpflichtige Bezüge oder Arbeitslohn sind grundsätzlich alle (Brutto-)Einnahmen und Vorteile, die aus einer *nicht*selbständigen Arbeit, d. h. aus einem Dienstverhältnis, bei dem die Weisungen des Arbeitgebers maßgebend sind, im Bundesgebiet einschl. Berlin-West* (Inland) zufließen bzw. gewährt werden. Es können laufende oder einmalige Geld-, Sachbezüge und Vorteile sein, und es ist dabei unbedeutend, ob ein Rechtsanspruch darauf besteht oder ob sie auf früheren Arbeitsverhältnissen beruhen.

Im einzelnen sind *Einnahmen aus nichtselbständiger Arbeit:*

– Gehälter, Löhne, Tantiemen, Gratifikationen und andere Bezüge und Vorteile aus einem Dienstverhältnis;

– Wartegelder, Ruhegelder, Witwen- und Waisengelder sowie andere Bezüge und Vorteile aus früheren Dienstleistungen (soweit *nicht* mindestens zum Teil auf *eigenen* Beiträgen beruhend).

*Sachbezüge*** sind z. B. freie Kost und Wohnung, Deputate (wie Lebensmittel) und freie oder verbilligte Essen im Betrieb***.

Der steuerpflichtige Arbeitslohn umfaßt auch gesetzliche Arbeitnehmeranteile zur Sozialversicherung und Ausgaben für die Zukunftssicherung des Arbeitnehmers, die der Arbeitgeber im gegenseitigen Einvernehmen trägt. Letztere gehören, wenn sie nicht auf gesetzlicher Verpflichtung des Arbeitnehmers beruhen, nur insoweit zum Lohn, als sie DM 312,– pro Jahr übersteigen. Gemäß

---

*) *Bis 1988* waren gemäß Rechtsprechung des BFH aus den Jahren 1981 und 1985 Bezüge eines im Inland (Bundesrepublik oder Berlin-West) wohnenden Arbeitnehmers aus einer Tätigkeit in der DDR oder Berlin-Ost *unabhängig davon*, ob dort eine entsprechende Steuer erhoben wurde, steuerfrei. Nunmehr tritt *ab 1989* gemäß Neufassung des § 3 Nr. 63 EStG die Steuerfreiheit nur noch ein, wenn diese Einkünfte *dort* zu einer unserer Einkommensteuer entspr. Steuer auch tatsächlich herangezogen werden.

**) Einzelheiten über die Bewertung von freier Kost und Wohnung ergeben sich für 1988 aus der geänderten Sachbezugsordnung vom 18. 12. 1987 (BStBl 1988 I, Seite 14). Danach werden u. a. für einen Beschäftigten mit eigenem Wohnraum pro Monat unterschiedlich nach Bundesländern DM 510,– bis DM 530,– angesetzt. Dieser Monatsbetrag verteilt sich mit 34 % auf den Wohnraum, 10 % auf Heizung, 2 % auf Beleuchtung, 12 % auf Frühstück und jeweils 21 % auf Mittag- und Abendessen.

***) Laut Schreiben des BFM vom 1. 1. 1988 (BStBl 1988 I, S. 15) werden 1988 als Wert für *eine* Mahlzeit unterschiedlich nach Bundesländern DM 3,60 und DM 3,70 angesehen. Für Jugendliche unter 18 und Auszubildende ermäßigen sich diese Sätze auf DM 3,10 bzw. DM 3,20. Davon sind DM 1,50 pro Tag lohnsteuerfrei *(noch bis 1989)*.

§ 40 b EStG können weitere bestimmte Zukunftsleistungen bis DM 2400,– im Durchschnitt pro Arbeitnehmer pauschal mit nur 10 % (bzw. 10,7 %) versteuert werden; *ab 1990 mit 15 %.*

Auf gesetzlicher Grundlage beruhende *Arbeitgeberanteile* für die Zukunftssicherung der Arbeitnehmer oder für die Krankenversicherung bleiben *steuerfrei.* Gleiches gilt bei Befreiung von der Renten- oder Krankenversicherung für die Arbeitgeberzuschüsse zu einer ersatzweise abgeschlossenen Lebensversicherung, der freiwilligen Weiterversicherung in der gesetzlichen Rentenversicherung oder bei der Krankenversicherung, soweit sie sowohl den prozentualen Anteil als auch den Höchstbetrag des Arbeitgeberanteils bei Bestehen der Versicherungspflicht *nicht* übersteigen.

Nicht zum steuerpflichtigen Arbeitslohn gehören unter anderem:

– Abfindungen wegen Auflösung eines Arbeitsverhältnisses durch den Arbeitgeber* oder aufgrund gerichtlicher Entscheidung bis zu generell DM 24 000,–. Bestand des Arbeitsverhältnis 15 Jahre und hat der Arbeitnehmer das 50. Lebensjahr vollendet, gilt ein Höchstbetrag von DM 30 000,–, bei Vollendung des 55. Lebensjahres und einem Dienstverhältnis von 20 Jahren DM 36 000,–. Abfindungen sind Entschädigungen, die als Ausgleich für den Verlust des Arbeitsplatzes oder für andere mit der Auflösung des Dienstverhältnisses verbundene Nachteile gezahlt werden. *Hierunter fallen nach Zahlungen aufgrund des Vorruhestandsgesetzes v. 13. 4. 1984.* Nach der Rechtsprechung des BFH kann auch die Abgeltung vertraglicher Ansprüche, wie Lohn bis zum Ablauf der Kündigungsfrist oder Urlaubsausgleich oder Gratifikationsanteil usw. in die steuerfreie Abfindung einbezogen werden. Eine ausschlaggebende Bedeutung hat dabei der Zeitpunkt der rechtswirksamen Auflösung eines Arbeitsverhältnisses, sei es durch das Arbeitsgericht oder durch Vergleich bzw. gegenseitige Vereinbarung. Nach diesem Zeitpunkt hat der Arbeitnehmer keinen rechtlichen Anspruch mehr auf Entlohnung, so daß für die Zeit danach gezahlte Beträge auch *keine* Abgeltung bereits vertraglich erlangter Ansprüche vorliegen kann und insoweit im Rahmen der Höchstgrenzen eine steuerfreie Abfindung gegeben ist. Auch fortlaufende Leistungen nach

---

*) Ebenso dann, wenn die entscheidende Ursache beim Arbeitgeber liegt und eine weitere Zusammenarbeit unzumutbar ist. (BFH v. 17. 5. 77 – BStBl 1977 II, S. 735).

Beendigung eines Arbeitsverhältnisses schließen eine steuerfreie Abfindung* *nicht* aus. Wenn Entlassungs-Abfindungen über den steuerfreien Höchstbeträgen liegen, können sie insoweit noch als Entschädigungen für entgehende Einnahmen oder die Aufgabe einer Tätigkeit im Sinne § 24 Ziff. 1 EStG und Abschn. 4 LStR als außerordentliche Einkünfte zu einer Steuerbegünstigung (Hälfte des durchschnittlichen Steuersatzes) gemäß § 34 EStG führen; hier erforderlich Antrag auf ESt-Veranlagung.

– Aufwandsentschädigungen, Reisekosten und Umzugsvergütungen aus öffentlichen Kassen (§ 3 Ziff. 12, 13 EStG).

– Zahlungen an im privaten Arbeitsverhältnis stehende Personen für Reisekosten und dienstlich veranlaßte Umzugskosten, soweit sie die dadurch bedingten zusätzlichen Ausgaben, bzw. bei Verpflegungsmehraufwendungen die in § 5 LStDV festgelegten Höchstsätze nicht überschreiten (vgl. ab Seite 118).

– Beihilfen und Unterstützungen in besonderen Notfällen, wie Krankheit und Unglück, aus öffentlichen Kassen. Unterstützungen privater Arbeitgeber bei folgenden Voraussetzungen:

1. Zahlung aus einer mit Mitteln des Arbeitgebers für Fälle der Not und Arbeitslosigkeit geschaffenen Einrichtung, auf deren Verwaltung er keinen maßgebenden Einfluß hat;

2. Zahlungen aus dem Betriebsrat oder sonstigen Arbeitnehmervertretern seitens des Arbeitgebers zum Zwecke von Unterstützungen überlassenen Beträgen, auf deren Verwendung der Arbeitgeber keinen maßgebenden Einfluß hat;

3. Zahlung durch den Arbeitgeber selbst nach Anhörung des Betriebsrates oder sonstiger Vertreter der Arbeitnehmer bis zu DM 1000,– im Jahr. In besonderen Notfällen auch höher.

---

*) Im Falle einer Flugbegleiterin ist auch die mit der Ausübung des tarifvertraglich eingeräumten Optionsrechtes für die Lösung des Arbeitsverhältnisses nach Vollendung des 32. Lebensjahres verbundene Abfindung als steuerbegünstigte Entschädigung (halber Steuersatz) anerkannt worden (BFH v. 8. 8. 1986 – BStBl 1987 II, S. 106).
Bei vom Arbeitgeber veranlaßter Auflösung des Arbeitsverhältnisses ist eine *steuerfreie* Abfindung auch dann anzuerkennen, wenn die Bemessungsgrundlage dem Lohn entspricht, den der Arbeitnehmer ansonsten ohne vorzeitige Vertragsbeendigung erhalten hätte. Ein *neues Dienstverhältnis mit dem gleichen Arbeitgeber*, das neu mit anderen Bedingungen abgeschlossen wird, steht der steuerfreien Abfindung *nicht* entgegen. Eine andere Beurteilung hätte sich bei einer Änderungskündigung mit nahtloser Weiterbeschäftigung ergeben (BFH v. 10. 10. 86 – BStBl 1987 II, S. 186).
Als steuerbegünstigte Entschädigung (halber Steuersatz) hat der BFH am 13. 2. 87 (BStBl 1987 II, S. 386) die *gemäß Arbeitsvertrag* einem ausscheidenden Verkaufsberater für ein zeitlich (1 Jahr) begrenztes Wettbewerbsverbot gezahlte Abfindung anerkannt.

– Zuschläge* für Sonntags-, Feiertags- und Nachtarbeit ohne Einkommensbeschränkung *bis 1989***. Es können gesetzliche und tarifliche, aber auch frei vereinbarte oder andere im einzelnen nachgewiesene Zuschläge sein, soweit sie gemäß § 3b EStG nicht folgende Sätze vom Grundlohn übersteigen:

> 50 % bei Sonntagsarbeit
> 125 % bei gesetzlichen Feiertagen incl. Sonntagen
> 150 % bei Weihnachtsfeiertagen und 1. Mai
> 30 % bei gelegentlicher und
> 15 % bei regelmäßiger Nachtarbeit (ab 20 bis 6 Uhr)

– Heiratsbeihilfen bis DM 700,– und Geburtsbeihilfen bis DM 500,–, *ab 1990 DM 700*; nur ein Mehrbetrag ist steuerpflichtig (§ 3 Ziff. 15 EStG). Gilt für *jedes* Arbeitsverhältnis.

– Geschenke bei einem Arbeitsjubiläum*** von 10 Jahren DM 600,–, 25 Jahren DM 1200,– und 40, 50 oder 60 Jahren DM 2400,–, wenn der Arbeitgeber nach einheitlichen Grundsätzen verfährt; gleiches gilt für Geschenke anläßlich eines 25jährigen (oder durch 25 teilbaren) Geschäftsjubiläums, bis zu einem Monatslohn, maximal DM 1200,–. Einbeziehung früherer Mitarbeiter und Hinterbliebener möglich. Einzelheiten, auch über den zeitlichen Zusammenhang (*ab* dem 40. Arbeitsjubiläum bis zu 5 J. vor dem Ereignis zahlbar), stehen in § 4 LStDV und Abschn. 16 LStR.

*) Als Feiertagszuschläge werden auch solche für Arbeiten am 24. und 31. 12., jeweils *nach* 14 Uhr, anerkannt (BFH-Urteil v. 3. 8. 84 – BStBl 1984 II, S. 809).

**) Steuerfreie Lohnzuschläge im *jeweiligen Lohnzahlungszeitraum* sind *ab 1990* gemäß § 3b EStG wie folgt *neu* geregelt:

– Für Nachtarbeit 25 v. H., bei mehr als 50 % Nachtarbeit von 0–4 Uhr = 40 % v. H.;
– für Sonntagsarbeit 50 v. H.; bei mehr als 50 % Sonntagsarbeit gilt dies auch von 0–4 Uhr des Folgetages;
– für ges. Feiertage + 31. 12. ab 14 Uhr = 125 v. H., bei mehr als 50 % Feiertagsarbeit gilt dies auch von 0–4 Uhr des Folgetages;
– für 24. 12 ab 14 Uhr + 25. + 26. 12. + 1. Mai = 150 v. H., bei mehr als 50 % Feiertagsarbeit gilt dies auch von 0–4 Uhr des Folgetages.

Übergangsregelung: Soweit die nach Gesetz oder Tarif gezahlten Zuschläge höher liegen und die steuerfreien Zuschläge *im Lohnzahlungszeitraum* um mehr als 6 % den Grundlohn übersteigen, bleibt im Jahre 1990 der jeweilige *Mehrbetrag* ebenfalls noch steuerfrei; in den Folgejahren erhöht sich die Zahl 6 um jeweils 4, d. h., im Jahre 1992 ist beispielsweise eine Zuschlagsdifferenz nur noch dann zusätzlich steuerfrei, wenn sie 14 % vom Grundlohn übersteigt.

***) Jubiläumszahlungen können nur steuerfrei sein, wenn sie *nicht* in die Bezüge einbezogen werden, auf die ein Rechtsanspruch besteht. Möglicherweise läßt aber eine Jubiläumszuwendung den tarifvertraglichen Anspruch auf Weihnachtsgratifikation bzw. den 13. Monatslohn *nicht* entstehen (BFH v. 31. 10. 86 – BStBl 1987 II, S. 139).

- Ein Weihnachtsfreibetrag von DM 600,– im 1. Dienstverhältnis *(gilt noch bis einschließlich 1989)*. Bei Jahresausgleich oder ESt-Veranlagung stets abzuziehen.

Einige Beispiele aus Rechtsprechung und LStR zeigen, wie flüssig die Grenzen zwischen steuerfreiem und steuerpflichtigem Lohn sind:

Steuerfreie Bezüge:

- Zinsersparnisse aufgrund eines Darlehens, wenn dieses bei Lohnzahlung DM 5000,– nicht übersteigt. Sie werden erst bei einem Zinssatz *unter* 4 % angenommen (Abschnitt 50 Abs. 2/5 LStR).
- Sachzuwendungen bei Betriebsveranstaltungen* werden bis zu DM 60,– pro Person und Veranstaltung als üblich angesehen, jedoch auch höher möglich.
- Trinkgelder bis DM 1200, *ab 1990 bis DM 2400* im Jahr.
- Zins-Zuschüsse und -Ersparnis bis DM 2000 im Jahr für Darlehen zur Errichtung/Erwerb eines Eigenheims; gilt bis zum Jahr 2000 für *vor dem Jahr 1989* vom Arbeitnehmer erhaltene Darlehen. Entsprechende Vorteile aus Neu-Darlehen ab 1989 sind steuerpflichtig.
- Warenbezug vom Arbeitgeber zum verbilligten, jedoch nicht unter den Großabnehmer-Preisen liegendem Wert, soweit dadurch nicht übergroße Vorteile, wie beim Eigenheim oder durch Weiterveräußerung, gegeben sind. *Ab 1990* besteht ein Sachbezugs-Vorteil *bei Warenabgabe unter 4 % vom Endpreis* und die Steuerfreiheit wird auf DM 2400 im Jahr begrenzt.

---

*) Übliche, ein- bis zweimal im Jahr stattfindende Betriebsveranstaltungen werden in der Regel *ohne* Entlohnungsabsicht durchgeführt, denn sie liegen überwiegend im Eigeninteresse des Arbeitgebers und dienen der Kontaktpflege sowie einer Förderung des Betriebsklimas; insoweit können Aufwendungen hierfür *nicht* zum Arbeitslohn führen, auch dann nicht, wenn die in den Lohnsteuer-Richtlinien (Abschnitt 20) bislang festgelegte Freigrenze von DM 50,– für Sachzuwendungen überschritten wird. Diese Entscheidung traf der BFH *entgegen seiner bisherigen Rechtsprechung* mit 2 Urteilen v. 22. 3. 85 (BStBl 1985 II, S. 529–534). Dieser Beurteilung steht die Mitnahme von Ehegatten zum Betriebsfest *nicht* entgegen, *wenn* dies allen Mitarbeitern möglich ist, *ebenso* nicht die Übernahme der Fahrkosten zu einem Ausflugslokal, die Anmietung einer Kegelbahn beim Gaststättenbesuch usw. Auch ein zum Programm des Betriebsfestes gehörender Theaterbesuch kann unschädlich sein (BFH-Urteil v. 21. 2. 86; BStBl 1986 II, S. 406). Ein anderer Sachverhalt, bei dem die Entlohnungsabsicht unterstellt wird, ergibt sich u. a. für *mehrtägige* Veranstaltungen, für Betriebsfeste in besonders teuren Lokalen oder mit anderen sehr aufwendigen Besonderheiten und für Veranstaltungen, zu denen nur ein ausgewählter Kreis von Mitarbeitern eingeladen wird. Auch in mehr als 2 Veranstaltungen im Jahr für denselben Personenkreis (über das Übliche hinaus) kann eine besondere Entlohnungsabsicht gesehen werden (BFH v. 18. 3. 86; BStBl 1986 II, S. 575).

- Die Übernahme oder Erstattung von Einrichtungskosten für einen ausschließlich oder ganz überwiegend im Arbeitgeberinteresse gelegten Telefonanschluß ist steuerfrei; gleiches gilt für die laufenden Monatsrechnungen bei entsprechender Nutzung, wobei in die Beurteilung auch die ankommenden Gespräche einzubeziehen sind. Im übrigen sind auch beruflich veranlaßte Telefonkosten vom Privatapparat steuerfrei zu erstatten oder sie sind beim Arbeitnehmer Werbungskosten. Sie beziehen sich nicht nur auf Telefoneinheiten, sondern betreffen auch anteilige Grundgebühren und ggf. anteilige Einrichtungskosten. Aufzeichnungen (für mindestens 3 Monate) werden verlangt, andernfalls eine Schätzung des steuerfreien Anteils erfolgt, wobei dann aber in der Regel mind. 50 % der Grundgebühren und ggf. Einrichtungskosten als privat veranlaßt angesehen werden.
- Aufwandsentschädigungen bis DM 2400,– für bestimmte nebenberufliche Tätigkeit*.

*Steuerpflichtige Bezüge**:*

- Geldgeschenke und ganz generell Gelegenheitsgeschenke (auch bei Ausscheiden wegen Alters oder Invalidität) sind gemäß BFH-Urteil v. 17. 7. 81 (BStBl 1981 II, Seite 773), zu versteuern.
- Geldwerte Vorteile aus der Überlassung von Firmenwagen, soweit sie privat oder zwischen Wohnung und Arbeitsstätte genutzt werden (vgl. Fußnote S. 65 und Nr. 24 Abs. 7 LStR).

*) Einnahmen aus einem Nebenberuf als Ausbilder, Erzieher usw. im gemeinnützigen, mildtätigen oder kirchlichen Interesse können unter den Voraussetzungen des § 3 Nr. 26 EStG bis zu DM 2400,– im Jahr als Aufwandsentschädigung steuerfrei sein. Mit BFH-Urteil v. 23. 1. 86 (BStBl 1986 II, S. 398) wurde diese Steuerfreiheit einem Rektor zuerkannt, unter dessen Regie Lehrveranstaltungen einer Volkshochschule stattfanden, der aber selbst *nicht* unterrichtete. *Über* DM 2400,– liegende Einnahmen sind hier steuerpflichtig, ein Abzug von Werbungskosten ist dann nur möglich, wenn sie selbst höher als DM 2400,– nachgewiesen werden (BFH v. 30. 1. 86; BStBl 1986 II, S. 401).
**) Zum steuerpflichtigen Arbeitslohn gehört auch eine Lehrabschluß-Prämie (BFH-Urteil v. 22. 3. 85; BStBl 1985 II, S. 641), ebenso Geschenke oder Zuwendungen an Arbeitnehmer anläßlich Konfirmation oder Kommunion seiner Kinder (BFH v. 9. 8. 85; BStBl 1986 II, S. 95). *Nicht* davon betroffen sind kleine Aufmerksamkeiten aus besonderem Anlaß (Blumen, Buch, Pralinen) im Wert bis DM 30,– (Schreiben des BFM v. 28. 10. 85; BStBl 1985 I, S. 645). Die Lohnbesteuerung von Ausbildungsvergütungen in einem Dienstverhältnis verstößt auch dann nicht gegen das Grundgesetz, wenn diese *unter* den Sätzen liegen, die steuerfrei nach dem Bundesausbildungsförderungsgesetz (BAFöG) gezahlt werden (BFH-Urteil v. 18. 7. 85; BStBl 1985 II, S. 644).
Auch für ältere Arbeitnehmer vom Arbeitgeber übernommene Kurkosten sind steuerpflichtiger Arbeitslohn (BFH-Urteil v. 31. 10. 86 – BStBl 1987 II, S. 142).

- Bei endgültigem Verzicht auf Kaufpreisforderung gegenüber einem Arbeitnehmer handelt es sich um einen steuerpflichtigen geldwerten Vorteil (BFH v. 26. 4. 85; BStBl 1985 II, S. 467).
- Vermögenswirksame Leistungen gemäß dem 5. VermBG. Die hierfür gewährten Sparzulagen sind jedoch steuerfrei*.
- Streik- und Aussperrungsunterstützungen der Gewerkschaft ersetzen entgangene Einnahmen und sind nach § 24 EStG *steuerpflichtige* Entschädigungen (Urteile des BFH v. 30. 3. 82 – BStBl 1982 II, Seiten 552–556). Sie können zur ESt-Veranlagung führen; *auf Antrag Versteuerung mit dem halben Steuersatz* gemäß § 34 EStG.

Versorgungsbezüge

(§ 19 Abs. 1 und 2 EStG; § 2 Abs. 2 Ziff. 2 LStDV; Abschn. 58 LStR) Hierunter fallen Bezüge und Vorteile aus ehemaligen Dienstleistungen, denen eigene Beiträge *nicht* zugrunde liegen und die
- als Ruhegehalt, Witwen- oder Waisenrente, Unterhaltsbeiträge usw. aufgrund beamtenrechtlicher oder analoger Vorschriften bzw. nach gleichen Grundsätzen von Körperschaften, Anstalten, Stiftungen oder Verbänden des öffentlichen Rechts oder
- ansonsten wegen Berufs- oder Erwerbsunfähigkeit, als Leistungen an Hinterbliebene oder ab bestimmter Altersgrenze gewährt werden, *wobei steuerlich Alters-Versorgungsbezüge erst vorliegen, wenn der Steuerpflichtige das 62. oder, wenn er Schwerbeschädigter ist, das 60. Lebensjahr vollendet hat.*

Von diesen Bezügen bleiben 40 %, höchstens DM 4800,– pro Jahr, als Versorgungs-Freibetrag lohnsteuerfrei. Zu diesen steuerbegünstigten Versorgungsbezügen gehören u. a. bestimmte Sterbegelder, Übergangsgelder etc., vgl. 27 Positionen unter Abschn. 58 LStR. Gemäß BFH-Urteil v. 8. 2. 1974, BStBl 1974 II, S. 303, stellt auch ein Sterbegeld von 3 Gehältern nach dem Bundes-Angestelltentarifvertrag Versorgungsbezug für die Hinterbliebenen dar. Gleiches gilt nach BFH-Urteil v. 21. 8. 1974, BStBl 1975 II, S. 62, für

*) Voraussetzung ein zu versteuerndes Einkommen von nicht mehr als DM 24 000,– bei Alleinstehenden und DM 48 000;– bei gemeinsam versteuerten Eheleuten ohne Kinder. Pro Kind kommen noch bei einem voll mit DM 2484,– zustehenden Kinderfreibetrag DM 1800,– und bei einem zur Hälfte (DM 1242,–) zustehenden DM 900,– hinzu. Ansonsten ist mit einer Rückforderung der Sparzulage zu rechnen. *Ab 1990* werden zwar die Einkommensgrenzen heraufgesetzt (DM 27 000 bzw. DM 54 000), doch bleiben dann Kinder unberücksichtigt und die Prämienhöhe wird gesenkt (auf 10 % bzw. 20 %). Die Berücksichtigung beim Arbeitgeber wird ausgeschlossen.

Übergangsgelder gemäß §§ 62–64 dieses Tarifvertrages wegen Berufsunfähigkeit oder Altersgrenze. Werden Versorgungsbezüge z. B. bei anderweitigem Arbeitslohn oder Ehescheidung gekürzt, liegt auch dem Freibetrag der geminderte Bezug zugrunde.

Als Versorgungsbezüge im Sinne vorstehender Ausführungen sind *nicht* anzusehen die Leibrenten* aus Sozialversicherungen, privaten Versicherungen usw., die *nicht* auf früheren Dienstleistungsverträgen beruhen und denen *eigene* Beiträge vorangegangen sind. Hierbei handelt es sich um »sonstige Einkünfte« gemäß § 22 EStG, die nur mit dem Ertragsanteil erfaßt werden.

Maßgebend für den Ertragsanteil ist hier das Alter des Berechtigten zu Beginn** der Rente. In Prozent der Rentenbezüge ergeben sich beispielsweise wie folgt Ertragsanteile:

Alter	Ertrags-anteil in %	Alter	Ertrags-anteil in %	Alter	Ertrags-anteil in %
55	35	59	31	63	26
56	34	60	29	64	25
57	33	61	28	65	24
58	32	62	27	66	23

Diese Tabelle gilt *nicht für zeitbegrenzte Leibrenten,* z. B. wegen Erwerbsunfähigkeit *bis zum Beginn der Altersrente.* Gemäß § 55 Abs. 2 EStDV beträgt hier der Ertragsanteil z. B. bei einer Laufzeit von 10 Jahren *bis zum Beginn der Altersrente* nur 17 %, bei 9 Jahren 16 %, bei 8 Jahren 14 %, bei 5 Jahren 9 % und bei 3 Jahren 5 %.

Die unterschiedliche steuerliche Behandlung von Beamten-Ruhegeldern und Sozialversicherungsrenten verstößt laut BFH-Urteil vom 28. 11. 1975, BStBl 1976 II, S. 228, *nicht* gegen das Grundgesetz. Zwei diesbezügliche Beschwerden beim Bundesverfassungsgericht sind laut Beschluß vom 15. 7. 80 zwar abgelehnt worden, doch wurde dabei eine Ungleichheit in der Besteuerung anerkannt und der Gesetzgeber aufgefordert, diese innerhalb »angemessener Frist« abzubauen; bisher ist nichts geschehen, abgesehen von der Anhebung der Leibrenten-Ertragsanteile seit 1982.

*) Im steuerlichen Sinne *liegt auch dann eine Leibrente vor,* wenn nach Vermögensübertragung durch den Vater auf Sohn und Tochter gemäß Übertragungsvertrag an die Witwe des später verstorbenen Vaters eine monatliche Rente gezahlt wird, die mit Wertsicherungsklausel ausgestattet ist, auf die die Sozialversicherungsrente der Begünstigten voll anzurechnen ist und die im Falle der Wiederverheiratung der Witwe erlischt (BFH-Urteil v. 5. 12. 1980, BStBl 1981 II, Seite 265).
**) Beginn bedeutet den Zeitpunkt des Entstehens eines Rentenanspruchs und nicht den Zeitpunkt der Zahlung (BFH-Urteil vom 6. 4. 1976 – BStBl 1976 II, S. 452).

II. Lohnsteuerkarte – Steuerklassen – Kinder
(§§ 32, 38b, 39 EStG; Abschn. 59–64, 75–78 LStR)

Bei Arbeitnehmern – Angestellten, Beamten, Arbeitern, Pensionären und deren Rechtsnachfolgern (z. B. Witwen, Waisen) – wird die Lohnsteuer (Einkommensteuer für Arbeitnehmer) durch den Arbeitgeber erhoben. Grundlage für die Berechnung ist bei unbeschränkt Steuerpflichtigen die *Lohnsteuerkarte*, die dem Arbeitgeber zu Beginn eines Jahres oder bei Dienstantritt auszuhändigen ist.

Für die Ausstellung der Lohnsteuerkarte 1989 ist die Gemeinde zuständig, in deren Bezirk der Arbeitnehmer am 20. September 1988 oder *erstmals* nach diesem Stichtag seine Hauptwohnung oder in Ermangelung einer solchen seinen gewöhnlichen Aufenthalt hatte. Bei verheirateten Arbeitnehmern ist die Hauptwohnung der Familie maßgebend, in Ermangelung einer Familienwohnung die Hauptwohnung des älteren Ehegatten, wenn beide unbeschränkt einkommensteuerpflichtig sind und nicht dauernd getrennt leben. Bei unverheirateten Arbeitnehmern mit mehreren Wohnsitzen ist in der Regel die Gemeinde des Beschäftigungsortes zuständig.
Die Lohnsteuerkarten sollen 2 Monate *vor* dem Steuerjahr in Händen aller Arbeitnehmer sein. Trifft sie nicht ein, ist sie *vor* Jahresbeginn bei der zuständigen Gemeinde zu beantragen.

Auf der Lohnsteuerkarte 1989 hat die Gemeinde u. a. die Steuerklasse*, den Familienstand*, die Zahl der Kinderfreibeträge* sowie die Kinder unter 16 Jahren (zu Beginn des Steuerjahres oder im Geburtsjahr) und die Religionsgemeinschaft einzutragen. Dies gilt auch für Änderungen oder Ergänzungen. Des weiteren sind von der Gemeinde ein ggf. zustehender Altersfreibetrag (Seite 48) und nach Angaben der zuständigen Finanzämter Pauschbeträge für Körperbehinderte und Hinterbliebene (Seite 48) einzutragen.

Die Gemeinde kann nur *unbeschränkt* einkommensteuerpflichtige Kinder (mit Wohnsitz oder gewöhnlichem Aufenthalt im Inland) bis zur Vollendung des 16. Lebensjahres berücksichtigen, die im 1. Grad mit dem Steuerpflichtigen verwandt sind. Darunter sind allgemein leibliche Kinder (eheliche, für ehelich erklärte sowie nichteheliche Kinder) *und* angenommene Kinder (bei denen wie im

---

*) Gesonderte Feststellung von Besteuerungsgrundlagen im Sinne § 179 Abs. 1 AO, die unter dem Vorbehalt der Nachprüfung steht.

Falle einer Adoption das Verwandtschaftsverhältnis zu den leiblichen Eltern erloschen ist) zu verstehen. Der Ausschluß des Eintrags von Stiefkindern auf der LSt-Karte und die Neuregelung bezüglich Pflegekinder seit 1986 dient der Abschaffung eines mehrfachen Eintrags von Kinderfreibeträgen für das gleiche Kind.

Für die Eintragung von Pflegekindern und anderen *nicht* von der Gemeinde einzutragenden Kindern sowie allgemein für Kinder über 16 Jahre ist das Finanzamt zuständig.

Bei einem *nicht* miteinander verheirateten Elternpaar ist *das* Kind (anders als beim Kinderfreibetrag) nur bei dem Elternteil einzutragen, dem es steuerlich zuzuordnen ist (§ 32 Abs. 7 EStG).

Unter *Kinderfreibeträge* hat die Gemeinde auf der LSt-Karte den »Zähler« 0,5 pro Kind einzutragen, wenn dem Arbeitnehmer (Elternteil) ein Kinderfreibetrag von DM 1242 zusteht (es erhält z. B. ein geschiedener Vater mit Steuerklasse I, dem seine 3 Kinder unter 16 Jahren nicht zugeordnet sind, den Zähler 1,5 ebenso wie der andere Elternteil, ergibt je DM 3726). Bei gemeinsamen Kindern von Eheleuten verdoppelt sich der Kinderfreibetrag auf DM 2484, die Gemeinde hat hier pro Kind den »Zähler« 1 einzutragen, was sowohl für die Steuerklasse III als auch für die StKl IV gilt, die bei jedem Ehegatten nur DM 1242 berücksichtigt. Ebenfalls DM 2484 Freibetrag und den Zähler 1 auf der LSt-Karte erhalten Arbeitnehmer, wenn der andere Elternteil *vor* dem Steuerjahr verstorben ist oder wenn ein Kind *allein* angenommen wurde. Ein entsprechender Eintrag kann dagegen *nur* durch das Finanzamt erfolgen, wenn der andere Elternteil nur *beschränkt* einkommensteuerpflichtig ist.

Die Angaben auf den Lohnsteuerkarten sollen jeweils die wahren Verhältnisse *zu Beginn* des Steuerjahres aufzeigen. Durch die frühzeitige Ausstellung können sich aber zwischenzeitlich Änderungen oder Ergänzungen hinsichtlich Familienstand, Steuerklasse, Kinder, Kinderfreibeträge und Religionsgemeinschaft ergeben, die, soweit sie zum Vorteil eines Arbeitnehmers eingetreten sind, *nur auf Antrag* berichtigt werden. Sind sie aber ungünstiger für den Arbeitnehmer geworden, ist er zum Berichtigungsantrag bei der für die Ausstellung der Steuerkarte zuständigen Gemeinde verpflichtet. Ändern sich die tatsächlichen Verhältnisse im Laufe des Steuerjahres (z. B. durch Geburt eines Kindes oder wenn ein Kind unbeschränkt einkommensteuerpflichtig geworden ist), so ist die Gemeinde zuständig, bei der zum Zeitpunkt des Berichtigungsantrages die Voraussetzungen für die allgemeine Ausstellung einer LSt-Karte zum 20. Sept. gegeben sind. Ein im Jahr der Heirat, jedoch erst *nach* dieser zu beiden Eheleuten begründetes Kindschaftsverhältnis kann *nur* nach vollzogener Änderung der Steuerklasse *wegen* der Eheschließung zum entspr. Kinderzahl-Eintrag führen.

Die Antragsfrist für Änderungen auf der LSt-Karte läuft am 30. Nov. des Steuerjahres ab. Die Gemeinde hat die Eintragung mit dem Tage vorzunehmen, an dem erstmals die Voraussetzungen für die Änderung vorlagen. Beim grundsätzlich nur einmal im Jahr möglichen Wechsel der Steuerklasse (ausgenommen ein Ehegatte ist ohne Arbeitslohn oder verstorben), darf der Eintrag frühestens mit Wirkung des auf den Antrag folgenden Monats erfolgen.

Es ergibt sich folgende Einteilung bei den *Steuerklassen:*

Steuerklasse I	Verheiratete, Ledige, Geschiedene oder Verwitwete, ggf. mit Kinderfreibeträgen, denen die Voraussetzungen für StKl II, III und IV fehlen.
Steuerklasse II	Der gleiche Personenkreis wie unter StKl I, jedoch mit Kind auf der LSt-Karte und Zuerkennung des Haushaltsfreibetrages.
Steuerklasse III	1. Verheiratete, unbeschränkt einkommensteuerpflichtige Ehegatten, die nicht dauernd getrennt leben, wenn
	– der Gatte des Arbeitnehmers keinen Arbeitslohn bezieht oder
	– beide Ehegatten Arbeitslohn beziehen, auf gemeinsamen Antrag aber ein Gatte in die Steuerklasse V eingereiht wird.
	2. Verwitwete* für das dem Tode des Gatten folgende Kalenderjahr, wenn beide Ehegatten unbeschränkt einkommensteuerpflichtig waren und nicht dauernd getrennt lebten.
	3. Geschiedene für das Jahr der Eheauflösung, wenn
	a) in diesem Jahr beide Gatten unbeschränkt einkommensteuerpflichtig waren sowie nicht dauernd getrennt lebten und
	b) der andere Ehegatte wieder geheiratet hat, von seinem neuen Ehegatten nicht dauernd getrennt lebt und der neue Gatte ebenfalls unbeschränkt steuerpflichtig ist.
Steuerklasse IV	Verheiratete, die beide Arbeitslohn beziehen, unbeschränkt einkommensteuerpflichtig sind und nicht dauernd getrennt leben. Statt dessen kann auf gemeinsamen Antrag bei einem die Steuerklasse III und bei dem anderen die StKl V eingetragen werden.
Steuerklasse V	Vgl. unter Steuerklasse IV, letzter Satz.
Steuerklasse VI	Arbeitnehmer mit mehreren Dienstverhältnissen auf der zweiten Lohnsteuerkarte und gegebenenfalls auf weiteren Steuerkarten.

*) Verwitweten Arbeitnehmern steht im Jahr *nach* dem Tode ihres Gatten grundsätzlich noch die Steuerklasse III (wie Eheleuten) zu, und sie können dadurch anderen verwitweten Personen gegenüber, wie zum Beispiel Freiberuflern, infolge Verdoppelung der Höchstbeträge für Vorsorgeaufwendungen im Rahmen der im Lohnsteuertarif berücksichtigten Vorsorgepauschalen einen Vorteil haben. Dieser verstößt aber nach Ansicht des Bundesfinanzhofes (Urteil v. 26. 1. 85; BStBl 1986 II, S. 353) *nicht* gegen das im Grundgesetz verankerte Gleichheitsprinzip.

Bei den Steuerklassen II bis IV sind von der Gemeinde jeweils die im 1. Grad verwandten und die angenommenen Kinder (vgl. Seite 18 unten und 19 oben) im Alter unter 16 Jahren zu Beginn des Steuerjahres auf der LSt-Karte anzugeben. Des weiteren bei den StKl I bis IV die Zahl der Kinderfreibeträge (vgl. Seite 19).

Für den *Familienstand* gelten folgende, einheitliche Abkürzungen:

ledig	=	ld	verwitwet	=	vw
verheiratet	=	vh	geschieden	=	gs

Die begünstigten Kindschaftsverhältnisse sind seit 1986:
1. Kinder, die im ersten Grad mit dem Steuerzahler verwandt sind,
2. Pflegekinder (nicht Kostkinder).

Kinder von unbeschränkt steuerpflichtigen Eltern, welche nicht oder nicht mehr miteinander verheiratet sind oder dauernd getrennt leben, werden nur einem Elternteil zugeordnet, so z. B. dem Elternteil, dem für das Kind ein Haushaltsfreibetrag zusteht. Die Eintragung auf der LSt-Karte erfolgt bei dem Elternteil, in dessen Wohnung das Kind zu Beginn des Jahres oder erstmals gemeldet ist*. Bei mehreren Wohnungen ist die Hauptwohnung maßgebend. Ist das Kind nicht in der Wohnung eines Elternteils oder ist es in der gemeinsamen Wohnung gemeldet, so wird es grundsätzlich der Mutter zugeordnet; es sei denn, daß der Vater durch eine Bescheinigung des Jugendamtes** den Nachweis für die Zugehörigkeit zu seinem Haushalt erbringt. Lebt ein Ehegatte im Ausland, werden Kinder auf der LSt-Karte des im Inland lebenden El-

---

*) Ein Kind ist dem Elternteil zuzurechnen, bei dem es erstmals im Jahr mit Hauptwohnung gemeldet war. Daran ändert sich auch dann nichts, wenn es seit Jahren in der Wohnung des anderen Elternteils lebt (BFH-Urt. v. 14. 8. 1981 – BStBl 1982 II, S. 111). In einem weiteren Streitfall wurde das Kind dem Vater zugeordnet, bei dem es mit Hauptwohnung vom 6. Dezember des Vorjahres bis 14. Januar des Steuerjahres (vorübergehend) gemeldet war (BFH-Urteil v. 4. 6. 82 – BStBl. 1982 II, Seite 733). Der Tag der formellen Ummeldung und *nicht* der des Umzuges ist sowohl maßgebend für die Zuordnung von Kindern geschiedener Eltern als auch für die Entscheidung, bis wann eine gemeinsame Wohnung der Eltern bestanden hat (BFH-Urt. v. 27. 7. 84; BStBl 1985 II, S. 8). Auch nach Ableben eines Elternteiles im Steuerjahr und anschließender Neubegründung der Kinder-Hauptwohnung beim überlebenden Elternteil bleiben die Kinder während des ganzen Steuerjahres dem verstorbenen Elternteil zugeordnet (BFH-Urteil v. 17. 9. 82 – BStBl 1983 II, Seite 9).
**) Im Falle eines zusammenlebenden, *nicht* verheirateten Elternpaares mit Kind wurde aufgrund Bescheinigung des zuständigen Jugendamtes, daß das Kind in der gemeinsamen Wohnung seiner Eltern gemeldet sei, das Kind (im Einvernehmen mit der Mutter) steuerlich dem Vater zugeordnet (BFH-Urteil v. 13. 12. 85; BStBl 1986 II, S. 344).

ternteils eingetragen, auch wenn sie nicht in seiner Wohnung gemeldet sind. Im übrigen gelten die Grundsätze für eheliche Kinder auch für nichteheliche Kinder.

Während im 1. Grad verwandte sowie angenommene Kinder bis zur Vollendung des 16. Lebensjahres vor Jahresbeginn von Amts wegen durch die Gemeinden auf den LSt-Karten vermerkt werden, können neben Pflegekindern* unter 16 Jahren auch ältere Kinder durch Antrag beim zuständigen Finanzamt auf der LSt-Karte eingetragen werden. Gleiches gilt für Kinderfreibeträge. Dabei ist es unbedeutend, in welchem Umfang der Arbeitnehmer zum Unterhalt des Kindes beiträgt oder in welcher Höhe das Kind selbst Einkünfte hat. Hauptsache ist, daß irgendwann im Jahr eine der Voraussetzungen vorliegt.

Kinder im Alter über 16 Jahre bis zum vollendeten 27. Jahr werden gemäß § 32 Abs. 4 EStG berücksichtigt, wenn das Kind

- für einen Beruf ausgebildet und dadurch überwiegend beansprucht wird (Abschn. 62 LStR),
- keinen Ausbildungsplatz für den Berufsbeginn oder die Fortsetzung der Berufsausbildung hat (Abschnitt 62a LStR),
- die Berufsausbildung unterbrechen muß (Abs. 62b LStR), wegen
  a) gesetzlichem Grundwehr- oder Zivildienst,
  b) freiwilligem Wehr- oder Polizeivollzugsdienst für die Dauer von nicht mehr als 3 Jahren anstelle des gesetzlichen Grundwehr- oder Zivildienstes,
  c) Ausübung einer vom gesetzlichen Grundwehr- oder Zivildienst befreienden Tätigkeit als Entwicklungshelfer;
- Dienste im Sinne des Gesetzes zur Förderung eines freiwilligen sozialen Jahres ableistet (Abschnitt 62c LStR);
- wegen körperlicher, geistiger oder seelischer Behinderung sich

*) Die Eintragung eines Pflegekindes auf der LSt-Karte setzt voraus, daß das Kind im Haushalt des Steuerpflichtigen familiär und auf unbegrenzte Zeit eingegliedert ist, also nicht nur als sogenanntes Kostkind angesehen werden kann, und der elterlichen Obhut entzogen ist. Der Altersunterschied zum Kind tritt in den Hintergrund, es können auch ältere Geschwister die Betreuung im eigenen oder bei Waisen im ehemals elterlichen Haushalt übernehmen. Die Unterhaltskosten für das Kind müssen mindestens zum Teil getragen werden (gemäß Schreiben des BFM v. 9. 5. 86 – BStBl 1986 I, S. 268 Kostenbeitrag im Jahresdurchschnitt DM 150 pro Monat oder mehr), dies wird aber in der Regel unterstellt, wenn die Zahlungen *von anderer Seite* für den Unterhalt des Kindes nicht höher als der Pflegesatz des zuständigen Jugendamtes, ggf. unter Berücksichtigung eigener Einkünfte des Kindes liegen. Kommen die leiblichen – oder ggf. Adoptiv-Eltern ihren Unterhaltsverpflichtungen gegenüber dem Kind nach, können auch sie *neben* der Pflegeperson den steuerlichen Kinderfreibetrag erhalten.

nicht selbst unterhalten kann. Bei verheirateten oder geschiedenen Kindern ist eine Berücksichtigung nur dann möglich, wenn dem Kind insoweit kein ausreichender Unterhalt geleistet werden kann oder insoweit keine Unterhaltsverpflichtung besteht.

Nach Vollendung des 27. Lebensjahres zu Beginn des Besteuerungsjahres können Kinder und Kinderfreibeträge *nur für behinderte Kinder* auf der Lohnsteuerkarte eingetragen werden (§ 32 Abs. 5 EStG); hier die gleichen Voraussetzungen wie bei Kindern im Alter zwischen 16 und 27 Jahren (eine weitere Ausnahme ab 1990).

Für die Eintragung von Freibeträgen auf der LSt-Karte ist bis auf den »Altersfreibetrag« und die Pauschbeträge für »Körperbehinderte und Hinterbliebene« das Finanzamt zuständig.

Es sind weder der Arbeitnehmer noch der Arbeitgeber oder andere Personen befugt, die Eintragungen auf der Lohnsteuerkarte zu ändern oder zu ergänzen; ausgenommen die Lohnsteuerbescheinigung des Arbeitgebers auf Seite 2 der Lohnsteuerkarte, für die eine Verpflichtung besteht (vgl. Abschnitt 101 LStR). Diese Bescheinigung ist nach Ablauf des Steuerjahres oder bei Beendigung des Arbeitsverhältnisses vorzunehmen. Der Arbeitgeber hat hier die Dauer der Beschäftigung, den Bruttoarbeitslohn incl. Gegenwert der Sachleistungen und die davon einbehaltene Lohn- und Kirchensteuer sowie vermögenswirksame Leistungen, Kurzarbeiter- und Schlechtwettergeld, Arbeitnehmersparzulagen und steuerfreie Arbeitgeberleistungen einzutragen. Eine Kürzung des Bruttoarbeitsentgeltes um den Weihnachtsfreibetrag darf *nicht* erfolgen.

Ein Muster der LSt-Karte 1989 ist nachfolgend abgedruckt.

Wahl der Steuerklasse bei Ehegatten

Für gemeinsam versteuerte Ehegatten, von denen nur der eine Teil Arbeitslohn oder Einkünfte aus nichtselbständiger Arbeit bezieht, ist die Steuerklasse III maßgebend. Sind beide Ehegatten Arbeitnehmer, haben sie die Wahl zwischen Steuerklasse IV auf beiden Lohnsteuerkarten oder Steuerklasse III auf der einen und Steuerklasse V auf der anderen Steuerkarte. Grundsätzlich wird bei ihnen zunächst die Steuerklasse IV auf den Lohnsteuerkarten bescheinigt, und erst auf Antrag bei der zuständigen Gemeinde erfolgt dann die Änderung auf Steuerklassen III und V, die danach in der Regel auch auf den Lohnsteuerkarten für die kommenden Jahre automatisch erscheinen. Nachstehende Ausführungen sollen

Alle Eintragungen in der Lohnsteuerkarte genau prüfen!

Lesen Sie die Informationsschrift „Lohnsteuer '89"

Lohnsteuerkarte 1989

Gemeinde und AGS

Finanzamt und Nr.

Geburtsdatum

I. Allgemeine Besteuerungsmerkmale

Kirchensteuerabzug		Familien-stand
Arbeitnehmer	Ehegatte	vh = verheiratet nv = nicht verheiratet
Steuer-klasse	Kinder unter 16 Jahren: Zahl der Kinder-freibeträge	Zahl der Kinder

(Datum)

(Gemeindebehörde)

II. Änderungen der Eintragungen im Abschnitt I

Steuer-klasse	Zahl der Kinder-freibeträge	Zahl der Kinder	Familien-stand	Kirchensteuerabzug		Diese Eintragung gilt, wenn sie nicht widerrufen wird:	Datum, Stempel und Unterschrift der Behörde
				Arbeitn.	Ehegatte		
						vom .... 1989 an	
						bis zum 1989	I. A.
						vom .... 1989 an	
						bis zum 1989	I. A.
						vom .... 1989 an	
						bis zum 1989	I. A.

III. Für die Berechnung der Lohnsteuer sind vom tatsächlichen Arbeitslohn als steuerfrei abzuziehen:

Jahresbetrag DM	monatlich DM	wöchentlich DM	täglich DM	Diese Eintragung gilt, wenn sie nicht widerrufen wird:	Datum, Stempel und Unterschrift der Behörde
				vom .... 1989 an	
in Buch-staben:	-tausend		Zehner und Einer wie oben -hundert	bis zum 1989	I. A.
				vom .... 1989 an	
in Buch-staben:	-tausend		Zehner und Einer wie oben -hundert	bis zum 1989	I. A.
.... v. H. (i. Buchst. .... v. H.) des Arbeitslohns, höchstens aber .... DM monatlich, a. d. Tätigk. als				vom .... 1989 an	
				bis zum 1989	I. A.

LSt 2 (EDV-Muster) 4.88

IV. Lohnsteuerbescheinigung für das Kalenderjahr 1989 und besondere Angaben

1. Beschäftigungsdauer		vom – bis		vom – bis		vom – bis	
2. Die Lohnsteuerkarte ist schuldhaft nicht vorgelegt worden							
		DM	Pf	DM	Pf	DM	Pf
3. Bruttoarbeitslohn einschl. Sachbezüge ohne 7.							
4. Einbehaltene Lohnsteuer von 3.							
5. Einbehaltene Kirchensteuer des Arbeitnehmers von 3.							
6. Einbehaltene Kirchensteuer des Ehegatten von 3. (nur bei konfessionsverschiedener Ehe)							
7. Arbeitslohn für mehrere Kalenderjahre, Entschädigungen, Erfindervergütungen							
8. Einbehaltene Lohnsteuer von 7.							
9. Einbehaltene Kirchensteuer des Arbeitnehmers von 7.							
10. Einbehaltene Kirchensteuer des Ehegatten von 7. (nur bei konfessionsverschiedener Ehe)							
11. Im Jahresausgleich erstattete Lohnsteuer von 4.	wenn nicht bereits in 4. bis 6. abgezogen						
12. Im Jahresausgleich erstattete Kirchensteuer von 5.							
13. Im Jahresausgleich erstattete Kirchensteuer von 6.							
14. In 3. enthaltene steuerbegünstigte Versorgungsbezüge							
15. In 7. enthaltene steuerbegünstigte Versorgungsbezüge							
16. Kurzarbeiter- und Schlechtwettergeld	ausgezahlter Betrag						
	Bruttobetrag						
17. Steuerfreier Arbeitslohn nach	Doppelbesteuerungsabkommen						
	Auslandstätigkeitserlaß						
18. Gesamtbetrag der vermögenswirksamen Leistungen mit dem Zulagensatz 16/26 v. H.							
19. Vermögenswirksame Leistungen mit dem Zulagensatz 23/33 v. H.	Gesamtbetrag für Vermögensbeteiligungen						
	Gesamtbetrag für sonstige Anlagen						
20. Ausgezahlte Arbeitnehmer-Sparzulagen							
21. Nach dem Berlinförderungsgesetz ausgezahlte Arbeitnehmerzulagen (ohne Zul. für Ausfallzeiten)							
22. Steuerfreie Arbeitgeberleistungen für Fahrten zwischen Wohnung und Arbeitsstätte	Um Rückfragen zu vermeiden, wird die Ausfüllung empfohlen.						
23. Steuerfreie Verpflegungszuschüsse bei 10/12-stündiger Abwesenheit o. bei Berufskraftfahrern							
24. Steuerfreie Arbeitgeberzuschüsse zur freiwilligen Krankenversicherung							
25. Arbeitgeberanteil zur gesetzlichen Rentenversicherung oder gleichgestellte Aufwendungen							
26. Arbeitnehmerbeiträge zur gesetzlichen Sozialversicherung (ohne von krankenversicherungspflichtigen Ersatzkassenmitgliedern selbst eingezahlte Beiträge)							
Anschrift des Arbeitgebers (lohnsteuerliche Betriebsstätte), Firmenstempel, Unterschrift; Finanzamt, an das der Arbeitgeber die Lohnsteuer abgeführt hat							

berufstätigen Ehegatten anhand von Beispielen, Hinweisen und einer Übersicht zeigen, ob sie die günstigste Steuerklassen-Kombination gewählt haben, d. h. die, bei der sie *im Laufe des Jahres* gemeinsam die geringste Lohnsteuer zahlen.

Nachstehende 2 Beispiele für berufstätige, kinderlose Ehegatten zeigen für 1988/89 anhand der *allgemeinen Jahreslohnsteuertabelle und der besonderen* (vgl. hierzu Tabelle auf Seite 153), den unterschiedlichen Steuerabzug mit anschließender Ausrechnung und Gegenüberstellung der sich danach anhand der ESt-Splittingtabelle ergebenden tatsächlichen Steuerschuld in DM:

a) Beispiel 1	Ehemann		Ehefrau	Zusammen	
Arbeitsentgelt* in DM	30 000		8000	38 000	
Lohnsteuer hieraus	Angest./Beamter		Angestellte	1.	2.
nach Steuerklasse IV/IV	4685	5105	107	4792	5212
nach Steuerklasse III/V	3042	3256	1520	4562	4776
Unterschied zugunsten Steuerklassen III/V				230	436

Nach Abzug** der Arbeitnehmer-Freibeträge (2 × DM 480,–), der Werbungskostenpauschalen (2 × DM 564,–), des Sonderausgaben-Pauschbetrages für Eheleute DM 540,– und der mit DM 5724,– bzw. bei den Beamtenbezügen mit DM 3996,– (vgl. Seite 148) ermittelten Vorsorgepauschale, verbleibt ein nach dem Splittingtarif 1989 zu versteuerndes Einkommen von DM 29 648,– bzw. DM 31 376,–, woraus sich 1989 eine tatsächliche Jahressteuerschuld von DM 4420,– bzw. DM 4800,– ergibt, die gegenüber dem Lohnsteuerabzug nach den Steuerklassen III/V um DM 142,– niedriger, mit den Beamtenbezügen aber um DM 24,– höher, und nach StKl IV/IV um DM 372,– bzw. bei den Mischbezügen hier um DM 412,– *niedriger* liegt (vgl. hierzu Seite 29).

b) Beispiel 2	Ehemann		Ehefrau	Zusammen	
Arbeitsentgelt* in DM	40 000		20 000	60 000	
Lohnsteuer hieraus	Angest./Beamter		Angestellte	1.	2.
nach Steuerklassen IV/IV	7738	8253	2412	10 150	10 665
nach Steuerklassen III/V	5038	5464	4418	9 456	9 882
Unterschied zugunsten Steuerklassen III/V				694	783

*) Nach Abzug des Weihnachtsbetrages von DM 600,– pro Arbeitnehmer.
**) Eine Übersicht der *vor* Anwendung der ESt-Splittingtabelle abzuziehenden Posten und Beträge, einschließlich vollständige Vorsorgetabellen mit Beispielen, ergibt sich aus den Seiten 146 bis 151.

Das zu versteuernde Einkommen 1989 errechnet sich hier aus den Arbeitsbezügen* von DM 60000,–, abzüglich der mit DM 7020,– bzw. DM 5130,– ermittelten Vorsorgepauschale und der im übrigen gleichen Abzugsposten wie im Beispiel 1 mit zus. DM 2628,–, verbleiben DM 50352,– bzw. DM 52242,– mit Beamtenbezügen (vgl. hierzu Seite 149). Nach dem Splittingtarif 1988 ergibt hieraus *ohne* Beamtenbezüge eine Steuerschuld von DM 9370,– (1987 = 9650,–), die gegenüber der StKl-Kombination IV/IV um DM 780,– und im Vergleich zu III/V um DM 86,– niedriger liegt; im Falle der Beamtenbezüge beträgt hier die Steuerschuld DM 9876,– (1987 = 10206,–) und liegt somit um DM 789,– *unter* den Abzügen nach »IV/IV« und um DM 6,– unter denen nach Steuerklassen III/V.

Vorstehende Beispiele zeigen im Falle stark unterschiedlicher Lohneinkünfte eine sehr erhebliche Diskrepanz bei den Lohnsteuerabzügen, hervorgerufen insbesondere dadurch, daß bei StKl IV jeder Ehegatte tariflich als Alleinstehender behandelt wird und der höher verdienende Ehegatte ab bestimmten Verdienstbereichen frühzeitig in die bedeutsame, wenn auch ab 1988 etwas abgeschwächte Progressionsphase gerät; außerdem wird bei ihm die Vorsorgepauschale im Vergleich zu StKl III früher begrenzt. Zugleich wird aber auch deutlich, wie sich die frühzeitige Begrenzung der Vorsorge-Pauschale für den Kreis der Arbeitnehmer *ohne* eigene Beitragszahlung zur Altersversorgung in Mischfällen auswirkt.

Im Gegensatz zu recht unterschiedlichen Arbeitsbezügen ergibt sich bei nicht zu stark voneinander abweichendem Jahreslohn beider Ehegatten eine Besserstellung im Falle der Wahl von Steuerklasse IV. Nachfolgend eine Übersicht als Hilfeleistung für die Wahl der günstigsten StKl-Kombination nach der *allgemeinen* LSt-Tabelle. Kinder bzw. Kinderfreibeträge können diese Wahl erheblich beeinflussen. Freibeträge auf der LSt-Karte oder vom Arbeitgeber vor Anwendung der Lohnsteuertabelle abzuziehende Beträge (wie Altersfreibetrag) sollten aber zwecks richtiger Steuerklassenwahl immer zuvor vom Arbeitsentgelt abzogen werden.

Bei folgenden Arbeitsbezügen, ggf. nach Abzug von Freibeträgen, ergeben sich nach der *allgemeinen Lohnsteuertabelle* 1989 praktisch keine Unterschiede in der Lohnsteuer zwischen den StKl-Kombinationen IV/IV und III/V *ohne* Kinder. Daß Kinder zu anderen Ergebnissen führen können, zeigt ebenfalls die nachstehende Tabelle am Beispiel für Eheleute mit 2 Kindern.

*) Nach Abzug der Weihnachtsfreibeträge, jeweils DM 600,–.

Etwa gleichhohe DM-Belastung bei den Steuerklassen III/V oder IV/IV**

Jahreslohn 1989* Ehegatten			Monats-Verhältnis – in etwa –			Lohnsteuer Eheleute (zusammen)			
1. Gatte	2. Gatte o. Kind	2 Kinder	1. Gatte	2. Gatte o. Kind	2 Kinder	Stkl IV/IV o. Kind	2 Kinder	StKl III/V o. Kind	2 Kinder
24 000	7 250	9 600	2 000	600	800	3 227	2 661	3 230	2 662
25 500	7 450	9 750	2 125	620	810	3 545	2 958	3 540	2 958
27 000	8 600	9 850	2 250	720	820	4 105	3 290	4 100	3 290
28 500	10 700	10 100	2 375	890	840	4 874	3 651	4 872	3 648
30 000	14 000	10 800	2 500	1 170	900	5 885	4 087	5 882	4 088
31 500	17 550	12 950	2 625	1 460	1 080	7 030	4 874	7 026	4 872
33 000	19 050	17 000	2 750	1 590	1 410	7 748	6 077	7 746	6 076
34 500	20 250	18 600	2 875	1 690	1 550	8 435	6 836	8 432	6 834
36 000	21 400	19 850	3 000	1 780	1 650	9 126	7 526	9 130	7 526
37 500	22 350	20 950	3 125	1 860	1 750	9 808	8 196	9 798	8 196
39 000	23 450	21 950	3 250	1 950	1 830	10 499	8 851	10 500	8 848
40 500	24 400	23 000	3 375	2 030	1 920	11 204	9 537	11 208	9 546
42 000	25 500	24 000	3 500	2 125	2 000	11 954	10 248	11 956	10 244
43 500	26 500	24 950	3 625	2 210	2 080	12 723	10 937	12 720	10 938
45 000	27 700	25 900	3 750	2 310	2 160	13 566	11 664	13 570	11 672
46 500	28 900	26 900	3 875	2 410	2 240	14 412	12 391	14 418	12 390
48 000	30 000	27 950	4 000	2 500	2 330	15 284	13 194	15 284	13 194
49 500	31 150	29 100	4 125	2 600	2 425	16 175	14 030	16 172	14 034

Ausgehend von dem angegebenen Jahreslohn des höher verdienenden Gatten ist die StKl-Kombination III/V dann zu empfehlen, wenn die Lohndifferenz erheblich höher liegt, z. B. ein Teil DM 36 000 und der andere Teil nur DM 18 000 oder weniger verdient; bei nicht sehr großen Abweichungen sollte die Kombination IV/IV beibehalten werden (vgl. dazu nächste Seite).

Anhand der allgem. Monatslohnsteuertabelle **1989** (Anhang 2) wird die Wahl der richtigen StKl-Kombination wesentlich erleichtert**.

*) Abzüglich Weihnachtsfreibeträge, je DM 600 und ggf. Freibeträge auf LSt-Karte etc.
) Die für Arbeitnehmer **mit verminderter Vorsorgepauschale (u. a. Beamte) geltende **besondere LSt-Tabelle** zeigt Abweichungen von der allgem. LSt-Tabelle bei Steuerklasse III ab DM 22 536 Jahreslohn bzw. DM 1878 im Monat und bei StKl IV ab DM 11 358 Jahreslohn bzw. DM 946,50 im Monat. **Durch Erhöhung** ihrer Monats-Lohnbezüge um die Zurechnungswerte gemäß **vollständiger Überleitungs-Tabelle von der besonderen auf die allgemeine Monats-Lohnsteuertabelle** auf Seite 163, kann auch dieser Personenkreis nach der LSt-Tabelle im Anhang 2 leicht selbst die günstigere StKl-Kombination erkennen. Dies geschieht beim Jahreslohn am einfachsten durch Hinzurechnung des **Minderbetrages an Vorsorgepauschale entspr. der Tabelle auf Seite 148** und damit in Anpassung an die **allgemeine** LSt-Tabelle. So kann ein Beamter o. Kind mit DM 30 000 Jahreslohn und DM 19 100 Lohn seiner Frau als Angestellte durch Zuschlag bei ihm DM 1026 in StKl III bzw. DM 1512 in StKl IV sowie von DM 864 bei seiner Frau in StKl IV anhand der **allgem. LSt-Tabelle** feststellen, daß die Steuer hier nach beiden Kombinationen (DM 7381 zu 7384) gleich hoch ist. **Ab DM 26 000 Jahreslohn oder DM 2165 im Monat** sind insoweit bei StKl IV **einheitlich DM 1510 im Jahr** oder rd. DM 125 im Monat und bei StKl III ab DM 52 000 Lohn DM 3020 oder rd. DM 250 pro Monat hinzuzurechnen.

Zum besseren Verständnis der Tarifgestaltung bei den für Eheleute maßgebenden Steuerklassen nachfolgend die *Eingangsstufen* 1989 *ohne* Berücksichtigung von Kinderfreibeträgen:

StKl V bei DM 1098,– Jahresbezug (nach Werbungskostenpauschale von DM 564,– und Arbeitnehmerfreibetrag von DM 480,– sowie zusätzlich DM 53,–, da die erste Tarifstufe mit DM 54,– erst danach einsetzt) oder etwa DM 90,– im Monat.

StKl IV bei DM 7416,– Jahresbezug (nach Ausgangsbasis wie StKl V mit DM 1097,– plus tariflicher Grundfreibetrag von DM 4752,–, Sonderausgabenpauschale DM 270,– und Vorsorgepauschale mit 18 % aus DM 7416,–, ergibt abgerundet auf den nächsten durch DM 54,– teilbaren Betrag DM 1296,–) oder DM 618,– im Monat.

StKl III bei DM 13 626,– Jahresbezug (nach Grundfreibetrag DM 9504,–, Werbungskostenpauschale und Arbeitnehmerfreibetrag DM 1044,–, Sonderausgabenpauschale DM 540,–, Vorsorgepauschale DM 2430,– und wegen späteren Tarifstufenbeginns DM 107,–) oder etwa DM 1135,– im Monat.

Bei Wahl der StKl IV gibt es *keine* Steuernachzahlung. Eine solche kann sich noch bei den StKl III und V ergeben, in höheren Lohnbereichen und bei sehr großen (bei Anwendung der besonderen LSt-Tabelle weniger großen) Verdienstunterschieden durch stärkere Progressionsbesteuerung. So 1989 bei zu versteuerndem Lohn kinderloser Ehegatten von DM 50 000,– und DM 10 000,– *mit* DM 292,– oder bei DM 80 000,–, und DM 10 000,– *DM 1192,–* Nachzahlung. Bei Eheleuten mit der StKl-Kombination III/V wird eine Einkommensteuer-Veranlagung von Amts wegen dann durchgeführt, wenn das zu versteuernde Einkommen über DM 36 000,– liegt. Dies entspricht bei Eheleuten ohne Kinder Lohnbezügen von mindestens DM 46 201,–* in den Jahren 1988 und 1989, dagegen bei Beamtenbezügen beider Ehegatten und der geringeren Vorsorgepauschale (hier DM 3996,–) von mindestens DM 43 825,–. Eheleute mit der StKl-Kombination IV/IV unterliegen erst ab einem zu versteuernden Einkommen von DM 48 000,– der ESt-Veranlagung, dies entspricht Lohnbezügen von mindestens DM 58 849,– (bei DM 7020,– Höchst-Vorsorgepauschale) bzw. DM 55 825,–, wenn beide Ehepartner nur die geringere Vorsorgepauschale (zus. DM 3996,–) erhalten, wie u. a. Beamte. Kinderfreibeträge (vgl. Seite 31) sind den vorstehend als Grenzwerte für eine ESt-Veranlagung angegebenen Lohnbezügen hinzuzurechnen; ebenso besondere Freibeträge und über den Pauschalen liegende tatsächliche Aufwendungen.

*) Lohnbezüge von DM 46 200,– entsprechen 1988 und 1989 einem zu versteuernden Einkommen von DM 36 000,– unter Berücksichtigung der Weihnachtsfreibeträge (2 × 600,–), der Arbeitnehmerfreibeträge (2 × 480,–), der Werbungskosten (Minimum 2 × 564,–), des Sonderausgabenpauschbetrages (540,–) und der Vorsorgepauschale als Minimum der Vorsorgeaufwendungen (hier DM 6372,–).

III. Erhebung der Lohnsteuer
Anwendung der Lohnsteuertabellen

(§§ 38–42f EStG; Abschnitte 85a–96 LStR)

Bei Einkünften aus nichtselbständiger Arbeit wird die Einkommensteuer durch Abzug vom Arbeitslohn (als Lohnsteuer) erhoben, soweit der Arbeitslohn von einem Arbeitgeber mit gewöhnlichem Aufenthalt, Geschäftsleitung, Sitz, Betriebsstätte oder ständigem Vertreter *im Inland* gezahlt wird (§ 38 Abs. 1 EStG). Der Arbeitgeber hat die Lohnsteuer bei jeder Lohnzahlung einzubehalten und den Betrag an die zuständige öffentliche Kasse abzuführen (§ 41a EStG). Die Ermittlung der Steuer erfolgt anhand der LSt-Karte des Arbeitnehmers nach den amtlichen Steuertabellen, die nach Steuerklassen und Zahl der Kinderfreibeträge gegliedert sind.

Lohnsteuerkarten erhalten alle Arbeitnehmer, die im Inland ihren Wohnsitz oder gewöhnlichen Aufenthalt haben und somit *unbeschränkt lohnsteuerpflichtig* sind. Die nicht darunter fallenden Arbeitnehmer gelten als *beschränkt lohnsteuerpflichtig*, soweit ihre Arbeit persönlich im Inland ausgeübt oder verwertet wird, oder wenn ihr Arbeitslohn aus inländischen öffentlichen Kassen mit Rücksicht auf ein gegenwärtiges oder früheres Dienstverhältnis gewährt wird. Bei dem Personenkreis der beschränkt Steuerpflichtigen richtet sich die Besteuerung nach den §§ 49, 50, 50a EStG. Wegen der Besonderheiten für Ausländer vgl. ab Seite 35.

Bei einem »sonstigen Bezug« (in der Regel Einmalzahlung), insoweit er die Entlohnung für mehrere Jahre gemäß § 34 Abs. 3 EStG umfaßt (z. B. Abgeltung aufgelaufener Urlaubsansprüche), ist, wenn er sich auf 2 Jahre bezieht, aus der Hälfte des Bezugs die Steuer aus der Jahrestabelle zu ermitteln und diese Steuer mit dem doppelten Betrag einzubehalten. Umfaßt die Abgeltung 3 oder mehr Jahre, ist aus einem Drittel die Lohnsteuer zu ermitteln und mit dem dreifachen Betrag anzusetzen, um eine zu hohe Steuerprogression zu vermeiden. Bei Entlassungs- und anderen Entschädigungen im Sinne § 24 Ziff. 1 EStG (vgl. S. 11 u. 12), soweit sie nicht steuerfrei sind, ist bereits vom Arbeitgeber die Lohnsteuer nur zur Hälfte der sich ansonsten für einen »sonstigen (Jahres-)Bezug« ergebenden Steuer anzusetzten (§ 39b Abs 3 letzter Satz EStG).

In den Jahres-Lohnsteuertabellen sind folgende Frei- und Pauschbeträge berücksichtigt, die sich in der Monatstabelle mit $^1/_{12}$, pro Woche mit $^7/_{360}$ und in der Tagestabelle mit $^1/_{360}$ auswirken:

1. *Grundfreibetrag* (ab 1990 DM 5616/11232)*
   Steuerklassen I, II, IV   DM 4752,–
   Steuerklasse III   DM 9504,–

2. *Arbeitnehmerfreibetrag** (StKl I–V)*   DM   480,–

3. *Kinderfreibeträge** (ab 1990 DM 1512 bzw. 3024)*
   Für steuerlich zu berücksichtigende Kinder je
   Elternteil und Kind grundsätzlich   DM 1242,–
   beim gemeinsamen Kind von Eheleuten (StKl III)   DM 2484,–

4. *Werbungskosten-Pauschale** (StKl I–V)*   DM   564,–

5. *Sonderausgaben*
   a) *Pauschbetrag*** StKl I, II, IV   DM 270,–,   StKl III   DM   540,–
   b) *Vorsorgepauschale allgemein****

   StKl I + II   9 % v. Lohn, maximal DM 2340,–
   zuzüglich   9 % v. Lohn, maximal DM 1170,–
   StKl III   9 % v. Lohn, maximal DM 4680,–
   zuzüglich   9 % v. Lohn, maximal DM 2340,–
   StKl IV   9 % v. Lohn, maximal DM 2340,–
   zuzüglich   9 % v. Lohn, maximal DM 1170,–

   c) *Vorsorgepauschale bei Altersversorgung ohne eigene Beitragszahlung (z. B. Beamte) oder mit Altersruhegeld aus der ges. Rentenversicherung*
   StKl I + II   18 % v. Lohn, maximal DM 2000,–
   StKl III   18 % v. Lohn, maximal DM 4000,–
   StKl IV   18 % v. Lohn, maximal DM 2000,–
   Minimum*** in StKl I, II, IV DM 300,– in StKl III DM 600,–

*) Die Eingangsstufen liegen in der für die StKl. I, II und IV maßgebenden ESt-Grundtabelle um DM 54,– und in der ESt-Splittingtabelle (StKl. III) um DM 108,– höher. Somit wirken sich DM 53,– bzw. DM 107,– als zusätzlicher Grundfreibetrag aus.

**) *Ab 1990 entfallen* der »Arbeitnehmer-Freibetrag«, die »Werbungskosten-Pauschale« und der »Weihnachtsfreibetrag«, zusammen DM 1644, zugunsten eines neu eingeführten »Arbeitnehmer-Pauschbetrag« in Höhe von DM 2000. Der »Sonderausgaben-Pauschbetrag« *vermindert sich ab 1990* von DM 270/540 auf DM 108/216.

***) *Ab 1990* entfallen als Minimum die DM 300/600, doch erhöht sich die *allgemeine* Vorsorgepauschale bei Alleinstehenden bis etwa DM 33 000 und bei Eheleuten bis über 66 000 Jahreslohn durch *Einbeziehung* des auf DM 4 000/8 000 angehobenen Vorwegabzugs von Vorsorgeaufwendungen. Die neue Berechnungsbasis ist grundsätzlich 18 % vom Lohn, höchstens jedoch der um jeweils 12 % vom Lohn gekürzte Vorwegabzug *zuzüglich* voll der verbleibende Betrag bis DM 2 340/4 680 und vom Restbetrag die Hälfte, maximal DM 1 170/2 340.

Maßgebend für die Vorsorge-Pauschale ist der um den Weihnachtsfreibetrag von DM 600 (*noch bis 1989*) und ggf. den Versorgungsfreibetrag (40 %, max. DM 4800) und Altersentlastungsbetrag (40 %, max. DM 3000, *ab 1990 DM 3720*) gekürzte Lohn. Wenn die Vorsorgepauschale nicht durch 54 teilbar ist, wird sie auf den nächsten voll durch 54 teilbaren Betrag abgerundet.

6. *Haushaltsfreibetrag* (StKl. II)
   Alleinstehend mit Kind (*ab 1990 = 5616*)   DM 4752,–

Die Jahreslohnsteuertabelle wird für die Steuerklassen I, II und IV von der ESt-Grundtabelle und für die Steuerklasse III von der ESt-Splittingtabelle abgeleitet; deren Eingangsstufen sind 1988 und 1989 DM 4806,– bzw. DM 9612,–.

Die *Jahres-Lohnsteuerschwellen* ergeben sich mit vorstehend genannten Frei- und Pauschbeträgen für die StKl I bis V wie folgt *1988/89:*

Steuerklasse I und IV	DM 7 416,–
Steuerklasse II (mind. 1 Kind)	DM 14 544,–*
Steuerklasse III (ohne Kind)	DM 13 626,–**
Steuerklasse V	DM 1 098,–

Hinzu kommen DM 600,– (noch bis 1989) Weihnachstfreibetrag.

Bei schuldhafter Nichtvorlage oder verzögerter Rückgabe der LSt-Karte ist die Lohnsteuer nach StKl VI zu ermitteln. Weist der Arbeitnehmer aber nach, daß er daran keine Schuld hat, muß der Arbeitgeber beim Lohnsteuerabzug seine ihm bekannten Familienverhältnisse zugrunde legen (§ 39c EStG). Maßgebend für die Anwendung der Monats-Lohnsteuertabelle sind die Eintragungen (Steuerklasse, Kinder, Kinderfreibeträge, andere Freibeträge usw.) auf der LSt-Karte. Dazu kommt gemäß § 39b EStG wie folgt ein automatischer Abzug vom Lohn durch den Arbeitgeber:

1. Anteilig pro Monat: a) Versorgungsfreibetrag (§ 19 Abs. 2 EStG)
                        b) Altersentlastungsfreibetrag (§ 24a EStG)
2. Weihnachtsfreibetrag (§ 19 Abs. 3 EStG), *entfällt ab 1990*

Während die Steuer für die laufenden Bezüge nach der Tabelle des entsprechenden Lohnzahlungszeitraums ermittelt wird, ist die Lohnsteuer auf einen »sonstigen Bezug«, soweit er DM 300,–

*) Hier »Zähler 0,5« (= DM 1242) unter Kinderfreibeträge; steht dem anderen Elternteil dieser Freibetrag *nicht* zu und ist der »Zähler 1« (= DM 2484) auf der LSt-Karte, liegt die Steuerschwelle bei DM 15 948,– in 1988 und 1989.

**) Steuerschwelle bei einem gemeinsamen Kind DM 16 650,– und bei 2 Kindern DM 19 674,– in 1988 und 1989.

übersteigt, mit dem Unterschied zu erheben, der sich bei Anwendung der Jahres-Lohnsteuertabelle voraussichtlich für den Gesamtlohn einerseits *ohne* den sonstigen Bezug und andererseits *mit* dem sonstigen Bezug ergibt (§ 39b Abs. 3 EStG). *Sonstige Bezüge* sind u. a. Gratifikationen, Tantiemen und Urlaubsabfindungen.

Ist in den Bezügen eine *nachträgliche* Entlohnung für mehrere zurückliegende Jahre* oder für eine Tätigkeit, die sich nicht nur auf das laufende Jahr erstreckt**, enthalten, besteht unbeschadet einer bereits geringeren Besteuerung beim Arbeitgeber (vgl. S. 30) nach § 34 Abs. 3 EStG *auf Antrag* im Rahmen einer ESt-Veranlagung die Möglichkeit der Verteilung dieses Betrages auf die entsprechenden, maximal jedoch auf drei zurückliegende Jahre**. *Gleiches gilt für Nachzahlungen von Ruhegehalt oder Renten z. B. aus der Angestelltenversicherung. Auch bei Vergütungen für Arbeitnehmer-Erfindungen (Abschn. 113 LStR) kann sich insoweit eine zusätzliche Vergünstigung ergeben (vgl. S. 144).*

Bei *Entschädigungen* als Ersatz für entgangene oder entgehende Einnahmen oder für die Aufgabe oder Nichtausübung einer Tätigkeit kann es sich um außerordentliche Einkünfte handeln, die *auf Antrag* im Rahmen einer ESt-Veranlagung nur mit der *Hälfte des durchschnittlichen Steuersatzes* belastet werden (§§ 24 Ziff. 1 und 34 Abs. 1 + 2 EStG), was noch wesentlich günstiger ist als eine ggf. bereits vorteilhafte Besteuerung durch den Arbeitgeber (vgl. S. 31 oben). Voraussetzung ist, daß der Steuerpflichtige einen nicht von ihm zu vertretenden oder gegen seinen Willen entstandenen Schaden erlitten hat (BFH-Urteil vom 6. 5. 77 – BStBl 1977 II, S. 718) und die Entschädigung dem Ausgleich dienen soll (Abschn. 170 EStR). Abgesehen von Ausnahmen fallen hierunter in der Regel Entschädigungen mit einem einmaligen und größeren Betrag als Abgeltung für mehrere Jahre (Abschn. 199 u. 200 EStR). Im übrigen wird auf die Ausführungen zu »Abfindungen wegen Auflösung des Arbeitsverhältnisses« (Seiten 11/12) verwiesen.

---

*) Darunter können auch einmalige nach Betriebszugehörigkeit gestaffelte Zahlungen des Arbeitgebers anläßlich des Ausscheidens von Arbeitnehmern wegen Erreichens der Altersgrenze fallen (BFH-Urteil vom 10. 6. 83 – BStBl 1983 II, Seite 575).
**) Die Zuwendung aus Anlaß des 25jährigen Arbeitsjubiläums ist als nachträgliche Entlohnung für diesen gesamten Zeitraum anzusehen, und es gilt hierfür (soweit nicht steuerfrei) die Vergünstigung der Verteilung auf *3 beliebige der zurückliegenden 25 Jahre* und *nicht* der in den Steuerrichtlinien verankerten höchstens 10 Jahre. Auch können Zahlungen aufgrund eines Firmenjubiläums (hier zum Teil) auf einen über 10 Jahre zurückliegenden Zeitraum verteilt werden (2 Urt. des BFH v. 3. 7. 87 – BStBl 1987 II, S. 677 + 820).

Sonderregelung für Arbeitnehmer in Berlin (West)

(§§ 21–23, 25 Abs. 2, 26, 28 Berlin-FG)

Eine Ermäßigung der Einkommensteuer um 30 % der Einkünfte aus Berlin (West) steht allen natürlichen Personen zu, die

- zu Beginn eines Jahres ihren ausschließlichen Wohnsitz in Berlin (West) haben oder ihn im Laufe des Jahres dort nehmen – oder
- bei mehrfachem Wohnsitz das ganze Jahr über *einen* in Berlin haben oder sich vorwiegend dort aufgehalten haben – oder
- ohne einen Wohnsitz im Geltungsbereich des Einkommensteuergesetzes zu besitzen, ihren gewöhnlichen Aufenthalt in Berlin haben.

Bei *Arbeitnehmern* mit Einkünften aus einer *Beschäftigung in Berlin* (ebenso bei nur vorübergehender Arbeit bis zu 12 Monaten außerhalb Berlins) wird diese Vergünstigung *durch steuerfreie Zulagen** zum Arbeitslohn abgegolten, sofern diese den Ermäßigungssatz von 30 % *nicht unterschreiten***. Die Zulage beträgt grundsätzlich 8 % vom Arbeitslohn plus DM 49,50 pro Monat für jedes auf der LSt-Karte*** bescheinigte Kind. Bei Ehegatten mit StKl IV erhält jeder den halben Zuschlag. Den Kinderzuschlag je zur Hälfte erhalten *ab 1986* auch *ohne Kinder-Eintrag auf der LSt-Karte* Arbeitnehmer-Eheleute im Heiratsjahr bei Begründung des Kindschaftsverhältnisses *zu beiden Teilen* erst *nach* der Heirat. Bei unbeschränkt steuerpfl. und zusammenlebenden Eheleuten genügt es, wenn *ein* Ehegatte seinen ausschließlichen Wohnsitz in Berlin hat. Zum Arbeitslohn aus einem gegenwärtigen Vertragsverhältnis zählen auch Bezüge aus früheren Dienstleistungen, wenn sie von demselben Arbeitgeber und gleichzeitig bezogen werden. Ansonsten gilt hier noch wie für Versorgungsbezüge die alte Regelung mit 3 % Steuerminderung. Ebenso erhalten Arbeitnehmer *ohne Wohnsitz in Berlin* weiter 30 % Steuerermäßigung für Lohneinkünfte, wenn sie dort mind. 3 Monate ununterbrochen tätig waren. Wegen der besonderen Förderung von Wohnraum vgl. Seiten 50–57.

---

*) Diese Zulagen werden unter den in § 28 Berlin-FG genannten Voraussetzungen (u. a. Krankheit, Mutterschaft, Kurzarbeit) bei Unterbrechung der Tätigkeit und Nichtfortzahlung der Lohnbezüge bis längstens 78 Wochen weiter gewährt.

**) Der Altersentlastungsbetrag kann bei Berlin(West)-Einkünften mit durch Zulagen begünstigten Lohneinkünften zu einer zwar nicht unter 30 % liegenden, doch insgesamt geringfügig ungünstigeren Tarifermäßigung führen. Die *insgesamt* mit 30 % ermittelte Tarifermäßigung wird hier verringert *um den Anteil der durch Zulagen abgegoltenen Lohneinkünfte an den um den Altersfreibetrag gekürzten Gesamteinkünften* (BFH-Urteil v. 3. 7. 87 – BStBl 1987 II, S. 666).

***) Verfassungskonform ist, daß für Kinderzuschläge der entspr. Eintrag auf der LSt-Karte bzw. die Zuordnung Voraussetzung ist (BFH v. 25. 1. 85. – BStBl 1985 II, S. 359–361).

Besonderheiten für Ausländer

(§§ 33a Abs. 1, 39d, 49, 50, 50a EStG; Abschn. 67/5, 74/3, 92 LStR)

Ausländer ohne Wohnsitz (§ 8 AO) oder gewöhnlichen Aufenthalt (§ 9 AO) im Bundesgebiet und Berlin-West (Inland) sind mit ihren Einkünften im Inland *beschränkt steuerpflichtig*. Gleiches gilt für Personen aus Ost-Berlin und der DDR.

Als beschränkt steuerpflichtig sind grundsätzlich sämtliche Ausländer anzusehen, die sich noch nicht *6 Monate im Inland* aufhalten. Ausländer mit längerem Aufenthalt sowie auch diejenigen, die schon vor Ablauf der 6 Monate einen Wohnsitz im Inland begründen* oder die einen Arbeitsvertrag über einen längeren Zeitraum vorweisen können**, erhalten als Arbeitnehmer ihre LSt-Karte und gelten dann als unbeschränkt steuerpflichtig. Sie können auch den LSt-Jahresausgleich oder die ESt-Veranlagung durchführen lassen; es sei denn, daß sie vor Ablauf von 6 Monaten ins Ausland zurückkehren, obwohl sie zuvor eine LSt-Karte erhalten haben. Weitgehend werden Ausländer nach Erlangung der Steuerkarte in allen steuerlichen Belangen Inländern gleichgestellt. Sonderregelungen bzw. eine erschwerte Nachweispflicht bestehen aber bei bestimmten Vergünstigungen, wie doppelte Haushaltsführung*** im Rahmen der Werbungskosten, Unterhaltszahlungen an mittellose Angehörige, auswärtige Unterbringung Kinder, Ausbildungsfreibeträge oder bei Körperbehinderungen. Damit wird den Verhältnissen im Inland Rechnung getragen, zumal sich hier Angaben wesentlich leichter nachprüfen lassen. So sind bei doppeltem Haushalt und größerer Entfernung für die Anerkennung von Familienheimfahrten neben dem Reisepaßstempel von der Grenze noch besondere Nachweise (Fahrkarte oder Pkw-Fahrtenbuch und

---

*) Ausgaben für eine Einbürgerung sind auch bei Personen aus anderen EG-Staaten *nicht* Werbungskosten (BFH v. 18. 5. 84 – BStBl 1984 II, S. 588). »Sonstige Umzugsauslagen« bei Zuzug von Ausländern zwecks Arbeitsaufnahme im Inland sind als Werbungskosten in Anlehnung an § 10 Abs. 1 + 2 der Auslandsumzugskostenverordnung (AUV) zu schätzen (vgl. hierzu BFH-Urteil v. 6. 11. 86 – BStBl 1987 II, S. 188).
**) Trifft vielfach insbesondere auf Personen aus den EG-Staaten zu.
***) Die Anerkennung einer doppelten Haushaltsführung blieb einem türkischen Arbeitnehmer in Berlin (West) versagt, dessen Ehefrau mit Kindern zwar im Heimatland lebten, der aber am Arbeitsort mit einer anderen Frau und einem gemeinsamen Kind einen eigenen Hausstand unterhält. Gleiches gilt für Marokkaner mit 2 gültigen Ehen, wenn eine Ehefrau am deutschen Arbeitsort mitlebt. Auch hier wurde der Mittelpunkt der Lebensinteressen im eigenen Hausstand am Arbeitsort angesehen (2 BFH-Urteile v. 25. 3. 88 – BStBl 1988 II, S. 582–585).

Benzinbelege usw.) zu erbringen. Eine Vergünstigung wegen *auswärtiger Unterbringung von Kindern* setzt voraus, daß beide Elternteile im Inland sind und die Kinder nachweislich eine Schule im Heimatland besuchen. Der *Pauschbetrag für Körperbehinderte* kann nur zuerkannt werden, wenn die Behinderung durch eine Gesundheitsbehörde im Inland festgestellt worden ist. Einem *nicht unbeschränkt steuerpflichtigen* Kind steht ein Behinderten-Freibetrag im Inland nicht zu, kann somit auch nicht auf den hier tätigen Vater übertragen werden (BFH v. 18. 12. 81 – BStBl 1982 II, S. 256).

Als *Sonderausgaben* können Beiträge an ausländische Versicherungen nur anerkannt werden, wenn der Versicherungsgesellschaft die Erlaubnis zum Betrieb eines begünstigten Versicherungszweiges im Inland erteilt ist. Ausgenommen hiervon ist das 1. Jahre nach Zuzug.

Unbeschränkt steuerpflichtige Ausländer erhalten grundsätzlich die Steuerklassen wie Inländer. Soweit aber bei Verheirateten der Ehegatte und Kinder im Ausland verbleiben, steht ihm nur die StKl I zu. Dagegen erhält er die StKl II (*mit Haushaltsfreibetrag von DM 4752,–*), wenn ein Kind *im Inland* bei ihm lebt*. Abweichend hiervon erhalten Verheiratete aus Ostblockländern** die StKl. III, wenn der Ehegatte keine Ausreisegenehmigung trotz nachgewiesener Bemühungen erhält. Ausländische, im Inland tätige Arbeitnehmer sind *beschränkt steuerpflichtig*, wenn sie die Voraussetzungen für die unbeschränkte Steuerpflicht nicht erfüllen. Sie erhalten dann für das erste Arbeitsverhältnis die Steuerklasse I, für weitere die StKl VI. Das Finanzamt hat aber *auf Antrag* eine Bescheinigung über die maßgebende Steuerklasse (Änderungsmöglichkeit bis Jahresablauf) auszustellen, auf der beantragte Freibeträge wegen erhöhter Werbungskosten oder außergewöhnlicher Belastung in besonderen Fällen usw. zu berücksichtigen sind; *ohne* Beachtung der Antragsgrenze von DM 1800,–, weil hier ein Jahresausgleich oder eine ESt-Veranlagung ausgeschlossen ist. Befreit vom LSt-Abzug (bis DM 1000 Lohn im Monat) werden *auf Antrag* ausländische Studenten, wenn ihr zeitlicher Aufenthalt im Inland unter 6 Monaten liegt und der Immatrikulationsnachweis an einer ausl. Universität erbracht wird (Abschn. 92 Abs. 4 LStR).

---

*) Bei rückwirksamer Zahlung von Kindergeld als Folge erst späterer Anerkennung als Asylberechtigten entfallen nachträglich zuvor für den Unterhalt von Kindern gewährte Freibeträge (BFH-Urteil v. 11. 9. 87 – BStBl 1988 II, S. 14).
**) Gilt analog für im Inland tätige Arbeitnehmer aus Ost-Berlin und der DDR.

Ausländische Künstler, Berufssportler, Schriftsteller, Journalisten, Bildberichterstatter und Artisten werden einheitlich mit 15 % versteuert (§ 50a Abs. 4 EStG; Abschn. 92 Ziff. 5 + 6 LStR).

Werden Gastarbeiter unbeschränkt steuerpflichtig, können sie auch für die Zeit davor Steuervergünstigungen im dann möglichen LSt-Jahresausgleich bzw. der ESt-Veranlagung erhalten.
Bei *endgültiger* Rückkehr in das Heimatland kann der LSt-Jahresausgleich gemäß § 42 EStG und Abschn. 107 Abs. 5 LStR sofort im Laufe des Jahres durchgeführt werden*.

Unterhaltsaufwendungen an nicht unbeschränkt im Inland steuerpflichtige *Angehörige im Ausland,* für die es *keine* Leistungen nach dem Bundeskindergeldgesetz usw. gibt, können insoweit steuermindernd sein, als sie nach den Verhältnissen der unterhaltenen Person und ihres Wohnsitzlandes nachweislich (z. B. amtliche Bescheinigung der Heimatbehörde über Einkünfte und Vermögen) notwendig und angemessen sind. Wohnt die unterhaltene Person nicht in einem den Lebenshaltungskosten in Deutschland entsprechenden Staat, wie die EG-Länder oder Österreich, Schweiz, Finnland, Norwegen, Schweden, Spanien, Griechenland, Israel, Japan, USA usw., werden Unterhaltsaufwendungen unter Beachtung der Durchschnittsstundenlöhne der verarbeitenden Industrie in den fremden Ländern im Verhältnis zum Inland nach Ländergruppen nur noch bis zu *einem Drittel* und bis zu *zwei Drittel* des nach § 33a EStG steuermindernden Höchstbetrages von DM 4500 bzw. DM 2484 bei Personen unter 18 Jahren anerkannt. Die darauf anzurechnenden eigenen Einkünfte und Bezüge der Unterstützten im Inland, soweit sie DM 4500 pro Jahr übersteigen, ermäßigen sich ebenfalls im gleichen Verhältnis (auf ⅓ bzw. ⅔). Danach können Unterhaltsleistungen an im Heimatland verbliebene Angehörige wie folgt zu Freibeträgen führen:

– Bis zu DM 1500 bzw. DM 828 (bei Personen *unter* 18 Jahren), worauf *über* DM 1500 liegende eigene Einkünfte und Bezüge der unterhaltenden Person angerechnet werden, für Angehörige in Tunesien, Iran, Marokko, Irak, Vietnam etc.
– Bis zu DM 3000 bzw. DM 1656, bei Anrechnung eigener, über DM 3000 hinausgehender Einkünfte und Bezüge, u. a. für Angehörige in den europ. Staaten Jugoslawien, Polen, Ungarn, Portugal, Sowjetunion, Tschechoslowakei und Türkei.

*) Bei Rückkehr von Ausländern in ihr Heimatland aufgrund des Gesetzes zur Förderung der Rückkehrbereitschaft von Ausländern vom 28. 11. 83 (BStBl 1983 I, S. 565) ist ein LSt-Jahresausgleich oder eine ESt-Veranlagung grundsätzlich sofort möglich bei Vorlage der polizeilichen Abmeldung sowie des Vorbescheids vom Arbeitsamt über die Höhe der Rückkehrhilfe, sofern diese nicht durch ein Kreditinstitut vorfinanziert wurde.

Unterhaltszahlungen* an den im Ausland lebenden Ehegatten oder für Kinder, für die *im Inland* Kindergeld nach dem BKGG geleistet wird, sind grundsätzlich *nicht* berücksichtigungsfähig. Dies gilt *nicht* für getrennt lebende Eheleute oder bei Kindern, für die niemand im Inland einen Kinderfreibetrag erhält. Wird Unterhalt an mehrere im Haushalt oder am selben Ort mit dem im Heimatland verbliebenen Ehegatten lebende Angehörige** geleistet, ist die Gesamtsumme um den sich nach dem entspr. Land für Ehefrau und Kinder ergebenden Höchstbetrag zu kürzen. Der Rest ist auf die anderen Unterstützten aufzuteilen und kann im Rahmen der Höchstbeträge (ggf. nach Abzug noch anderer Hilfe) steuermindernd sein. Eine Einschränkung besteht insofern noch, als die *gesamten* Unterhaltszahlungen einschl. Ehefrau und Kinder im Heimatstaat nur mit 1 % je volle DM 1000,– des »Nettoeinkommens«, maximal mit 50 vom Hundert, als »Opfergrenze« (vgl. S. 92) anerkannt werden. Als Fußnote*** ein Beispiel.

*Ausbildungsfreibeträge**** setzen grundsätzlich einen Kinderfreibetrag im Inland voraus; doch können sie ab 1988 auch dann gewährt werden, wenn ein Arbeitnehmer bei unbeschränkter Steuerpflicht des Kindes einen Kinderfreibetrag erhielte. Insoweit wird dann auch ein Unterhaltsfreibetrag wie bei Personen unter 18 Jahren (vgl. Vorseite) gewährt.*

*) Bei Unterhaltsleistung an Bewohner in der DDR und Berlin-Ost ist die Bedürftigkeit der Empfänger weiterhin in der Regel zu unterstellen. Aber auch hier ist die sogenannte »Opfergrenze« zu beachten (BFH-Urteil v. 5. 12. 86 – BStBl 1987 II, S. 238).

**) Bei einer einmaligen, größeren Unterhalts-Jahreszahlung an die Eltern im November mit *Rückwirkung auf das Gesamtjahr* wurde an dem Grundsatz festgehalten, daß der Lebensbedarf des Empfängers laufende Zahlungen erfordere und nur ein Abzug von Unterhaltsleistungen für 2 Monate (Nov. + Dez.) zulässig sei; auch eine Anrechnung auf das Folgejahr wurde ausgeschlossen (BFH v. 13. 2. 87 – BStBl 1987 II, S. 341).

***) Arbeitslohn, Kindergeld, AN-Sparzulage, ggf. Steuerrückzahlung = DM 45 500
./. Steuerabzüge, Sozialversicherung Arbeitnehmer, Werbungskosten (eventuell auch für doppelten Haushalt) usw. = DM 18 000
Nettoeinkommen = DM 27 500
Opfergrenze 27 v. H. = DM 7290, davon für Frau und 2 Kinder, zus. 15 vom Hundert = DM 4050, verbleiben max. DM 3240 für andere Angehörige.

****) Zu den Berufsausbildungskosten zählen auch Ausgaben für die auswärtige Unterbringung von Kindern. Hier Anerkennung von Ausbildungs-Freibeträgen (nach Kürzung um ⅓) bei einem in Berlin (West) tätigen Arbeitnehmer türkischer Nationalität, dessen Kinder in einer für sie angemieteten Wohnung im Heimatland lebten und dort die Schule besuchten (BFH-Urteil v. 6. 11. 87 – BStBl 1988 II, S. 422). Die Gewährung eines Ausbildungsfreibetrages erfordert auch bei ausländischen Arbeitnehmern *nachgewiesene* Ausgaben für die Berufsausbildung des Kindes (z. B. für Lernmittel, Schulbesuch, auswärtige Unterbringung usw.). Daß solche Kosten nach der Lebenserfahrung entstehen, reicht als Begründung *nicht* aus (BFH v. 6. 11. 87 – BStBl 1988 II, S. 442).

IV. Antrag auf Lohnsteuerermäßigung 1989

– Freibetrag auf der Lohnsteuerkarte –

Allgemeines – Fristen und Termine

(§ 39a EStG; Abschnitt 78 LStR)

Es gibt ohne jede Veränderung *unbeschränkt antragsfähige* und *beschränkt antragsfähige Ermäßigungsgründe*. Unter die erste Kategorie fallen der *letztmalig 1989* gewährte Altersfreibetrag und der Freibetrag für Körperbehinderte, die in der Regel im Rahmen der Ausstellung der Lohnsteuerkarte bereits von der zuständigen Gemeinde eingetragen werden sollen, sowie auch der Freibetrag für besondere Fälle, der u. a. Vertriebenen, Spätheimkehrern und politisch Verfolgten bei entsprechenden Voraussetzungen zusteht, und der Freibetrag *zur Förderung von Wohneigentum, der bei Eigennutzung und Herstellung oder Anschaffung von Wohneinheiten seit 1987* gemäß § 10e und § 34f EStG sowie § 15b Berlin-FG höher sein kann als bei den unverändert hierunter bis zum Ablauf fallenden Vergünstigungen für bis Ende 1986 hergestellte oder erworbene Wohneinheiten gemäß den § 7b, 21a, 34f EStG und §§ 14a, 15 Berlin-FG (vgl. hierzu die Seiten 50–57). Unberücksichtigt bleiben im Lohnsteuer-Ermäßigungsverfahren Vorsorgeaufwendungen, die steuerlich begrenzt abzugsfähige Beiträge zu Versicherungen und Bausparkassen umfassen. Diese Aufwendungen sind bereits in Form von *Vorsorgepauschalen* als Mindestbeträge in den Lohnsteuertabellen steuermindernd enthalten. Im LSt-Ermäßigungsverfahren können Werbungskosten, übrige Sonderausgaben, Pauschalbeträge zur Pflege des Eltern-Kind-Verhältnisses *(entfällt ab 1990)* und außergewöhnliche Belastungen, die sämtlich unter die Kategorie »beschränkt antragsfähige Ermäßigungsgründe« fallen, zu einem Freibetrag auf der LSt-Karte führen, wenn sie insgesamt voraussichtlich über dem Betrag von DM 1800,–, der sowohl für Alleinstehende als auch für Ehegatten gemeinsam gilt, im Jahr liegen.

Nicht zu einem Freibetrag auf der Lohnsteuerkarte führen der Versorgungsfreibetrag (vgl. Seite 16) sowie der Altersentlastungsbetrag und der *noch bis einschl. 1989* gewährte Weihnachtsfreibetrag von DM 600,– je Arbeitnehmer. Der Altersentlastungsbetrag bezieht sich auf alle Einkünfte mit Ausnahme von Versorgungsbezügen sowie Leibrenten und beträgt 40 % vom Arbeitslohn und anderen positiven Einkünften, maximal DM 3000,– *(ab 1990 DM 3720,–)* pro anno. Diese Vergünstigungen sind durch den Arbeitgeber auch ohne entspr. Bescheinigung auf der LSt-Karte zu berücksichtigen. Zuständig für den Antrag auf Lohnsteuerermäßigung 1989 ist das Finanzamt, in dessen Bereich der Antragsteller die Wohnung hat, von der aus er regelmäßig seine Arbeitsstätte aufsucht. Für Ehegatten, die beide Arbeitnehmer sind und mehrfachen Wohnsitz haben, ist das Finanzamt maßgebend, in dessen Bezirk sich die Familie vorwiegend aufhält. Haben Ehegatten keine gemeinsame Wohnung, ist die Wohnung des älteren Ehegatten entscheidend, von der aus er regelmäßig seine Arbeit antritt. Wegen der Zuständigkeit bei Angehörigen der Bundeswehr vgl. S. 99.

Jeder Arbeitnehmer kann im Laufe eines Kalenderjahres seine Steuerkarte zur Eintragung eines steuerfreien Betrages oder eines höheren Betrages als bisher schon eingetragen dem zuständigen Finanzamt zur Ergänzung vorlegen. Er sollte den Antrag möglichst frühzeitig stellen und kann dies von dem Zeitpunkt an tun, in dem er seine LSt-Karte von der Gemeinde erhalten hat. Der Antrag ist auf dem amtlichen Vordruck zu stellen, wie er sich für 1989 abgebildet im Verlauf der weiteren Ausführungen zeigt. Das Formular ist bei jedem Finanzamt und vielfach im Lohnbüro des Arbeitgebers erhältlich. Die Eintragung eines Freibetrages auf der LSt-Karte erfolgt grundsätzlich mit Wirkung auf den Folgemonat. Lediglich bei im Januar eines Jahres gestellten Anträgen ist die Eintragung mit Rückwirkung auf den 1. Januar vorzunehmen. Der Antrag auf Lohnsteuerermäßigung 1989 muß spätestens bis 30. Nov. 1989 gestellt sein, ansonsten eine Steuerermäßigung nur noch im Rahmen des LSt-Jahresausgleichs oder ggf. bei der ESt-Veranlagung geltend gemacht werden kann. Ist ein Jahresfreibetrag auf der LSt-Karte einzutragen, weil unbeschränkt antragsfähige Aufwendungen vorliegen oder die Antragsgrenze von DM 1800,– für beschränkt abzugsfähige Aufwendungen überschritten wird, so ist dieser auf Monats- und ggf. Wochen- und Tagesfreibeträge durch das Finanzamt zu verteilen. Der Wochenfreibetrag ist dabei mit $\frac{7}{30}$ und der Tagesfreibetrag mit $\frac{1}{30}$ des Monatsfreibetrages anzusetzen.

Sind bei einem Arbeitnehmer Pflegekinder zu berücksichtigen oder Kinder 1. Grades und angenommene Kinder nach Vollendung des 16. Lebensjahres zu Beginn des Steuerjahres, so ist zuständig für die Änderung der LSt-Karte (Anzahl Kinder und Kinderfreibeträge oder ggf. Steuerklasse II statt I) das Wohnsitzfinanzamt. Ansonsten ist für die Eintragung des Familienstandes, der Steuerklasse und der Anzahl Kinderfreibeträge und Kinder die zuständige Gemeinde maßgebend, ebenso für einen Wechsel der Steuerklassen bei Ehegatten.

Bezieht sich der Antrag auf Lohnsteuer-Ermäßigung lediglich auf eine *nicht* von der zuständigen Gemeinde vorzunehmende Änderung der LSt-Karte wegen des Eintrags von Kindern und Kinderfreibeträgen, ist ein vereinfachtes 2seitiges Antragsformular zu verwenden, das jede LSt-Stelle im Finanzamt vorrätig hat. Der für das Jahr 1989 zu verwendende Vordruck befindet sich abgedruckt am Ende dieses Buches bzw. auf der dritt- und viertletzten Seite *vor* dem Sachregister.

Bei der Ermittlung, ob für »beschränkt antragsfähige Ermäßigungsgründe« die Voraussetzungen für den Eintrag eines Freibetrages auf der LSt-Karte vorliegen, können nur die tatsächlich zu erwartenden Aufwendungen maßgebend sein, auch wenn die in den Lohnsteuertabellen 1989 noch unverändert gebliebenen Pauschalen für Werbungskosten jedes Arbeitnehmers oder der Sonderausgaben-Pauschbetrag vereinzelt höher liegen sollten. Nur wenn die zu berücksichtigenden, voraussichtlich tatsächlichen Aufwendungen über DM 1800,– liegen, kann hierfür ein Freibetrag eingetragen werden, bei dessen Höhe die in den Lohnsteuertabellen enthaltenen Pauschbeträge, höchstens jedoch bis zu den entsprechenden, geltend gemachten Aufwendungen, abzuziehen sind. Analog hierzu sind auch berücksichtigungsfähige außergewöhnliche Belastungen, soweit sie nicht *besondere* Freibeträge betreffen, um die zumutbare (Eigen-)Belastung zu kürzen. Bei Ehegatten, die beide Arbeitnehmer sind, kann der Freibetrag mit Ausnahme der jedem Ehegatten zuzurechnenden eigenen Werbungskosten (soweit über seiner Pauschale von DM 564,– liegend) ohne Rücksicht auf unbeschränkt oder beschränkt antragsfähige Ermäßigungsgründe durch gemeinsamen Antrag beliebig aufgeteilt werden, ansonsten die Aufteilung je zur Hälfte erfolgt. Infolge der Steuerprogression ist der Eintrag beim höher verdienenden Ehegatten grundsätzlich günstiger, wenn beide die StKl IV haben. Auch auf einer 2. LSt-Karte mit StKl VI kann der Freibetrag stehen.

Erhalten Arbeitnehmer einen Freibetrag wegen Fahrten zwischen Wohnung und Arbeitsstätte mit eigenem Kfz oder wegen doppeltem Haushalt oder wegen Unterhalt Angehöriger oder wegen Berufsausbildung von Kindern oder wegen Beschäftigung einer Hausgehilfin bzw. für vergleichbare Dienstleistungen, so sind sie unverzüglich zur Beantragung einer Korrektur ihres Freibetrages verpflichtet, wenn sich die Verhältnisse ändern und die Aufwendungen um mindestens DM 400,– verringern. Ein Freibetrag ist im Jahre 1989 bei Fahrten Wohnung – Arbeitsstätte mit eigenem Kfz und ggf. auch bei doppelter Haushaltsführung leichter oder in höherer Summe zu erreichen, weil die Pauschale für den Entfernungskilometer von DM –,36 auf DM –,43 bzw. von DM –,16 auf DM –,19 angehoben wurde (vgl. Seiten 58/59 und 65). Die Berücksichtigung von Verlusten aus anderen Einkunftsarten ist grundsätzlich erst im Rahmen der ESt-Veranlagung und nicht beim LSt-Abzug möglich. Sachlich gerechtfertigte Ausnahmen sind durch die Bestimmungen der §§ 7b und 54 EStG sowie §§ 14a und 15 Berlin-FG gegeben. Auch erhöhte Absetzungen auf Herstellungskosten von Anlagen und Einrichtungen bei Wohngebäuden (§ 82a EStDV) bleiben hier unberücksichtigt. Nicht zu anderen Einkunftsarten zählend ist die Wohnraum-Förderung gemäß § 10e EStG und § 15b Berlin-FG anzusehen, die ausschließlich bei Selbstnutzung eintritt.

Im Jahre 1989 können bereits in den Monaten Okt.–Dez. Anträge auf eine LSt-Ermäßigung für 1990 gestellt werden. Der Vollständigkeit halber und weil sich hierfür grundlegende Veränderungen durch das Steuerreform-Gesetz 1990 ergeben, als Fußnote* das Wesentliche.

Wird dem Antrag eines Arbeitnehmers auf Eintragung eines Freibetrages auf der Lohnsteuerkarte nicht voll entsprochen, so ist ein schriftlicher Bescheid mit einer Belehrung über den zulässigen Rechtsbehelf zu erteilen (§ 39a Abs. 4 EStG.) Nach der Abgabenordnung (AO) werden für Einsprüche keine Gebühren erhoben.

*) – Neueinführung eines Arbeitnehmer-Pauschbetrages von DM 2000 bei gleichzeitigem Wegfall der Arbeitnehmer-Pauschale (480), der Werbungskosten-Pauschale (564) und des Weihnachtsfreibetrags (600), zusammen DM 1644. Dadurch können tatsächliche Werbungskosten nur noch zum Freibetrag führen, wenn sie *über* DM 2000 liegen.
– Der Pauschbetrag für Sonderausgaben (*ohne* Vorsorgeaufwendungen) wird von DM 270/540 auf DM 108/216 gesenkt; dies ist *nicht* von Nachteil für alle diejenigen, die höhere Ausgaben als die bisherigen Pauschbeträge, beispielsweise durch Kirchensteuer, haben. Insoweit schlägt sich die Differenz im größeren Freibetrag nieder.
– Im Gegensatz zu 1989 können ab 1990 mit Ausnahme des Behinderten- und des Eigenheimfreibetrags (Altersfreibetrag entfällt) Freibeträge auf der LSt-Karte nur noch eingetragen werden, wenn die Werbungskosten *abzüglich* Arbeitnehmer-Pauschbetrag von/bis DM 2000 und die übrigen Ausgaben/Aufwendungen *DM 1200 übersteigen* (bisher genügten nachgewiesene Gesamtaufwendungen von DM 1801).

Antragsformulare
mit Erläuterungen und Musterbeispiel

Der Antrag auf Lohnsteuerermäßigung kann nur auf amtlichem Formular unter Beifügung der Lohnsteuerkarte, gegebenenfalls bei Ehegatten beider, gestellt werden. Für das Jahr 1989 gibt es wieder *neben* dem allgemeinen Antragsformular ein besonderes, das nur *bei alleinigem Antrag auf Eintragung von Kindern und Kinderfreibeträgen auf der Lohnsteuerkarte* zu verwenden ist (vgl. Seite 41 oben). Nachfolgend wird der allgemeine Antrag behandelt. Da bei diesem in der Regel ein einwandfreier Nachweis von Aufwendungen noch nicht möglich ist, sind die Antragsgründe und die Höhe der Ausgaben glaubhaft zu machen. Dies ist möglich durch Vorlage von Ausgabebelegen des Vorjahres, Arbeitgeberbescheinigungen, amtlichen Bescheinigungen usw., wie auch durch Hinweis auf früher vorgelegte Nachweise. Der Antrag ist möglichst in Blockschrift oder mit Schreibmaschine auszufüllen. Besondere Angaben, die im Formular nicht unterzubringen sind, sollten mit Namen und Anschrift sowie dem Vermerk »Beilage zum Antrag auf Lohnsteuerermäßigung 1989« versehen sein.

Der Antrag wird in der Regel bei Vorsprache im zuständigen Finanzamt umgehend überprüft und erledigt, führt also in diesem Falle bei entspr. Voraussetzungen zum sofortigen Eintrag eines Freibetrages auf der LSt-Karte. Wird der Antrag mit allen erforderlichen Unterlagen schriftlich eingereicht, können sich Verzögerungen in der Rückgabe, insbesondere am Jahresanfang wegen der Vielzahl von Anträgen, ergeben.

Die Eintragung eines Freibetrages stellt nach § 39a EStG die gesonderte Feststellung einer Besteuerungsgrundlage dar, die jederzeit, auch rückwirkend, geändert werden kann. Damit ist generell dem Finanzamt die Möglichkeit gegeben, in begründeten Fällen den Freibetrag zu ändern oder wieder zu entziehen.

Der folgende Teil enthält bereits das allgemeine, mit *neuem* Musterbeispiel ausgefüllte *amtliche Antragsformular für das Jahr 1989*. In Ergänzung hierzu noch den Vordruck LSt 3 D »Förderung des Wohneigentums« (unmittelbar *vor* dem Sachregister).

Der Freibetrag nach dem Musterbeispiel und die daraus resultierende Steuerentlastung ergeben sich aus den Seiten 92 und 93.

Die systematischen, auf jede Antragseite folgenden Erläuterungen sind mit Tabellen, Beispielen und neuer Rechtsprechung versehen.

Finanzamt **Garmisch** (Eingangsstempel)

Antrag auf Lohnsteuer-Ermäßigung

1989

Ⓐ Angaben zur Person

Die Angaben für den Ehegatten bitte immer ausfüllen!

	Antragstellende Person	Ehegatte
Familienname, Vorname	Müller, Joachim	Müller, Renate
Straße und Hausnummer	Bahnhofstr. 12	Bahnhofstr. 12
Postleitzahl, Wohnort	81 Garmisch	81 Garmisch
Geburtsdatum (Tag/Monat/Jahr/Religion)	15 12 40 rk.	22 12 46 ev.
Verheiratet seit / Verwitwet seit	15.9.1965	Geschieden seit / Dauernd getrennt lebend seit
Ausgeübter Beruf	Buchhalter	Kontoristin
Telefonisch tagsüber zu erreichen unter Nr.	08823/43555	68590

1) Auch dann angeben, wenn die Ehe in 1989 geschieden wurde.

Ist eine Lohnsteuerkarte ausgestellt? Nein ☐ Ja ☒

2) Lt. Lohnsteuerkarte

	Steuerklasse 2)	Zahl der Kinderfreibeträge 2)	Zahl der Kinder 2)	Steuerklasse 2)	Zahl der Kinderfreibeträge 2)	Zahl der Kinder 2)
	IV	1,0	1	IV	1,0	1

Arbeitgeber

Name (Firma)	Fa. Hans Richter	Fa. Rolf Schulz
Straße und Hausnummer	Hauptstr. 1	Zugspitzplatz 2
Postleitzahl, Ort	8102 Mittenwald	81 Garmisch

Voraussichtlicher Bruttoarbeitslohn

(einschl. Sachbezüge, Gratifikationen, Tantiemen usw.) im Kalenderjahr	33.500 DM	25.800 DM
darin enthaltene steuerbegünstigte Versorgungsbezüge	— DM	DM

Voraussichtliche andere Einkünfte

(z. B. aus Gewerbebetrieb, Kapitalvermögen, Vermietung, Verpachtung, Renten) im Kalenderjahr	500 DM	300 DM

Werden Sie zur Einkommensteuer veranlagt?

	☒ Nein — Ja, beim Finanzamt	☒ Nein — Ja, beim Finanzamt
	Steuernummer	Steuernummer

Wurde ein Antrag auf Lohsteuerermäßigung für 1988 gestellt?

	Nein — Ja, beim Finanzamt Garmisch	Nein — Ja, beim Finanzamt Garmisch

Wurde ein Antrag auf Lohnsteuer-Jahresausgleich für 1987 gestellt?

	Nein — Ja, beim Finanzamt Garmisch	Nein — Ja, beim Finanzamt Garmisch

LSt 3 ABC/I
Aug. 88 (3)

Zu A) Angaben zur Person

Die *Personalien* sind vollständig anzugeben; dies bezieht sich auch auf den Ehegatten, selbst wenn dieser nicht Arbeitnehmer ist und auch ansonsten keine Einkünfte hat. Gehört der Antragsteller oder ggf. sein Ehegatte keiner *kirchensteuerberechtigten Religionsgemeinschaft* an, so sind zwei Striche »— —« einzutragen, im übrigen empfehlen sich folgende Bezeichnungen:

ev.	= evangelisch	rk.	= katholisch
lt.	= lutherisch	ak.	= altkatholisch
rf.	= reformiert	isr	= israelitisch

Der *Familienstand* ist wichtig für die Überprüfung der Steuerklasse. Er richtet sich ausschließlich nach brügerlichem Recht. Ist ein Ehegatte verschollen oder vermißt, gilt der andere so lange als verheiratet, bis der amtliche Todeserklärungsbeschluß in Kraft tritt. Verwitwete Personen, die wieder geheiratet hatten und von dieser neuen Ehe geschieden wurden, gelten nach dem *Rechtskräftigwerden des Scheidungsurteils* wieder als verwitwet. Als *Beruf* ist die tatsächlich ausgeübte Tätigkeit einzutragen (nicht Angestellte, sondern Sekretärin). Übt die Ehefrau keine steuerpflichtige Tätigkeit (mehr) aus, genügt die Angabe »Hausfrau« oder »ohne Beruf«. Die Angabe einer *Telefonnummer*, für die übliche Arbeitszeit, empfiehlt sich wegen eventueller Rückfragen.

Beim voraussichtlichen Bruttoarbeitslohn ist von den Verhältnissen zu Beginn des Antragsjahres auszugehen, wobei aber zugesicherte und üblicherweise gezahlte Urlaubs- und Weihnachtsgelder mit zu berücksichtigen sind. Bedeutung kann dieser Eintrag für die zumutbare Belastung im Rahmen von außergewöhnlichen Belastungen haben. *Voraussichtlich andere Einkünfte* können auch negativ sein; im Rahmen des Antrages auf LSt-Ermäßigung sind sie aber nur bei Beanspruchung steuerbegünstigter, erhöhter Absetzungen für Wohneinheiten zu berücksichtigen. Unter die positiven Einkünfte fallen auch Erträge aus Kapitalvermögen, wie Zinsen, Dividenden etc., die vor dem Ansatz bei Alleinstehenden um den Sparer-Freibetrag von DM 300,– und zusätzlich noch um DM 100,– pauschale Werbungskosten (soweit sie tatsächlich nicht höher liegen), also um zusammen DM 400,– zu kürzen sind. Für gemeinsam versteuerte Ehegatten ist jeweils der doppelte Betrag abzusetzen. Auch fallen hierunter Leibrenten nach § 22 EStG mit ihrem Ertragsanteil. Vergleiche hierzu Seite 17.

ⒷKinderfreibeträge für Kinder mit Wohnsitz im Inland $\boxed{2}$

Bitte auch Kinder eintragen, die bereits auf der Lohnsteuerkarte bescheinigt sind. Leibliche Kinder sind nicht anzugeben, wenn das Verwandtschaftsverhältnis durch Adoption vor dem 1. 1. 1989 erloschen ist.

Vorname des Kindes (ggf. auch abweichender Familienname)	geboren am	Kindschaftsverhältnis zur antragstellenden Person		zum Ehegatten		Bei Kindern unter 16 Jahren (nach dem 1. 1. 1973 geboren): Auf der Lohnsteuerkarte ist das Kind		
		leibliches Kind/ Adoptivkind	Pflegekind	leibliches Kind/ Adoptivkind	Pflegekind	bereits berücksichtigt	noch zu berück- sichtigen	Lebens- bescheinigung alt beigefügt
1 Rainer	7.3.68	☒	☐	☒	☐	☐	☐	☐
2 Dagmar	30.11.73	☒	☐	☒	☐	☒	☐	☐
3		☐	☐	☐	☐	☐	☐	☐
4		☐	☐	☐	☐	☐	☐	☐

Das Kind ist/war am 1. 1. 1989 (oder erstmals in 1989) im Inland mit Hauptwohnung gemeldet

bei der antragstellenden Person und/oder bei sonstigen Personen (Name und Anschrift, ggf. Verwandtschaftsverhältnis zum Kind) oder in (Anschrift)

Angaben entfallen bei nicht dauernd getrennt lebenden Ehegatten, soweit für jeden Ehegatten dasselbe Kindschaftsverhältnis angekreuzt ist: Gehört das Kind lt. – beigef. – Bescheinigung der zuständigen Behörde (z. B. der Meldebehörde oder des Jugendamts) zum Haushalt des Vaters?

Zu 1: ☐		☐ Ja	☐ Nein
Zu 2: ☐		☐ Ja	☐ Nein
Zu 3: ☐		☐ Ja	☐ Nein
Zu 4: ☐		☐ Ja	☐ Nein

Von den in Nr. 1 bis 4 genannten Kindern stehen folgende zu einer weiteren Person in einem Kindschaftsverhältnis:

zu Nr.	Name und Anschrift dieser Person, Art des Kindschaftsverhältnisses

Bei Kindern über 16 Jahre (vor dem 2. 1. 1973 geboren):

Die Eintragung auf der Lohnsteuerkarte wird beantragt, weil das Kind
a) in Berufsausbildung steht (ggf. Angabe der Schule, des Lehrherrn usw.)[3]
b) eine Berufsausbildung mangels Ausbildungsplatzes nicht beginnen oder fortsetzen kann[3]
c) Grundwehrdienst, Zivildienst, befreienden Dienst leistet (nur bei Unterbrechung der Berufsausbildung, bitte erläutern)[3]
d) ein freiwilliges soziales Jahr leistet[3]
e) sich wegen körperlicher, geistiger oder seelischer Behinderung nicht selbst unterhalten kann (ggf. ist anzugeben, warum der Ehegatte oder frühere Ehegatte des Kindes keinen ausreichenden Unterhalt leistet)

3) Die Kinder werden nur bis zum 27. Lebensjahr berücksichtigt (nach dem 1. 1. 1962 geboren)

zu Nr.	Antragsgrund	vom – bis
1	Jura-Studium, Uni München	1.1.–31.12.

Ergänzende Angaben für folgende, in Nr. 1 bis 4 genannte Kinder:

Pflegekinder, für die Sie Pflegegeld oder andere Unterhaltsleistungen erhalten

zu Nr.	Höhe der Leistungen	zu Nr.	Höhe der Leistungen	zu Nr.	Höhe der Leistungen
	DM		DM		DM

leibliche Kinder oder Adoptivkinder, für die vor dem 1. 1. 1989 zusätzlich ein **Pflegekindschaftsverhältnis** zu einer weiteren Person begründet worden ist

zu Nr.	Unterhaltsverpflichtung	geleisteter Unterhalt	zu Nr.	Unterhaltsverpflichtung	geleisteter Unterhalt
	DM	DM		DM	DM

leibliche Kinder, bei denen durch **Adoption** vor dem 1. 1. 1989 das Verwandtschaftsverhältnis nicht erloschen ist

zu Nr.	Unterhaltsverpflichtung	geleisteter Unterhalt	zu Nr.	Unterhaltsverpflichtung	geleisteter Unterhalt
	DM	DM		DM	DM

ⒸUnbeschränkt antragsfähige Ermäßigungsgründe

I. Freibetrag für besondere Fälle in der Regel nur für das Jahr des Eintritts der Voraussetzungen und die beiden folgenden Kalenderjahre. Die steuerliche Berücksichtigung kommt nur in Betracht, wenn nicht unter Ⓓ Teil IV Nr. 1 Buchst. b Aufwendungen für die Wiederbeschaffung von Hausrat geltend gemacht werden. Bei Kindern auch Ⓑ ausfüllen.

☐ Flüchtling ☐ Vertriebener ☐ Heimatvertriebener ☐ Spätaussiedler ☐ Politisch Verfolgter

☐ Ausweis vom ☐ Amtliche Bescheinigung vom ☐ ist beigefügt. ☐ hat dem Finanzamt bereits vorgelegen.

Bitte Belege beifügen!

Zu B) **Kinder und Kinderfreibeträge**

I. Allgemeine Angaben

Wegen der steuerlich begünstigten Kindschaftsverhältnisse und der Regelung, daß grundsätzlich jedem unbeschränkt steuerpflichtigen Elternteil ein Kinderfreibetrag für ein unbeschränkt steuerpflichtiges Kind zusteht, wird auf die Seiten 18 bis 22 verwiesen. Die Berücksichtigung von Kindern bzw. Kinderfreibeträgen kann wie folgt zu Steuervergünstigungen führen:

- die Gewährung eines Haushaltsfreibetrages (vgl. Seite 32),
- Freibetrag für dem anderen Elternteil zugeordnetes Kind (vgl. Seite 87),
- die Berücksichtigung einer geringeren zumutbaren (Eigen-)Belastung bei außergewöhnlichen Belastungen (Seite 87),
- eine höhere Sparzulage nach dem VermBG,
- eine höhere Berlinzulage nach dem Berlin-FG (Seite 34),
- eine geringere Kirchensteuer (Seite 152),
- besondere Pausch- und Freibeträge bei den »außergewöhnlichen Belastungen«.
- Steuerbonus von DM 600,– pro Jahr je steuerlich anzuerkennendes Kind (vgl. S. 51).

II. Bemerkenswertes

Kinder werden seit Neuregelung der Kinderfreibeträge bei den Vorsorgeaufwendungen und -Pauschalen nicht mehr berücksichtigt. *Ab 1988* ist die Abzugsfähigkeit von Ausbildungskosten nicht nur unter der Voraussetzung eines Kinderfreibetrages, sondern als Ausnahme auch *ohne* diesen möglich, wenn der Arbeitnehmer einen solchen bei unbeschränkter Steuerpflicht des Kindes im Inland *erhielte* (vgl. S. 88). Ein Kinderfreibetrag kann bei fehlenden oder nur unbedeutenden Unterhaltsleistungen eines Elternteils oder bei Zustimmung eines Elternteils, in der Regel nur möglich bei LSt-Jahresausgleich oder ESt-Veranlagung, auf den anderen Elternteil übertragen werden; die Zustimmung hierzu kann *nicht* widerrufen werden. Über die Konsequenzen einer solchen Zustimmung vgl. Seite 109.

Zu C) **Unbeschränkt antragsfähige Ermäßigungsgründe**

I. Freibetrag für besondere Fälle (§ 52 Abs. 23 EStG; Abs. 112 LStR)

Der angesprochene Personenkreis umfaßt u. a. Vertriebene, Flüchtlinge und politisch Verfolgte mit Anspruch auf Entschädigung. Dieser Personenkreis kann im Jahr der Anerkennung als Flüchtling usw. sowie 2 Jahre danach folgende Freibeträge erhalten:

Arbeitnehmer der Steuerklasse I	DM 540,–
Arbeitnehmer der StKl II bis IV ohne Kind	DM 720,–
Arbeitnehmer mit 1–2 Kindern	DM 840,–
Für jedes weitere Kind Erhöhung um	DM 60,–

3

II. Altersfreibetrag,
weil ich oder (und) mein Ehegatte vor dem 2. 1. 1925 geboren bin (sind)

Vermerke des Finanzamts

III. Körperbehinderte und Hinterbliebene
(Bei Kindern auch Abschnitt B ausfüllen.)

Nachweis · ist beigefügt. · hat bereits vorgelegen.

Name	Ausweis/Rentenbescheid/Bescheinigung ausgestellt am	gültig bis	Hinterbliebener	Körperbehinderter	blind/ständig pflegebedürftig	geh- und stehbehindert	Grad der Behinderung
Müller, Joachim				☒			50

IV. Freibetrag wegen Förderung des Wohneigentums
(z. B. §§ 7 b, 10 e und 34 f des Einkommensteuergesetzes, §§ 14 a, 15 oder 15 b des Berlinförderungsgesetzes)

Anfrage an V-Stelle am:

☐ Wie im Vorjahr · ☐ Erstmalige Antragstellung oder Änderung gegenüber dem Vorjahr
(Bitte den Vordruck Anlage LSt 3 D ausfüllen und beifügen.)

II. Altersfreibetrag *(§ 32 Abs. 8 EStG)*

Er beträgt DM 720 pro Jahr und Person bei Vollendung des 64. Lebensjahres zu Beginn des Steuerjahres. Ehegatten, die beide das Alter haben, erhalten DM 1440 als Freibetrag. Bei fehlendem Eintrag auf der Steuerkarte oder dem Wunsch des Übertrags auf den Gatten oder eine 2. LSt-Karte ist die Änderung zu beantragen. *Ab 1990 entfällt dieser Freibetrag.*

III. Körperbehinderte und Hinterbliebene *(§ 33b EStG)*

1. Vorausgesetzt amtliche Nachweise, erhalten *Körperbehinderte* folgende Pauschbeträge nach dem Grad der Erwerbsunfähigkeit, sofern sie nicht höhere Ausgaben glaubhaft nachweisen:

Erwerbsminderung	DM	Erwerbsminderung	DM
ab 25 %	600,–	ab 65 %	1740,–
ab 35 %	840,–	ab 75 %	2070,–
ab 45 %	1110,–	ab 85 %	2400,–
ab 55 %	1410,–	ab 91 %	2760,–

Blinde und Körperbehinderte, die ständig* so hilflos sind, daß sie ohne fremde Hilfe und Pflege nicht auskommen, erhalten an Stelle dieser Beträge einen Jahrespauschbetrag von DM 7200,–.

*) Ständige Hilfsbedürftigkeit bedeutet *nicht* Hilflosigkeit und Pflege auf Dauer oder unabsehbare Zeit. Besteht sie nachweislich voll während eines Jahres, können DM 7200 pauschal anerkannt werden. Grundsätzlich ist hierfür nach dem Schwerbehindertengesetz ein mit »H« versehener Ausweis vom Versorgungsamt Voraussetzung. Ein amtsärztliches Zeugnis und die Bescheinigung einer Pflegeanstalt reichen hier als Nachweis *nicht* aus (BFH-Urteile v. 28. 9. 84 und 5. 2. 88 – BStBl 1985 II, S. 129, und 1988 II, S. 436).

Ist der Ehegatte oder ein Kind von gemeinsam versteuerten Ehe-leuten körperbehindert und beanspruchen diese den Freibetrag nicht, kann der Arbeitnehmer ihn auf seiner Steuerkarte eintragen lassen*. Sind die Eltern des behinderten Kindes geschieden oder leben dauernd getrennt, wird er gemäß den Kinderfreibeträgen für dieses Kind aufgeteilt. Eine andere Aufteilung ist nur bei gemeinsamem Antrag auf ESt-Veranlagung möglich.

Der steuerfreie Pauschbetrag ist nur eine Abgeltung der außergewöhnlichen Belastungen, die aus der Behinderung** erwachsen. Führt sie zur Beschäftigung einer Hausgehilfin, so kann der entspr. Freibetrag zusätzlich beansprucht werden.
Die Pauschbeträge sind auch dann voll zu gewähren, wenn die Behinderung nicht über das ganze Jahr bestanden hat. Treffen mehrere Behinderungen zusammen, ist jeweils der zu dem höheren Pauschbetrag führende Grund maßgebend.
Neben dem Pauschbetrag können bei mind. 70 % Erwerbsunfähigkeit mit Geh- und Stehbehinderung oder generell ab 80 % im Falle der Benutzung eines eigenen Kfz noch für private Fahrten von 3000 km Kilometergelder mit DM -,42, das sind im Jahr DM 1260,–, als außergewöhnliche Belastung anerkannt werden (Abschn. 194 EStR), jedoch führt dies nur nach Abzug der sog. zumutbaren Belastung (vgl. Seite 87) zu einem Freibetrag.

2. *Hinterbliebene*, die laufend Bezüge nach dem Bundesversorgungsgesetz, den Vorschriften über die gesetzliche Unfallversorgung, den entspr. beamtenrechtlichen Vorschriften usw. erhalten, wird ein steuerfreier Pauschbetrag von DM 720,– pro Jahr gewährt. Dies gilt auch im Falle der Kapitalabfindung oder wenn das Recht auf die Bezüge ruht. Erfüllen beide Ehegatten die Voraussetzungen, erhält jeder den Freibetrag. Steht der Freibetrag *einem Kind zu*, das ihn nicht beanspruchen kann, ist er entsprechend den Ausführungen zu 1. oben übertragbar*.

*) Gilt nur für steuerlich anzuerkennende Kinder im Sinne § 32 EStG, aber auch für den Hinterbliebenen-Pauschbetrag.
**) Die Kosten für eine Heilkur können grundsätzlich *neben* dem Pauschbetrag für Körperbehinderte, der nur die laufenden und typischen mit der Behinderung verbundenen Ausgaben abdeckt, als außergewöhnliche Belastung geltend gemacht werden. Voraussetzung ist aber auch hier stets die Vorlage eines *vor* Kurantritt ausgestellten amts- bzw. vertrauensärztlichen Zeugnisse sowie eine unter ärztlicher Kontrolle stehende Heilbehandlung; ein nachträglich erstelltes amtsärztliches Attest genügt *nicht* (BFH v. 11. 12. 87 – BStBl 1988 II, S. 275).

IV. Förderung des Wohneigentums

(§§ 7b, 10e, 34f, 52 Abs. 21 EStG; §§ 14a, 15, 15b Berlin-FG)

Seit Beginn des Jahres 1987 gilt durch das Wohnungsbauförderungsgesetz v. 15. 5. 86 (BGBl 1986 I, S. 730) eine *grundlegende Neuregelung* bei den steuerlichen Vergünstigungen für den Bau oder Erwerb von Ein- oder Zweifamilienhäusern und Eigentumswohnungen im Inland. Steuerlich begünstigt sind *nicht mehr* allgemein diese Wohneinheiten wie bisher, sondern statt dessen grundsätzlich *nur noch selbstgenutzter und eigener, nach dem 31. 12. 1986 fertiggestellter oder angeschaffter* Wohnraum. Der eigengenutzte Wohnraum wird voll der Privatsphäre zugeordnet, und es *entfällt daher* der Ansatz eines fiktiven Nutzungs- oder Mietwertes (bisher 1 % aus 140 % des Einheitswertes pro Jahr) und die Erfassung unter der Einkunftsart »Vermietung und Verpachtung«.

Für ab 1. 1. 1987 im Inland fertiggestellte oder angeschaffte Wohneinheiten tritt ausschließlich bei Selbstnutzung anstelle der Absetzung für Abnutzung (AfA), nach § 7b EStG bzw. § 15 Berlin-FG, eine noch *höhere Absetzungsmöglichkeit* im Rahmen der Sonderausgaben gemäß dem neuen § 10e EStG bzw. § 15b Berlin-FG, die sich allgemein nicht nur wie bisher auf Ein- und Zweifamilienhäuser sowie Eigentumswohnungen beschränkt, sondern auch eine beliebige Wohnung im eigenen Mehrfamilienhaus sowie allgemein Aus- und Erweiterungsbauten zu eigenen Wohnzwecken betreffen kann; ausgeschlossen davon sind jedoch erneut Ferien-, und Wochenend-Wohneinheiten. In seltenen Fällen, bei Verlustvor- oder Verlustrücktrag (§ 10d EStG), kann diese Art der Abzugsmöglichkeit ein Nachteil sein.

Bemessungsgrundlage für den Abzugsbetrag der *nach* 1986 erworbenen oder gebauten und selbstgenutzten eigenen Wohneinheit sind zunächst unverändert die Herstellungs- oder Anschaffungskosten, hinzu kommt aber der Hälfte-Anteil der Kosten für den dazugehörenden Grund und Boden; *die Höchst-Bemessungsgrundlage beträgt einheitlich DM 300 000,–*. Bei Miteigentümern (ausgenommen zusammenlebende Eheleute) gilt der entspr. Anteil für jeden Nutzenden als Bemessungsgrundlage, zugleich aber auch als selbständiges Wohnobjekt. Abgesehen von noch anderen Möglichkeiten in Berlin-West können von der Bemessungsgrundlage 5 %

im Erstjahr und in den folgenden 7 Jahren (pro Jahr maximal DM 15 000) abgezogen werden; *entsprechend* den alten Bestimmungen können in den ersten 3 Jahren nicht geltend gemachte Abzugsbeträge noch bis Ende des 4. Jahres nachgeholt und nachträgliche Herstell- oder Anschaffungskosten bis zum Ende dieses Zeitraumes so behandelt werden, als wären sie von Anfang an entstanden. *Vor* Beginn der Eigennutzung entstandene und nicht als Anschaffungs- oder Herstellungskosten anzusehende Aufwendungen, wie Zinsen und Geldbeschaffungskosten, sind ebenfalls wie Sonderausgaben abzugsfähig. Für den Zeitraum der Inanspruchnahme vorstehender, *ab 1987* möglichen Steuerbegünstigung gibt es *auf Antrag* noch eine Steuerermäßigung von *DM 600,-** pro Jahr für je- *des steuerlich anzuerkennende Kind* (§§ 34f, 32 Abs. 1–5 EStG); die auch im Fall von Ehegatten bei gleichzeitiger Begünstigung für 2 Wohnobjekte *nur einmal* gewährt wird. *Im Rahmen des Antrag auf Lohnsteuerermäßigung kann neben dem Absetzungsbetrag für eigengenutzten Wohnraum hierfür pro Kind ein Freibetrag von DM 2400,-* auf der Lohnsteuerkarte eingetragen werden* (§ 39a Abs. 6 EStG).

Zusammenlebende Eheleute können zwar weiterhin für 2 Wohnobjekte Steuervorteile erhalten, jedoch *nicht gleichzeitig* für 2 räumlich aneinandergrenzende bzw. im räumlichen Zusammenhang belegende Objekte (z. B. für nur 1 Wohnung im Zweifamilienhaus).

Endet die Selbstnutzung eines eigenen Wohnobjekts *vor* Ablauf des Vergünstigungszeitraumes und wird ein Folgeobjekt innerhalb der Zeitspanne von 2 Jahren *vor* bis zu 3 Jahren *nach* dem zuletzt beanspruchten Vergünstigungsjahr für das Erstobjekt angeschafft oder hergestellt, können auch für das Folgeobjekt, aber erst *im Anschluß an das Erstobjekt und* (anders als bis 1986) *unter Anrechnung der nichtgenutzten Vergünstigungsjahre des Erstobjekts,* noch Abzugsbeträge geltend gemacht werden. Als *Erstobjekt* gelten hier auch die *vor* 1987 eigengenutzten und nach § 7b EStG steuerbegünstigten Wohnobjekte. Eine volle Eigennutzung wird im übrigen auch noch dann unterstellt, wenn Teile der Wohneinheit anderen zu Wohnzwecken *unentgeltlich* überlassen werden.

Für Berlin-West gibt es bei gleicher Bemessungsgrundlage gemäß § 15b Berlin-FG noch weitergehende Vergünstigungsmöglichkeiten

---

*) Für *ab 1990* hergestellte oder erworbene und eigengenutzte Wohneinheiten beträgt die Steuerermäßigung je Kind DM 750 pro Jahr, und es kann hierfür ein Freibetrag von DM 3000 auf der LSt-Karte eingetragen werden.

für ab dem Jahr 1987 hergestellte oder angeschaffte sowie eigengenutzte Wohneinheiten. Hier können statt der im übrigen möglichen Absetzungsbeträge im Jahr der Herstellung oder Anschaffung sowie im Folgejahr jeweils 10 %, maximal je DM 30 000,–, und danach noch 10 Jahre jeweils 3 %, höchstens DM 9000,– pro Jahr, steuermindernd abgesetzt werden; gegebenenfalls bei mehreren Eigentümern der entspr. Anteil, wenn Eigennutzung vorliegt. Die hohen Absetzungsbeträge *in den ersten beiden Jahren* können nur entweder für das Erstobjekt *oder* für ein Folgeobjekt beansprucht werden. Der Abnutzungszeitraum für ein Folgeobjekt beginnt hier mit der Eigennutzung. *Unverändert* kann der Bauherr einer in Berlin-West im steuerbegünstigten oder freifinanzierten Wohnungsbau hergestellten Wohneinheit bei Eigennutzung von mindestens 3 Jahren seit Fertigstellung 50 % der Herstellungskosten, nunmehr zuzüglich Hälfteanteil von Grund und Boden, maximal DM 150 000,– im Herstellungsjahr und den beiden folgenden Jahren absetzen. Unter den gleichen Voraussetzungen trifft dies auch auf Aus- und Erweiterungsbauten zu, sofern sie nicht unter die Objektbeschränkung fallen. Die gleiche Vergünstigung ist möglich bei Kauf einer Wohneinheit direkt vom Bauherrn oder auch einem Zwischenerwerber innerhalb von 3 Jahren nach Herstellung, wenn bisher *keine* steuerlichen Vergünstigungen im vorstehenden Sinne *für das entsprechende Objekt* geltend gemacht wurden. Bei Zuzug nach Berlin-West aus beruflichen Gründen ist *weiterhin ohne* Rücksicht auf die Objektbeschränkung und *ohne* Anrechnung als Folgeobjekt die Herstellung oder der Kauf einer Wohneinheit zwecks Eigennutzung voll steuerbegünstigt, wenn dies *innerhalb* von 5 Jahren nach Tätigkeitsaufnahme geschieht. Die Bestimmungen über eine erhöhte Absetzung bei Mehrfamilienhäusern oder deren Modernisierung (§§ 14a und 14b Berlin-FG) bleiben von der ansonsten nur noch selbstgenutzte Wohneinheiten betreffenden Neuregelung unberührt (vgl. Fußnote auf Seite 55).

An den bisherigen steuerlichen Vergünstigungen für *bis Ende 1986* hergestellte oder angeschaffte Wohneinheiten (§ 7b EStG, §§ 14a, 15 Berlin-FG) ändert sich in materieller Hinsicht grundsätzlich nichts zum Nachteil der Steuerpflichtigen; sie laufen den bisherigen Vorschriften entsprechend aus, wobei ab 1987 die erhöhten Absetzungsbeträge für selbstgenutzten Wohnraum wie Sonderausgaben behandelt werden und sich nicht mehr im Rahmen der Einkünfte aus »Vermietung und Verpachtung« auswirken. Insoweit entfällt auch der Ansatz eines fiktiven Nutzungs-(Miet-)Wertes ab 1987, ebenso der Ansatz von Schuldzinsen bis zu dieser Höhe. Der erweiterte Schuldzinsenabzug (je DM 10000,– auf 3 Jahre) für *nach* dem 30. 9. 82 genehmigte und bis Ende 1986 fertiggestellte oder im Jahr der Fertigstellung angeschaffte *und eigengenutzte* Wohneinheiten (insoweit auch mit dem pauschalierten Nutzungswert besteuerte Mehrfamilienhäuser einbezogen) ist *ab 1987* bis zum Auslaufen (falls im 1. Jahr nicht voll beansprucht, Nachholung im 4. Jahr) auch wie Sonderausgaben zu behandeln (§ 52 Abs. 21 EStG). *Besonderheiten* in Verbindung mit der Neuregelung werden noch am Schluß dieses Kapitels angesprochen.

Die Steuerbegünstigungen für *bis Ende 1986 im Inland* hergestellte oder angeschaffte Ein- oder Zweifamilienhäuser oder Eigentumswohnungen haben *nicht* Eigennutzung, sondern nur eine Nutzung zu Wohnzwecken von mehr als 66⅔ % vorausgesetzt. Grundsätzlich war auch, wie ab 1987, die Vergünstigung auf 1 Objekt für Alleinstehende und 2 Objekte für zusammenlebende Ehegatten beschränkt. Begünstigte Objekte mit Bauantrag bis Ende 1964, für Berlin-West im Sinne der bis Ende 1976 in Kraft getretenen Vorschriften, wurden hierauf *nicht* angerechnet. Eine zusätzliche Vergünstigungsmöglichkeit bestand für Folgeobjekte, jedoch (abweichend von 1987) unter Anrechnung der Begünstigungsjahre des vorangegangenen Objekts. Begünstigt waren u. a. auch Aus- oder Erweiterungsbauten unter bestimmten Voraussetzungen und bei Objektanrechnung.

Im wesentlichen ergeben sich die Steuervorteile durch erhöhte Absetzung für Abnutzung* (AfA) und andere Maßnahmen wie folgt für *bis Ende 1986* hergestellte oder erworbene Wohneinheiten:

– Bei Kauf oder Antrag auf Baugenehmigung *und* Baubeginn *bis 29. 7. 81* Absetzung von je 5 % der Anschaffungs- oder Herstel-

---

*) Sofern von Beginn an *keine Eigennutzung* vorliegt, können gemäß § 7 Abs. 5 EStG vom Bauherrn oder vom Erwerber, wenn dieser die Wohneinheit *im* Jahr der Fertigstellung angeschafft hat und *zuvor* keine entsprechenden oder steuerbegünstigten Absetzungen für das Objekt beansprucht wurden, ab Baubeginn oder Erwerb 30. 7. 81 statt steuerbegünstigter Absetzungen nach § 7b EStG *oder allgemein auch bei Herstellung oder entsprechender Anschaffung ohne Selbstnutzung ab dem Jahre 1987* degressive Absetzungen für Abnutzung (ohne Ansatz von Grund und Boden) mit 5 % in den ersten 8 Jahren, 2½ % vom 9. bis 14. Jahr und 1,25 % für weitere 36 Jahre geltend gemacht werden. Insoweit ist *keine* Einschränkung durch Höchstbemessungsgrenzen gegeben. Ein Wechsel von der erhöhten Absetzung nach § 7b EStG auf die degressive Methode ist ausgeschlossen.

lungskosten* (*ohne* Anteil Grund und Boden) für die Dauer von 8 Jahren, in Berlin-West können statt dessen 10 % im Erst- *und* Zweitjahr und danach je 3 % auf 10 Jahre abgesetzt werden; *höchstens* aber einheitlich *von* DM 150000,– bei Einfamilienhäusern und Eigentumswohnungen und *von* DM 200000,– bei Zweifamilienhäusern. Gleiches gilt für zu mehr als 80 % Wohnzwecken dienende *Aus- oder Erweiterungsbauten* an solchen bis Ende 1963, in Berlin-West bis Ende 1976 fertiggestellten bzw. an den (einheitlich) bis Ende 1976 angeschafften steuerbegünstigten Wohneinheiten. Bis zum 3. Jahr nach Fertigstellung können zuvor nicht ausgenutzte erhöhte Absetzungen generell noch nachgeholt werden.

– Für den Erwerb oder bei Baubeginn *ab 30. 7. 81* gelten verbesserte Vergünstigungen. Die Höchst-Absetzungsbasis ist seitdem um jeweils DM 50000,– auf DM 200000,– bzw. DM 250000,– angehoben, und *bei Eigennutzung* tritt *ab dem zweiten* steuerlich zu berücksichtigenden Kind *auf Antrag* eine Ermäßigung der Einkommensteuer um DM 600,– pro Jahr und ab dem 2. Kind entsprechend den jeweils gegebenen Voraussetzungen während der Laufzeit erhöhter Absetzungen ein (§ 34f EStG).

– Für *selbstgenutzte* Wohneinheiten (hier einschl. Mehrfamilienhäuser bei einem eigenberuflichen Nutzungsanteil von *weniger* als einem Drittel) mit Baugenehmigung *nach dem 30. 9. 1982* und Fertigstellung oder Erwerb *im Jahr der Fertigstellung* bis Ende 1986, können Schuldzinsen über den Ausgleich mit dem fiktiven Nutzungs-(Miet-)Wert (1 % aus 140 % des Einheitswertes) hinaus, im Jahr der Herstellung oder der Anschaffung und den beiden Folgejahren bis zu je DM 10000,– abgesetzt werden (ggf. bei Miteigentum anteilig). Ein im Erstjahr nicht voll ausgeschöpfter Zinsabzug kann im 3. Folgejahr nachgeholt werden (21a EStG).

Darüber hinaus gelten in Berlin-West weiterhin die besonderen

---

*) Bemessungsgrundlage für die AfA sind bis 1986 Herstell- oder Anschaffungskosten *ohne* Grund und Boden (incl. 1 Garage pro Wohneinheit). Dazu gehören u. a. die anteilige Grunderwerbssteuer, Notariats- und Grundbuchkosten wie auch Ausgaben für Wasser-, Strom- und Kanalanschluß (*nicht* Anschlußgebühren), für Planung, Richtfest, Umzäunung und für Einrichtungen, die fester Bestandteil der Wohneinheit sind. *Nicht* dazu rechnen Eigenleistungen, Straßenanliegerkosten, Kanalanschlußgebühren usw.

Vergünstigungen für bis einschließlich 1986 hergestellte oder erworbene Wohnobjekte entsprechend den §§ 14a und 15 Berlin-FG in alter Fassung*.

Gemäß § 52 Abs. 21 EStG entfällt der bisher für selbstgenutzte Wohneinheiten nach § 21a EStG angesetzte pauschale (fiktive) Nutzungs-(Miet-)Wert *ersatzlos seit 1987*. Noch nicht ausgeschöpfte erhöhte Absetzungen nach § 7b EStG bzw. § 15 Berlin-FG, sind bei diesen Objekten bis zum vorgesehenen Ablauf nunmehr analog zu bisher jährlich als Sonderausgaben (§ 10e EStG) abzugsfähig. Gleiches gilt für den erweiterten, noch nicht ausgelaufenen Schuldzinsenabzug bei nach dem 30. 9. 82 genehmigten sowie bis Ende 1986 fertiggestellten oder angeschafften selbstgenutzten Wohneinheiten und u. a. auch für bestimmte Modernisierungs- und Herstellungsaufwendungen, insbesondere entsprechend § 82a EStDV Heizungs- und Warmwasseranlagen betreffend, die nach (bis Ende 1991 möglicher) Fertigstellung jährlich mit 10 % auf 10 Jahre abgesetzt werden können, sofern für diese Maßnahmen keine Investitionszulage gewährt wird.

Soweit der Nutzungswert bis einschließlich 1986 durch Gegenüberstellung der Einnahmen und Werbungskosten, d. h. durch Überschußrechnung ermittelt wurde, so bei allen Zweifamilien- und

*) Zu den Berlin-Präferenzen zählt die Einbeziehung von Mehrfamilienhäusern sowie deren Aus- oder Erweiterungsbau in die steuerbegünstigten Wohnobjekte; insoweit sogar *ohne* Höchstgrenze als Bemessungsgrundlage (§ 14a Berlin-FG). Die Voraussetzungen für die erhöhte AfA sind bis auf die Ausnahme, daß ein Erwerber sie nur erhält bei Kauf im Jahr der Fertigstellung und wenn der Bauherr keinerlei Absetzungen selbst beansprucht, die gleichen wie bei den anderen begünstigten Wohneinheiten; dies bezieht sich auch auf die Absetzungs-Prozentsätze. Für begünstigte Wohneinheiten incl. Ausbauten und Erweiterungen in Berlin-West können abweichend von den üblichen erhöhten Absetzungen vom Bauherrn im Fertigungsjahr und den 2 Folgejahren bis zu 50 % der Herstellungskosten (bzw. gegebenenfalls der Höchstbeträge) abgesetzt werden, wenn die Wohnobjekte mindestens 3 Jahre seit Fertigstellung zu mehr als 80 % Wohnzwecken dienen und im freifinanzierten oder steuerbegünstigten Wohnungsbau errichtet worden sind. Gleiches gilt (hier ausgenommen Mehrfamilienhäuser) für einen Erwerber (Privatperson) bei Anschaffung innerhalb von 3 Jahren nach Fertigstellung, wenn vom Bauherrn (oder ggf. auch Zwischenerwerber) keinerlei erhöhte Absetzungen geltend gemacht wurden; an die Stelle der Herstellungskosten treten hier die Anschaffungskosten und an Stelle der Fertigstellung das Anschaffungsjahr. Eine weitere Vergünstigung besteht bei beruflich veranlaßter Wohnsitznahme in Berlin-West; insoweit kann innerhalb von 5 Jahren nach Tätigkeitsaufnahme ohne Beachtung der Objektbeschränkung für eine *zusätzliche* Wohneinheit, vorausgesetzt Selbstnutzung, die erhöhte Absetzung beansprucht werden.

Mehrfamilienhäusern mit Bauantrag oder Anschaffung *vor* dem 30. 7. 81 sowie allgemein bei voller oder teilweiser Vermietung, und *die gleichen Voraussetzungen* auch *nach* 1986 vorliegen, können die begünstigten Absetzungen weiterhin im Rahmen der Einkünfte aus »Vermietung und Verpachtung« geltend gemacht und die Überschußrechnung bis 1998 beibehalten werden. Eigentümern von Zwei- oder Mehrfamilienhäusern, die bis 1986 den Nutzungswert durch Überschußrechnung für das gesamte Gebäude mit Ansatz der üblichen Marktmiete für eigengenutzte Wohneinheiten zu ermitteln haben, ist nunmehr *für den selbstgenutzten Wohnanteil ihrer Gebäude, bzw. gegebenenfalls voll,* die Wahlmöglichkeit eingeräumt worden, nach der ab 1987 geltenden Neuregelung behandelt zu werden. Dies bedeutet insoweit Wegfall der Nutzungswertbesteuerung *ohne* Verlust nicht ausgeschöpfter Steuervorteile, andererseits aber auch Verzicht auf den Abzug von Werbungskosten entsprechend dem Anteil der privat selbstgenutzten Wohneinheit, ggf. voll. *Die Behandlung nach der Neuregelung kann in jedem beliebigen Jahr ab 1987 erklärt werden, diese Erklärung ist dann aber auch bindend für die Zukunft.* Automatisch unter die Neuregelung 1987 fallen ab dem Jahr der *vollen* privaten Eigennutzung zuvor ganz oder zum Teil vermietete oder zu mindestens einem Drittel beruflichen Zwecken dienende Zwei- und Mehrfamilienhäuser mit Baugenehmigung oder Kauf nach dem 29. 7. 1981; ebenso in die Eigennutzung übergehende Einfamilienhäuser und Eigentumswohnungen.

Anders und im Gegensatz zur bisherigen Rechtsprechung* ist der Übergang eines von einem Ehegatten auf den anderen übertragenen Anteils an einer ab 1987 gemeinsam erworbenen oder hergestellten Wohneinheit *im Falle der späteren Trennung* geregelt. Insoweit und auch im Erbfall kann nunmehr von dem das ganze Objekt übernehmenden Eheteil auch die gesamte, verbliebene erhöhte Absetzung beansprucht werden (§ 10e Abs. 5 EStG).

Entsprechend den vorstehenden Ausführungen ist sowohl für

---

*) Trennen sich Ehegatten, die zu je 50 % Miteigentümer an einem gemäß § 7b EStG begünstigten Zweifamilienhaus sind, und veräußert dabei der eine Ehegatte dem anderen (hier durch Ehevertrag) seinen Anteil, so kann der nunmehrige Gesamteigentümer *nicht* auch für den zuerworbenen Anteil (Zweitobjekt) erhöhte steuerliche Absetzungen zuerkannt bekommen (BFH-Urteil v. 29. 9. 82 – BStBl 1983 II, Seite 293). Haben Eheleute gemeinsam ein steuerbegünstigtes Einfamilienhaus erworben und übernimmt ein Ehegatte vom anderen nach Scheidung auch dessen Anteil, so kann er *insoweit keine* erhöhte AfA beanspruchen, weil jeder Miteigentums-Anteil als selbständiges Objekt gilt (BFH-Urteil v. 22. 10. 85; BStBl 1986 II, S. 388).

steuerbegünstigte Wohnobjekte nach altem als auch nach neuem Recht eine bereits frühzeitige Steuerersparnis durch Eintragung eines Freibetrages auf der LSt-Karte gemäß § 39a Abs. 1 Nr. 6 EStG zu Beginn des Steuerjahres oder unmittelbar nach Eintritt der entsprechenden Voraussetzungen im Rahmen des Antrages auf LSt-Ermäßigung möglich. Hierfür ist der Vordruck »*Anlage LSt 3D*« dem zuständigen Finanzamt ausgefüllt miteinzureichen, bei gleichgebliebenen Verhältnissen zum Vorjahr wird darauf in der Regel verzichtet. *Dieser zweiseitige Vordruck ist im Anhang (vor dem Sachregister) abgebildet.* Der steuerfreie Betrag wird – mit Ausnahme von Mehrfamilienhäusern in Berlin-West (§ 14a Berlin-FG) – erst *nach* Fertigstellung der Wohneinheit auf der LSt-Karte eingetragen. Die Eintragung eines steuerfreien Betrages für Wohnraum-Begünstigungen führt gemäß § 46 Abs. 1 Nr. 4 EStG stets zur ESt-Veranlagung.

Interessante Urteile des BFH zum steuerbegünstigten Wohnraum:

– Kosten für den *Umbau* eines erworbenen Gebäudes auf gemischt genutztem Grundstück zu einem Einfamilien- oder Zweifamilienhaus können *nicht* zu erhöhten Absetzungen nach § 7b EStG führen (BFH-Urteil v. 30. 4. 85; BStBl 1985 II, S. 513).

– Auch ein rechtlich und in der Durchführung sowie im Preis völlig einwandfreies Mietverhältnis zwischen Eltern mit Eigentumswohnung und einem unterhaltsberechtigten, studierenden Kind, das aber aus den Unterhaltsleistungen der Eltern den Mietzins entrichtet, ändert nichts daran, daß der Nutzungswert der Wohnung den Eltern zuzurechnen ist und diese für diesen Mietzeitraum *nicht* einen Werbungskosten-Überschuß unter »Vermietung und Verpachtung« anerkannt bekommen. Insoweit wurde gemäß BFH-Urteil v. 23. 2. 88 (BStBl 1988 II, S. 604) der Abschluß des Mietvertrages als *Gestaltungsmißbrauch* angesehen.

– Bei der Ermittlung des *Restwertes* eines Eigenheimes *nach* voller Inanspruchnahme der erhöhten Absetzungen gemäß § 7b EStG ist die im geringen Nutzungswert des selbstbewohnten Eigenheimes berücksichtigte normale Absetzung für Abnutzung mindernd zu behandeln. Hier wurde der Ausgangswert reduziert für die normale Absetzung für Abnutzung einer inzwischen vermieteten Eigentumswohnung (BFH-Urteil v. 28. 10. 80, BStBl 1981 II, Seite 212).

– Doppelte Drainagekosten aus Gründen von Baumängeln, die *vor* Fertigstellung des Gebäudes entstehen, gehören zum Herstellungsaufwand und können auch nicht teilweise Werbungskosten sein. Gleiches gilt für Ausgaben an einen in Konkurs gegangenen Bauunternehmer, die zum Teil *ohne* Gegenleistung bleiben; auch kommt insoweit bei *privaten* Gebäuden keine Absetzung wegen außergewöhnlicher Umstände als Werbungskosten bei »Vermietung und Verpachtung« in Betracht. Vergleiche 2 BFH-Urteile v. 24. 3. 87 – BStBl 1987 II, S. 694–698). Ebenso zählen spätere Ausgaben zwecks Beseitigung von vor Fertigstellung eines Gebäudes aufgetretenen Baumängeln und ggf. damit verbundene Prozeßkosten zu den Herstellungskosten (BFH v. 1. 12. 87 – BStBl 1988 II, S. 432).

– Im Vergünstigungszeitraum von 8 Jahren ist ein Übergang von der degressiven AfA zur erhöhten AfA nach § 7b EStG mit Rückwirkung auf das 1. Jahr möglich, nicht aber ein Wechsel zu linearen Absetzungen. Anerkannt bei Selbstbezug eines Einfamilienhauses nach 3 Jahren Vermietung (BFH v. 10. 3. 87 – BStBl 1987 II, S. 618).

I. Werbungskosten der antragstellenden Person				Der Arbeitgeber ersetzt steuerfrei	
1. Aufwendungen für Fahrten zwischen Wohnung und Arbeitsstätte					
a) mit eigenem			Letztes amtl. Kennzeichen		
☒ Pkw	Motorrad/ Motorroller	GAP-X300	☐ Moped/ Mofa	☐ Fahrrad	DM

Arbeitstage je Woche	Urlaubs- und ggf. Krankheitstage	Erhöhter Kilometersatz wegen Körperbehinderung		Im Kalenderjahr volle DM
5	28	☐ Behinderungsgrad mindestens 70	☐ Behinderungsgrad mindestens 50 und erheblliche Gehbehinderung	

Arbeitsstätte in (Ort und Straße) – ggf. nach besonderer Aufstellung –	benutzt an Tagen	einfache Entf. (km)[4]	Ständig wechselnde Einsatzstelle vom – bis[5]	
Mittenwald, Hauptstr. 11	220	24		2.271[+]

b) mit öffentlichen Verkehrsmitteln (monatlich DM) Gesamtaufwendungen		DM	
Davon werden vom Arbeitgeber steuerfrei ersetzt		DM	

2. Beiträge zu Berufsverbänden (Bezeichnung der Verbände)

Gewerkschaft — 210

3. Aufwendungen für Arbeitsmittel (Art der Aufwendungen)[6] – soweit sie nicht steuerfrei ersetzt werden –

Fachliteratur (Steuerwarte, Amtsblätter usw.) vgl. Belege Vorjahr   205

4. Weitere Werbungskosten (z. B. Fortbildungs- und Reisekosten)[6] – soweit sie nicht steuerfrei ersetzt werden –

Kontoführungsgebühren Gehaltskonto (Pauschale)   30

Telefongebühren (beruflicher Anteil gemäß Nachweis Vorjahr)   79

5. Mehraufwendungen für Verpflegung bei über 12 Stunden Abwesenheit von der Wohnung (3 DM täglich)	Arbeitszeit von – bis 7.30 – 18.45	Abwesenheit von – bis 7.00 – 19.15	Tage 30	Vom Arbeitgeber werden steuerfrei ersetzt	
bei ständig wechselnden Einsatzstellen und über 10 Stunden Abwesenheit von der Wohnung (5 DM täglich)	Arbeitszeit von – bis	Abwesenheit von – bis	Tage		
bei Berufskraftfahrern (Art der Tätigkeit)	Fahrtätigkeit über 6 Std. Anzahl der Tage	Fahrtätigkeit über 12 Std. Anzahl der Tage	▼ DM		90

6. Mehraufwendungen für doppelte Haushaltsführung Der doppelte Haushalt ist aus beruflichem Anlaß begründet worden[6] Grund[6] am	und hat seitdem ununterbrochen bestanden bis	Beschäftigungsort	
		Mein Ehegatte hat sich an vom – bis meinem Beschäftigungsort aufgehalten	
Eigener Hausstand Nein ☐ Ja, in	seit	Falls nein, wurde Unterkunft am bisherigen Ort beibehalten? Nein ☐ Ja ☐	

Kosten der ersten Fahrt zum Beschäftigungsort und der letzten Fahrt zum eigenen Hausstand					
☐ mit öffentlichen Verkehrsmitteln	☐ mit eigenem Kfz (Entfernung km)	=	DM		
Fahrkosten für Heimfahrten		Einzelfahrt DM	Anzahl	Vom Arbeitgeber werden steuerfrei ersetzt	
☐ mit öffentlichen Verkehrsmitteln	☐ mit eig. Kfz (Entfernung km)	×	=		
Kosten der Unterkunft am Arbeitsort (lt. Nachweis)			DM	▼	—
Mehraufwendungen für Verpflegung		Zahl der Tage			
täglich DM	×	=	DM	DM	—

7. Besondere Pauschsätze für bestimmte Berufsgruppen (genaue Bezeichnung der Berufsgruppe)[7]   —

Summe	2.885 —

Rechte Randspalte:

4) Kürzeste Straßenverbindung zwischen Wohnung und Arbeitsstätte

5) Nur ausfüllen, wenn die Einsatzstelle mehr als 30 km von der Wohnung entfernt ist

6) Ggf. auf besonderem Blatt erläutern

7) Bitte Aufstellung über steuerfreie Ersatzleistungen des Arbeitgebers beifügen

Summe

564 DM
(Abzug unterbleibt, wenn außerdem Pauschsätze nach Nr. 7 anzusetzen sind)

Se.:
Übertragen in Vfg.; ggf. Pauschsätze abziehen und getrennt übertragen.

*) 220 Tage × 24 km = 5280 Enfernungs-km à DM –,43 = DM 2271,–

Zu D) Beschränkt antragsfähige Ermäßigungsgründe

I. Werbungskosten Antragsteller

1. Fahrten zwischen Wohnung und Arbeitsstätte (Abschn. 24 LStR)

a) *Mit eigenem Pkw/Motorrad*

Hierfür sind *pro aufgerundetem Entfernungskilometer* für den kürzesten Weg, in Ausnahmen bei offensichtlich wesentlich verkehrsgünstigerer Verbindung auch für eine längere Wegstrecke*, bei Benutzung eines Kraftwagens DM –,43** und eines Motorrads oder Motorrollers DM –,19** abzugsfähig.

*) unter der Voraussetzung einer regelmäßigen Nutzung – BStBl 1975 II, Seite 852.

**) *Bis 1988* waren es DM –,36 bzw. DM –,16, *ab 1990* sind es DM –,50 bzw. DM –,22.

Daneben* Aufwendungen für Unfallschäden** (vgl. S. 72 + 117), und die volle Kfz-Haftpflichtversicherung (S. 126).

Aus folgender Übersicht, die in der Waagerechten 4 Varianten von häufig vorkommenden Arbeitstagen im Jahr und in der Senkrechten die *Entfernungskilometer* bringt, läßt sich der Wert *in DM* für die eigene Pkw-Nutzung leicht herauslesen:

Entf.-km	Kosten in DM pro Tag 1988/1989	Kilometer-Pauschale 1988/1989 in DM bei Pkw-Nutzung an Arbeitstagen:			
		200	210	220	230
8	2,88 / 3,44	576 / 688	605 / 723	634 / 757	662 / 792
10	3,60 / 4,30	720 / 860	756 / 903	792 / 946	828 / 989
12	4,32 / 5,16	864 / 1032	907 / 1084	950 / 1136	994 / 1187
14	5,04 / 6,02	1008 / 1204	1058 / 1265	1109 / 1325	1159 / 1385
16	5,76 / 6,88	1152 / 1376	1210 / 1445	1267 / 1514	1325 / 1583
18	6,48 / 7,74	1296 / 1548	1361 / 1626	1426 / 1703	1490 / 1781
20	7,20 / 8,60	1440 / 1720	1512 / 1806	1584 / 1892	1656 / 1978
22	7,92 / 9,46	1584 / 1892	1663 / 1987	1742 / 2082	1822 / 2176
24	8,64 / 10,32	1728 / 2064	1814 / 2168	1900 / 2271	1988 / 2374
26	9,36 / 11,18	1872 / 2236	1966 / 2348	2059 / 2460	2153 / 2572
28	10,08 / 12,04	2016 / 2408	2117 / 2529	2218 / 2649	2318 / 2770
30	10,80 / 12,90	2160 / 2580	2268 / 2709	2376 / 2838	2484 / 2967
32	11,52 / 13,76	2304 / 2752	2419 / 2890	2534 / 3028	2650 / 3165
34	12,24 / 14,62	2448 / 2924	2570 / 3071	2693 / 3217	2815 / 3363
36	12,96 / 15,48	2592 / 3096	2722 / 3251	2851 / 3406	2981 / 3561
38	13,68 / 16,34	2736 / 3268	2873 / 3432	3010 / 3595	3146 / 3759
40	14,40 / 17,20	2880 / 3440	3024 / 3612	3168 / 3784	3312 / 3956

Bei ungeraden Entfernungskilometern ist das Mittel zwischen dem DM-Betrag der vorangegangenen und nachfolgenden geraden Kilometern anzusetzen.

Höhere Beträge können *Körperbehinderte**** mit einer Erwerbsminderung ab 70 % oder bei erheblicher Gehbehinderung (mind. 50 %) beanspruchen; sie dürfen tatsächliche Kosten oder je Entfernungs-km folgende Pauschalbeträge**** ansetzen:

Kraftwagen	DM –,84	Fahrad mit Motor	DM –,22
Motorrad oder Motorroller	DM –,36	Fahrrad	DM –,12

*) Diese km-Pauschale deckt u. a. *nicht* Unfallkosten bei solchen Fahrten *und* sonstige ihrer Natur nach außergewöhnliche Kosten, die durch nicht vorhersehbare, unabwendbare Schäden entstehen. Möglicherweise fallen hierunter auch Kosten für einen Austauschmotor, wenn der Schaden bei geringer km-Leistung ungewöhnlich und nicht auf ein Mitverschulden zurückzuführen ist (BFH v. 29. 1. 82 – BStBl 1982 II, S. 325).
**) Bei einem Unfall auf Fahrt zur Arbeit, aber *nicht* von der Wohnung, sind die Kosten grundsätzlich *nicht* abzugsfähig (BFH v. 25. 3. 88 – BStBl 1988 II, S. 706).
***) Bei Blinden und anderen Körperbehinderten, die ein Kfz nicht selbst lenken können, werden pro Tag je 2 Hin- und Rückfahrten anerkannt, d. h. *eine* Hin- und Rückfahrt des Behinderten und die Leerfahrt (BFH v. 2. 12. 1977 – BStBl 1978/II, S. 260).
****) Diese erhöhten Pauschbeträge gelten hier auch allgemein für *zusätzliche* Fahrten zur Arbeitsstätte aus *betrieblichen Gründen* und *außerhalb der normalen Arbeitszeit*.

Ganz generell können Fahrten zwischen Wohnung und Arbeitsstätte pro Tag nur einmal geltend gemacht werden; es gehören auch Mittagsheimfahrten bei Körperbehinderten grundsätzlich zu den allgemeinen Kosten der Lebenshaltung (Beschluß des BFH v. 2. 4. 76 – BStBl 1976 II, S. 452).

Für *Arbeitnehmer mit mehrfachem Wohnsitz* hat der BFH in 4 Urteilen am 10. 11. 78 und am 2. 2. 79 (BStBl 1979 II, Seiten 219–228 und S. 338) wie folgt Richtlinien für die Zukunft gegeben:

Bei Wohnsitzverlegung vom Arbeitsort unter Beibehaltung eines zweiten Haushalts am Beschäftigungsort liegt zwar steuerrechtlich keine doppelte Haushaltsführung vor, doch können entsprechend dem Anfall Fahrtaufwendungen (DM –,36 pro Entfernungskilometer) von jeder dieser Wohnungen zur Arbeitsstätte geltend gemacht werden, *wenn die weiter entfernt liegende Wohnung Mittelpunkt der Lebensinteressen des Arbeitnehmers ist.* Bei *verheirateten* Arbeitnehmern ist der Mittelpunkt in der Regel dort, wo seine Familie wohnt.

Auch bei Eheleuten, die 2 gemeinsame Wohnungen unterhalten und beide am gleichen Ortarbeiten, kann die weiter vom Arbeitsort entfernte Wohnung Mittelpunkt der Lebensinteressen sein. Bei einem *unverheirateten* Arbeitnehmer befindet sich der Mittelpunkt der Lebensinteressen im allg. an dem Ort, von dem aus er überwiegend zur Arbeitsstätte fährt. So entschieden bei einer Arbeitnehmerin, die bei ihrer Mutter außerhalb des Arbeitsortes noch eine Wohnung unterhielt und von dort 12 Fahrten im Jahr zur Arbeitsstätte zurücklegte. Dagegen wurde anders entschieden im Falle eines Ledigen mit Eigenheim außerhalb seines Arbeitsortes, an den er in der Regel von einer Gemeinschaftsunterkunft seines Arbeitgebers zur Arbeitsstätte gelangt. Hier wurden für 48 Fahrten im Jahr die Entfernungs-km anerkannt.

Ergänzende und interessante Urteile des BFH:

– Auch wenn ein Arbeitnehmer neben seiner Hauptwohnung (örtlicher Mittelpunkt der Lebensinteressen) noch eine weiter entfernt liegende Zweitwohnung hat und tatsächlich von dieser an Wochenenden und in den Schulferien seiner Kinder zur Arbeitsstätte und zurückfährt, kann er *nur* die Pauschsätze für die Entfernungs-km zur näher liegenden Hauptwohnung beanspruchen. Ebenso kann er bei *dadurch* eintretender Wohnungsabwesenheit von mehr als 12 Stunden *nicht* die Pauschale von DM 3,– pro Arbeitstag für Verpflegungsmehraufwand zuerkannt bekommen (BFH-Urteil v. 3. 10. 85; BStBl 1986 II, S. 95). Andererseits hat der BFH am 13. 12. 85 (BStBl 1986 II, S. 221) in *teilweiser Abänderung seiner bisherigen Rechtsprechung* entschieden, daß ein Arbeitnehmer mit 2 Wohnungen, von denen aber die weiter entfernt liegende Mittelpunkt seiner Lebensinteressen (Hauptwohnung) ist, nunmehr *ohne jede Entfernungsbegrenzung* wechselweise von beiden Wohnungen aus Fahrten zur und von der Arbeitsstätte als Werbungskosten ansetzen kann.

– Bei Fahrten zwischen Wohnung und Arbeitsstätte ist ein Leasing-PKW mit vertraglicher Übernahme von Kosten, Wertverlust und Risiko einem eigenen Fahrzeug gleichzusetzen. Insoweit können *nicht* die tatsächlichen km-Kosten, sondern nur die geringeren Pauschbeträge anerkannt werden (BFH v. 11. 9. 87 – BStBl 1988 II, S. 12).

– Unterhaltszuschüsse an Gerichtsreferendare unterliegen der Lohnversteuerung und Fahrten zu den verschiedenen Ausbildungsstätten sind grundsätzlich solche zwischen Wohnung und Arbeitsstätte und *nicht* Fahrten zu wechselnden Einsatzstellen (BFH-Urteil v. 12. 8. 83; BStBl 1983 II, S. 718–720). Fahrten eines Gerichtsreferendars zur Teilnahme an Arbeitsgemeinschaften sind dagegen Dienstreisen, wenn die Entfernungsvoraussetzung (mind. 15 km) erfüllt ist (BFH-Urteil v. 12. 8. 83; BStBl 1983 II, S. 720/1).

– Taxiausgaben für Fahrten Wohnung – Arbeitsstätte können Werbungkosten sein, wenn sie nach allgemeiner Verkehrsauffassung nicht als unangemessen anzusehen sind (BFH-Urteil v. 20. 5. 80; BStBl 1980 II, Seite 582).

Wegen der Fahrtaufwendungen bei Arbeitnehmern mit ständig welchselnden Einsatzstellen vgl. Seite 71 »Kilometergeld«.

b) Mit öffentlichen Verkehrsmitteln

Die für Bundesbahn, Bus und Straßenbahn angefallenen Ausgaben sind anzusetzen und Erstattungsbeträge anzugeben.

2. *Beiträge zur Berufsverbänden* (Abschn. 28 LStR)

Als Werbungskosten können alle Beiträge zu Berufsständen und sonstigen Berufsverbänden angesetzt werden, soweit der Zweck einer solchen Institution nicht auf einen wirtschaftlichen Geschäftsbetrieb, sondern auf die Förderung der beruflichen Interessen gerichtet ist. Hier kommen die *Beiträge* an Gewerkschaften, Beamtenbund, Refa und andere Berufs- oder Fachverbände in Frage. Dagegen sind *nicht* abzugsfähige Ausgaben für Veranstaltungen der Gewerkschaft oder Berufsverbände, die der Förderung des Allgemeinwissens dienen oder die der Arbeitnehmer anläßlich gesellschaftlicher Veranstaltungen dieser Organisation hat. Ausgaben für fachliche oder berufliche Fortbildungsveranstaltungen oder Lehrgänge können aber Werbungskosten sein.

3. *Aufwendungen für Arbeitsmittel* (Abschn. 30 LStR)

Als Arbeitsmittel sind alle Wirtschaftsgüter zu verstehen, die zur Bewältigung der beruflichen Aufgaben erforderlich sind oder ohne welche die Ausübung des Berufs nicht denkbar ist. Es gehören hierzu Arbeitskleidung, Fachliteratur*, Schreibutensilien, Werkzeuge und ggf. die Einrichtung des Arbeitszimmers**. Ausgaben für Bekleidung und Wäsche gehören grundsätzlich

*) Auch bei einer Lehrkraft sind Kosten für allgemeine Nachschlagewerke (u. a. Brockhaus) nicht Werbungskosten (BFH-Urteil v. 29. 4. 77 – BStBl 1977 II, S. 716). Ausgaben einer Lehrkraft in Sprachen für ein entspr. Nachschlagewerk (hier: 30 Bände) können aber Werbungskosten sein (BFH-Urt. v. 16. 10. 1981 – BStBl 1982 II, S. 67).

**) Auch für wertvolle alte Möbel, hier Schreibtisch und Sessel für ein Arbeitszimmer, kann ungeachtet einer anzunehmenden Wertsteigerung eine Absetzung für Abnutzung als Werbungskosten anerkannt werden (BFH v. 31. 1. 86; BStBl 1986 II, S. 355).

zur privaten Lebensführung, auch wenn die Kleidung im Beruf einen erhöhten Verschleiß zeigt. Werbungskosten können nur bei typischer Berufskleidung und -wäsche in Betracht kommen, so u. a. bei *Arbeitsschutzkleidung* (Schutzhelme, Overalls, Kühlhauskleidung, Kittel etc.) und besonderer *Kleidung für einzelne Berufe* (Richter, Musiker, Kellner* usw.). Bei der Amtskleidung des Richters gehören neben der Robe auch Ausgaben für weiße Hemden und Kragen dazu. Analog zur Kleidung gilt das auch für Pflege, Reinigung und Reparaturen. In Ausnahmefällen** ist auch bei besonders hohem Verschleiß von bürgerlicher Kleidung eine Teilanerkennung möglich, so bei leitenden Hotelangestellten, Spielbankpersonal, Moderepräsentanten usw.

Der Abzug von Ausgaben für Arbeitsmittel setzt voraus, daß sie der Berufsausübung dienen und nicht oder nur unbedeutend*** privat genutzt werden. So Werkzeuge bei Handwerkern, Haarschneidemaschinen bei Friseuren, Fahrräder bei Wachleuten, Zeichenbretter bei Grafikern usw. Es kommt vorwiegend darauf an, daß der Arbeitnehmer die Ausgabe als geeignet für seine Berufsausübung ansieht****. Bei größeren Anschaffungen, die eine Nutzdauer von mehreren Jahren haben, kann der Kaufpreis nicht auf einmal abgesetzt werden, vielmehr ist er auf die Jahre der voraussichtlichen Nutzungsdauer zu verteilen. Bei einer Schreibmaschine im Anschaffungswert von DM 2500,– sind bei einer Nutzungsdauer von 5 Jahren DM 500,– jährlich als Wert-

*) Bei einem Oberkellner wurden Ausgaben für Anschaffung, Reinigung usw. eines schwarzen Anzuges als abzugsfähig anerkannt (BFH v. 9. 3. 79 – BStBl 1979 II, S. 519).
**) Selbst ein durch Säureeinwirkung bedingter erhöhter Verschleiß von bürgerlicher Kleidung führt nicht zum Abzug als Werbungskosten. Dies wäre aber möglich, wenn nach objektiven Gesichtspunkten und leicht überprüfbar der berufliche vom normalen Verschleiß abgrenzbar ist (BFH-Urt. v. 24. 7. 1981 – BStBl 1981 II, Seite 781).
***) Bei in einem Internat beschäftigten 2 Erziehern, welche zwecks Freizeitgestaltung ihrer Schüler verschiedene sportliche Interessengruppen gründeten und leiteten, wurden die eigenen Ausgaben für entsprechende Sport-Geräte und -Kleidung insoweit als Werbungskosten anerkannt, als die private Nutzung von ganz untergeordneter Bedeutung angesehen wurde (Badmintonschläger, Fußballstiefel und Hallenturnschuhe); Ablehnung dagegen für Surfausrüstung etc. bei einem privaten Nutzungsanteil von 15,5 % (BFH-Urteil v. 21. 11. 86 – BStBl 1987 II, S. 262).
****) Bei einer Lehrkraft für Mathematik und Physik sind die Ausgaben für einen teuren Elektronenrechner (DM 20000,–) bei einer Nutzungsdauer von 10 Jahren voll anerkannt worden. Die gelegentliche Ausleihung an Kollegen bedeutet *nicht* eine teilweise private Kaufveranlassung. Der Umstand, daß ein möglicher Verkaufserlös hier steuerfrei ist, blieb bewußt ohne Einfluß (BFH. v. 15. 5. 1981 – BStBl 1981 II, S. 735).

minderung anzusetzen. Arbeitsmittel bis zum *Einzelwert von DM 800,-* sind im Jahr der Anschaffung abzugsfähig. Reparaturen und Unterhalt von Arbeitsmitteln im Jahr der Ausgaben. Arbeitgeber-Zuschüsse oder Werkzeuggeld, soweit steuerfrei gezahlt, mindern den Ansatz von Werbungskosten.

5. *Mehraufwendungen für Verpflegung**(Abschn. 22 Abs. 4 + 5 LStR)

Beträgt bei einem Arbeitnehmer der Zeitunterschied zwischen dem Verlassen der Wohnung und der Rückkehr ständig, in der Regel oder auch nur vereinzelt (vgl. BFH v. 30. 3. 79 – BStBl 1979 II, Seite 498) *aus beruflichen Gründen mehr als 12 Stunden,* kann er insoweit für die Beköstigung am Dienstort pauschal und ohne Belegnachweis DM 3,– pro Tag als Mehraufwendungen für die Verpflegung bei den Werbungskosten ansetzen. Bei Arbeitnehmern *mit ständig wechselnden Einsatzstellen und beruflich bedingter Abwesenheit von mehr als 10 Stunden* (z. B. bei handwerklichen Berufen) sind es grundsätzlich DM 5,– pro Tag. Die Gewährung von kostenlosen oder verbilligten Mahlzeiten im Betrieb, soweit

*) Bei Berufskraftfahrern, die am Sitz ihrer Firma nur Wartungsarbeiten oder Kontrollen und dergleichen am Fahrzeug ausüben und ansonsten ständig unterwegs sind, *wird als regelmäßige Arbeitsstätte das Kraftfahrzeug* angesehen. Insoweit werden für sie sowie für Beifahrer oder Begleitpersonen als Verpflegungsmehraufwendungen *ohne* Einzelnachweis grundsätzlich pauschal DM 8,–, wenn sie am Tag *mehr als 6 Stunden,* bzw. DM 16,–, wenn sie mehr als 12 Stunden unterwegs sind, steuermindernd anerkannt. *Nur bei über einen Tag hinausgehenden Fahrten* kann dieser Personenkreis Verpflegungspauschalen nach den für Reisekosten geltenden Bestimmungen (vgl. Seite 116) geltend machen. Berufsfahrer mit regelmäßiger Arbeitsstätte am Betriebssitz, d. h. wenn sie dort auch ständig Lager-, Reparatur- oder Verpackungsarbeiten oder ggf. Abrechnungs- und Büroarbeiten durchzuführen haben, können bei vorübergehender beruflich bedingter Abwesenheit von mehr als 15 km pauschal ihre Mehraufwendungen zu den Reisekostensätzen geltend machen (Abschn. 25a LStR).
Die Rechtsprechung hierzu zeigt folgende interessante Urteile:
– Busfahrer im städtischen Linienverkehr und Straßenbahnführer erhalten bei mehr als 6 Stunden beruflicher Abwesenheit wie Berufskraftfahrer Verpflegungsmehraufwendungen anerkannt (2 Urteile des BFH v. 8. 8. 1986 – BStBl 1986 II, S. 824 + 828).
– Einem Linienbusfahrer, der nach 4 Stunden Fahrteinsatz eine halbstündige Pause im Sozialraum seines Arbeitgebers (Stadtwerke) hatte, wurde insoweit die Pauschale von DM 8,– versagt (BFH-Urteil v. 18. 9. 86 – BStBl 1987 II, S. 128).
– Taxifahrer können bei *ununterbrochenem* Einsatz von mehr als 6 bzw. 12 Stunden, d. h. ohne eine Essenspause beim Arbeitgeber (oder daheim) einlegen zu können, grundsätzlich einen Verpflegungsmehraufwand von DM 8,– bzw. DM 16,– pro Arbeitstag geltend machen (BFH-Urteil v. 8. 8. 86 – BStBl 1987 II, S. 184).
– Selbst wenn Straßenreiniger über 6 Std. Außendienst haben, steht ihnen *kein* Pauschbetrag für Verpflegungsmehraufwand zu (BFH v. 11. 12. 87 – BStBl 1988 II, S. 445).

der (geldwerte) Vorteil höchstens DM 1,50 am Tag beträgt (Abschn. 19 LStR), steht dem nicht entgegen.

Über die länger als 12 Stunden dauernde Abwesenheit wird gewöhnlich eine Arbeitgeber-Bestätigung verlangt. Für die LSt-Ermäßigung reicht in der Regel eine solche vom Vorjahr.

6. Mehraufwendungen für doppelte Haushaltsführung
(Abschnitt 27 LStR; § 6 LStDV; § 8a EStDV)

Notwendige Mehraufwendungen infolge einer aus *beruflichem Anlaß begründeten doppelten Haushaltsführung, ohne Rücksicht aus welchen Gründen und für welche Zeit dieser Zustand beibehalten wird,* werden als Werbungskosten anerkannt.

Der *berufliche Anlaß* für die doppelte Haushaltsführung wird regelmäßig anerkannt, wenn ein verheirateter Arbeitnehmer eine Tätigkeit an einem auswärtigen Ort aufnimmt, seinen Familienwohnsitz aber am bisherigen Arbeitsort beibehält *als Mittelpunkt der Lebensinteressen* und eine Wohnung oder Zimmer am neuen Beschäftigungsort anmietet. Dagegen liegt eine berufliche Veranlassung in der Regel* *nicht* vor, wenn ein Familienwohnsitz nach auswärts verlegt wird unter Beibehaltung einer Wohnung am Arbeitsort*, oder wenn ein lediger Arbeitnehmer bei gleichzeitiger Gründung eines vom Arbeitsort entfernten Familienwohnsitzes heiratet, ohne die bisherige Wohnung aufzugeben.

Bei ledigen Arbeitnehmern wird zwar eine doppelte Haushaltsführung steuerlich grundsätzlich *nicht* anerkannt, doch werden bei beruflichem Anlaß für eine Wohnung am neuen oder erstmaligen Arbeitsort unter bestimmten Voraussetzungen, u. a. dem Nachweis der Beibehaltung des bisherigen Wohnsitzes als Mittelpunkt der Lebensinteressen, in begrenztem Umfange Mehrausgaben für Verpflegung und Miete sowie Aufwendungen für *wöchentliche* Heimfahrten als Werbungskosten anerkannt.

Es entstehen einem Arbeitnehmer zwangsläufig Mehraufwendungen wegen doppelter Haushaltsführung, wenn er einen eigenen Hausstand unterhält, zu dem er nicht täglich zurückkehrt,

---

*) Wird der Familienwohnsitz als Folge *nicht*selbständiger Arbeitsaufnahme der Ehefrau an einem auswärtigen Ort (mit Umzug Kinder) verlegt, kann dies für den am alten Wohnsitz verbleibenden Ehemann als Arbeitnehmer zum steuerlich anzuerkennenden »doppelten Haushalt« führen (BFH-Urteil v. 2. 10. 87 – BStBl 1987 II, S. 852).

weil er außerhalb dieses Ortes beschäftigt ist und dort wohnt. Als eigener Hausstand wird dabei eine noch beibehaltene Wohnung anerkannt, deren Einrichtung seinen Lebensbedürfnissen entspricht und in der hauswirtschaftliches Leben herrscht, an dem sich der Arbeitnehmer sowohl finanziell als auch durch seine persönliche Mitwirkung maßgeblich beteiligt.

Sind die Voraussetzungen für die steuerliche Anerkennung eines doppelten Haushaltes gegeben, können Arbeitnehmer grundsätzlich* wie folgt Werbungskosten geltend machen, worauf aber Ersatzleistungen des Arbeitgebers anzurechnen sind:

- Die tatsächlichen *Fahrtkosten* oder bei Benutzung eines eigenen Wagens DM –,42 pro Kilometer für die *erste* Fahrt zum Beschäftigungsort *und die letzte* Fahrt von dort zum eigenen Hausstand. Des weiteren die Fahrtkosten für eine Familienheimfahrt** *pro Woche*, bei eigenem Kfz gilt je Entfernungs-km der Satz für Fahrten Wohnung – Arbeitsstätte; angehoben *ab 1989* und *nochmalige Erhöhung 1990* (vgl. S. 58).

- Mehraufwendungen für Verpflegung *ohne Einzelnachweis* für die *ersten 2 Wochen* seit Beginn der Beschäftigung am *inländischen* Tätigkeitsort entsprechend den nach Arbeitslohn gestaffelten Tagessätzen für Dienstreisen (vgl. S 119) mit DM 42/44/46, oder am *ausländischen* Arbeitsplatz bis zu dem für das entspr. Land geltenden, ebenfalls nach Höhe des Arbeitslohns gestaffelten Tagesspesensatz (vgl. S. 121).
  Unmittelbar vorangehende Dienstreisen sind auf den Zeitraum von 2 Wochen anzurechnen.
  Nach *Ablauf der ersten 2 Wochen* werden ohne Einzelnachweis im *Inland* DM 16,– und im *Ausland* 40 % des maßgebenden Auslandsspesensatzes anerkannt.

*) Bei einem verheirateten, auf Wochen oder Monate zu Lehrgängen abkommandierten Bundeswehrsoldaten, der bei kostenfreier Gemeinschaftsunterkunft und ständiger Truppenverpflegung gegen geringes Entgelt nicht erhebliche Aufwendungen hat, würde die Zuerkennung der Verpflegungspauschalen zu einer offensichtlich unzutreffenden Besteuerung führen.

**) Wird dem Arbeitnehmer hierfür ein firmeneigener Pkw zur Verfügung gestellt, ergibt sich *bis 1988* hieraus (ausgenommen Körperbehinderte im Sinne der Ausführungen auf S. 59) ein zu versteuernder Vorteil von DM –,48 pro Entfernungskilometer; infolge Anhebung der km-Sätze für Fahrten Wohnung – Arbeitsstätte sowohl in 1989 als nochmals für 1990 (vgl. Seite 58), ergeben sich danach Vorteile von DM –,41 *im Jahre 1989* und von DM –,34 im Jahre 1990. Bei zusätzlichen Zwischenheimfahrten sind und bleiben es DM –,84.

– Übernachtungskosten, wenn nicht der Arbeitgeber die Unterkunft stellt, im Inland in nachgewiesener Höhe, soweit diese als angemessen anzusehen ist. *Im Ausland* während der ersten 2 Wochen der für Dienstreisen nach Arbeitslohn und Ländergruppen maßgebende Satz (vgl. S. 121) und danach 40 % davon. Unmittelbar vorangegangene Reisen werden auf die ersten 2 Wochen angerechnet.

Es können auch tatsächliche Verpflegungs-Mehrkosten berücksichtigt werden, wobei jedoch überhöhte Aufwendungen und die übliche Haushaltsersparnis (⅕ der Kosten für Verpflegung, maximal DM 6,– pro Tag) abzusetzen, sowie folgende Verpflegungs-Höchstsätze zu beachten sind:

Inland pro Tag DM 64,–, nach 2 Wochen DM 22,–

Ausland pro Tag für die ersten 2 Wochen (danach noch 40 %)

Ländergruppe I	DM 70,–	Ländergruppe III	DM 113,–
Ländergruppe II	DM 92,–	Ländergruppe IV	DM 134,–

Im Zeitraum der doppelten Haushaltsführung können die Mehraufwendungen für Verpflegung entweder nur mit den Pauschsätzen *oder* auf Basis der nachgewiesenen bzw. glaubhaften Ausgaben anerkannt werden. Ein Wechsel ist nicht statthaft.

Bei Ledigen und Alleinstehenden kann in der Regel nach der steuerlichen Rechtsprechung eine doppelte Haushaltsführung nicht vorliegen, da sie die Voraussetzungen für einen eigenen Hausstand nicht erfüllen, vor allem das Zusammenleben mit finanziell von ihnen vor und nach Aufnahme der auswärtigen Beschäftigung abhängigen Personen. Da aber dieser Personenkreis u. a. bei Aufnahme der Tätigkeit in einem anderen Ort oft zwangsläufig die bisherige Unterkunft oder Wohnung noch nicht aufgeben kann, werden dadurch bedingte Mehraufwendungen als allgemeine Werbungskosten wie folgt anerkannt:

– für die ersten 2 Wochen der auswärtigen Tätigkeit sind hinsichtlich der Verpflegungs- und Übernachtungskosten die Bestimmungen für Arbeitnehmer *mit* anerkannter doppelter Haushaltsführung anzuwenden, ebenso für die erste Fahrt zum Beschäftigungsort und die letzte Fahrt vom Tätigkeitsort;

– pro Woche die Kosten für *eine* Heimfahrt analog zu den Fahrten zwischen Wohnung und Arbeitsstätte (vgl. S. 58);

– nach Ablauf von 2 Wochen können die Kosten der Unterkunft weiterhin entsprechend den Bestimmungen für Arbeitnehmer mit anerkannter Führung eines doppelten Haushalts angesetzt werden, dagegen Mehraufwendungen für Verpflegung zwar grundsätzlich weiterhin *nicht*, doch gilt das bei entspr. Nachweis oder beim Glaubhaftmachen von solchen Mehraufwendungen nicht mehr für den Kreis der nur vorübergehend, voraussichtlich längstens 2 Jahre auswärts Beschäftigten, wie bei Lehrgängen, befristeten Abordnungen, Probezeit etc. Voraussetzung ist immer, daß der Mittelpunkt des Lebens am bisherigen Wohnort beibehalten wird und der Arbeitnehmer »voraussichtlich wieder an diesen Wohnort zurückkehrt«.

Arbeitnehmer, die nur an ständig wechselnden Einsatzorten beschäftigt werden und dort einen doppelten Haushalt begründen, oder mangels eigenem Hausstand dort notwendige Mehrausgaben haben, können, soweit nicht entsprechende Auslösungen durch den Arbeitgeber erfolgen, für die ersten drei Monate am neuen Beschäftigungsort Mehraufwendungen für Verpflegung – ohne Einzelnachweis – in Höhe der Reisekosten-Pauschbeträge (vgl. S. 119 + 121) geltend machen.

Interessante Rechtsprechung des BFH zum doppelten Haushalt:

– Bei anerkannter doppelter Haushaltsführung und berufsbedingter Unabkömmlichkeit des Ehemanns als Arbeitnehmer (hier tätig auf einem Schiff im Ausland) können auch Ausgaben für den Besuch durch die Ehefrau und von Kindern mangels möglicher Familienheimfahrten als Werbungskosten anerkannt werden. Der Abzug darf aber nicht höher liegen, als der Arbeitnehmer bei seinen Familienheimfahrten hätte berücksichtigen können (BHF-Urteil v. 28. 1. 83 – BStBl 1983 II, Seite 313).

– Als nicht notwendig angesehen im Rahmen der doppelten Haushaltsführung wurden überhöhte Mietaufwendungen am Dienstort (hier: Anerkennung von nur 50 %). Dabei wurde eine Aufteilung in beruflich und in gesellschaftlich bzw. privat veranlaßte Ausgaben vorgenommen (BFH-Urteil v. 16. 3. 79 – BStBl 1979 II, S. 473).

– Das einem Beamten nach Versetzung *ins Ausland* in Prozenten vom Grundgehalt und Ortszuschlag steuerfrei gezahlte Trennungsgeld schließt Kosten für gelegentliche Heimfahrten ein. Nur soweit sämtliche Aufwendungen der doppelten Haushaltsführung incl. Heimfahrten höher liegen, ist ein Abzug als Werbungskosten möglich (BFH-Urteil v. 14. 11. 86 – BStBl 1987 II, S. 385).

– »Doppelte Haushaltsführung« kann auch dann vorliegen, wenn ein Arbeitnehmer seine Familienwohnung vom Beschäftigungsort nach außerhalb verlegt und erst Jahre später *berufsbedingt* einen zweiten Haushalt dort wieder begründet. Ein enger Zusammenhang zwischen der Wohnsitzverlegung vom Beschäftigungsort und der Begründung eines zweiten Haushalts am Beschäftigungsort muß dabei ausgeschlossen sein (BFH-Urteil v. 30. 10. 87 – BStBl 1988 II, S. 358).

– Wird ein Arbeitnehmer im Rahmen anerkannter doppelter Haushaltsführung bei der wöchentlichen Familienheimfahrt von seiner Frau mit dem PKW zwecks Rückreise zum Bahnhof gefahren und verschuldet seine Frau danach auf der direkten Rückfahrt zum Familienwohnsitz einen Unfall, so sind die dadurch verursachten Kosten bei ihm grundsätzlich abzugsfähig (BFH-Urteil v. 26. 6. 87 – BStBl 1987 II, S. 818).

4. Andere Werbungskosten *

In alphabetischer Folge sind dies im wesentlichen:

a) Arbeitszimmer** (Abschnitt 29 LStR)

Grundsätzlich werden Kosten für ein häusliches Arbeitszimmer nicht als Werbungskosten anerkannt. Eine Ausnahme hiervon ist möglich, wenn nachweislich feststeht, daß das Zimmer so gut wie ausschließlich für berufliche Zwecke genutzt wird und das Mobiliar einem Arbeitszimmer entspricht. Die Grenzen werden sehr eng gezogen. Zu den Ausnahmen können Richter und Lehrer zählen, denen ansonsten vielfach kein geeigneter Arbeitsraum zur Verfügung steht.

b) Arztkosten bei Berufskrankheit

Bei einer typischen Berufskrankheit (Bleivergiftung, Staublunge-Erkrankungen usw.) sind Arztkosten ebenso wie dadurch bedingte Arzneikosten Werbungskosten.

c) Berufskrankheit

Krankheitskosten sind in der Regel, ebenso wie Aufwendungen für Badekuren, Erholungen etc., Kosten der Lebenshal-

---

*) Es gibt eine Vielzahl von Möglichkeiten, Werbungskosten anzusetzen; so gehören auch Kleinbeträge dazu, wie vereinzelt berufsbedingte Portokosten, Gebühren für Stadttelefonate und Parkuhren, die glaubhaft gemacht und pauschal angesetzt werden sollten, oder selten vorkommende und nicht erstattete Aufwendungen, wie bei Kassendefizit oder bei nur beruflich veranlaßten Versicherungen oder Rechtsschutz. Sofern die Pauschale von DM 564,– erreicht werden kann, sollten auch noch Kontoführungsgebühren mit DM 30,– im Jahr angesetzt werden; sie werden aufgrund eines Urteils des BFH v. 9. 5. 84 (BStBl 1984 II, S. 560) bis zu dieser Höhe pauschal anerkannt.

**) Für ein als Arbeitsraum dienendes Durchgangszimmer blieb der Abzug von Kosten versagt, weil die private Mitbenutzung nicht als untergeordnet angesehen wurde (BFH v. 18. 10. 83; BStBl 1984 II, S. 110). Im Falle eines Lehrerehepaares im eigenen Einfamilienhaus wurden die anteiligen Aufwendungen (incl. Schuldzinsen, AfA, Versicherungen etc.) für 2 Arbeitsräume auf Quadratmeterbasis zur gesamten Wohnfläche (ohne Nebenräume, wie Keller, Abstellräume, Waschküche etc.) anerkannt (BFH v. 18. 10. 83; BStBl 1984 II, S. 112/3). Besitzen Eheleute je zur Hälfte eine Eigentumswohnung, in der einer von ihnen ein anerkanntes Arbeitszimmer hat, so kann dieser mit der Anschaffung der Wohnung verbundene Schuldzinsen anteilig für diesen Raum *voll* (und nicht zur Hälfte) als Werbungskosten ansetzen (BFH-Urteil v. 3. 4. 87 – BStBl 1987 II, S. 623). Ein BFH-Urteil v. 4. 7. 86 (BStBl 1986 II, S. 771) stellt klar, daß das Verhältnis der Größe eines Arbeitszimmers zur Gesamt-Fläche der Wohnung maßgebend für den Abzug von Werbungskosten ist.

Die objektive Notwendigkeit eines häuslichen Arbeitszimmers bedeutet noch nicht steuerliche Anerkennung. Die berufliche Nutzung muß eine private weit übersteigen. Bei einer in der Regel langen Arbeitszeit außerhalb, kann aber selbst eine geringe private Nutzung zur Ablehnung führen (BFH v. 26. 4. 85; BStBl 1985 II, S. 467).

tung und können lediglich unter gewissen Voraussetzungen im Rahmen der »außergewöhnlichen Belastungen« geltend gemacht werden. Eine Ausnahme hiervon bilden die bei einer typischen Berufskrankheit entstehenden Ausgaben, die, soweit sie vom Arbeitnehmer selbst zu tragen sind, als Werbungskosten anerkannt werden. Als typische Berufskrankheiten gelten Silikose, Bleivergiftung usw., gewöhnlich aber nicht Kreislaufstörungen, Beinleiden sowie ganz allgemein innere Krankheiten. Maßgebend für die Anerkennung einer Berufskrankheit sind die sozialversicherungsrechtlichen Vorschriften bzw. die Berufskrankheiten-Verordnung. Aufwendungen für Erholungen oder Badekuren können ebenfalls Werbungskosten sein, wenn sie als geeignete Maßnahme zur Wiederherstellung der Gesundheit oder als Vorbeugemaßnahme gegen eine solche Krankheit anzusehen sind. Aufwendungen, die im Zusammenhang mit Berufsunfällen stehen, sind, soweit sie durch Berufsgenossenschaft und Krankenkasse sowie Arbeitgeber nicht abgegolten werden, bei Anerkennung der Notwendigkeit ebenfalls Werbungskosten.

d) Bewerbungskosten

Die mit der Bewerbung um eine Stellung verbundenen, an Bedeutung leider stark zugenommenen Aufwendungen (z. B. beim Wechsel des Arbeitgebers) sind Werbungskosten. Es entstehen hier oft neben geringfügigen Ausgaben (Porti, Fotos, Fotokopien) höhere Aufwendungen durch Insertion und ggf. durch nicht erstattete Fahrtkosten bei Vorstellungen, oder durch notwendige auswärtige Übernachtungen etc.

e) Fortbildungskosten (Abschn. 22 Abs. 6 LStR)

Hat ein Arbeitnehmer Ausgaben, um seine Kenntnisse *im ausgeübten* Beruf zu vertiefen und besser voranzukommen, so handelt es sich hierbei um typische Fortbildungskosten. Im Gegensatz zu Ausbildungskosten mit begrenztem Abzug (vgl. Seiten 82 + 83) sind Fortbildungskosten voll abzugsfähig. Dazu gehören u. a. auch Deutsch-Kurse bei im Inland tätigen Ausländern sowie bedingt auch Fremdsprachen-Kurse von Sekretärinnen. Des weiteren Aufwendungen eines Handwerksgesellen zur Ablegung der Meisterprüfung oder die Ausgaben eines Maschinenbau-Gesellen für die Maschinenbau-Ingenieurschule. Dazu zählen aber auch die Aufwendungen anläßlich des Besuchs bestimmter Veranstaltungen der Berufsstände und Berufsverbände, soweit sie dem Zweck dienen, die Teilnehmer beruflich fortzubilden, wie in Verwaltungsakademien oder Volkshochschulen, fachwissenschaftlichen Lehrgängen und fachlichen Vorträgen. Alle damit in Verbindung stehenden Ausgaben, einschließlich Lehrbücher, Fahrtkosten, Schreibmaterial usw., können als Werbungskosten anerkannt werden, soweit sie *nicht* vom Arbeitgeber getragen oder von ihm zwar übernommen, jedoch dem steuerpflichtigen Arbeitslohn zugerechnet wurden. Ebenfalls zum Fortbildungsaufwand gehören Mehraufwendungen für Verpflegung sowie Fahrtkosten und Ausgaben für Übernachtungen. Es können, wenn die Entfernungsvoraussetzungen für Dienstreisen *nicht* vorliegen und die Fortbildung nach der normalen Arbeitszeit stattfindet, bei dadurch längerer Abwesenheit als 12 Stunden von der Wohnung, DM 3,– pro Tag als Verpflegungsmehraufwand angesetzt werden. Ersetzen die Fahrten zur Fortbildung die zwischen Wohnung und Arbeitsstätte, können nur die Pauschbeträge für Entfernungskilometer (Seite 58) bei Nutzung eines Kfz angesetzt werden. Im übrigen werden grundsätzlich auch die für Reisekosten maßgebenden Pauschbeträge als Werbungskosten anerkannt.

Aufwendungen für ein Studium sind grundsätzlich »Ausbildungskosten«; sie können nur dann als Fortbildungskosten angesehen werden, wenn das Studium auf Weisung des Arbeitgebers bei Fortzahlung der Bezüge durchgeführt wird.

Erwähnenswert erscheinen nachstehende BFH-Urteile:

- *In Abänderung der bisherigen Rechtsprechung* sind in 2 BFH-Urteilen v. 28. 9. 84 (BStBl 1985 II, Seiten 87–91) bisher nur beschränkt als Ausbildungskosten im Rahmen der Sonderausgaben abzugsfähige Aufwendungen für Fahrten Wohnung – Arbeitsstätte, wegen doppelter Haushaltführung und für Fachliteratur sowie Arbeitsmittel voll als berufsbedingte Werbungskosten anerkannt worden. Es handelt sich hierbei um 2 fortbestehende (Ausbildungs-)Dienstverhältnisse mit der Bundeswehr; im ersten Fall mit steuerpflichtigem Ausbildungsgeld während der Beurlaubung eines Sanitätsoffiziers-Anwärters zum Zwecke des Zahnmedizin-Studiums und im anderen Falle bei einem Soldaten auf Zeit mit weiterlaufenden Lohnbezügen um die Abkommandierung zu Lehrgängen an der Bundeswehrfachschule zwecks Erreichens der sog. mittleren Reife.
- Ein nicht verheirateter, bei seinen Eltern lebender Arbeitnehmer, der auswärts einen Fortbildungslehrgang (hier 7½ Monate) mitmacht, muß nach Ablauf von 2 Wochen seine Verpflegungsmehraufwendungen nachweisen oder glaubhaft machen. Er kann nicht automatisch die für Verheiratete mit doppelter Haushalts-

führung hierfür anerkannten Pauschsätze beanspruchen (BFH-Urteil v. 15. 11. 82 – BStBl 1983 II, Seite 177).

- Wird im Rahmen eines Dienstverhältnisses die Erlangung des Doktortitels als Fortbildung gefordert und der Arbeitnehmer bei Weiterbezug seines Entgelts hierfür freigestellt, sind die entsprechenden Aufwendungen (im Streitfall die eines Geistlichen) Werbungskosten (BFH-Urteil v. 7. 8. 87 – BStBl 1987 II, S. 780).
- Bei Besuch von Fortbildungsveranstaltungen können Verpflegungs-Mehraufwendungen als Werbungskosten zumindest dann nicht nach den Reisekosten-Grundsätzen abgezogen werden, wenn der Steuerpflichtige zu diesem Zeitpunkt in keinem festen Arbeitsverhältnis steht und nicht nur zeitweilig vom Ort seiner regelmäßigen Arbeitsstätte abwesend ist (BFH v. 23. 8. 79 – BStBl 1979 II, S. 773).
- Holt ein Ehepartner den anderen von einer Fortbildungsstätte ab, handelt es sich um eine berufliche Veranlassung, mit der Folge von Werbungskosten für die gesamte Abholfahrt, also auch für die Anfahrt zum Fortbildungsplatz (BFH-Urt. v. 23. 10. 1981 – BStBl 1982 II, Seite 215).

f) Kilometergeld(Abschn. 25 Abs. 7 LStR)

Benutzt ein Arbeitnehmer sein privates Fahrzeug für berufliche Zwecke, kann er bei entsprechendem Nachweis (Fahrtenbuch, Bestätigung des Arbeitgebers) die mit dem Betrieb des Fahrzeugs verbundenen Aufwendungen insoweit als Werbungskosten ansetzen, als sie durch den Arbeitgeber *nicht* erstattet werden. Erhält ein Arbeitnehmer für dienstliche Fahrten keine Erstattung, weil sie im Gehalt eingeschlossen sind oder er dafür monatlich einen versteuerten Pauschalbetrag erhält, kann er anteilig für Berufsfahrten die tatsächlich ermittelten Kosten (vgl. Seite 116 mit Fußnote 2) oder nachstehende Km-Pauschalen als Werbungskosten geltend machen. Ansonsten aber auch die Differenz zu den vom Arbeitgeber steuerfrei erhaltenen geringeren Erstattungen. *Ohne Einzelnachweis* werden grundsätzlich folgende Kilometersätze anerkannt:

– Kraftwagen	DM –,42	– Mofa/Moped	DM –,11
– Motorrad/-roller	DM –,18	– Fahrrad	DM –,06

Dazu kommen bei Mitnahme anderer Arbeitnehmer DM –,03 pro Person beim Kraftwagen und DM –,02 beim Motorrad. Hat ein Arbeitnehmer gemäß vorliegender Bestätigung durch den Arbeitgeber auf Basis von DM –,25 pro km *im 1. Halbjahr 1989* für 8000 allein gefahrene Geschäftskilometer DM 2000,– erstattet bekommen, kann er den Differenzbetrag von DM 1360,– (8000 km à –,42 = DM 3360,– abzgl. DM 2000,– Erstattung) bereits durch Antrag auf Lohnsteuerermäßigung steuermindernd berücksichtigt bekommen, sofern er zuvor bereits *oder dadurch* die Antragsgrenze von DM 1800,– erreicht hat.

Viele Arbeitnehmer nutzen das privateigene Kfz oft auch beruflich; dies sollten sie beim LSt-Jahresausgleich oder bei der ESt-Veranlagung *nicht* vergessen. *Arbeitnehmer mit ständig wechselnden Einsatzstellen* können, soweit ihre Fahrten nicht denen zwischen Wohnung und Arbeitsstätte entsprechen*, jeweils bis zu 3 Monaten für Fahrten zwischen Wohnung und neuer Arbeitsstelle, *soweit hier die Entfernung mehr als 30 km beträgt* (BFM-Schreiben v. 28. 10. 85 – BStBl 1985 I, S. 637), vorstehende km-Pauschalen oder tatsächliche km-Kosten (vgl. Seite 116) abzgl. Erstattungen ansetzen*.

g) Kraftfahrzeugkosten/Kraftfahrzeugunfälle

Statt der Kilometergelder unter f) können für Geschäftsfahrten mit eigenem Kfz bei entspr. Nachweis (vgl. Fußnote 2 auf Seite 116) die tatsächlichen Kilometerkosten angesetzt werden, unter Berücksichtigung einer Absetzung für Abnutzung auf Basis von 4–5 Jahren Nutzungsdauer**. Ansonsten kann ein Arbeitnehmer bei einem Unfall auf Geschäftsfahrt oder auf dem Wege von und zur Arbeitsstätte grundsätzlich die zur Beseitigung der Unfallfolgen anfallenden Kosten geltend machen. Als Aufwand in Verbindung mit einem Unfall sind neben Kosten zur Beseitigung von Körper- und Sachschäden auch Prozeßkosten, Schadensersatzleistungen und Wertminderungen anzusetzen *(vgl. weitergehende Angaben und BFH-Urteile auf Seite 117).* Einzelheiten über angefallene Kfz-Kosten ergeben sich mit Beispiel aus den Erläuterungen auf Seite 116. Dessen ungeachtet kann aufgrund einer Kfz-Kostenrechnung, z. B. für das 1. Halbjahr 1989, auch im LSt-Ermäßigungsverfahren ein frühzeitiger steuerlicher Vorteil erzielt werden.

*) Dauert die Beschäftigung an *einer* Einsatzstelle länger als 3 Monate, ist insoweit nur noch *pro Entfernungskilometer* ein Pauschbetrag von DM –,36 bzw. –,43 in 1989 (vgl. Seite 58) abzugsfähig (BFH-Urteil v. 14. 7. 78, BStBl 1978 II, Seite 660). Wenn Arbeitnehmer aber ständig vom gleichen Ort aus mit einem Arbeitgeber-Kfz zu den jeweiligen Einsatzstellen befördert werden, können sie nur die Pauschsätze entsprechend den Fahrten Wohnung–Arbeitsstätte für Fahrten mit eigenem Pkw zum gleichbleibenden Anfahrtsort geltend machen (BFH-Urteil v. 11. 7. 80, BStBl 1980 II, Seite 653). In 2 Urteilen vom 2. 11. 84 (BStBl 1985 II, Seiten 139 und 266) und einem Urteil vom 10. 5. 85 (BStBl 1985 II, S. 595) im Falle eines im Umkreis von 12 bis 25 km tätigen Bauarbeiters, hat der BFH entschieden, daß es sich bei Arbeitnehmern, die innerhalb eines überschaubaren Gebietes oder einer Großstadt abwechselnd an verschiedenen Arbeitsplätzen oder Filialen zum Einsatz kommen, *nicht* um Fahrten zu ständig wechselnden Einsatzstellen, sondern um Fahrten Wohnung–Arbeitsstätte handelt.
**) Gemäß BFH-Urteil v. 7. 2. 75, BStBl 1975 II, S. 478, in der Regel 4 Jahre.

h) Reisekosten*(§ 5 LStDV; Abschn. 25 LStR)

Ist ein Arbeitnehmer aus beruflichen Gründen von seiner regelmäßigen Arbeitsstätte vorübergehend abwesend, handelt es sich bei einer Entfernung von mehr als 15 km – *auch* von seiner Wohnung – um eine *Dienstreise*, ansonsten um einen *Dienstgang*. Im letzteren Fall kann der Arbeitnehmer bei einer Abwesenheit von mehr als 5 Stunden und *ohne* Arbeitgeber-Erstattung** jeweils DM 3,– als Verpflegungs-Mehrausgaben ansetzen. Hat er höhere Ausgaben, so können diese bis zu DM 19,– je Dienstgang anerkannt werden. Liegt eine Dienstreise vor, so kann der Arbeitnehmer sie mit den Pauschalsätzen (vgl. Seiten 120 u. 121) oder in nachgewiesener Höhe, *jeweils nach Abzug von Erstattungsbeträgen,* unter Berücksichtigung einer Haushaltsersparnis bis zu festgelegten Höchstbeträgen (vgl. S. 120) als Werbungskosten ansetzen. Als Fahrtkosten, die möglicherweise auch Zwischenheimfahrten betreffen, können bei Nutzung des eigenen Pkw die unter f) angeführten Kilometergelder angesetzt werden. Die Unterbringungskosten im Inland sind nur in tatsächlicher Höhe berücksichtigungsfähig, dagegen mit nach Ländergruppen gestaffelten Pauschbeträgen die Übernachtungen im Ausland (vgl. S. 121).

Da Reisekosten gewöhnlich im Lohnsteuerermäßigungsverfahren nicht die Bedeutung wie beim LSt-Jahresausgleich haben, sind sie bei letzterem (Seiten 118–121) gründlich und mit allen Einzelheiten über den möglichen Pauschalabzug bei Inlands- und Auslandsreisen behandelt worden.

Fallen jedoch größere Reisen oder nur Reisen in bestimmten Saisonzeiten an und ersetzt hierfür der Arbeitgeber niedrigere Beträge als die Pauschalen, wird angeraten, noch im Laufe des Jahres (Endtermin 30. 11.) den Antrag auf einen LSt-Freibetrag beim Finanzamt zu stellen, sofern nicht die Antragsgrenze für beschränkt abzugsfähige Aufwendungen von DM 1800,– (letztmals noch 1989) selbst *mit* den Reisekosten noch unterschritten wird. Ist bereits ein Freibetrag für nur begrenzt abzugsfähige Kosten auf der LSt-Karte eingetragen, bleibt die Antragshöhe für weitere Eintragungen ohne Bedeutung.

*) Wegen der Regelung für Berufskraftfahrer wird auf Seite 63 (Fußnote) verwiesen.
**) Verpflegungspauschalen für Dienstgänge können bei Gewährung einer monatlichen, steuerfrei gemäß §3 Nr. 12 EStG gezahlten Zehrgeldentschädigung nur *vermindert um diese* anerkannt werden (BFH-Urt. v. 28. 1. 88 – BStBl 1988 II, S. 635).

i) Telefonkosten

Es werden neben berufsbedingten Gesprächseinheiten auch Telefongrundgebühren mit dem Anteil der dienstlichen zu den gesamten Gesprächsgebühren vom Privattelefon bei gefordertem Nachweis bzw. Aufzeichnungen als Werbungskosten anerkannt (vgl. hierzu und über »Telefonanschlußkosten« S. 15).

k) Umzugskosten (Abschn. 26 LStR)

Aufwendungen, die einem Arbeitnehmer durch einen beruflich veranlaßten Umzug oder Wechsel der Stellung an einen anderen Ort oder aber auch durch erhebliche Entfernungsverkürzung zur Arbeitsstätte* entstehen, sind Werbungskosten. Auch der erstmalige Antritt einer Stellung oder ein Wechsel des Arbeitgebers fällt hierunter. Umzüge am Ort** werden nur sehr beschränkt als beruflich veranlaßt angesehen, so bei Bezug oder Räumung einer Werkswohnung.

Umzugs-Ausgaben werden nach den Bestimmungen für Bundesbeamte anerkannt, d. h. nach dem Bundesumzugskostengesetz (BUKG). Es fallen bei *einem eigenen Hausstand sowohl am bisherigen als auch am neuen Wohnort bzw. innerhalb des gleichen Ortes* primär folgende Posten hierunter:

– Notwendige Beförderung des Umzugsgutes von der alten zur neuen Wohnung
– Reiseaufwand einschl. Familie zur neuen Wohnung (Fahrtauslagen, Tagegeld und ggf. Übernachtungskosten)
– bei Doppelmiete die Miete der alten Wohnung (incl. Garage) bis 6 Monate, ggf. *plus* notwendige Auslagen für Weitervermietung, maximal 1 Monatsmiete. Ist die neue Wohnung noch nicht nutzbar, Ansatz *bis* 3 Monatsmieten möglich.
– Beiträge von 75 % zu Ausgaben für Kochherde, Öfen etc.
– Auslagen-Erstattung für Zusatz-Unterricht von Kindern bis DM 1500,– pro Kind (DM 750,– voll, darüber hinaus ¾)
– Die notwendigen ortsüblichen Wohnungsvermittlungsge-

*) Bei erheblicher Verkürzung der Entfernung zur Arbeitsstätte (hier von 16 auf 0,5 km) sind Umzugsausgaben grundsätzlich auch als beruflich veranlaßt anzusehen und als Werbungskosten anzuerkennen. Dabei ist unbeachtlich, ob ein Wechsel des Arbeitgebers zugrunde liegt oder ob die neue Wohnung ein zuvor erworbenes Eigenheim ist (BFH-Urteil v. 6. 11. 1986 – BStBl 1987 II, S. 82).
**) Beruflich veranlaßt kann auch ein Wohnungswechsel innerhalb einer Großstadt sein, wenn der Arbeitnehmer als Folge des Wechsels seines Arbeitgebers oder aus betrieblichen Gründen eine neue Arbeitsstätte erhalten hat und er mit Familie dort in die Nähe zieht, um so die Zeitspanne für die täglichen Fahrten zwischen Wohnung und Arbeitsstätte erheblich zu vermindern (BFH v. 15. 10. 76, BStBl 1977 II, S. 117).

bühren zur Erlangung einer angemessenen Wohnung
- Sonstige Umzugskosten*, die abgestuft nach Höhe des Arbeitslohnes bei Ledigen pauschal mit DM 450,– bis zu 675,– und bei Verheirateten mit DM 750,– bis DM 1200,– abgegolten werden können und sich noch erhöhen für den Ehegatten und jedes weitere Kind um DM 180,–, falls ein gemeinsamer Haushalt besteht.

Ist ein eigener Hausstand nur entweder vor oder nach dem Umzug vorhanden, ermäßigen sich diese Sätze *auf 20 %.* Ebenso bei einem Umzug am Wohnort.

Werden höhere Ausgaben geltend gemacht, sind sie im einzelnen zu belegen. Dabei können u. a. bei notwendiger Anschaffung von Vorhängen, Rollos usw. bis zu ⅔ der Ausgaben und voll Kosten für eine Renovierung der alten Wohnung (vgl. hierzu die §§ 2–4 der VO zu § 10 BUKG) berücksichtigt werden.

Einer Dienstwohnung ist nicht gleichzusetzen einer Wohnung, die der Arbeitnehmer als Vergünstigung zu Beginn eines Arbeitsverhältnisses vom Arbeitgeber erhält. Wenn er diese Wohnung am Ende seines Arbeitsverhältnisses räumen muß, womit er zu rechnen hat, um am gleichen Ort eine andere Wohnung zu beziehen, so können seine Umzugsausgaben *nicht* als Werbungskosten anerkannt werden.

7. Besondere Pauschsätze für bestimmte Berufsgruppen (Abschn. 23 LStR)

Über den jedem Arbeitnehmer mit DM 564,– pro Jahr zustehenden Werbungskosten-Pauschbetrag hinaus erhalten bestimmte Berufsgruppen zur Abgeltung erhöhter Aufwendungen noch *zusätzliche Pauschsätze,* für die folgende Richtlinien gelten:

1. *Artisten,* und zwar
   - Tänzer, Tänzerinnen
   - Sänger, Sängerinnen
   - Bauchredner, Imitatoren
   - Schnellmaler, Musikalakte
   - Komiker, Humoristen, Ansager, Disc-Jockeys,

   - Zauberkünstler
   - Akrobaten
   - Jongleure
   - Dressurnummern

   erhalten als Pauschsatz *20 % vom Arbeitslohn, maximal*

---

*) Arbeitnehmer in Privatbetrieben können bei berufsbedingtem Wohnungswechsel analog zum öffentlichen Dienst »Sonstige Umzugsauslagen« *ohne* Nachweis mit den Pauschbeträgen gemäß BUKG ansetzen (BFH-Urteil v. 30. 3. 82 – BStBl 1982 II, S. 595).

DM 400,– pro Monat. Damit sind bis auf dienstlich veranlaßte Umzugskosten und Mehraufwendungen für doppelte Haushaltsführung sowie DM 15,– je Monat übersteigende Aufwendungen für Fahrten zwischen Wohnung und Arbeitsstätte alle mit der Berufstätigkeit verbundenen Aufwendungen abgegolten.

2. *Darstellende Künstler* (einschl. Regisseure, Sänger und Tänzer)
   - Das Solopersonal erhält als Pauschsatz 25 % vom Arbeitslohn, höchstens DM 500,– im Monat.
   - Chor- und Ballettpersonal, Inspizienten, Souffleure mit Spielverpflichtung etc. erhalten als Pauschsatz 20 % vom Lohn, maximal DM 400,– pro Monat.

Mit diesen Pauschsätzen sind die gleichen Aufwendungen abgegolten wie oben unter *1.* angeführt.

3. *Hauptberuflich tätige Musiker erhalten zur Abgeltung*
   - aller Mehraufwendungen für Unterhaltung und Abnutzung der Instrumente sowie für Notenbeschaffung zur eigenen Fortbildung pauschal DM 45,– pro Monat;
   - der Mehraufwendungen für Kleidung bei Musikern in Orchestern und Kapellen, die in einheitlicher Kleidung auftreten, DM 45,– pro Monat;
   - der Aufwendungen bei Notenbeschaffung als Leiter einer Kapelle oder als Kapellmeister in Gaststätten usw. für das eigene Orchester DM 45,– monatlich.

Vom Arbeitgeber hierfür steuerfrei gezahlte Beiträge sind auf diese Pauschbeträge anzurechnen.

4. *Journalisten können 15 v. H. des Arbeitslohnes, maximal DM 250,– im Monat,* als erhöhte Werbungskosten beanspruchen, wenn sie ihre journalistische Tätigkeit in einem Dienstverhältnis hauptberuflich ausüben für

   - Zeitungen und Zeitschriften,
   - ein Nachrichten- oder Korrespondenzbüro oder eine Rundfunkgesellschaft.

Wer nicht auf redaktionellem Gebiet tätig ist, sondern beispielsweise bei der Werbung oder im Anzeigengeschäft, übt *keine* journalistische Tätigkeit aus (Abschn. 23, Ziff. 4 LStR).

Durch diese Pauschregelung sind bis auf beruflich veranlaßte Umzugskosten, doppelte Haushaltsführung und Aufwendungen für Fahrten zwischen Wohnung und Arbeitsstätte, soweit sie monatlich DM 15,– übersteigen, alle Werbungskosten abgegolten.

Der Pauschsatz kann jedoch grundsätzlich nicht beansprucht werden, wenn die durch die journalistische Tätigkeit veranlaßten Aufwendungen vom Arbeitgeber ersetzt werden. Der Ersatz einzelner Ausgaben, wie Telefon- oder Reise- oder Bewirtungsspesen, steht jedoch der Inanspruchnahme des Pauschbetrages nicht entgegen.

Bei monatlicher Höchstbegrenzung dieser Pauschsätze können sie nur für die Monate eines Beschäftigungsverhältnisses gewährt werden.

Die für vorstehende Berufsgruppen maßgebenden Pauschsätze sind *nicht* um den allgemeinen Pauschbetrag von DM 564,– für Werbungskosten von Arbeitnehmern im Jahr zu kürzen, sondern bei Anerkennung voll im Rahmen der Eintragung eines steuerfreien Betrages auf der Lohnsteuerkarte zu berücksichtigen. Gleiches gilt für die ausdrücklich genannten, *nicht* durch die Pauschsätze gedeckten Aufwendungen. Die Pauschsätze sind im allgemeinen Höchstsätze, so daß ein Abweichen nach unten in Betracht kommen kann. Dies wird beispielsweise dann der Fall sein, wenn ein Teil der Aufwendungen, der mit dem Pauschsatz abzugelten ist, vom Arbeitgeber erstattet wird oder wenn die tatsächlichen Werbungskosten besonders niedrig sind (z. B. Beschäftigung von Artisten am Wohnort) oder wenn die Gagen bzw. der Arbeitslohn besonders hoch liegen. Im Falle eines Schauspieler-Ehepaares, das zunächst den Abzug von einzelnen Werbungskosten, die zusammen *unter* den Pauschalen lagen, geltend machte, hat der BFH mit Urteil vom 20. 3. 1980 (BStBl 1980 II, Seite 455) festgestellt, daß grundsätzlich ein Anspruch auf Anwendung der Pauschalierungsregelung besteht.

Die Pauschsätze sind nicht anzuwenden, wenn höhere Werbungskosten nachgewiesen oder glaubhaft gemacht werden.

4

II. Werbungskosten des Ehegatten

				Der Arbeitgeber ersetzt steuerfrei	Vermerke des Finanzamts

1. Aufwendungen für Fahrten zwischen Wohnung und Arbeitsstätte

a) mit eigenem		Letztes amtl. Kennzeichen				
Pkw	Motorrad/ Motorroller			Moped/ Mofa	Fahr- rad	DM

Arbeitstage je Woche	Urlaubs- und ggf. Krankheitstage	Erhöhter Kilometersatz wegen Körperbehinderung		benutzt an Tagen	einfache Entf. (km) 4)	Ständig wechselnde Einsatzstelle vom – bis 5)	Im Kalenderjahr volle DM
		Behinderungsgrad mindestens 70	Behinderungsgrad mindestens 50 und erheb- liche Gehbehinderung				
Arbeitsstätte in (Ort und Straße) – ggf. nach besonderer Aufstellung –							—
							—

b) mit öffentlichen Verkehrsmitteln (monatlich	DM) Gesamtaufwendungen	DM	
Davon werden vom Arbeitgeber steuerfrei ersetzt		DM	—

2. Beiträge zu Berufsverbänden (Bezeichnung der Verbände)

Gewerkschaft — **180**

3. Aufwendungen für Arbeitsmittel (Art der Aufwendungen) 6) – soweit sie nicht steuerfrei ersetzt werden –

Klein–Schreibmaschine — **320**

4. Weitere Werbungskosten (z. B. Fortbildungs- und Reisekosten) 6) – soweit sie nicht steuerfrei ersetzt werden –

5. Mehraufwendungen für Verpflegung	Arbeitszeit von – bis	Abwesenheit von – bis	Tage	Vom Arbeit- geber werden steuerfrei ersetzt	
bei über 12 Stunden Abwesenheit von der Wohnung (3 DM täglich)					
bei ständig wechselnden Einsatzstellen und über 10 Stunden Abwesenheit von der Wohnung (5 DM täglich)	Arbeitszeit von – bis	Abwesenheit von – bis	Tage		
bei Berufskraftfahrern (Art der Tätigkeit)	Fahrtätigkeit über 6 Std. Anzahl der Tage	Fahrtätigkeit über 12 Std. Anzahl der Tage	▼ DM		

6. Mehraufwendungen für doppelte Haushaltsführung

Der doppelte Haushalt ist aus beruflichem Anlaß begründet worden | Beschäftigungsort

Grund 6)	am	und hat seitdem ununter- brochen bestanden bis	Mein Ehegatte hat sich an meinem Beschäftigungs- ort aufgehalten	vom – bis

Eigener Hausstand:	seit	Falls nein, wurde Unterkunft am bisherigen Ort beibehalten?	
Nein	Ja, in	Nein	Ja

Kosten der ersten Fahrt zum Beschäftigungsort und der letzten Fahrt zum eigenen Hausstand					Summe
mit öffentlichen Verkehrsmitteln	mit eigenem Kfz (Entfernung	km ×	DM) =	DM	
Fahrkosten für Heimfahrten		Einzelfahrt DM	Anzahl		– 564 DM
mit öffentlichen Verkehrsmitteln	mit eig. Kfz (Ent- fernung km)	×	= DM	Vom Arbeit- geber werden steuerfrei ersetzt	(Abzug unterbleibt, wenn außerdem Pauschsätze nach Nr. 7 anzusetzen sind)
Kosten der Unterkunft am Arbeitsort (lt. Nachweis)			DM		
Mehraufwendungen für Verpflegung	Zahl der Tage			▼	Se.:
täglich	DM ×	= DM	DM	—	

7. Besondere Pauschsätze für bestimmte Berufsgruppen (genaue Bezeichnung der Berufsgruppe) 7)

	—	Übertragen in Vlg.; ggf. Pauschsätze abziehen und getrennt übertragen.
Summe	**500**	

III. Sonderausgaben

Versicherungsbeiträge (z. B. Beiträge zu gesetzlichen Rentenversicherungen, Krankenversicherun- gen, Lebensversicherungen usw.) sowie Beiträge an Bausparkassen können **nicht im Ermäßigungs- verfahren** geltend gemacht werden. Diese sogenannten Vorsorgeaufwendungen werden beim laufen- den Lohnsteuerabzug pauschal berücksichtigt.

1. Renten, dauernde Lasten (Empfänger, Art und Grund der Schuld)	—
2. Unterhaltsleistungen an den geschiedenen/dauernd getrennt lebenden Ehegatten (Bitte den Vordruck Anlage U ausfüllen und beifügen)	—
3. Kirchensteuer	**480**
4. Steuerberatungskosten	—
5. Aufwendungen für die eigene Berufsausbildung oder die Weiterbildung in einem nicht aus- geübten Beruf (Bitte auf besonderem Blatt erläutern)	—

6. Spenden und Beiträge (Bitte Bescheinigungen nach vorgeschriebenem Muster beifügen)

a) für wissenschaftliche und kulturelle Zwecke		Summe
b) für mildtätige, kirchliche, religiöse und gemeinnützige Zwecke	(wie Vorjahr) 100	– 270 DM
c) für staatspolitische Zwecke (Mitgliedsbeiträge und Spenden an politische Parteien)		– 540 DM
		Se.:
Summe	**580**	Übertragen in Vfg.

Vermerke des Finanzamts

4) Kürzeste Straßen- verbindung zwischen Wohnung und Arbeitsstätte

5) Nur ausfüllen, wenn die Ein- satzstelle mehr als 30 km von der Wohnung entfernt ist

6) ggf. auf besonde- rem Blatt erläutern

7) Bitte Aufstellung über steuerfreie Ersatzleistungen des Arbeitgebers beifügen

Bitte Belege beifügen!

II. Werbungskosten Ehegatte

Auch wenn der Ehegatte effektiv nur unbedeutende Werbungskosten hat, steht ihm eine Pauschale von DM 564,– zu. Zum Erreichen der Antrags-Grenze von DM 1800,– für unter »beschränkt antragsfähige Ermäßigungsgründe« fallende Aufwendungen kann auch ein kleiner Aufwand des Ehegatten *(bis 1989)* entscheidend sein.

III. Sonderausgaben* (§ 10 EStG)

1. Renten und dauernde Lasten
 (§ 10 Abs. 1 EStG; Abschn. 34 LStR; Abschn. 87 EStR)

Die Abzugsmöglichkeit von Renten und dauernden Lasten ist bei einer freiwillig begründeten Rechtspflicht gegenüber gesetzlich *nicht* unterhaltsberechtigten Personen ausgeschlossen.
Sie können auch nur Sonderausgaben sein, wenn sie nicht Werbungskosten bzw. Betriebsausgaben sind oder nicht mit steuerlich außer Betracht bleibenden Einkünften zusammenhängen, so bei Doppelbesteuerungsabkommen mit Fremdländern.

Der Begriff der Rente erfordert, daß sie auf längere Sicht gezahlt wird, hier als Zeitrente mit mindestens 10 Jahren. Als dauernde Last werden ebenfalls mindestens 10 Jahre wiederkehrende Sach- und Barleistungen angesehen, hier jedoch in schwankender, also *nicht* gleichbleibender Höhe.

Renten und dauernde Lasten mit *überwiegendem Unterhaltscharakter* an Unterhaltsberechtigte können, mit Ausnahme der Regelung bei geschiedenen oder dauernd getrennt lebenden Ehegatten (vgl. Ziff. 2), ebenfalls nicht Sonderausgaben sein. Entscheidend ist hier, ob die *Gegenleistung*, die in einer Schenkung oder Übertragung eines Grundstücks oder Geschäftes oder anderer Vermögenswerte wie auch im Vermögensausgleich oder in der Erfüllung testamentarischer Auflagen durch einen Verstorbenen liegen kann, *überwiegend oder allein ausschlaggebend ist.* Wird dies bejaht, ist eine Abzugsmöglichkeit entweder mit dem Ertragsanteil (vgl. Seite 17) einer mit Wertsicherungsklausel versehenen Rente gemäß § 22 EStG (z. B. mit 41 % beim Alter von 50 Jahren des Begünstigten zum Rentenbeginn) oder voll oder mit

---

*) In den Jahres-Lohnsteuertabellen pauschal für Alleinstehende mit DM 270 und für Verheiratete (Stkl. III) mit DM 540 enthalten; *ab 1990* nur noch mit DM 108 bzw. 216.

den *über* dem Gegenwert liegenden Zahlungen als Zeitrente oder dauernde Last abzugsfähig. Es kommt immer auf den Einzelfall an, wie die folgende Rechtsprechung zeigt; eine einheitliche gesetzliche Regelung und klare Richtlinien fehlen hier noch.

Folgende BFH-Urteile als repräsentative Beispiele:

– Versorgungsleistungen aufgrund eines Auseinandersetzungsvertrages im Rahmen der Ehescheidung *als Gegenleistung für den Verzicht auf den Zugewinnausgleichsanspruch,* die in Form einer mit Wertsicherungsklausel versehenen Monatszahlung sowie in der Übernahme von Miet- und Krankenversicherungskosten bis grundsätzlich (hier mit Einschränkungen) zum Lebensende vereinbart sind, gehören zu den dauernden Lasten; sie sind aber nur insoweit als Sonderausgaben abziehbar, als sie *über* dem Wert des Zugewinnanspruchs liegen (BFH v. 3. 6. 1986; BStBl 1986 II, S. 674).

– Unbare, in Naturalleistungen bestehende Altenteilslasten eines Hofübernehmers sind grundsätzlich als »dauernde Lasten« in voller Höhe (geschätzt) abzugsfähig (vgl. BFH-Urteil vom 30. 4. 76, BStBl 1976 II, Seite 539).

– Ist bei Altenteils-Barleistungen eine Änderungsklausel dahingehend vereinbart, daß eine Neufestsetzung im Falle veränderter wirtschaftlicher oder geldlicher Situation bzw. in der Leistungsfähigkeit des Hofes durch Anrufung des zuständigen Landwirtschaftsgerichts eintritt, so liegt *keine* Leibrente vor und die Zahlungen sind beim Geber als »dauernde Last« abziehbar, dagegen sind sie beim Berechtigten einkommensteuerpflichtig (BFH-Urteil v. 2. 12. 1980, BStBl 1981 II, Seite 263).

– Ohne eine ausdrückliche Bezugnahme auf den Rechtsgedanken des § 323 ZPO (Anpassungsmöglichkeit an veränderte Verhältnisse beim Rentengeber oder -nehmer) in *Vermögensübergabeverträgen* gegen Rentenzahlungen ist eine volle Abzugsfähigkeit als dauernde Last nicht möglich (BFH v. 19. 9. 80, BStBl 1981 II, S. 26).

– Aufgrund einer Vermögensübertragung (Kommanditanteil) verpflichtete sich ein Sohn seiner Mutter bis zum Lebensende DM 1500,– pro Monat (unter Berücksichtigung einer Wertsicherungsklausel) zu zahlen, außerdem alle auf sie künftig entfallenden Ertragssteuern. Da hier die Vermögensübertragung im Verhältnis zur übernommenen Versorgungsverpflichtung *nicht* als unverhältnismäßig gering und das für Leibrenten (Abzug nur mit Ertragsanteil) als Folge des Änderungsvorbehaltes nach § 323 ZPO erforderliche Merkmal der Gleichmäßigkeit als fehlend angesehen wurde, sind sowohl die wiederkehrenden Leistungen des Sohnes an seine Mutter als auch die Ertragsteuerzahlungen für sie voll als »dauernde Lasten« anerkannt worden (BFH-Urteil v. 20. 5. 80, BStBl 1980 II, Seite 571). Ebenso hat der BFH mit Urteil vom 30. 5. 1980 (BStBl 1980 II, Seite 575) bei einer Vermögensübertragung gegen laufende gewinnabhängige Unterhaltszahlungen mit festen Mindestbeträgen entschieden.

– Erhält ein Steuerpflichtiger von seinen Eltern einen Kapitalbetrag und verpflichtet sich dafür, an sie eine monatliche Leibrente (mit Wertsicherungsklausel) zu zahlen, so kann er diese erst dann als »dauernde Last« abziehen, wenn die Leibrentenzahlungen den dagegenstehenden Kapitalbetrag zuzüglich Nutzungswert daraus (Zins) übersteigen (BFH-Urteil v. 13. 8. 85; BStBl 1985 II, S. 709).

– Ist als Gegenleistung für die Übertragung eines Grundstücks (hier: von Eltern auf Tochter) eine lebenslängliche Leibrente mit Wertsicherungsklausel (z. B. Lebenshaltungskostenindex) vereinbart, kann nur der Ertragsanteil der Rente als »dauernde Last« anerkannt werden (BFH-Urteil v. 28. 1. 86; BStBl 1986 II, S. 348).

– Zu den als »dauernde Last« abzugsfähigen Altenteilsleistungen gehören *nicht* Beerdigungskosten des Berechtigten (BFH-Urteil v. 20. 3. 84; BStBl 1985 II, S. 43).

2. Unterhaltsleistungen an den geschiedenen oder dauernd getrennt lebenden Ehegatten*(§ 10 Abs. 1 Ziff. 1 EStG)

Der Unterhaltleistende hat grundsätzlich ein Wahlrecht, er kann seine Leistungen, wenn sie das volle Jahr umfassen, entweder bis *DM 18 000* als Sonderausgaben oder bis zu *DM 4500 (1990 = 5400)* pro anno als außergewöhnliche Belastung (vgl. Seite 91) anerkannt bekommen, ggf. zeitanteilig. Dieser Abzug setzt voraus, daß der Unterhaltempfänger ebenfalls unbeschränkt steuerpflichtig** im Inland ist *und dem Antrag des Unterhaltsverpflichteten zustimmt.* Der Unterhaltempfänger hat den entspr. Betrag (abzgl. DM 200,– Werbungskosten-Pauschale) als »Sonstige Einkünfte« im Rahmen einer ESt-Veranlagung zu versteuern.

In der Regel unterliegt der Unterhaltleistende einer höheren Besteuerung als der Begünstigte, so daß er trotz Übernahme der den Unterhaltempfänger treffenden (geringeren) Steuerschuld (Angebot entspr. Ausgleichszahlung) einen Vorteil für sich behält. Die Zustimmung für 1 Jahr kann nicht widerrufen werden. Die Beantragung ist bereits möglich im LSt-Ermäßigungsverfahren; Formular »Anlage U« ist dabei ausgefüllt mit einzureichen.

3. Kirchensteuer (Abschn. 35 LStR)

Einzusetzen ist beim Antrag auf LSt-Ermäßigung der Betrag, der sich voraussichtlich im Jahr *ohne* Eintrag eines Freibetrages auf der LSt-Karte ergeben wird. Beim Jahresausgleich oder der ESt-Veranlagung sind die einbehalten Beträge plus ggf. Kirchenumlage und Nachzahlungen anzugeben, ebenso Rückerstattungen.

4. Steuerberatungskosten (Abschn. 37 LStR)

Sie sind einschl. Steuerliteratur als Werbungskosten *oder* Sonderausgaben geltend zu machen und können ohne weiteres bis zu DM 1000,– anerkannt werden. Sie sollten dort eingetragen werden, wo der entspr. Pauschbetrag*** (DM 564,– bei Werbungskosten; DM 270,– bzw. DM 540,– bei Sonderausgaben) bereits anderweitig erreicht ist, um den größten Steuer-Vorteil zu erzielen.

---

*) Diese Regelung ist auch anzuwenden bei Aufhebung oder Nichtigkeit einer Ehe.
**) Unterhalt an *nicht* im Inland unbeschränkt steuerpflichtige geschiedene oder dauernd getrennt lebende Ehegatten ist ohne Verletzung des Gleichheitssatzes nach dem Grundgesetz *nicht* als Sonderausgaben abziehbar. Anzuerkennen *nur* begrenzt im Rahmen außergewöhnlicher Belastungen (BHF-Urteil v. 25. 3. 86 – BStBl 1986 II, S. 603).
***) *Ab 1990* neue Pauschbeträge, Wahlmöglichkeit dann besonders zu beachten.

5. Ausbildungskosten (§ 10 Abs. 1 Nr. 7 EStG, Abschn. 38 LStR)

Für die Berufsausbildung oder Weiterbildung in einem bisher nicht ausgeübten Beruf können pro Jahr bis DM 900,–, bei Unterbringung außerhalb des eigenen Wohnsitzortes DM 1200,– steuermindernd sein. Auch kann der Ehegatte des Arbeitnehmers diese Vergünstigung zusätzlich erhalten. Ausbildungskosten sollen der Schaffung einer beruflichen Basis dienen*, dagegen Fortbildungskosten der Weiterbildung im bereits ausgeübten Beruf. Wie flüssig die Grenzen sind, zeigt die Rechtsprechung des BFH (vgl. hierzu auch Seite 69 »Fortbildungskosten«), der u. a. wie folgt entschieden hat:

- Ein als Dozent an einer privaten Fachschule tätiger graduierter Betriebswirt konnte nach Verstaatlichung dieser Schule nur unter der Verpflichtung, ein Hochschulstudium aufzunehmen, einen befristeten Anstellungsvertrag als Dozent erhalten, da dieses Studium Voraussetzung für die Lehrbefugnis an der staatlichen Fachschule war. Die entspr. Ausgaben wurden *nicht* als Fortbildungskosten anerkannt, sondern als Ausbildungskosten bei den Sonderausgaben, da sie nur zur Erlangung eines neuen und nicht der Erhaltung des alten Arbeitsplatzes dienten (BFH v. 28. 11. 80; BStBl 1981 II, S. 309).

- Die Ausgaben eines Volksschullehrers für die Ausbildung zum Realschullehrer sind keine Fortbildungs-, sondern Ausbildungskosten (BFH v. 13. 3. 81, BStBl 1981 II, Seite 439).

- Als Ausbildungs- und *nicht* Fortbildungskosten wurden die Aufwendungen für ein nebenberufliches Hochschulstudium angesehen, obwohl hier dem kaufmännisch bereits ausgebildeten Studenten von seinem Arbeitgeber ein dem Studiengang entsprechendes Betätigungsgebiet zugesichert und übertragen worden war (BFH-Urt. v. 28. 9. 84; BStBl 1985, S. 94).

Zu den Ausbildungskosten gehören Aufwendungen für Fahrten zwischen Wohnung und Ausbildungsstätte sowie bei auswärtiger Unterbringung die dadurch bedingten Mehrkosten. Auch Aufwendungen anläßlich kurzer Tages- und Abendkurse zum Zweck der Berufsbildung oder der Weiterbildung in einem *nicht* ausgeübten Beruf können hierunter fallen.

---

*) Als Berufsausbildungskosten gelten nur solche, die in der erkennbaren Absicht, dadurch eine Erwerbstätigkeit auszuüben, anfallen. Hier Ablehnung bei einem Apotheker für Fotokurs-Aufwendungen (BFH-Urteil v. 17. 11. 78 – BStBl 1979 II, Seite 180).

6. Ausgaben für steuerbegünstigte Zwecke (§§ 10b + 34g EStG)

Ausgaben zur Förderung mildtätiger, kirchlicher, religiöser, wissenschaftlicher, staatspolitischer* und besonders anerkannter gemeinnütziger Zwecke** sind bis zu insgesamt 5 % der Einkünfte als Sonderausgaben abzugsfähig. Für wissenschaftliche und als besonders förderungswürdig anerkannte kulturelle Zwecke erhöht sich dieser Satz um weitere 5 %.

Ausgaben zur Förderung staatspolitischer Zwecke sind gemäß § 2 des Parteienfinanzierungsgesetzes vom 22. 12. 83 (BStBl 1984 I, S. 7–12) Mitgliedsbeiträge und Spenden; für diese und für solche an unabhängige Wählervereinigungen unter bestimmten, im Gesetz v. 25. 7. 88 (vgl. Bundesgesetzblatt 1988, S. 1185) mit Neufassung des § 34g EStG genannten Voraussetzungen, gibt es eine *Ermäßigung der tariflichen Einkommensteuer* um 50 %, maximal mit DM 600,– bzw. DM 1200,– bei gemeinsam versteuerten Ehepaaren. *Über* DM 1200,– bzw. DM 2400,– liegende entspr. Ausgaben können noch (*unter Vorbehalt)* im Rahmen der prozentualen Begrenzung* von 5 % der Einkünfte für diese und andere förderungswürdige Ausgaben (vgl. oben erster Satz) gemäß § 10b EStG anerkannt werden. Die prozentuale Begrenzung bleibt aber bereits unbeachtet und die Steuerfestsetzung vorläufig. Soweit die politischen Förderungsbeträge DM 20 000,– im Jahr (1988 bis DM 100000,– pro Person mögl.) übersteigen, ist eine Berücksichtigung nach § 25 des Parteiengesetzes nur bei Verzeichnis im entspr. Rechenschaftsbericht möglich.

Grundsätzlich ist die Abzugsfähigkeit nur bei Vorlage einer Bescheinigung möglich. Bei Spenden in Katastrophenfällen jedoch und Ausgaben bis DM 100,– zur Förderung mildtätiger, kirchlicher, religiöser, wissenschaftlicher und anerkannter gemeinnütziger Zwecke genügt der Zahlungsnachweis. Bei Sachspenden muß die Bescheinigung die Höhe des Wertes enthalten. Auch bei gemeinnützigen Kleidersammlungen etc. kann eine Bescheinigung mit Wertangabe zur Steuerminderung führen.

*) Die prozentuale Abzugsfähigkeit und das Fehlen einer einheitlichen wertmäßigen Begrenzung von Parteispenden hat das Bundesverfassungsgericht am 14. 7. 1986 für *verfassungswidrig* erklärt. Die Bundesregierung hat eine Neuregelung zu treffen.
**) Nicht erstattete Fahrtkosten anläßlich der Betreuung von Kleinkindern für einen als besonders förderungswürdigen und gemeinnützig anerkannten Verein sind im Rahmen der Spendenregelung abzugsfähig (BFH-Urteil v. 24. 9. 85, BStBl 1986 II, S. 726).

5

IV. Außergewöhnliche Belastungen

			Vermerke des Finanzamts

1. Allgemeine außergewöhnliche Belastungen (ggf. auf besonderem Blatt erläutern und zusammenstellen)

a) Kinderbetreuungskosten für haushaltszugehörige Kinder bis 16 Jahre **(Bitte auch Abschnitt ⑧ ausfüllen!)**

Aufwendungen für Kinderbetreuung

Antragsgründe

Erwerbstätigkeit der antragstellenden Person	vom – bis	Körperbehinderung der antragstellenden Person	vom – bis	Krankheit der antragstellenden Person	vom – bis

DM

Bei Alleinstehenden:

Es besteht ein gemeinsamer Haushalt der Elternteile — vom – bis

Übertragen in Berechnungsschema auf Seite 6

Erwerbstätigkeit des Ehegatten bzw. des anderen Elternteils bei gemeinsamem Haushalt	vom – bis	Körperbehinderung des Ehegatten bzw. des anderen Elternteils bei gemeinsamem Haushalt	vom – bis	Krankheit des Ehegatten bzw. des anderen Elternteils bei gemeinsamem Haushalt	vom – bis

Vorname und Anschrift des Kindes

Das Kind gehört zu meinem Haushalt — vom – bis

Gesamtbetrag der anderen allgemeinen außergewöhnlichen Belastungen

Pauschbetrag	oder Art und Höhe der Aufwendungen	Dienstleistungen	vom – bis

DM

b) Andere allgemeine außergewöhnliche Belastungen	Gesamtaufwendungen	Abzüglich erhaltene oder zu erwartende Ersatzleistungen	Zu berücksichtigende Aufwendungen
Art der Belastung (z. B. durch Krankheit, Todesfall)	DM	DM	DM
Zahnersatz Ehefrau (Rechnung v. 10.1.)	3.200	1.355	1.845
Kieferorthopädische Behandlung Tochter	2.740	1.020	1.720

Übertragen in Berechnungsschema auf Seite 6

DM

2. Freibetrag für Aufwendungen zur Pflege des Eltern-Kind-Verhältnisses, wenn das Kind dem anderen Elternteil zuzuordnen ist. (Kinder von geschiedenen oder dauernd getrennt lebenden Eltern sowie nichteheliche Kinder, wenn beide Elternteile im Inland wohnen.)

Voraussetzung ist, daß Sie für das Kind einen Kinderfreibetrag erhalten. (Bitte auch Abschnitt ⑧ ausfüllen!)

Vorname des Kindes	Aufwendungen entstehen	vom – bis	Es besteht ein gemeinsamer Haushalt der Elternteile	vom – bis
Vorname des Kindes	Aufwendungen entstehen	vom – bis	Es besteht ein gemeinsamer Haushalt der Elternteile	vom – bis

+ DM

Summe

DM

Übertragen in Vlg.

3. Aufwendungen für eine Hausgehilfin/Haushaltshilfe oder Heim-/Pflegeunterbringung

Beschäftigung einer Hausgehilfin/Haushaltshilfe	vom – bis	Aufwendungen im Kalenderjahr	DM

Name und Anschrift der beschäftigten Person oder des mit den Dienstleistungen beauftragten Unternehmens

Abziehbar

DM

Die antragstellende Person oder der Ehegatte ist in einem **Heim** oder **dauernd zur Pflege** untergebracht. Dadurch entstehen auch Kosten für Dienstleistungen, die mit denen einer Hausgehilfin oder Haushaltshilfe vergleichbar sind.

Name und Anschrift der untergebrachten Person (einschließlich Bezeichnung des Heimes usw.)

Abziehbar

Unterbringung vom – bis	Art der Dienstleistungskosten

+ DM

Antragsgründe

Vollendung des 60. Lebensjahres	Nicht nur vorübergehende körperliche Hilflosigkeit, schwere Körperbehinderung, Krankheit (ärztliche Bescheinigung beifügen) der antragstellenden Person, des Ehegatten, eines Kindes oder einer zum Haushalt gehörenden unterhaltenen Person

4. Ausbildungsfreibeträge: Ein Ausbildungsfreibetrag kommt nur in Betracht, wenn Ihnen Aufwendungen für die Berufsausbildung eines Kindes entstehen, für das Sie einen Kinderfreibetrag erhalten oder erhalten würden, oder wenn das Kind seinen Wohnsitz im Inland hätte.

(Erhalten Sie einen Kinderfreibetrag, bitte auch Abschnitt ⑧, bei im Ausland lebenden Kindern auch Nummer 5, ausfüllen!)

1. Kind: Vorname, Familienstand und Anschrift

Rainer, ledig, Neureutherstr. 12, 8000 München 40

Auswärtige Unterbringung	vom – bis	Ausbildungsort	Aufwendungen für die Berufsausbildung	vom – bis
	1.1. – 31.12.	München		1.1. – 31.12.

Einnahmen des Kindes a) im Ausbildungszeitraum 1989	Bruttoarbeitslohn	Öffentliche Ausbildungshilfen	andere Einkünfte/Bezüge (Art und Höhe)
	6.500 DM	— DM	
b) außerhalb des Ausbildungszeitraums 1989	Bruttoarbeitslohn	Öffentliche Ausbildungshilfen	andere Einkünfte/Bezüge (Art und Höhe)
	DM	DM	Zinsen Wertpapiere DM 884

Abziehbar

+ DM

2. Kind: Vorname, Familienstand und Anschrift

Auswärtige Unterbringung	vom – bis	Ausbildungsort	Aufwendungen für die Berufsausbildung	vom – bis

Übertrag

Einnahmen des Kindes a) im Ausbildungszeitraum 1989	Bruttoarbeitslohn	Öffentliche Ausbildungshilfen	andere Einkünfte/Bezüge (Art und Höhe)
	DM	DM	
b) außerhalb des Ausbildungszeitraums 1989	Bruttoarbeitslohn	Öffentliche Ausbildungshilfen	andere Einkünfte/Bezüge (Art und Höhe)
	DM	DM	

DM

Bitte Belege beifügen!

IV. Außergewöhnliche Belastungen (§§ 33, 33a und 33c EStG)

1. Allgemeine außergewöhnliche Belastungen

a) Kinderbetreuungskosten (§ 33c EStG)

Tatsächliche Betreuungskosten für zum eigenen Haushalt gehörende, voll im Inland steuerpflichtige Kinder im Alter *unter* 16 Jahren zum Jahresbeginn, können im begrenzten Rahmen als außergewöhnliche Belastung von folgendem unbeschränkt steuerpflichtigem Personenkreis geltend gemacht werden:

– Berufstätige Alleinstehende (Ledige und dauernd getrennt lebende Eheleute oder Ehegatten, wenn der andere Teil nicht unbeschränkt steuerpfl. im Inland ist),
– Alleinstehende mit Kind bei anhaltender eigener Krankheit (ohne Unterbrechung mindestens 3 Mon.), bzw. bei körperlicher, seelischer oder geistiger Behinderung, sowie
– zusammenlebende Eheleute mit Kind, wenn einer von ihnen im vorstehenden Sinne krank oder behindert und der andere erwerbstätig oder auch krank oder behindert ist.

Von den Aufwendungen* wird eine zumutbare Belastung (vgl. Seite 86) abgezogen und der verbleibende Betrag, maximal DM 4000,– für das erste und je DM 2000,– für weitere Kinder, als abzugsfähig anerkannt. Auch *ohne* Nachweis werden DM 480,– pro Kind pauschal berücksichtigt. Soweit ein Kind zum Haushalt von 2 Begünstigten gehört, steht jedem von ihnen der maßgebende Betrag zur Hälfte zu. Liegen die Voraussetzungen nicht das ganze Jahr über vor (z. B. fehlende unbeschränkte Steuerpflicht), gelten diese Höchstbeträge zeitanteilig ($\frac{1}{12}$ pro angefangenen Monat). Die Beschäftigung von Kindermädchen, Erzieherinnen etc., die Unterbringung im Kindergarten oder Heim oder in Halb- bzw. Ganztagspflegestellen usw.**, fallen als persönliche Fürsorge unter die Kinderbetreuung und -beaufsichtigung; nicht dagegen Ausgaben für Nachhilfestunden, Freizeitbetätigung etc.

b) Andere allgemeine außergewöhnliche Belastungen (§ 33 EStG)

Es gibt eine Vielzahl von außergewöhnlichen Belastungen, für die es keine besonderen Freibeträge gibt, wie sie sich aus den flg. Ziffern 2–6 ergeben. Hierunter können außergewöhnliche Bela-

---

*) In die Betreuungskosten können *nicht* Sachleistungen, wie die Beköstigung oder Mehraufwendung für Verpflegung einbezogen werden; die Abzugsfähigkeit bezieht sich ausschließlich auf Dienstleistungen (BFH v. 28. 11. 86 – BStBl 1987 II, S. 490). Ebenso *nicht* Fahrtkosten zur Betreuungsperson (BFH v. 29. 8. 86 – BStBl 1987 II, S. 167).
**) Ausgaben für den Musikunterricht eines Kindes sind als Kinder-Betreuungskosten anzusehen (BFH-Urteil v. 23. 9. 1986 – BStBl 1987 II, S. 112).

stungen geltend gemacht und *nach Abzug einer zumutbaren (Ei-gen-)Belastung* (vgl. unten) steuermindernd anerkannt werden, die einzelne oder Gruppen von Arbeitnehmern im Verhältnis zur überwiegenden Mehrzahl anderer Arbeitnehmer mit gleichen Einkommens- und Vermögensverhältnissen wesentlich stärker treffen. Es kann sich dabei um Krankheits- und Kurkosten, um teure Zahn- oder Kieferregulierungen, um Ehescheidungskosten, um Todesfallkosten bei vermögenslosen, nahen Verwandten und dergleichen handeln. Auch haben Spätaussiedler, Flüchtlinge etc. die Wahlmöglichkeit, *statt* des Freibetrages (vgl. S. 47) tatsächliche Wiederbeschaffungskosten für Hausrat und Bekleidung anzusetzen (innerhalb von 3 Jahren nach Zuzug).

Einzelheiten zu den in einer Vielzahl vorkommenden anderen Antragsgründen zeigen in alphabetischer Reihenfolge die Erläuterungen zum Lohnsteuer-Jahresausgleich 1988 (vgl. ab Seite 135). Von anderen Möglichkeiten sind Hausratsbeschaffungskosten aufgrund eines unabwendbaren Ereignisses, wie Brand, Diebstahl, Katastrophen etc., hervorzuheben. Des weiteren, daß Körperbehinderte mit mind. 70 % Erwerbsminderung sowie zusätzlicher Geh- und Stehbehinderung oder generell ab 80 % für Privatfahrten mit eigenem Pkw *DM 1260,–* ansetzen können.

Unter der Voraussetzung, daß die Antragsgrenze (DM 1800,–) erreicht wird, können außergewöhnliche Belastungen zu einem Freibetrag auf der LSt-Karte führen, jedoch bis auf die »besonderen Fälle« mit steuerfreien Pauschbeträgen nicht in voller Höhe, sondern nach Abzug einer für zumutbar gehaltenen (Eigen-)Belastung, die wie folgt nach Familienstand und Höhe der *Einkünfte* gemäß § 33 Abs. 3 EStG festgelegt ist:

»Zumutbare« Belastung in Prozent von den »Einkünften« in DM

	bis 30 000	30 001 bis 100 000	über 100 000
Alleinstehende ohne Kind	5 %	6 %	7 %
Ehegatten ohne Kind	4 %	5 %	6 %
Steuerpflichtige mit 1 oder 2 Kindern	2 %	3 %	4 %
Steuerpflichtige mit 3 oder mehr Kindern	1 %	1 %	2 %

Bei einem geschiedenen oder dauernd getrennt lebenden, unbeschränkt im Inland steuerpflichtigen Elternpaar gehört hier auch der Elternteil zu den Steuerpflichtigen *mit Kind, der seinen Unterhaltsverpflichtungen nachkommt.* Seit 1986 entspricht hier die Zahl der Kinderfreibeträge auch der Anzahl der Kinder.

Im Lohnsteuer-Ermäßigungsverfahren werden grundsätzlich nur solche Posten berücksichtigt, die bereits angefallen sind oder mit Sicherheit noch anfallen. Bei Ermittlung der zumutbaren Belastung wird in der Regel vom voraussichtlichen Jahresarbeitslohn ausgegangen, und es bleiben dabei insbesondere geringfügige andere, voraussichtliche Einkünfte außer Ansatz.

Bezogen auf das Musterbeispiel im abgedruckten Antragsformular (Ehepaar mit 2 Kindern) ergibt sich danach folgende Berechnung:

Voraussichtlicher Jahresarbeitslohn beider Ehegatten 1989		DM 59 300
Davon sind abzuziehen:		
Weihnachtsfreibeträge (2 × 600) und Arbeitnehmer-Freibeträge (2 × 480)	DM 2160	
Werbungskosten (Minimum Ehefrau pauschal DM 564)	DM 3449	DM 5 609*
Einkünfte		DM 53 691*
Zumutbare (Eigen-)Belastung 3 % aus DM 53 691		DM 1 610*

2. Freibetrag wegen Pflege des Eltern-Kind-Verhältnisses (§§ 32 und 33a Abs. 1a EStG)

Geschiedene oder dauernd getrennt lebende Elternteile mit Kindern unter 16 Jahren zu Beginn des Steuerjahres oder mit älteren, steuerlich berücksichtigungsfähigen Kindern (u. a. bei Berufsausbildung bis zum Alter von 27 Jahren), *die dem anderen Elternteil steuerlich zugeordnet sind, für die sie aber einen Kinderfreibetrag erhalten,* können aufgrund von Ausgaben für ein gutes Verhältnis zu den Kindern (Besuche, Geschenke usw.) *letztmalig 1989* einen Freibetrag von DM 600,– pro Kind und Jahr (ggf. zeitanteilig) beanspruchen. Gleiches gilt für nichteheliche Kinder, wenn beide Elternteile ihren Wohnsitz im Inland haben. Dieser Freibetrag entfällt, wenn der Kinderfreibetrag auf den anderen Ehegatten übertragen wird.

*) *Ab 1990* ergibt sich hier ein *ungünstigeres* Ergebnis durch Einführung des Arbeitnehmer-Pauschbetrages von DM 2 000 (vgl. Fußnote Seite 42). Der Abzugsbetrag von DM 5 609 *vermindert sich auf DM 4 885* (2 × DM 2 000 zuzüglich mit DM 885 über DM 2 000 liegende Werbungskosten Ehemann), die Einkünfte betragen danach DM 54 415 und *die zumutbare Belastung erhöht sich auf DM 1 632.*

3. Hausgehilfin/Haushaltshilfe oder Heim-/Pflegeunterbringung
(§ 33a Abs. 3 EStG; Abschnitt 69 LStR)

Aufwendungen für eine Hausgehilfin oder Haushaltshilfe können bis zu DM 1200,– pro Jahr* bzw. anteilmäßig mit DM 100,– pro Monat bei entspr. Nachweis steuermindernd sein, wenn
– der Arbeitnehmer oder sein Gatte 60 Jahre alt ist oder
– der Arbeitnehmer oder sein Gatte oder ein zu seinem Haushalt gehörendes Kind oder eine zum Haushalt gehörende und von ihm unterhaltene Person schwer körperbehindert (mind. 45 %) oder nicht nur vorübergehend körperlich hilflos ist.

Bei Unterbringung des Steuerpflichtigen oder des mit ihm zusammenlebenden Ehegatten in einem Heim oder anderweitig dauernd zur Pflege*, können ebenfalls DM 1200,– im Jahr oder DM 100,– im Monat steuermindernd berücksichtigt werden.

4. Ausbildungsfreibeträge Kinder (§ 33a Abs. 2 EStG, Nr. 68 LStR)

Haben unbeschränkt im Inland steuerpflichtige Ehegatten oder Elternteile, die ein Kind allein unterhalten oder bei denen der andere Elternteil nicht unbeschränkt im Inland steuerpflichtig ist, oder andere Personen Ausgaben für die Ausbildung und ggf. auswärtige Unterbringung eines Kindes, für das sie *allein* einen Kinderfreibetrag erhalten *oder (ab 1988)* erhielten, wenn das Kind unbeschränkt im Inland steuerpflichtig wäre, können sie auf Antrag wie folgt Jahresfreibeträge bekommen:

– Für Kinder bis zur Beendigung des 18. Lebensjahres, *nur* bei auswärtiger Unterbringung wegen Ausbildung** bis *DM 1800,–*.
– Für Kinder mit Beginn des 19. Lebensjahres generell bis DM 2400,–, bei auswärtiger Unterbringung bis *DM 4200,–*.

Liegen die Voraussetzungen nicht das ganze Jahr über vor, erfolgt anteilige Berechnung pro angefangenen Monat.

Diese Freibeträge *mindern* sich *voll* um eigene Einkünfte und Be-

*) *Ab 1990:* Freibetrag bis DM 1800 bei Hilflosigkeit einer zum Haushalt gehörenden Person und Verdoppelung auf DM 2400, wenn Ehegatten wegen Pflegebedürftigkeit eines Teils an der gemeinsamen Haushaltsführung gehindert sind.

**) Ein Ausbildungsfreibetrag für minderjährige Kinder wird nur insoweit anerkannt, als ein Kind im Verhältnis zum Kindergeld-Berechtigten zur Ausbildung *auswärts* untergebracht ist. Hier *Ablehnung* des Antrages eines Elternteils, dessen 2 Töchter *im Haushalt* von für sie kindergeldberechtigten Pflegeeltern (Großmutter und Tante) lebten (BFH-Urteil v. 24. 4. 86 – BStBl 1986 II, S. 836).

züge von Kindern, für die kein Kinderfreibetrag gewährt wird, im übrigen um über DM 3600,– liegende eigene Einkünfte* und Bezüge des Kindes (vgl. Seite 91) sowie voll um Ausbildungshilfen aus öffentl. Mitteln oder Stipendien etc., u. a. BAföG-Zuschüsse. Bei einem verheirateten Kind ist auch der Unterhalt des Gatten anzurechnen. Von den Bezügen (nicht Einkünften) wird ein Unkosten-Pauschbetrag von (bis) DM 360,– abgezogen. Auswärtige Unterbringung** bedeutet Wohnen außerhalb des Eltern-Haushalts. Fehlen zeitweise die Voraussetzungen (gilt z. B. nicht für Semesterferien), erfolgt anteilige Zuerkennung. Insoweit kann aber »Unterstützung bedürftiger Personen« (vgl. S. 91) vorliegen. Geschiedene oder dauernd getrennt lebende, unbeschränkt steuerpflichtige Elternteile, erhalten den halben Freibetrag; vorausgesetzt, daß ihnen auch der entspr. Kinderfreibetrag zusteht. Haben mehrere Personen für das Kind einen Kinderfreibetrag, wird der Ausbildungsfreibetrag insgesamt nur einmal gewährt. Steht das Kind zu mehr als 2 Personen im Kindschaftsverhältnis, erhalten die Eltern zusammen den halben Freibetrag, d. h. ggf. jeder nur ein Viertel. Eine andere Aufteilung ist nur durch eine ESt-Veranlagung auf gemeinsamen Antrag möglich; dabei kann auch der Elternteil, dem das Kind nicht zugeordnet ist, den gesamten Freibetrag erhalten.

*) Lohn-Einkünfte von DM 3600,– werden gemäß Abschn. 67 LStR erst erreicht, wenn der Lohn im Jahr über DM 5244,– liegt. Denn vom Lohn sind die Werbungskosten (mind. DM 564,–), der Weihnachtsfreibetrag (DM 600,–) und der Arbeitnehmerfreibetrag (DM 480,–) abzusetzen. Lohneinkünfte setzen also erst ab Lohnbezügen von DM 1645,– (ab 1990 dem entsprechend DM 2001,–) ein. Bei Versorgungsbezügen ist der entspr. Freibetrag abzuziehen. Bei Kapitalbezügen (Zinsen etc.) bleiben DM 400,– ohne Ansatz. Ist ein Ausbildungsfreibetrag nicht für ein volles Jahr zu gewähren, kommen auch nur die Einkünfte und Bezüge des Kindes in den Ausbildungsmonaten zur Anrechnung, wobei einmalige oder nicht monatlich fließende Einkünfte (z. B. Jahreszinsen, Gewinnanteile) oder Bezüge zeitanteilig berücksichtigt werden. Der anrechnungsfreie Betrag von DM 3600,– im Jahr ist zeitanteilig mit DM 300,– im Monat zu berücksichtigen. Bei einem Wechsel der Ausbildungsfreibeträge ist stets der Anteil des höheren für den entspr. Monat anzusetzen.
**) Auswärtige Unterbringung eines Auszubildenden wird nicht anerkannt, wenn das Kind vorübergehend im Rahmen des Unterrichts eine Klassenfahrt von 1 Monat mitmacht (BFH-Urteil v. 5. 11. 82 – BStBl 1983 II, S. 109). Ebenso wurde bei einem Sprachkurs von 3 Wochen im Ausland entschieden (BFH-Urteil v. 25. 3. 83 – VIR 188/81).
Bei geschiedenen oder getrennt lebenden Eltern wird »auswärtige Unterbringung« nicht anerkannt, wenn das Kind noch zum Haushalt eines der beiden Elternteile gehört und nicht außerhalb wohnt (BFH-Urteil v. 5. 2. 88 – BStBl 1988 II, S. 579). Sind minderjährige Kinder wochentags bei in der Nähe (hier: 400 bis 500 m entfernt) wohnenden Großeltern untergebracht, liegt nicht schon deshalb eine auswärtige Unterbringung mit hauswirtschaftlicher Ausgliederung vor (BFH-Urt. v. 6. 11. 87 – BStBl 1988 II, S. 138).

6

5. Unterstützung bedürftiger Personen (z. B. Eltern, geschiedene Ehegatten, im Ausland lebende Kinder. Hier sind auch Pakete und Päckchen an Angehörige in der DDR oder in Berlin (Ost) einzutragen. Bei mehreren Personen besonderes Blatt verwenden.)

	Vermerke des Finanzamts
Eine Steuerermäßigung kommt nur in Betracht, wenn weder Sie noch andere Personen für den Unterstützten Anspruch auf einen Kinderfreibetrag haben.	Übertrag DM

Name und Anschrift der unterstützten Person · 8) Angaben nicht erforderlich, wenn die unterstützte Person in der DDR oder in Berlin (Ost) wohnt

Müller, Luise, Bremer Str. 18, 2000 Hamburg

Familienstand, Beruf, Verwandtschaftsverhältnis der unterstützten Person — geboren am

Witwe, ohne; Mutter — *15. 9. 1913*

	Bruttoarbeitslohn[8]	Renten[8]	andere Einkünfte/Bezüge sowie Vermögen (Art und Höhe)[8]	
Diese Person hat im a) Unterstützungs-zeitraum 1989	— DM	*4.976* DM	— *Hausrat + Schmuck*	Abziehbar + DM
b) außerhalb des Unterstützungs-zeitraums 1989	Bruttoarbeitslohn[8] DM	Renten[8] DM	andere Einkünfte/Bezüge (Art und Höhe)[8]	

Diese Person lebt ☐ in meinem Haushalt. ☒ im eigenen/anderen Haushalt. zusammen mit folgenden Angehörigen

Eigene Aufwendungen für die unterstützte Person (Art und Zeitraum)	Höhe im Kalenderjahr
Dauerauftrag DM 200 pro Monat, Kleidung DM 600 im Jahr	*3.000* DM

Nur ausfüllen, wenn der Antragsteller im Haushalt der unterstützten Person lebt:
Die unterstützte Person erhält außerdem für Verpflegung und Wohnung des Antragstellers — Höhe im Kalenderjahr DM

Grund der Unterstützung (z. B. Alter, Krankheit)	Summe
Alter und Krankheit	DM

Zum Unterhalt der unterstützten Person tragen bei: (Name, Anschrift, Zeitraum und Höhe der Unterstützung)
Lutz Müller, Obere Allee 45, 665 Homburg/Saar; wie im Vorjahr DM 3000 in 1989 — Übertragen in Vfg.

Verteilung der Freibeträge
Werbungskosten können nur auf der Lohnsteuerkarte des Ehegatten eingetragen werden, bei dem sie entstanden sind. Wenn der Freibetrag im übrigen anders als je zur Hälfte auf den Lohnsteuerkarten der Ehegatten aufgeteilt werden soll, dann geben Sie bitte das Aufteilungsverhältnis an (: v.H.) und fügen Sie die Lohnsteuerkarte des Ehegatten bei.

Versicherung
Bei der Ausfertigung dieses Antrags und der Anlagen hat mitgewirkt
Herr/Frau/Firma in Fernsprecher

Ich versichere, daß ich die Angaben in diesem Antrag und in den ihm beigefügten Anlagen wahrheitsgemäß nach bestem Wissen und Gewissen gemacht habe. Ich nehme zur Kenntnis, daß ich verpflichtet bin, unverzüglich die Änderung des Freibetrags auf meiner Lohnsteuerkarte zu beantragen, wenn sich die in Abschnitt Ⓓ Teil I und II Nrn. 1 a und 6 sowie in Teil IV Nrn. 3, 4 und 5 angegebenen Verhältnisse im Laufe des Kalenderjahrs 1989 derart ändern, daß die Aufwendungen um mindestens 400 DM geringer sein werden. Mir ist bekannt, daß erforderlichenfalls Angaben über Kindschaftsverhältnisse der für die Ausstellung von Lohnsteuerkarten zuständigen Gemeinde mitgeteilt werden.

Datum *Garmisch, 21.1.1989*

(Unterschrift der antragstellenden Person) *Joachim Müller* — (Unterschrift des Ehegatten) *Renate Müller*

Vermerk des Finanzamts
Berechnung des Freibetrags nach §§ 33, 33c EStG

	Antragsteller/Ehegatten	Kinderbetreuungskosten – Kinder	andere außergewöhnl. Belastungen
Jahresarbeitslohn	DM	DM	DM
abzüglich Versorgungs-, Weihnachts-, Arbeitnehmer-Freibetrag, Altersentlastungsbetrag, Werbungskosten (mindestens 564 DM)	DM	höchstens Kinderbetreuungskosten[9]	restliche zumutbare Belastung
Zumutbare Belastung nach § 33 Abs. 3 EStG: v. H. von	DM		
9) nur, soweit die anerkannten Kinderbetreuungskosten den Pauschbetrag nach § 33c Abs. 4 EStG übersteigen	ergibt zumutbare Belastung	DM ▶ —	DM = —
	Überbelastungsbetrag	= DM	= DM in Vfg. übertragen
10) ggf. anteilmäßig nach § 33c Abs. 3 Satz 3 und 4 EStG	davon höchstens abziehbar nach § 33c Abs. 3 EStG[10]	DM	höheren Betrag in Vfg. übertragen
	mindestens Pauschbetrag nach § 33c Abs. 4 EStG[10]	DM	

11) einschl. Zahl der Kinderfreibeträge und Zahl der Kinder DM

Verfügung

		2. Freibetrag bei WK-Pauschsätzen
1. Freibetrag für besondere Fälle		v.H.-Satz monatlich
Altersfreibetrag		DM
Pauschbeträge f. Körperbehinderte u. Hinterbliebene	Gültig vom	Gültig vom – bis
Freibetrag wegen Förd. des Wohneigentums		1989
Sonderausgaben	bis	3. Änderung der StK[11] in StK[11]
Kinderbetreuungskosten	1989	
Andere allgemeine außergewöhnliche Belastungen		Gültig vom – bis
Freibetrag für Pflege Eltern-Kind-Verhältnis	Antragsteller Ehegatte	1989
Außergewöhnliche Belastungen in besonderen Fällen	DM DM	4. LStK und Belege an Antragsteller zurück am
Zwischensumme		5. Bescheid zur Post am
Werbungskosten		
Jahresfreibetrag		
bisher berücksichtigt		6. ☐ Mitteilung für Gemeinde fertigen
verbleibender Freibetrag		7. Z. d. A. Datum
	Monatsbetrag	
	Wochenbetrag	
	Tagesbetrag	

(Sachgebietsleiter) — (Sachbearbeiter)

4. Unterstützung bedürftiger Personen* (§ 33a EStG; Abs. 67 LStR)

Diese Steuervergünstigung bezieht sich grundsätzlich auf den Unterhalt von bedürftigen Angehörigen mit kleinem Vermögen (in der Regel bis zu DM 30000,–, wobei Hausrat, Erinnerungswerte etc. außer Ansatz bleiben), für die kein Anspruch auf Kindergeld und dergl. nach dem BKGG besteht. Solche Aufwendungen sind maximal mit *DM 4500,–***, bzw. *DM 2484,–*** bis zum Alter *von 18 Jahren oder* bei Vorliegen der Voraussetzungen für einen Ausbildungsfreibetrag (vgl. hierzu auch Seite 38) pro unterstützte Person im Jahr (bzw. anteilig nach Monaten) abzugsfähig, wobei jedoch die sogenannte »Opfergrenze« (vgl. nächste Seite) zu beachten ist. Angerechnet werden hierauf *alle* eigenen Einkünfte und Bezüge der unterhaltenen Person, sofern sie im Jahr DM 4500,– übersteigen; ggf. anteilige Einkünfte und Bezüge der entspr. Monate (vgl. Seite 89, Fußnote 1). Hierzu zählen auch vermögenswirksame Leistungen (5. VermBG) sowie die entspr. Arbeitnehmer-Sparzulage und *nicht* steuerpflichtige Bezüge, wie steuerfreie Zinsen, Wohngeld, steuerfreie Zuschläge zum Arbeitslohn, Arbeitnehmerzulagen in Berlin und Leibrenten*** voll (nach Abzug von pauschal DM 200,– für Werbungskosten).

Beispiel: Ein Arbeitnehmer zahlt seiner alten Mutter, die selbst kein oder nur geringes Vermögen unter DM 30 000,– hat, als Jahresunterstützung DM 4200,–. Die Mutter erhält außerdem Versorgungsbezüge von DM 6500,– und Angestellten-Versicherungsrente von DM 3000,–.

Als eigene Einkünfte und Bezüge sind hier anzusetzen:

– Versorgungsbezüge (DM 6500) *abzüglich* Versorgungsfreibetrag mit 40% (DM 2600), Weihnachtsfreibetrag (DM 600), Arbeitnehmerfreibetrag (DM 480) und Werbungskostenpauschale (DM 564) =	DM 2256,–
– Leibrente (DM 3000) *abzgl.* Werbungskosten (DM 200) =	DM 2800,–
	DM 5056,–
– Davon ab (jeweils) »Allgem. Unkosten-Pauschbetrag« =	DM 360,–
– Anzurechnende eigene Bezüge und Einkünfte =	DM 4696,–

Als steuerfreier Betrag können nach diesem Beispiel maximal DM 4500,– *minus* Differenz zwischen DM 4696,– und den nicht anrechenbaren Bezügen von DM 4500,– anerkannt werden, dies entspr.

*) Bei Unterhaltsleistungen an Verwandte in der DDR und Berlin (Ost) wird die Bedürftigkeit und Zwangsläufigkeit grundsätzlich unterstellt; dagegen bei Freunden und Bekannten nur, wenn eine besondere sittliche Verpflichtung vorliegt (BFH-Urteil v. 25. 3. 83 – BStBl 1983 II, Seite 453). Aber auch hier ist die sogenannte »Opfergrenze« zu beachten (BFH-Urteil v. 5. 12. 86 – BStBl 1987 II, S. 238).

**) *Anhebung 1990* um DM 900 *auf* DM 5400 bzw. um DM 540 *auf* DM 3024.

***) Zu den Einkünften und Bezügen zählen auch Leibrenten voll, selbst wenn das Rentenstammrecht entgeltlich erworben wurde (BFH v. 17. 10. 80 – BStBl 1981 II, S. 158).

DM 4304,–. Unterstützt hier der Arbeitnehmer *allein* seine Mutter, erhält er für seine Leistung mit DM 4200,– *voll* den Freibetrag. Bei mehreren Unterhaltsverpflichteten ist der Betrag von DM 4304,– nach der jeweiligen Leistung anteilmäßig aufzuteilen. Wegen der zum Teil eingeschränkten Abzugsfähigkeit bei Unterstützungen von Angehörigen *im Ausland* wird auf die Seiten 37 (unten) und 38 sowie auf Abschn. 67 Abs. 5 LStR verwiesen.

Opfergrenze:
Die Abzugsfähigkeit von Unterhaltsleistungen an bedürftige Angehörige im Rahmen der steuerlichen Bestimmungen setzt stets Zwangsläufigkeit voraus. Diese wird aber insoweit verneint, als für den Unterhaltsleistenden und ggf. seine Familie *nicht* angemessene Mittel zur Deckung des eigenen Lebensbedarfes verbleiben. Allgmeine Regelungen hierfür ergeben sich aus dem Schreiben des BFM vom 27. 7. 84 (BStBl 1984 I, S. 402), die mit Urteil des BFH v. 4. 4. 1986 (BStBl 1986 II, S. 852) anerkannt und mit dem Grundgesetz als vereinbar angesehen wurden. Danach können im Rahmen der Höchstsätze Unterhaltsleistungen nur insoweit als außergewöhnliche Belastung berücksichtigt werden, als sie eine bestimmte »Opfergrenze« überschreiten, deren Höhe sich nach dem jeweiligen *Netto*-Finkommen und Familienstand richtet. Beim *Arbeitnehmer* entspricht das sog. »Nettoeinkommen« im wesentlichen dem um Nebeneinkünfte (ggf. minus Steuer), Kindergeld, Arbeitslosen- und Kurzarbeitergeld sowie sonstige Zuflüsse (z. B. erstattete Steuern) *erhöhten* Arbeitslohn, *abzüglich* steuermindernde Frei- und Pauschbeträge (statt dessen bei Werbungskosten sowie Vorsorgeaufwendungen und Sonderausgaben gegebenenfalls höher anzuerkennende tatsächliche Ausgaben) und Lohnsteuer.
1 % je DM 1000,– aus dem so ermittelten Nettoeinkommen, *maximal* 50 % hieraus (d. h. bei DM 50000,– = DM 25000,–) werden bei Alleinstehenden ohne Kind als Opfergrenze anerkannt; sie verringert sich im übrigen für den Ehegatten *und* pro Kind um je 5 %, maximal um 25 %. Hierzu einige Beispiele:

Netto-Einkommen DM	Opfergrenze Alleinst. o. Kind	Kürzungsbetrag Ehefrau und 2 bzw. 4 Kinder		Opfergrenze Familie 2 Kinder	4 Kinder
18000	18% = DM 3240	15% = DM 2700	25% = DM 4500	DM 540	DM 0
28000	28% = DM 7840	15% = DM 4200	25% = DM 7000	DM 3640	DM 840
38000	38% = DM 14440	15% = DM 5700	25% = DM 9500	DM 6740	DM 4940
48000	48% = DM 23040	15% = DM 7200	25% = DM 12000	DM 15840	DM 11040

Vermögenswirksame Leistungen mindern das Nettoeinkommen, Sparzulagen erhöhen es; Sparbuchabhebungen oder Mittel aus einer Kreditaufnahme bleiben in der Regel ohne Einfluß (BFH-Urteil v. 4. 4. 86 – BStBl 1987 II, S. 127). Bei Eheleuten, die beide Einkünfte im Inland haben, ist die Opfergrenze aus dem zusammengerechneten Nettoeinkommen zu ermitteln, auch hier sind 5 % Kürzungsbeitrag für einen Ehegatten zu berücksichtigen (BFH-Urteil v. 23. 9. 86 – BStBl 1987 II, S. 130).

Liebesgabensendungen an Verwandte in der DDR werden ohne besonderen Nachweis der Bedürftigkeit und der tatsächlichen Aufwendungen mit DM 40,– pro Paket und DM 30,– für jedes Päckchen auf Grund postamtlicher Einlieferungsscheine oder mit einem höheren Wert bei entsprechendem Nachweis berücksichtigt. Für Besuche von Angehörigen aus der DDR oder aus Vertreibungsgebieten werden pro Tag und Person grundsätzlich DM 10,– als Freibetrag anerkannt. *Daneben* können noch besondere Zuwendungen anläßlich des Besuches, wie Kleidung, berücksichtigt werden. Pro Besuch in der DDR werden DM 50,– steuermindernd angesetzt, die Personenzahl der Besucher ist dabei ebenso wie die Anzahl der besuchten Personen ohne Bedeutung.

Verteilung der Freibeträge

Bei gemeinsam versteuerten Ehegatten werden die festgestellten Freibeträge, mit Ausnahme von Werbungskosten, die jedem Ehegatten mit dem auf ihn treffenden Teil zuzurechnen sind, grundsätzlich je zur Hälfte verteilt, wenn eine andere Aufteilung nicht beantragt wird. Bei der Höhe nach sehr unterschiedlichen Bezügen, oder wenn ein Ehegatte bereits in der tariflichen Progressionszone, der andere noch darunter liegt, empfiehlt sich im Interesse einer insgesamt geringeren Steuerbelastung während des Jahres, die Freibeträge voll oder zum Großteil bei dem in der Spitze seiner Bezüge steuerlich am stärksten belasteten Ehegatten eintragen zu lassen. Auch auf einer LSt-Karte mit StKl VI ist der Eintrag möglich.

Ausrechnung des Freibetrages und der Steuerersparnis anhand des Musterbeispiels

Das Musterbeispiel auf dem amtl. Antragsformular bringt neben dem Begehren um die Eintragung des 2. Kindes und des entsprechenden Kinderfreibetrages noch einen zweiten unbeschränkt antragsfähigen Ermäßigungsgrund, nämlich die Körperbehinderung (Eintrag auf LSt-Karte fehlte hier). Des weiteren eine Vielzahl von *beschränkt* abzugsfähigen Ermäßigungsgründen. Von diesen würden schon allein die Werbungskosten (über DM 1800,–) und die außergewöhnlichen Belastungen unter Anrechnung der zumutbaren Belastung zu einem Freibetrag führen.

Ungeachtet voraussichtlich anderer Einkünfte beträgt hier die zumutbare (Eigen-)Belastung 3 % der Einkünfte oder DM 1610,–, wie die entspr. Ausrechnung auf Seite 87 zeigt. Die Eintragung eines zweiten Kindes wirkt sich nicht nur im zusätzlichen Kinderfreibetrag von DM 2484,– (2 × DM 1242,– in StKl IV), sondern auch auf die Kirchensteuer beider Ehegatten günstiger aus.

Die Eintragungen auf dem abgebildeten, *neuen* amtlichen Formular für die Lohnsteuer-Ermäßigung 1989 führen bei voller Anerkennung wie folgt zum Jahresfreibetrag und Monatsfreibetrag auf der Lohnsteuerkarte des Antragstellers:

Freibetrag Körperbehinderte (C III)		DM 1110
Werbungskosten (D I)	DM 2885	
abzgl. Pauschale in LSt.-Tabelle	DM 564	DM 2321**
Sonderausgaben (D III) DM 580 ./. DM 540 Pauschale =		DM 40**
Außergewöhnliche Belastungen (D V)		
– Unterstützung bedürftiger Personen (D V/4)		
Eigener Aufwand	DM 3000	
Anderweitige Unterstützung	DM 3000	
zusammen	DM 6000	
Höchstbetrag (= 75 % der Aufwendungen)	DM 4500	
Demnach anzusetzen 75 % aus	DM 3000	DM 2250**
– Ausbildungsfreibetrag (D V/3)		DM 2460*
– Andere außergewöhnliche Belastungen (D V/1)		
Kosten abzgl. Erstattungen	DM 3565	
davon ab: zumutbare Belastung (vgl. S. 87)	DM 1610	DM 1955**
Steuerfreier Jahresbetrag auf der Lohnsteuerkarte		DM 10136**
Steuerfreier Monatsbetrag (bei Eintrag im Januar)		DM 845**

Dieses Musterbeispiel zeigt für den Antragsteller bei gleichmäßiger Verteilung seines Jahreslohnes von DM 33500,–, abzüglich Weihnachtsfreibetrag von DM 600,–, ein zu versteuerndes Jahresgehalt von DM 32 900,–, das DM 2741,67 pro Monat entspricht. Nach Eintrag des Freibetrags auf der LSt-Karte mit DM 10136,– sind noch DM 22764,– zu versteuern, wobei allerdings die in dem Lohn-

*) Der Ausbildungs-Freibetrag bei auswärtiger Unterbringung beträgt maximal DM 4200,–. Unter Berücksichtigung der *über* DM 3600,– liegenden eigenen Einkünfte des Kindes (vgl. Fußnote auf Seite 89), das sind hier DM 1256,– (brutto DM 6500,– ./. DM 1644 = DM 4856,– abzgl. DM 3600,–) Lohneinkünfte und DM 484,– (884 ./. 400) Einkünfte aus Kapitalvermögen, zusammen DM 1740,–, verbleibt ein Freibetrag von DM 2460,–.

**) Bei gleicher Antragstellung *im Jahre 1990*, d. h. *nach der Steuerreform*, ergibt sich hier ein Jahresfreibetrag von DM 9452 bzw. DM 788 pro Monat, da folgende Veränderungen eintreten:

– Von den Werbungskosten ist der in der neuen LSt.-Tabelle mit DM 2000 integrierte Pauschbetrag abzuziehen, verbleiben noch DM 855.

– Durch Minderung der Sonderausgaben-Pauschale auf DM 216 sind DM 364 anzusetzen.

– Der Höchstbetrag für Unterhaltsaufwendungen wurde um DM 900 auf DM 5400 angehoben, dadurch hier Ansatz mit DM 2700 (Erhöhung um 50 % aus Differenz).

– Die anderen außergewöhnlichen Belastungen führen hier, wie in der Fußnote auf Seite 87 begründet, zu einem mit DM 1933 um DM 22 geringeren Ansatz.

steuertarif IV eingearbeitete Vorsorgepauschale infolge der niedrigeren Lohnstufe von DM 3510,– um DM 324,– auf DM 3186,– zurückfällt und insoweit nur durch späteren LSt-Jahresausgleich oder durch ESt-Veranlagung ein Ausgleich erreicht werden kann.

Die Steuerentlastung ist hier wie folgt sehr beachtlich:

	Lohnsteuer* DM	Kirchensteuer** DM	Gesamt DM
Vor Ermäßigungsantrag (Steuerklasse IV/1)	5136,—	386,88	5522,88
Nach Ermäßigungsantrag (Steuerklasse IV/2)	2423,—*	145,84	2568,84
Steuerentlastung 1988	2713,—	241,04	2954,04
Monats-Durchschnitt	226,09	20,08	246,17

Durch Eintragung des 2. Kindes auch beim Ehegatten vermindert sich bei diesem die Lohnsteuer um DM 287,–; außerdem die Kirchensteuer um DM 46,32, so daß die Entlastung für die Eheleute Müller laut Musterbeispiel insgesamt DM 3287,36 im Jahr oder rd. *DM 274,–* im Monat beträgt.***

Dieses Beispiel zeigt auch einen großen Vorteil durch das frühe Verfügen über Eigenmittel, die zinsbringend angelegt und *nicht* dem Staat zinslos überlassen werden sollten. »Müllers« hätten ihr Geld beim LSt-Jahresausgleich oder bei einer späteren ESt-Veranlagung erst in 1 bis 1½ Jahren zurückerhalten.

*) Die Lohnsteuer *nach* dem Freibetrag von DM 10 136,– ergibt sich aus der ESt-Grundtabelle 1989 (bei StKl IV wird jeder Ehegatte steuerlich als Alleinstehender behandelt) wie folgt: Lohnbezüge mit DM 33 500,–, minus Weihnachtsfreibetrag und Freibetrag auf LSt-Karte = DM 22 764,– *abzüglich* Vorsorgepauschale hieraus = DM 3186,– (statt 3510,–), tarifliche Kinderfreibeträge (2 × 1242,– in StKl IV) = DM 2484,–, Werbungskostenpauschale = DM 564,–, Arbeitnehmer-Freibetrag = DM 480,– und Sonderausgaben-Pauschale = DM 270,– verbleiben für die Steuerablesung DM 15 780,–, Lohnsteuer hieraus *ebenfalls DM 2423,–*.

Die Jahres-Lohnsteuer läßt sich auch anhand der beigefügten Monats-Lohnsteuertabellen 1989 (Anhang 2) richtig errechnen, wenn die Steuer aus einem Zwölftel von DM 22 764,– = DM 1897,– bei StKl IV/2 abgelesen (zeigt DM 201,90) und mit 12 multipliziert wird.

**) 8 % aus der bei StKl IV um je DM 300,– pro Kind verminderten Lohnsteuer; *ab 1990* nur noch DM 150 je Kind bei StKl IV.

***) Weil hier die Ehefrau bei der Besteuerung bereits leicht in der Progressionszone liegt, der Ehemann aber durch den *vollen* Freibetrag noch in der Steuer-Proportionalzone (vgl. S. 152), wäre ein (hier aber nur geringfügiges) besseres Ergebnis (nämlich Lohnsteuer beider = DM 5322 *statt* DM 5334) durch Verminderung des Freibetrages beim Ehemann um DM 1218 zugunsten seiner Frau zu erzielen, so daß beide nach Abzug des Weihnachtsfreibetrages (je DM 600) auf DM 23 982 zu versteuernden Jahreslohn kämen.

Möglichkeiten und Beispiele für eine Lohnsteuerermäßigung

Die mit DM 1800,– *letztmals 1989* bestehende Antragsgrenze für bestimmte Aufwendungen, zu denen sämtliche Werbungskosten, außergewöhnliche Belastungen und Sonderausgaben *ohne* Vorsorgeaufwendungen zählen, wird oft erreicht. Es muß *nicht* der Freibetrag selbst DM 1800,– erreichen, es genügt, wenn die antragsfähigen Aufwendungen zusammen mindestens diese Höhe erreichen. Dazu ein Beispiel nach StKl I mit einem Jahreslohn von DM 30 000,–:

	antrags- fähig DM	davon ab DM	Jahres- Freibetrag DM
Werbungskosten	1200,–	564,–*	636,–
Sonderausgaben** (Ki.-Steuer)	280,–	270,–	10,–
Außergewöhnliche Belastung			
Unterhalt Mutter	500,–	–	500,–
Krankheit	1700,–	1386,–***	314,–
	3680,–		1460,–

Der Monatsfreibetrag beträgt hier DM 122,– und die monatliche Steuerersparnis DM 32,60; im Jahr 1989 wären es genau DM 391,– (ohne Beachtung »Weihnachtsfreibetrag«) plus Kirchensteuer.
Bei zusammenlebenden Eheleuten, die beide Arbeitnehmer sind, beträgt die Antragsgrenze *für beide zusammen* DM 1800,–.
In vielen Fällen werden *allein Werbungskosten* zum Überschreiten der Antragsgrenze von DM 1800,– ausreichen. Bei doppelter Haushaltsführung (S. 64) sowie bei Umzugskosten (S. 74) dürfte dies die Regel sein. Aber auch bei Arbeitnehmern, die den Weg zur Arbeitsstätte mit eigenem Pkw zurücklegen, reicht *nach Erhöhung des km-Satzes für 1989 von DM –,36 auf DM –,43* eine Entfernung von 20 km bei 210 Arbeitstagen (vgl. Tabelle auf S. 59) bereits zum Antrag aus. Benutzt ein Arbeitnehmer an 230 Tagen seinen Pkw zur 12 km entfernt liegenden Arbeitsstätte, ergibt DM 1187,–, und kann noch Mehraufwendungen für Verpflegung wegen Wohnungs-Abwesenheit von über

---

*) Als Pauschbetrag in der Lohnsteuertabelle enthalten.
**) Vorsorgeaufwendungen bleiben im LSt-Ermäßigungsverfahren unberücksichtigt.
***) Zumutbare Belastung (vgl. Seite 86) 5 % aus DM 20000,– ⁒. Pauschalabzüge von DM 1644,– (Weihnachtsfreibetrag DM 600,–, Arbeitnehmerfreibetrag DM 480,– und Werbungskostenpauschale DM 564,–) sowie den mit DM 636,– *über* der Pauschale liegenden Werbungskosten, verbleiben 5 % aus DM 27 720,–.

12 Stunden an 210 Arbeitstagen (à DM 3,–) geltend machen, das sind DM 630,–, so ist auch bereits die Antragsgrenze überschritten. Der Kauf von Arbeitsmitteln (Fachbücher, Kollegmappe, Schreibutensilien, Handwerkszeug, ggf. Schreibmaschine usw.) kann auch zu einer frühzeitigen Steuereinsparung führen. Besonders anzusprechen sind noch Autofahrer, die ihren Wagen auch zu Geschäftsfahrten einsetzen. In der Regel lohnt sich für diese eine Vollkostenrechnung (vgl. Seite 116); sie muß ja nicht auf Dauer geführt werden (vgl. Fußnote 2 auf Seite 116). Die Differenz zwischen dem echten und dem erstatteten Kostensatz je km ist abzugsfähig; ansonsten auch der Unterschied zwischen den nach steuerlichen Pauschalsätzen pro km (vgl. Seite 71) ermittelten Fahrtkosten und einer geringeren Erstattung. Gleiches trifft zu auf Reisekosten mit unter den steuerlichen Pauschalsätzen (vgl. Seiten 118–121) liegenden Erstattungen. Auch hier können die Differenzbeträge im Laufe des Jahres zum Freibetrag führen. Zu erwähnen sind auch Pauschalsätze oder nicht gedeckte Ausgaben bei sog. Dienstgängen (S. 63 + 118), berufliche Fortbildungskosten (S. 69) sowie als Sonderausgaben bis zu DM 900,–/DM 1200,– abziehbare private Ausbildungskosten (S. 82). Auch Bewerbungskosten (S. 69) haben an Bedeutung gewonnen. Die Unterhaltszahlungen an den geschiedenen oder dauernd getrennt lebenden Ehegatten können bis DM 18 000,– zu einem Freibetrag führen (S. 81). Auch die voraussichtliche Kirchensteuer ist unter Sonderausgaben anzusetzen. Besondere Bedeutung haben die »außergewöhnlichen Belastungen«. Hierunter fallen u. a. *die seit 1988 erheblich* angehobenen und nunmehr auch für im Ausland lebende Kinder möglichen Freibeträge für die Ausbildung, den Unterhalt und die auswärtige Unterbringung von Kindern (vgl. S. 38 + 88) und die Abzugsmöglichkeit für Kinderbetreuungskosten (vgl. S. 85). Auch Elternteile, denen ein Kind nicht zugeordnet ist, erhalten bei entspr. Kinderfreibetrag auf der LSt-Karte den halben Ausbildungsfreibetrag auf Antrag. Die Unterstützung bedürftiger Angehöriger allein kann zu einem Freibetrag pro unterstützte Person bis zu DM 4500,– führen (vgl. ab S. 91). Ebenfalls Krankheitskosten und andere außergewöhnliche Belastungen, bei denen eine zumutbare (Eigen-)Belastung in Anrechnung kommt (vgl. ab S. 133). Erwähnenswert auch die Möglichkeit (als Finanzierungshilfe) der Eintragung eines Freibetrages von DM 2400 je Kind mit Steuerbegünstigung aufgrund Bau oder Anschaffung eines selbstbewohnten Eigenheims (vgl. Seiten 51 + 54).

V. Antrag auf Lohnsteuer-Jahresausgleich 1988

(§§ 42, 42a, 42b und 42c Abs. 2 EStG)

Allgemeines

Die Beantragung des LSt-Jahresausgleichs beim zuständigen Finanzamt ist für die Mehrzahl der unbeschränkt steuerpflichtigen Arbeitnehmer die einzige noch verbleibende Möglichkeit, *überzahlte* Lohnsteuer zurückzuerhalten. Erst ab bestimmten Einkommensgrenzen sowie unter bestimmten anderen Voraussetzungen können Steuereinsparungen noch über eine ESt-Veranlagung erzielt werden (vgl. hierzu die Seiten 142–144).

Der LSt-Jahresausgleich kann nur noch sehr beschränkt durch den Arbeitgeber vorgenommen werden. Im wesentlichen ist er auf amtlich vorgeschriebenem Formular beim zuständigen Finanzamt zu beantragen. *Erstmals für das Jahr 1988 besteht die Verpflichtung, ein Zusatzformular über Einkünfte aus Kapitalvermögen als verbindliche Erklärung unterschrieben miteinzureichen.* Dieser Vordruck ist unmittelbar *vor* Anhang 1 (S. 154) abgebildet. Die Antrags-Ausschlußfrist ist *auf das Ende des zweiten Jahres nach dem Steuerjahr festgesetzt* (§ 42 Abs. 2 EStG). Dies bedeutet, daß der LSt-Jahresausgleich 1988 noch bis Ende 1990 (Ausschlußfrist) beantragt werden kann.

Für den LSt-Jahresausgleich und die ESt-Veranlagung 1988 gibt es wiederum ein *gemeinsames Antragsformular,* das nachfolgend mit eingehenden Erläuterungen für jede Seite bzw. mit Hinweisen auf bereits behandelte Positionen und mit Musterbeispiel (Ausrechnung auf Seiten 140-141) abgedruckt ist (vgl. ab Seite 106).
Dem Antragsteller ist ein Steuerbescheid mit Rechtsmittelbelehrung zu erteilen. Einsprüche bleiben *ohne* Gebühren.

Der LSt-Jahresausgleich bietet einer Vielzahl von Arbeitnehmern die einzige Chance, die ihnen zustehenden, aber nicht automatisch zufallenden Steuervorteile geltend zu machen. Gewisse Härten, die sich im Laufe des Jahres beispielsweise durch zuviel bezahlte Lohnsteuer infolge schwankenden Arbeitslohnes oder sehr später Eintragung des steuerfreien Betrages auf der Lohnsteuerkarte für einen Arbeitnehmer ergeben könnten, werden in der Regel durch den Arbeitgeber-Jahresausgleich beseitigt. Dieser LSt-Jahresausgleich ermöglicht insoweit eine Zusammenfassung der steuerpflichtigen Bezüge für die einzelnen Lohnzahlungszeiträume des Jahres und die Gesamtermittlung der Lohnsteuer hierauf anhand der Jahreslohnsteuertabelle unter Beachtung der Eintragungen auf der LSt-Karte (Steuerklasse, Zahl der Kinderfreibeträge, besondere Freibeträge etc). Übersteigt die vom Arbeitgeber einbehaltene und an den Fiskus abgeführte Lohnsteuer den für das Gesamtjahr neu ermittelten Betrag, so wird der Unterschied dem Arbeitnehmer rückerstattet. Gleiches gilt für die Kirchensteuer. Der LSt-Jahresausgleich wird in einigen wenigen Fällen, die sich aus § 42b EStG ergeben, durch den Arbeitgeber und im übrigen gemäß §§ 42a und 42c EStG durch das zuständige Finanzamt vorgenommen. Zuständig ist *durch Neuregelung ab 1988* das Finanzamt, in dessen Bezirk der Arbeitnehmer *bei Erklärungs-Abgabe* seinen Wohnsitz oder in Ermangelung eines solchen seinen gewöhnlichen Aufenthalt hat. Bei mehreren Wohnsitzen ist der maßgebend, an dem sich der Arbeitnehmer vorwiegend aufhält. Bei zusammen versteuerten Ehegatten ist insoweit der vorwiegende Aufenthalts-Wohnsitz entscheidend. Haben Eheleute, die nicht dauernd getrennt leben, keinen Familienwohnsitz, ist für beide das für den älteren Ehegatten örtlich zuständige Finanzamt maßgebend. Die Zuständigkeit für Bundeswehr-Angehörige etc. regelt Abschn. 109a LStR. Für Ledige im gesetzlichen Wehrdienst ist das Wohnsitzfinanzamt und bei Wehrdienst auf Zeit das FA des Standorts zuständig.

Die Vornahme des Lohnsteuer-Jahresausgleiches durch den Arbeitgeber schließt *nicht* aus, daß der Arbeitnehmer später noch Antrag auf Lohnsteuer-Jahresausgleich beim Finanzamt mit dem Ziel der Inanspruchnahme von Steuervergünstigungen oder aus anderen Gründen stellt. Die Beantragung gilt nur dann als ordnungsgemäß, wenn das vorgeschriebene Formular verwendet und eigenhändig* unterschrieben wird (Abschn. 107 Abs. 2 LStR). Bei Ehegatten wird die Unterschrift beider gefordert.

Bei Nichteinhaltung der (Ausschluß-)Antragsfrist kann nur noch bei nachweislich unverschuldetem Versäumnis Nachsicht geübt werden (§ 110 AO).

*) Ein vom Steuerberater auf eine Steuererklärung (hier LSt-Jahresausgleich) aufgeklebter Streifen mit Unterschrift des Antragstellers erfüllt *nicht* das Erfordernis der Unterschriftsleistung auf dem amtlichen Formular. Im vorliegenden Fall kam es deshalb zur Ablehnung des LSt-Jahresausgleichs (BFH v. 8. 7. 83; BSTBl 1984 II, S. 13).

Fällt die unbeschränkte Steuerpflicht im Laufe des Jahres weg, wie es des öfteren bei Ausländern der Fall ist, kann der LSt-Jahresausgleich sofort durchgeführt werden, sofern nicht ein gemeinsamer Jahresausgleich mit dem Ehegatten durchzuführen ist und bei diesem die Voraussetzung zu diesem Zeitpunkt nicht oder noch nicht vorliegt (vgl. auch Fußnote auf Seite 37).

Lohnsteuer-Jahresausgleich durch den Arbeitgeber
(§ 42b EStG; Abschn. 109 LStR)

Grundsätzlich darf ein Arbeitgeber den Lohnsteuer-Jahresausgleich nur für Arbeitnehmer durchführen, die am 31. Dezember des Ausgleichsjahres bei ihm beschäftigt sind und das ganze Jahr *ständig* (lückenlos) in einem Arbeitsverhältnis gestanden haben, also z. B. auch *nicht* vorübergehend arbeitslos gewesen sind. Bei einer Arbeitnehmerzahl *unter* 10 ist er dazu berechtigt, bei *mindestens* 10 dagegen zur Durchführung des Jahresausgleiches verpflichtet (§ 42b Abs. 1 EStG). Der LSt-Jahresausgleich darf jedoch *nicht* für diejenigen Arbeitnehmer durchgeführt werden, die

- zu irgendeinem Zeitpunkt des Ausgleichsjahres die Steuerklasse V oder VI auf der Lohnsteuerkarte vermerkt haben;
- einen entsprechenden Antrag beim Arbeitgeber stellen, ganz gleich aus welchem Grund;
- (nur) für einen Teil des Jahres nach den Steuerklassen III oder IV zu besteuern waren;
- im Jahr Kurzarbeiter- oder Schlechtwettergeld bezogen haben;
- während des Jahres zeitweise nach der *allgemeinen* Lohnsteuertabelle und zeitweise nach der *besonderen* Lohnsteuertabelle zu besteuern waren.

Bezüge für mehrjährige Tätigkeit (§ 34 Abs. 3 Satz 1 EStG) oder ermäßigt besteuertes Entgelt für die Arbeitnehmer-Erfindungen sind ohne gesonderten Antrag des Arbeitnehmers *nicht* in den Jahreslohn einzubeziehen; ebenso bleibt die darauf erhobene Lohnsteuer außer Ansatz.

Die Durchführung des LSt-Jahresausgleiches durch den Arbeitgeber umfaßt praktisch nur noch Arbeitnehmer, die
a) das ganze Jahr beim gleichen Arbeitgeber beschäftigt waren;

b) ununterbrochen während des ganzen Jahres im Arbeitsverhältnis gestanden haben und die entsprechenden Nachweise in Form von Arbeitgeber-Bescheinigungen auf der Lohnsteuerkarte vorweisen können.

Die Vornahme des Lohnsteuer-Jahresausgleichs durch den Arbeitgeber erfolgt in der Weise, daß der Arbeitgeber frühestens bei der Lohnzahlung für den letzten im Ausgleichsjahr endenden und spätestens für den letzten im März des darauffolgenden Jahres endenden Lohnzahlungszeitraum so viel weniger an Lohnsteuer einbehält, als dem Arbeitnehmer im Laufe des Ausgleichsjahres zuviel an Lohnsteuer abgezogen wurde.

Der Arbeitgeber hat den LSt-Jahresausgleich nach der Jahreslohnsteuer-Tabelle durchzuführen *statt nach der ESt-Splittingtabelle für Arbeitnehmer mit Steuerklasse III und der ESt-Grundtabelle für Arbeitnehmer mit den Steuerklassen I und II, wie es im Rahmen des LSt-Jahresausgleiches durch das Finanzamt geschieht.* Durch Anwendung der LSt-Jahrestabelle wird eine Vielzahl von Arbeitnehmern mit einem Freibetrag auf der LSt-Karte insofern benachteiligt, als die Vorsorgepauschale (vgl. Seite 31) nicht mehr in der Höhe berücksichtigt wird, als sie dem Arbeitnehmer tatsächlich zusteht, nämlich in Höhe seines auf der Steuerkarte zu bescheinigenden Jahres-Bruttolohns abzüglich Weihnachtsfreibetrag sowie ggf. Versorgungs- oder bzw. und Altersentlastungsbetrag. Dieser Nachteil, der sehr beachtlich sein kann (je größer der Freibetrag, um so größer kann auch der Nachteil sein), ist vom Arbeitnehmer nur durch zusätzlichen Antrag auf Jahresausgleich beim Finanzamt zu beseitigen. Dieser Schritt wird allen Arbeitnehmern mit den Steuerklassen I bis IV *und* einem Freibetrag auf der LSt-Karte sehr empfohlen, sofern sie nicht durch die Höhe ihres Arbeitslohns, selbst nach Abzug des Freibetrages, die Höchstgrenze für die Vorsorgepauschale bereits erreicht haben.

Wegen Einzelheiten über die Höchstgrenzen für Vorsorgepauschalen *sowohl für Arbeitnehmer mit als auch ohne Beitragszahlung zur Altersversorung* wird auf die Seiten 31 und 147 sowie 148 mit Tabellen verwiesen. Die Ermittlung der Steuerschuld anhand der ESt-Tabellen ergibt sich aus dem Schlußabschnitt dieses Buches, so daß auch jeder Arbeitnehmer *nach* dem Jahresausgleich durch den Arbeitgeber selbst feststellen kann, ob und inwieweit sich bei ihm die verminderte Vorsorgepauschale steuerlich auswirkt.

Erwähnenswert ist noch für alle Arbeitnehmer mit Lohnsteuer-Jahresausgleich durch den Arbeitgeber ein Urteil des BFH vom 24. 1. 1975 (BStBl 1975 II, S. 420), wonach bei einer zu hohen Erstattung von Lohnsteuer durch den Arbeitgeber das Finanzamt die Lohnsteuer vom *Arbeitnehmer* nachfordern kann. Als unbedeutend wurde dabei angesehen, ob der Arbeitnehmer das vorschriftswidrige Verhalten des Arbeitgebers kannte oder erkennen mußte.

Lohnsteuer-Jahresausgleich durch das zuständige Finanzamt
(§§ 32b, 42, 42a, 42c EStG; Abschn. 108 u. 109a LStR)

Der Lohnsteuer-Jahresausgleich wird nur auf Antrag des Arbeitnehmers durch das Finanzamt vorgenommen, bei gemeinsam versteuerten Ehegatten auf Antrag beider. Ihm kann aus folgenden Gründen besondere *steuersparende* Bedeutung zukommen:
- Bei unterschiedlichem Arbeitslohn, mehreren Arbeitsverhältnissen, Arbeitsunterbrechung oder nicht voller Beschäftigung während des Jahres*, Änderung der Steuerklasse oder Kinderzahl, *wenn* durch den Arbeitgeber ein LSt-Jahresausgleich nicht bereits erfolgte oder dabei etwas unberücksichtigt blieb.
- Bei mehreren Arbeitsverhältnissen gleichzeitig.
- Bei Arbeitsbezügen *beider* Ehegatten.
- Bei Vorsorgeaufwendungen, soweit sie unter Beachtung der Höchstgrenzen die allgemeine oder bei Beamten etc. die verminderte Vorsorgepauschale übersteigen oder (und) die Vorwegabzugsmöglichkeit von DM 3000,– bzw. DM 6000,– bei Ehepaaren unter Anrechnung der Arbeitgeberanteile zur Rentenversicherung und dergleichen (vgl. Seite 123) zum erhöhten Abzug von Vorsorgeaufwendungen führt.
- Bei anderen noch nicht ausgeschöpften Steuervergünstigungsmöglichkeiten, ggf. wegen Nichterreichens der Antragsgrenze von DM 1800,– im LSt-Ermäßigungsverfahren.
- Bei Eintragung eines Freibetrages auf der LSt-Karte, wenn *danach* oder dadurch der Höchstbetrag der Vorsorgepauschale (vgl. Seiten 145–148) nicht erreicht wird.

*) Bei Arbeitnehmern, die im Laufe eines Jahres Arbeitslosen-, Schlechtwetter- oder Kurzarbeitergeld oder Arbeitslosenhilfe bezogen haben, werden die entsprechenden Bruttobeträge auch beim Jahresausgleich insoweit berücksichtigt, als der sich *unter Einschluß dieser Bezüge ergebende Steuersatz* auf die Einkünfte ohne diese Bezüge angewendet wird (sogenannter Progressionsvorbehalt gemäß § 32b EStG).

Eine Vielzahl von Steuervergünstigungen ist bereits im Rahmen der Erläuterungen zum LSt-Ermäßigungsverfahren angesprochen worden. Weitere Möglichkeiten, die entweder nur beim Jahresausgleich geltend zu machen sind oder aber überwiegend dabei berücksichtigt werden, enthalten – neben Hinweisen auf bereits besprochene Positionen – die Bemerkungen zu den einzelnen Seiten des nachfolgend abgedruckten, aber nur geringfügig veränderten neuen Antragsformulars für den LSt-Jahresausgleich 1988. Gemäß § 42a EStG wird bei Ehegatten, die beide im Arbeitsverhältnis stehen und die Voraussetzungen für eine Zusammenveranlagung gemäß § 26 EStG erfüllen, durch das Finanzamt auf Antrag der Ehegatten nur ein *gemeinsamer LSt-Jahresausgleich* durchgeführt, falls ein Antrag auf getrennte ESt-Veranlagung nach § 46 Abs. 2 Ziff. 7 EStG nicht gestellt worden ist. Ist eine gemeinsame Antragstellung aus zwingenden Gründen (Krankheit, Tod) nicht möglich, genügt der Antrag durch einen Ehepartner. Ebenso ist er bei Tod eines Arbeitnehmers vorzunehmen, wenn dieser und der verwitwete Ehegatte Arbeitslohn im Ausgleichsjahr bezogen und die Voraussetzungen für eine Zusammenveranlagung vorgelegen haben.

Der gemeinsame Jahresausgleich erlangt dann *besondere* Bedeutung, wenn beide Ehegatten nach Steuerklasse IV oder ein Ehegatte nach Steuerklasse III sowie der andere nach Steuerklasse V besteuert wurden und einer der Ehegatten während des Ausgleichsjahres nicht ständig beschäftigt war oder so niedrigen Arbeitslohn bezog, daß die tariflichen Freibeträge und ggf. auch ein auf der Steuerkarte eingetragener Freibetrag nicht ausgeschöpft werden konnten.

Zum Zwecke des LSt-Jahresausgleiches hat das zuständige Finanzamt den Jahresarbeitslohn, einschl. Sachbezüge des Arbeitnehmers, festzustellen, bei Ehegatten für beide gemeinsam. Der so ermittelte Gesamt-Jahresarbeitslohn ist um einen ggf. zustehenden Versorgungs-Freibetrag oder Altersentlastungsbetrag, bei Vorliegen der entspr. Voraussetzungen auch um beide, sowie generell um den Weihnachts-Freibetrag von DM 600,– pro Arbeitnehmer zu kürzen. Von diesem so ermittelten, verminderten Arbeitslohn sind vor Anwendung der Einkommensteuer-Tabellen abzuziehen:

– Arbeitnehmer-Freibetrag (DM 480,– pro Arbeitnehmer)
– Werbungskosten (Minimum = DM 564,– je Arbeitnehmer)
– Sonderausgaben (Vorsorgepauschale als Minimum für Vorsorgeaufwendungen, bei arbeitnehmenden Ehegatten für jeden gesondert anzusetzen; für übrige Sonderausgaben mindestens

DM 270,–, bei gemeinsam versteuerten Ehegatten DM 540,–)
- Außergewöhnliche Belastungen (ggf. Abzug zumutb. Belastung)
- Sonderfreibeträge (Altersfreibetrag, Haushaltsfreibetrag) und
- Kinderfreibeträge.

Die verbleibende Summe ist das *zu versteuernde Einkommen*, das Bemessungsgrundlage für die tarifliche Einkommensteuer ist.

Zur Ermittlung der Einkommensteuer ist die Splittingtabelle anzuwenden bei Arbeitnehmern, die am Ende des Ausgleichsjahres

a) verheiratet sind,

b) verwitwet sind und der Ehegatte im Ausgleichsjahr oder in dem vorangegangenen Jahr verstorben ist,

c) geschieden sind oder in dauernder Trennung leben, wenn dieser Umstand erst im Laufe des Jahres eingetreten ist.

Im übrigen ist die Einkommensteuer-Grundtabelle maßgebend.

Der Durchführung des LSt-Jahresausgleiches steht eine nachträgliche Veranlagung zur Einkommensteuer* nicht entgegen, wenn die Voraussetzungen des § 46 EStG (Seiten 142–144) vorliegen. Dagegen kann ein Zweitantrag für den Jahresausgleich beim Finanzamt *nach Ablauf* der Einspruchsfrist für den schriftlichen Bescheid auf den ersten Antrag *nicht* mehr berücksichtigt werden**.

Wegen der Ermittlung der Steuerschuld analog zur Finanzverwaltung wird auf die Anleitung im Schlußabsatz verwiesen.

---

*) Auch *nach* einem mit entsprechendem rechtskräftigen Bescheid durchgeführten Lohnsteuer-Jahresausgleich kann das Finanzamt später für das gleiche Jahr noch eine ESt-Veranlagung vornehmen. Dies gilt auch dann, wenn dem Finanzamt beim LSt-Jahresausgleich bereits bekannt war, daß der Antragsteller Nebeneinkünfte von mehr als DM 800,– hatte (BFH-Urteil v. 5. 12. 83; BStBl 1984 II, S. 416-418).
Ein (durch Bestandskraft) ohne neue Tatsachen unanfechtbar gewordener Lohnsteuer-Jahresausgleich kann bei *späterer anderer rechtlicher Würdigung des Sachverhaltes* noch zu einer Einkommensteuer-Veranlagung mit ungünstigerem Ergebnis für das gleiche Jahr führen, *wenn* durch die neuen Gesichtspunkte die Voraussetzungen für eine ESt-Veranlagung entstehen. Im Streitfalle führte die Aberkennung von Mehraufwendungen wegen doppeltem Haushalt zum Überschreiten der Einkommensgrenze, die automatisch eine ESt-Veranlagung gemäß § 46 Abs. 1 EStG auslöst (DM 48000 bzw. 24000). Wird ein LSt-Jahresausgleich trotz Angabe von Nebeneinkünften *über* DM 800,– durchgeführt, so steht dem eine spätere ESt-Veranlagung gemäß § 46 Abs. 2 Nr. 1 EStG *nicht* entgegen. 2 Beschlüsse des Großen Senats im BFH vom 21. 10. 85 (BStBl 1986 II, S. 207-213).
**) Nach Ablauf der Einspruchsfrist gegen einen Bescheid über den beantragten LSt-Jahresausgleich kann auch ein innerhalb der normalen Abgabefristen für das gleiche Ausgleichsjahr wegen zusätzlicher Steuervergünstigungen erneut gestellter Antrag *nicht* mehr berücksichtigt werden (BFH-Urteil v. 18. 9. 82 – BStBl 1983 II, Seite 58).

Erläuterungen
zum Antrag auf Lohnsteuer-Jahresausgleich

Weder die Eintragung steuerfreier Beträge noch die Vornahme eines Jahresausgleichs durch den Arbeitgeber können die Antragstellung auf Jahresausgleich durch das Finanzamt ausschließen.

Die Anträge können von dem Zeitpunkt an gestellt werden, an dem der Arbeitnehmer seine LSt-Karte für das Ausgleichsjahr mit der vom Arbeitgeber eingetragenen Lohnsteuerbescheinigung, ggf. incl. Angaben über Kurzarbeiter- und Schlechtwettergeld, von diesem zurückerhält. Es liegt im Interesse des Arbeitnehmers, seinen Antrag frühzeitig einzureichen, um die Rückerstattung möglichst bald zu erhalten.

Dem Antrag* ist die Lohnsteuerkarte für das Ausgleichsjahr beizufügen; beim gemeinsamen Jahresausgleich auch die des Ehegatten; bei Vorliegen einer zweiten Lohnsteuerkarte (Steuerklasse VI) auch diese. Nach Möglichkeit sollte jeder Arbeitnehmer überprüfen, ob die Eintragungen des Arbeitgebers vollständig und richtig sind.

Außerdem müssen dem Antrag alle Belege, möglichst im Original, nur in Ausnahmefällen in Fotokopie, beigefügt werden. Zweckmäßigerweise numeriert man sie und verweist dann jeweils im Antragsformular auf die entsprechende Nummer. Der Antrag ist möglichst mit Schreibmaschine oder in Blockschrift mit Tinte oder Kugelschreiber auszufüllen. Bei Bezug von Arbeitslosengeld oder Arbeitslosenhilfe oder gleichartiger Leistungen sind auch die entspechenden Unterlagen beizufügen.

Das nachfolgend verwendete, bereits amtliche Antragsformular für den LSt-Jahresausgleich 1988 enthält wieder das bewährte Musterbeispiel mit anschließender Ausrechnung *und* Vergleich zum Vorjahr, *aber auch bereits zum Jahre 1990.*

*) *Der Antrag 1988 ist erstmals mit einer unterschriebenen Erklärung über mögliche Kapitaleinkünfte* (vgl. Vordruck auf Seite 154, *vor* dem Anhang) einzureichen. *Darum der wichtige Hinweis,* daß Nebeneinkünfte bis zu DM 800 steuerfrei sind und durch sogenannten Härteausgleich auch bei *unter* DM 1600 liegender Höhe *nicht voll* von der Einkommensteuer erfaßt werden. *Sofern nur Nebeneinkünfte aus Kapitalvermögen,* wie Zinsen aus Bankguthaben, Wertpapieren usw., *vorliegen, bleiben bei Alleinstehenden Einnahmen in Höhe von DM 1200 und bei Eheleuten grundsätzlich DM 1600* (durch Abzug eines Sparerfreibetrages von DM 300 bzw. DM 600 und einer Werbungskosten-Pauschale von DM 100 bzw. DM 200) *steuerfrei.*

| 12 | Nummer | | 15 | Zeit. | 11 | StNr. | | 10 | 88 | Vorg. | Fallgruppe | **1988** |

Eingangsstempel

An das Finanzamt **München II**   Zutreffende weiße Felder bitte ausfüllen oder ⊠ ankreuzen

☒ **Antrag auf Lohnsteuer-Jahresausgleich**   ☐ **Einkommensteuererklärung**

Ich rechne mit einer Einkommensteuererstattung

Kenn-Nr. des Jahres 1987 / Aktenzeichen / Steuernummer / Bei Wohnsitzwechsel: bisheriges Finanzamt

0815

99	10	Allgemeine Angaben			

Steuerpflichtige Person (Stpfl.), bei Ehegatten: **Ehemann**   Telefonisch tagsüber erreichbar unter Nr. **75 52 27**   68

Zeile 2 / 11 — Name: **HUBER**   69 — Anschrift

3 / 13 — Vorname: **Max**   14 — Titel des Stpfl./Ehemanns

4 / 72 — Geburtsdatum Tag Monat Jahr: **05 08 32** Religion: **ev.** Ausgeübter Beruf: **Werkmeister**   18 — Titel der Ehefrau

5 / 22 — Straße und Hausnummer: **Zuericher Str. 12**   10 — Anrede des Stpfl.

6 / 20 — Postleitzahl derzeitiger Wohnort: **8000 MUENCHEN 71**   40 — Anrede des Postempfängers

7 — Verheiratet seit dem: **17. Mai 1963** Verwitwet seit dem: — Geschieden seit dem: — Dauernd getrennt lebend seit dem: Kz Wert

8 — **Ehefrau**

9 / 15 — Vorname: **Petra**

10 / 16 — ggf. von Zeile 2 abweichender Name

		99	17		Art der Steuerfestsetzung

11 / 73 — Geburtsdatum Tag Monat Jahr: **13 08 35** Religion: **rk.** Ausgeübter Beruf: **Friseutin**   10 — KFB 1 — Alter A B — Religion A B

12 — Straße und Hausnummer, Postleitzahl, derzeitiger Wohnort (falls von Zeilen 5 und 6 abweichend)   11 — KFB 0,5 — Zugeordnete Kinder für Zulagen

13 —   24 / 14 — Kz Wert

14 — Nur bei Einkommensteuererklärung von Ehegatten ausfüllen: Zusammenveranlagung ☐ Getrennte Veranlagung ☐ Besondere Veranlagung für das Jahr der Eheschließung ☐ Wir haben Gütergemeinschaft vereinbart Nein ☐ Ja ☐   86 — Haushaltsfreibetrag Ja = 1

15 — **Bankverbindung** Bitte stets angeben! Konto wie 1987? ☒ Ja ☐ Nein   77 — von bis — Dauer der A KiSt.-Pflicht B von Monat bis Monat

16 / 31 — Nummer des Bankkontos, Postgirokontos, Sparbuchs, Postsparbuchs: **33 33** Bankleitzahl 30 **7 00 202 70**   78 — von bis

17 / 34 — Geldinstitut (Zweigstelle) und Ort: **Bayer. Vereinsbank Muenchen**   73 — Angaben zur Erstattung 83 — Bescheid ohne Anschrift Ja = 1

18 — Kontoinhaber: Name (im Fall der Abtretung bitte amtlichen Abtretungsvordruck beifügen) Stpfl. oder: 32   74 — Veranlagungsart 75 — Zahl d. zusätzl. Bescheide

19 — Der Steuerbescheid soll nicht mir/uns zugesandt werden, sondern   N 19 — Anzahl — V 23

20 / 41 — Name   KSO 22 — FW 53

21 / 42 — Vorname   GSE 21 — L 20

22 / 43 — Straße und Hausnummer oder Postfach   FA 52 — GV 51

23 / 45 — Postleitzahl Wohnort   Kz Wert

Unterschrift

24 — Die mit der Steuererklärung angeforderten Daten werden aufgrund der §§ 149 ff. der Abgabenordnung und der §§ 25, 42 des Einkommensteuergesetzes erhoben.   Bei der Anfertigung dieses Antrags/dieser Steuererklärung und der Anlagen hat mitgewirkt:

25 — Ich versichere, daß ich die Angaben in diesem Vordruck und den Anlagen wahrheitsgemäß nach bestem Wissen und Gewissen gemacht habe. Mir ist bekannt, daß Angaben über Kindschaftsverhältnisse erforderlichenfalls der für die Ausstellung von Lohnsteuerkarten zuständigen Gemeinde mitgeteilt werden. Wir sind damit einverstanden, daß der Steuerbescheid und Änderungsbescheide jedem der unterzeichnenden Ehegatten zugleich mit Wirkung für und gegen den anderen Ehegatten bekanntgegeben werden.

26 / 27 — **29.8.1989**   *Max Huber*   *Petra Huber*

Datum, Unterschrift(en) Anträge/Steuererklärungen sind eigenhändig – bei Ehegatten von beiden – zu unterschreiben.

ESt/LSt 1 A – Aug. 88 (3)   Bundesland

Zu **Allgemeine Angaben**

Die Eintragungen sind vollständig und genau vorzunehmen, auch die über den Ehegatten, selbst wenn dieser keinen Arbeitslohn bezogen hat. Auch Kontonummer, Geldinstitut oder gegebenenfalls die Anschrift, an welche der Ausgleichsbetrag rückerstattet werden soll, sind im Interesse des Arbeitnehmers ohne Fehler einzutragen. Die Angabe des Familienstandes richtet sich ausschließlich nach geltendem bürgerlichen Recht und bezieht sich auf das Jahr, für das der Ausgleichsanspruch gestellt wird.

Als Beruf ist die tatsächlich ausgeübte Tätigkeit einzutragen (z. B. Sekretärin statt Angestellte). Hat der Ehegatte keinen Beruf ausgeübt, so genügt die Angabe »Hausfrau« oder »ohne Beruf«. Falls der Arbeitnehmer oder sein Ehegatte oder beide keiner kirchensteuerberechtigten *Religionsgemeinschaft* angehören, ist dies unmißverständlich anzugeben. Am besten verwendet man die amtliche Bezeichnung ve. (verschiedenes). Für die Bezeichnung der Religionsgemeinschaften selbst empfehlen sich ebenfalls die amtlichen Bezeichnungen.

> ev = evangelisch (protestantisch)
> lt = lutherisch (evangelisch-lutherisch)
> rf = reformiert (evangelisch-reformiert)
> fr = französisch-reformiert
> rk = katholisch (römisch-katholisch)
> ak = altkatholisch
> isr = israelitisch (mosaisch, jüdisch)
> fb = freireligiöse Landesgemeinde Baden.

Ist zweifelhaft, ob der Antrag auf Lohnsteuer-Jahresausgleich oder auf Einkommensteuer-Veranlagung gestellt werden muß, sollte wie im Vorjahr verfahren werden; es sei denn, daß für das Vorjahr ein ESt-Bescheid mit einer Steuernummer gekommen ist, denn insoweit dürfte es sich dann in der Regel um eine ESt-Erklärung handeln. Ein Fehler hierbei bleibt aber in der Regel ohne Bedeutung, da der Antrag vom Amts wegen an die zuständige Stelle weitergeleitet wird. Trotzdem aber aufpassen, im eigenen Interesse!

Bei gemeinsamer Besteuerung mit dem Ehegatten (Splitting) ist die Erklärung auch von diesem zu unterschreiben, selbst wenn er keine eigenen Einkünfte hat.

Zeile	Angaben zu Kindern mit Wohnsitz im Inland			Kindschaftsverhältnis zum/ zur				Bei Pflegekindern: Empfangene Unterhaltsleistungen/Pflegegelder DM
29	Vorname des Kindes (ggf. auch abweichenden Familiennamen)	Geboren am	Wohnort im Inland	**Stpfl./Ehemann**		**Ehefrau**		
				leibliches Kind/ Adoptivkind	Pflegekind	leibliches Kind/ Adoptivkind	Pflegekind	
30	1 Susanne	20.4.70		X		X		
31	2 Inge	2.2.75		X		X		
32	3 Helga	11.9.82		X		X		
33	4							
34	5							

	Von diesen Kindern sind vor dem 2. 1. 1972 – bei a bis d nach dem 1. 1. 1961 – geboren und	vom – bis
35	a) standen in Berufsausbildung (Angabe der Schule, der Ausbildungsstelle usw.)	
36	b) konnten eine Berufsausbildung mangels Ausbildungsplatzes nicht beginnen oder fortsetzen	
	c) leisteten Grundwehrdienst, Zivildienst, befreienden Dienst (nur bei Unterbrechung der Berufsausbildung; bitte erläutern)	
37	d) leisteten ein freiwilliges soziales Jahr	
	e) konnten sich wegen körperlicher, geistiger oder seelischer Behinderung nicht selbst unterhalten	

	zu Nr.		
38	1	Thomas-Mann-Gymnasium / Uni München	1.1.-31.12.
39			
40			

41	Von den in den Zeilen 30 bis 34 genannten Kindern stehen folgende zu weiteren Personen in einem Kindschaftsverhältnis:		Angaben nur bei leiblichen Eltern (Elternteil) eines Pflegekindes, falls das Pflegekindschaftsverhältnis am 1.1. 1988 bestand:	
	zu Nr.	Name und Anschrift dieser Personen, Art des Kindschaftsverhältnisses	Höhe der Unterhaltsverpflichtung DM	Geleisteter Unterhalt DM
42				
43				

	Das Kind lt. Zeile 42/43 war am 1.1.1988 (oder erstmals 1988) mit Hauptwohnung gemeldet		Gehörte das Kind lt. – beigefügter – Bescheinigung der zuständigen Behörde zum Haushalt des Vaters?	Ich beantrage den vollen Kinderfreibetrag, weil der andere Elternteil seine Unterhaltspflicht nicht mindestens zur Hälfte erfüllt hat	Ich habe der Übertragung des Kinderfreibetrags auf den anderen Elternteil zugestimmt
44	beim Stpfl./ nicht dauernd getrennt lebenden Ehegatten	und/oder bei sonstigen Personen (Name und Anschrift, ggf. Verwandtschaftsverhältnis zum Kind)			
45		oder in (Anschrift)			
	zu Nr.				
46			Ja Nein	Ja Ja	Ja
47			Ja Nein	Ja Ja	Ja

48	**Einkünfte im Kalenderjahr 1988** (inländische und ausländische steuerpflichtige Einkünfte)		99	18
49	aus		Kz	Wert
	Kapitalvermögen / Sonstige Einkünfte X lt. Anlage KSO	▶ Die Anlage KSO ist auf Seite 1 zu unterschreiben und stets mit dem Antrag auf Lohnsteuer-Jahresausgleich/ der Einkommensteuererklärung abzugeben.		
50	nichtselbständiger Arbeit X lt. Anlage N (bei Ehegatten: Ehemann)	für steuerpflichtige Person X lt. Anlage N für Ehefrau		
51	Gewerbebetrieb/Selbständiger Arbeit lt. Anlage GSE		55	DM Pf
52	Land- und Forstwirtschaft lt. Anlage L		47	
53	Vermietung und Verpachtung lt. Anlage(n) V	Anzahl	40	
54	**Sonstige Angaben** Steuerbegünstigung zur Förderung des Wohneigentums	lt.Anlage(n) FW	41	
			Anzahl	42

55	Anzurechnende Steuern (aus allen Einkunftsarten)	Körperschaftsteuer ▶	55 DM Pf	Kapitalertragsteuer 25 v. H. ▶	47 DM Pf	43
56	Aufgrund von Doppelbesteuerungsabkommen steuerfreie ausländische Einkünfte ohne Arbeitslohn lt. Anlage N Zeile 17 (Einzelangaben je Staat auf besonderem Blatt)	Staat	40 Einkünfte (Stpfl./Ehem.)	41 Einkünfte (Ehefrau)		44
57	Ausländische Einkünfte – in den Anlagen enthalten – 1. Staat i. S. d. § 34 c EStG Abs. 1 Antrag n.Abs.2 Abs. 5		42 Einkünfte	43 Ausländ. Steuer		45
58	i. S. d. § 34 c EStG Abs. 1 Antrag n.Abs.2 Abs. 5 – in den Anlagen enthalten – 2. Staat		44 Einkünfte	45 Ausländ. Steuer		Antrag n. § 34 c Abs. 2 EStG Staat Nr. Nr. Nr.
59	Beteiligung i. S. des § 7 des Außensteuergesetzes oder Berechtigung i. S. des § 15 des Außensteuergesetzes	Ausländische Steuern vom Einkommen im Sinne des § 34 c Abs. 3 EStG ▶		DM	Kz	Wert
60	Im Kalenderjahr 1988 hingegebene Darlehen im Sinne d. §§ 16, 17 BerlinFG lt. beigefügter Anlage B	Darlehnsbetrag DM	Ermäßigungsbetrag DM	49	Ermäßigungsbetrag DM
61	Vermögenswirksame Leistungen als Arbeitgeber, die über den geschuldeten Arbeitslohn hinaus erbracht wurden (einschl. dem vom Betriebsfinanzamt festzustellenden Ermäßigungsbetrags)	Zahl der Arbeitnehmer am 1. 10. 1987	Verm. Leistungen DM	50	Ermäßigungsbetrag DM

Angaben zu Kindern

Über die begünstigten Kinderschaftsverhältnisse, die Zuordnung von Kindern, die Berücksichtigung von Kindern auf der LSt-Karte und die möglichen steuerlichen Vergünstigungen vergleiche die Seiten 21, 22 und 47. Grundsätzlich steht jedem Elternteil ein Kinderfreibetrag für ein steuerlich berücksichtigungsfähiges Kind zu.

In die Zeilen 30–34 sind im Inland steuerpflichtige eigene Kinder und auch Pflegekinder einzutragen, soweit diese mit im Haushalt leben, ein Obhutsverhältnis zu den eigenen Eltern nicht mehr besteht und für die nicht unwesentliche Unterhaltskosten mitzutragen sind; anderweitige Unterhaltsleistungen sind anzugeben.

Die Zeilen 38–40 betreffen über 16 Jahre alte Kinder, die unter den in den Zeilen 35–37 angegebenen Voraussetzungen zum Kinderfreibetrag führen. Ohne Bedeutung ist hier der Unterhaltsumfang und ob bzw. in welcher Höhe das Kind selbst Einkünfte hat.

Die Zeilen 42 und 43 sind dann auszufüllen, wenn Kinder *nicht nur* zum Steuerpflichtigen und seinem mit ihm zusammenlebenden Ehegatten in einem Kindschaftsverhältnis stehen.

Die Angaben in den Zeilen 46 und 47 beziehen sich auf Kinder von nicht verheirateten oder nicht zusammenlebenden Elternteilen. Hier ist nach der Zuordnung gefragt und die Übertragung eines Kinderfreibetrages auf nur einen Elternteil angesprochen. Ein kleines Kreuzchen genügt in der letzten Spalte als Zustimmungserklärung zum Übertrag auf den anderen Elternteil! *Zuvor* sollte daher nicht unbeachtet bleiben, daß dadurch einerseits u. a. auch ein Haushaltsfreibetrag und ggf. ein Ausbildungsfreibetrag verlorengehen kann und andererseits u. a. der Freibetrag für die Pflege des Eltern-Kind-Verhältnisses und ggf. ebenfalls ein Ausbildungsfreibetrag; alle diese Vorteile sind an einen Kinderfreibetrag geknüpft, und eine Zustimmung zu seinem Übertrag ist *unwiderruflich*.

Zu **Einkünfte im Kalenderjahr 1988**

Hierunter sind von Arbeitnehmern, soweit sie nicht der Einkommensteuer unterliegen (vgl. Seite 142), die sogenannten Nebeneinnahmen bzw. -einkünfte anzugeben. Sie dürfen insgesamt DM 800,– (Einnahmen abzgl. Werbungskosten) *nicht* überschreiten, ansonsten sie automatisch zur ESt-Veranlagung führen.

Im Zusammenhang mit anderen Einnahmen und Bezügen erlangen nunmehr die Einkünfte aus Kapitalvermögen* besondere Bedeutung, denn wie der Vordruck in Zeile 49 zeigt, ist stets eine Erklärung darüber auf besonderem Formblatt (vgl. Seite 154) mit Unterschriftsleistung auch beim Antrag auf LSt-Jahresausgleich miteinzureichen (vgl. Fußnote auf Seite 105). Anzugeben sind hier alle Arten von Zinsen und Gewinnanteilen, gleich ob aus Bank- oder Postguthaben, aus Darlehen, Hypotheken, Anleihen und ganz allgemein Wertpapieren usw. Die Angaben sind auch erforderlich, wenn die Einnahmen *unter* dem Sparerfreibetrag von DM 300/600 zuzüglich Werbungskosten-Pauschale von DM 100/200 oder der steuerfreien Grenze für Nebeneinkünfte von DM 800 (entspricht Zins-Einnahmen von DM 1200 bzw. 1600 bei Eheleuten) liegen.

Auch Leibrenten sind erwähnenswert, zu denen beispielsweise die Renten aus der gesetzlichen Angestellten- und Arbeiterrentenversicherung zählen. Die Leibrenten werden als »Sonstige Einkünfte« nach § 22 EStG mit dem Ertragsanteil erfaßt, der auf das Lebensalter zu Beginn der Rente abgestellt ist. Beginnt eine Monatsrente von DM 320,– im Januar, gleich nach Vollendung des 65. Lebensjahres, ist der auch in der Zukunft grundsätzlich verbleibende Ertragsanteil 24 % (vgl. S. 17), das sind DM 76,80 im Monat oder DM 921,60 im Jahr, von dem noch ein Werbungskosten-Pauschbetrag mit DM 200,– abzuziehen wäre, so daß als Nebeneinkünfte abgerundet DM 721,– verbleiben. Sind weitere Nebeneinkünfte nicht vorhanden, käme eine ESt-Veranlagung nicht in Frage.

Die Freigrenze für Nebeneinkünfte mit DM 800,– verdoppelt sich *nicht* bei gemeinsam versteuerten Eheleuten, vgl. hierzu aber S. 144.

Zu den sonstigen Einnahmen rechnen u. a. auch Spekulationsgewinne (§ 23 EStG), soweit sie – mit Ausnahme von Grundstücken und Rechten (= 2 Jahre) – innerhalb von einem halben Jahr erzielt worden sind, zum Beispiel im Aktiengeschäft.

Nebeneinkünfte eines Arbeitnehmers können auch solche aus

---

*) Arbeitnehmer mit geringen Kapitaleinkünften, bei denen eine ESt-Veranlagung *nicht* zu erwarten ist, können sich von ihrem Finanzamt zwecks Vermeidung des Abzugs von Kapitalertragssteuer einen Freistellungsbescheid (gültig für 3 Jahre) sowie ggf. zur Erstattung der Körperschaftssteuer bei Aktienbesitz eine sog. Nichtveranlagungsbescheinigung geben lassen, die sie dann ihrer Hausbank weiterreichen (gilt auch für Kapitaleinkünfte von Kindern).

einer gelegentlichen selbständigen Tätigkeit sein, wie z. B. Dolmetschen, Übersetzen von oder in eine Fremdsprache, Schreibarbeiten durchführen, Vorträge halten usw.

Über Einzelheiten zu den anderen Einkunftsarten und über die entspr. Zusatzformulare unterrichtet mit Angabe interessanter Rechtsprechung das Heyne-Taschenbuch Nr. 9184 »Einkommensteuer-Berater für Arbeitnehmer«.

Nicht als Nebeneinkünfte der Eltern sind Einkünfte von Kindern anzusehen, wie auch andererseits Eltern nicht Aufwendungen von Kindern steuermindernd für sich geltend machen können. Auch minderjährige Kinder unterliegen mit ihrem Einkommen selbst der Steuer. Dabei bleiben durch den Grundfreibetrag bzw. bis zur Eingangsstufe im ESt-Grundtarif *1988 DM 4805,–* zuzüglich diverse Frei- und Pauschbeträge *steuerfrei,* und weitere Beträge werden bis zum Beginn der Steuerprogression (DM 18 000,–) proportional mit 22 % versteuert. Bei ausschließlichen Einnahmen aus Kapitalvermögen (Zinsen, Dividenden usw.) sind es 1988 DM 5775,–* als Minimum, d. h. wenn nicht höhere Werbungskosten oder Vorsorgeaufwendungen oder Sonderausgaben als die Pauschalbeträge geltend gemacht werden. Im Interesse einer möglichst geringen Steuerlast für die ganze Familie könnten steuerlich wirksame Vermögensübertragungen auf Kinder vielfach von Vorteil sein.

Zu Sonstige Angaben

Die hierunter aufgeführten Fragen beziehen sich bis auf eine ganz geringe Zahl von Ausnahmen auf Steuerpflichtige, die der Einkommensteuer-Veranlagung unterliegen. U. a. fallen hierunter ausländische Einkünfte und Steuern, Darlehen nach dem Berlin-FG und die Förderung des Wohneigentums.

Bei Ausschüttung von Dividenden aus Aktienbesitz einbehaltene Steuern (Kapitalertrag- und Körperschaftsteuer) sind in Zeile 55 einzutragen. Sie können, wenn sie nicht automatisch zur ESt-Veranlagung infolge *über* DM 800,– liegender Nebeneinkünfte führen, durch Beantragung einer ESt-Veranlagung (vgl. Seite 143 unter d + e) erstattet werden.

---

*) Freigrenze im Grundtarif 1988/89 *DM 4805,– zuzüglich* Sparerfreibetrag DM 300,–, Werbungskostenpauschale DM 100,–, Vorsorgepauschbetrag DM 300,– und Sonderausgaben-Pauschale DM 270,–, zusammen 1988/89 DM 5775,– (vgl. Seiten 31 + 32).

Name und Vorname des Arbeitnehmers	**Anlage N**	**1988**		
H U B E R , Max		99	2	Stpfl./ehem. = 7 / Ehefr. = 8
Kenn-Nr. des Jahres 1987/Aktenzeichen/Steuernummer 0815	**Einkünfte aus nichtselbständiger Arbeit**	89		

Jeder Ehegatte mit Einkünften aus nichtselbständiger Arbeit hat eine eigene Anlage N abzugeben

Zeile	Steuerklasse, Zahl d. Kinderfreibeträge u. d. Kinder	Bei Ehegatten: Ist auch für den Ehegatten eine Lohnsteuerkarte ausgestellt?		Veranlagungsgrund
1	lt. Lohnsteuerkarte IV / 3,0 / 3	Nein ☒ Ja, und zwar Steuerklasse IV / 3,0 / 3	85 10	

Angaben zum Arbeitslohn

Zeile				Erste Lohnsteuerkarte DM Pf	Weitere Lohnsteuerkarte(n) DM Pf		DM Pf
2						40	
				10	11	42	
3	**Bruttoarbeitslohn**			30 330		44	
4	**Lohnsteuer**		nach Abzug der vom Arbeitgeber im Jahresausgleich erstatteten Beträge	40 3 404	41	11	
5	**Kirchensteuer des Arbeitnehmers**			42 200 32	43	41	
	Nur bei konfessionsverschiedener Ehe:					43	
6	**Kirchensteuer für den Ehegatten** (lt. Abschnitt IV Nr. 6 Ihrer Lohnsteuerkarte)			44	45	45	
7	**Vermögenswirksame Leistungen**	Lebensversicherungsvertrag	Versicherungsunternehmen und Vertragsnummer Allianz, 288213		54 624	54	Institutsschlüssel zu Kz 54
8	Zulagensatz 16/26 v. H.	Sparvertrag	Kreditinstitut, Nr. und Datum des Vertrags		58	55	
9		Vermögensbeteiligungen	Vertragsart, Unternehmen und Datum des Vertrags		52	58 Institutsschlüssel zu Kz 58 59	
10	Zulagensatz 23/33 v. H.	Bausparbeiträge	Bausparkasse, Nr. und Datum des Vertrags		56	52 Institutsschlüssel zu Kz 52	
11		Andere Anlage(n)	Anlageart, Unternehmen, Nr. und Datum des Vertrags		60	64 56	
12	**Ausgezahlte Arbeitnehmer-Sparzulage**				51 162 24	57 Institutsschlüssel zu Kz 56	
13	**Kurzarbeiter- und Schlechtwettergeld** (Beträge lt. Lohnsteuerkarte)		34 Ausgezahlter Betrag	19 Bruttobetrag		60	
14	**Arbeitslosengeld, Arbeitslosenhilfe, Arbeitslosenbeihilfe, Überbrückungsgeld** (Bruttobetrag lt. Bescheinigung des Arbeitsamts)			20		61 51	Institutsschlüssel zu Kz 60
15	**Angaben über Zeiten und Gründe der Nichtbeschäftigung** (Nachweise bitte beifügen)					34	
16						19	
17	**Steuerfreier Arbeitslohn für Tätigkeit im Ausland** nach Doppelbesteuerungsabkommen (DBA), Auslandstätigkeitserlaß (ATE)		Staat	39 DBA	36 ATE	20 14	
18	**Arbeitslohn für mehrere Jahre** Antrag auf Verteilung auf mehrere Jahre durch Veranlagung (§ 34 Abs. 3 EStG)			auf andere Jahre entfallender Arbeitslohn ▶	14	47 ESt zu Kz 14	
19	Bei Jahresausgleich: Einbeziehung wird beantragt		13 Arbeitslohn	46 Lohnsteuer	48 Kirchenst. Arbeitn.	49 Kirchenst. Ehegatte	37 Einkünfte zu Kz 66
20	**Entschädigungen** sind einzubeziehen zur Anwendung des in d. Jahresausgleich ermäß. Steuersatzes (ohne Ermäßigung)		66 Arbeitslohn	80 Lohnsteuer	84 Kirchenst. Arbeitn.	87 Kirchenst. Ehegatte	32 33
21	**Arbeitnehmer-Erfindervergütungen** sollen nicht einbezogen werden. sollen einbezogen werden.		Arbeitslohn	Lohnsteuer	Kirchenst. Arbeitn.	Kirchenst. Ehegatte	Kz Wert
22	**Versorgungsbezüge** (im Bruttoarbeitslohn – Zeilen 3 und 19 – enthalten)		aus einem früheren Dienstverhältnis	aus allen weiteren früheren Dienstverhältnissen	davon Bezüge mit ausgezahlter Berlin-Zulage lt. Lohnsteuerkarte		
23			32	33	23		
24	**Berlinvergünstigung**	Nach dem Berlinförderungsgesetz ausgezahlte **Arbeitnehmerzulagen** lt. Lohnsteuerkarte			26		
25		Nur ausfüllen bei Abgabe des Vordrucks in Berlin (West)	In Zeilen 3 und 19 enthaltene Arbeitslöhne (ohne Versorgungsbezüge), die nicht aus Berlin (West) sind		22		26
26		Nur ausfüllen bei Abgabe des Vordrucks außerhalb von Berlin (West)	In Zeilen 3 und 19 enthaltene Arbeitslöhne, für die Berlin-Zulagen ausgezahlt worden sind		16 in ausländ. Währung		22 zu Zeile 26: § 22 BerlinFG 38 zu Zeile 26: § 21 BerlinFG
27	**Grenzgänger** nach	Beschäftigungsland		Arbeitslohn ▶			21 16
28	**Steuerpflichtiger Arbeitslohn, von dem kein Steuerabzug vorgenommen worden ist**			65 Streikgelder	15 andere Beträge		17
29	**Steuerfrei erhaltene Aufwandsentschädigung**	aus der Tätigkeit als			Betrag		65

Anlage N für Einkünfte aus nichtselbständiger Arbeit – Aug. 88 (3)

Anlage N – Seite 1
Zu **Arbeitslohn, Beschäftigungszeiten, Steuerabzüge** ...

Für jeden Arbeitnehmer, hier auch für Frau Huber, ist die Anlage N auszufüllen; *die Fußnote* zeigt ihre Angaben für das Musterbeispiel.*

Soweit ein Beschäftigungsverhältnis vorlag, ergeben sich die Angaben aus der LSt-Karte bzw. der LSt-Bescheinigung des Arbeitgebers, die hier zu übertragen sind. Dies gilt auch für vermögenswirksame Leistungen nach dem 5. VermBG (vgl. S. 130). Die Berechtigung der Arbeitnehmerzulage hat der Arbeitgeber *nicht* zu prüfen, ggf. kann das Finanzamt sie zurückfordern.

Beschäftigungslose Zeiten sind mit Begründung in die Zeilen 15 und 16 einzutragen, empfangenes Arbeitslosengeld etc. in Zeile 14 und Kurzarbeitergeld usw. laut Lohnsteuerkarte in Zeile 13. Wegen des Progressionsvorbehaltes für diese Bezüge vgl. Fußnote auf Seite 102 und Berechnung auf Seite 141.

Wegen Entschädigungen im Sinne § 34 Abs. 2 EStG (Zeile 20) wird auf Seite 33 verwiesen.

Zu den Arbeitnehmer-Erfindervergütungen (Zeile 21) vgl. S. 144. Die Angaben bei Zeile 23 betreffen Versorgungsbezüge (vgl. Seite 16), verbunden mit einem steuerlichen Freibetrag.

Für Berlin-Bezüge in den Zeilen 24–26 bestehen steuerliche Tarifbegünstigungen von generell 30 %, die möglicherweise durch steuerfreie Zulagen zum Arbeitslohn bereits abgegolten sein können (vgl. hierzu Seite 34).

Zum steuerpflichtigen Arbeitslohn gemäß Zeile 28, von dem ein Steuerabzug *nicht* vorgenommen wurde, können Bezüge von ausländischen Arbeitgebern sowie auch von Dritten gezahlter Arbeitslohn oder Streikunterstützungen zählen.

In Zeile 29 sind steuerfrei gezahlte Aufwandsentschädigungen aus öffentlichen Kassen oder für die Tätigkeit als Ausbilder, Erzieher etc. (bei Nebentätigkeit ggf. gemäß § 3 Abs. 26 EStG bis DM 2400,– steuerfei) einzutragen. Nicht in jedem Fall sind sie aber tatsächlich steuerfrei, wie die Rechtsprechung zeigt (vgl. Abschnitt 7 LStR).

*) Gemäß Musterbeispiel auf dem neuen Formularvordruck ist auch die Ehefrau Huber Arbeitnehmerin, doch wurde insoweit auf die Abbildung der Anlage N verzichtet. Im Beispiel wurde aber davon ausgegangen, daß Frau Huber ganzjährig tätig war, ebenfalls Steuerklasse IV/3 hatte und ihr Bruttoarbeitslohn DM 19170,– betrug, wovon DM 1307,– Lohnsteuer und DM 32,56 Kirchensteuer einbehalten wurden. Vermögenswirksame Leistungen sind bei ihr nicht erbracht worden, die tatsächlichen Werbungskosten lagen *unter* der Pauschale von DM 564,–.

Zeile			Vorsorgepauschale gekürzt = 1 ungekürzt = 2
31	**Ich habe in 1988 bezogen:** □ beamtenrechtliche od. gleichgestellte Versorgungsbezüge □ Altersruhegeld aus der gesetzlichen Rentenversicherung		

32	Es bestand 1988 **keine gesetzliche Rentenversicherungspflicht,** jedoch eine Anwartschaft auf Altersversorgung (ganz oder teilweise ohne eigene Beitragsleistung) aus dem aktiven Dienstverhältnis	**35**	Kz Wert
33	als □ als Beamter □ als Vorstandsmitglied/GmbH-Gesellschafter-Geschäftsführer		

34	Das aktive Beschäftigungsverhältnis bestand 1988 □ während des ganzen Jahres □ nur vom – bis	Arbeitslohn für diesen Teil des Jahres ▶ DM	Summe der Zeilen 34 und 36

35	Es bestand 1988 **keine gesetzliche Rentenversicherungspflicht** und auch keine Anwartschaft auf Altersversorgung oder eine Anwartschaft nur aufgrund eigener Beitragsleistung aus der Tätigkeit		
36	□ als Vorstandsmitglied/GmbH-Gesellschafter-Geschäftsführer □ im Rahmen v. Ehegattenarbeitsverträgen, die vor dem 1.1.1967 abgeschlossen wurden als (z. B. Praktikant, Student)	Arbeitslohn DM	**12**

Werbungskosten

37		Kz Wert

Fahrten zwischen Wohnung und Arbeitsstätte

38	Aufwendungen für Fahrten mit eigenem ☒ Pkw □ Motorrad Motorroller	Letztes amtl. Kennzeichen M - RH 400	□ Moped/Mofa □ Fahrrad

39	Arbeitstage je Woche **5**	Urlaubs- und Krankheitstage **45**	Erhöhter Kilometersatz wegen Körperbehinderung □ Behinderungsgrad mindestens 70 □ Behinderungsgrad mindestens 50 und erhebliche Gehbehinderung		

	Arbeitsstätte in (Ort und Straße) – ggf. nach besonderer Aufstellung –	benutzt an Tagen	einfache Entf. (km)	Ständig wechselnde Einsatzstelle von – bis		Tage	km	Pf
40	München 2, Turkenstr. 9	230	12		**70**			
41		(= 2M 994)			**71**			
42					**72**			

43	Aufwendungen für Fahrten mit öffentlichen Verkehrsmitteln	**74** —	**74**

44	Vom Arbeitgeber in 1988 für Fahrten zwischen Wohnung und Arbeitsstätte **steuerfrei** ersetzte Fahrkosten	**73** —	**73**

			Kz Wert
45	Beiträge zu Berufsverbänden (Bezeichnung der Verbände) Gewerkschaft	DM 220	
46	Aufwendungen für Arbeitsmittel (Art der Aufwendungen) 2 Arbeitskittel (vgl. Belege)	+ 102	
47	Weitere Werbungskosten (z. B. Fortbildungs- und Reisekosten) – soweit nicht steuerfrei ersetzt – Auto-Unfall am 16.9.(6⁵⁰ Uhr auf fahrt zur Arbeit (vgl. beigefügt Rechnung und Polizei-Protokoll)	+ 758	**77** 1110
48	Bankspesen Gehaltskonto (Pauschale)	+ 30	**77**

Mehraufwendungen für Verpflegung bei

			Kz Wert
49	über zwölfstündiger Abwesenheit von der Wohnung		
50	Arbeitszeit von – bis 6³⁰ – 18⁰⁰ Abwesenheit Uhr 6²² – 18²⁰ Zahl d. Tage 180 × 3 DM = 540 DM		

51	ständig wechselnden Einsatzstellen und über zehnstündiger Abwesenheit von der Wohnung		
52	Arbeitszeit von – bis Uhr Abwesenheit Uhr Zahl d. Tage × 5 DM = DM	Vom Arbeitgeber steuerfrei ersetzt ▼	
53	Berufskraftfahrer mit Fahrtätigkeit über 6 Stunden Zahl der Tage über 12 Stunden Zahl der Tage DM		
54	Art der Tätigkeit	Summe Zeilen 50 bis 53 DM — ▶	**76** 540 **76**

Mehraufwendungen für doppelte Haushaltsführung

55	Der doppelte Haushalt wurde aus beruflichem Anlaß begründet	Beschäftigungsort	
56	Grund am und hat seitdem ununterbrochen bestanden bis 1988	Mein Ehegatte hat sich an meinem Beschäftigungsort aufgehalten vom – bis	Werbungskosten zu Kz 21 oder 38
57	Eigener Hausstand □ Nein □ Ja, in seit	Falls nein, wurde Unterkunft am bisherigen Ort beibehalten? □ Nein □ Ja	**25**

58	Kosten d. ersten Fahrt zum Beschäftigungsort u. d. letzten Fahrt zum eigenen Hausstand □ mit öffentlichen Verkehrsmitteln □ mit eigenem Kfz. Entfernung km × DM = DM		Werbungskosten zu Kz 22 **28**
59	Fahrtkosten für Heimfahrten □ mit öffentlichen Verkehrsmitteln □ m. eigenem Kfz. (Entfernung km) Einzelfahrt DM Anzahl × = DM		
60	Kosten der Unterkunft am Arbeitsort (lt. Nachweis) DM	Vom Arbeitgeber steuerfrei ersetzt ▼	Werbungskosten zu Versorgungsbezügen **27**
61	Mehraufwendungen für Verpflegung täglich DM × Zahl der Tage = DM		
62	Summe Zeilen 58 bis 61 DM – DM ▶		**75** **75**

63	**Besondere Pauschsätze für bestimmte Berufsgruppen** (Bitte die Berufsgruppe genau bezeichnen und Aufstellung über steuerfreien Ersatz des Arbeitgebers beifügen)	**78**	**78**

Zeilen 31 bis 36 sind nur von solchen Arbeitnehmern auszufüllen, die 1988 im Beschäftigungsverhältnis *mit* Altersversorgung *ohne* eigene Beitragsleistung standen oder Rentner waren. Die Angaben sind für die Höhe der Vorsorgepauschale (vgl. S. 31) entscheidend.

Zu **Werbungskosten*** *(Anlage N – Seite 2)*

Jeder Arbeitnehmer erhält hierfür eine Jahres-Pauschale von DM 564,–. Sind die tatsächlichen Aufwendungen, zu denen auch Gebühren für das Gehaltskonto mit Anerkennung von pauschal DM 30,– (vgl. S. 68) zählen, nicht höher, erübrigt sich ein Eintrag. In der Regel ist ein einwandfreier Nachweis erforderlich.

Die Werbungskosten sind bereits weitgehend beim Antrag auf LSt-Ermäßigung behandelt worden. Insoweit wird in der Reihenfolge des Antragsformulars wie folgt verwiesen:

	Seite		Seite
Fahrten Wohnung – Arbeitsstätte	58	Bewerbungskosten	69
Beiträge zu Berufsverbänden	61	Fortbildungskosten	69
Aufwendungen für Arbeitsmittel	61	Kilometergeld	71
Mehraufwendg. f. Verpflegung	63	Telefongebühren	15/74
Mehraufwendg. f. dopp. Haushalt	64	Umzugskosten	74
Arbeitszimmer	68	*Besondere Pauschsätze*	
Berufskrankheit	68	*für bestimmte Berufsgruppen*	75

Es gibt weitere Abzugsmöglichkeiten**, so auch beruflich bedingte Strafverteidigungskosten (BFH v. 19. 2. 82; BStBl 1982 II, S. 467).

*) Werbungskosten sind *nicht nur* Ausgaben zur Erwerbung, Sicherung und Erhaltung von Einnahmen, sondern sämtliche durch den Beruf veranlaßte Aufwendungen. Objektiv muß ein Zusammenhang mit dem Beruf bestehen, und subjektiv müssen die Ausgaben auch der Förderung des Berufs dienen. Entsprechend hat der BFH mit Urteil v. 28. 11. 80 (BStBl 1981 II, Seite 368) in einem Streitfall Aufwendungen eines Arbeitnehmers aufgrund seiner ehrenamtlichen Gewerkschaftstätigkeit anerkannt.
**) Bei einem Arbeitnehmer, der sein Kfz fast nur beruflich nutzt (hier 95 %), zählt auch der nach Diebstahl entstandene und nicht gedeckte Schaden als außergewöhnliche technische Abnutzung zu den Werbungskosten (BFH v. 29. 4. 83; BStBl 1983 II, S. 586/7). Geld-Diebstahl auf einer Geschäfts- oder beruflich veranlaßten Reise dagegen grundsätzlich *nicht*; dies aber möglich bei Verlust als Unfallfolge (BFH-Urteil v. 4. 7. 86 – BStBl 1986 II, S. 771).
Die Geschenke an Kunden seines Arbeitgebers zwecks Umsatzsteigerung sind bei einem Verkaufsleiter mit erfolgsabhängigen Bezügen *ohne* analoge Beschränkung gemäß § 4 Abs. 5/1 EStG (DM 50,– pro Kunde im Jahr) Werbungskosten (BFH-Urteil v. 13. 1. 84; BStBl 1984 II, S. 315-317). Am 16. 3. 1984 (BStBl 1984, II, S. 434/5) hat der BFH Repräsentations- bzw. Bewirtungskosten angesprochen, die (hier beim Vertriebsbeauftragten im kaufm. Außendienst) durch Betreuung von Kunden des Arbeitgebers anfallen können. Danach gelten insoweit *nicht* die *(formellen)* Einschränkungen des § 4 Abs. 5 Ziff. 2, Satz 2 EStG. Zu Ausgaben Vorgesetzter für Mitarbeiter hat der BFH im Urteil v. 23. 3. 84 (BStBl 1984 II, S. 557–560) gewisse Grundsätze aufgestellt und dabei sehr enge Grenzen gezogen, die es bei Freiberuflern und Gewerbetreibenden in dieser Form nicht gibt.

Dagegen bleiben Geldbußen etc. *ohne* Abzugsmöglichkeit, soweit sie nicht der Wiedergutmachung des Schadens dienen (Gesetz v. 1. 8. 84); BGBl 84, S. 1006). *Nicht* alle vermeintlichen Werbungskosten führen aber zum Abzug, wie die Rechtsprechung zeigt.* Nachfolgend werden die Positionen alphabetisch erläutert, die in der Regel erst Bedeutung beim LSt-Jahresausgleich erlangen:

Kraftfahrzeugkosten (Abschn. 25 Abs. 7 LStR)

Wer sein Kraftfahrzeug für Dienstfahrten einsetzt, kann *statt* der km-Pauschale (S. 71) auch tatsächlich** entstandene anteilige Kfz-Kosten als Werbungskosten ansetzen; ggf. nach Abzug von steuerfreien Arbeitgeber-Erstattungen. Dabei ist auch eine »Absetzung für Abnutzung« zulässig, in der Regel auf Basis einer Nutzungsdauer von 4–5 Jahren mit 25 % bzw. 20 % vom Anschaffungswert pro Jahr. Hierzu ein *Beispiel*, bei dem Arbeitgeber-Zuschüsse für 14 410 dienstlich gefahrene Kilometer mit DM –,25 pro km und insgesamt im Jahr gefahrene 21 500 km mit einem Pkw unterstellt werden:

Aufwendungen gemäß Belegmappe:

Benzin und Öl (inkl. Trinkgeld)	DM 4 741,–
Garage (12 × DM 35,–) und Parkgebühren	DM 492,–
Inspektionen, Reparaturen, Kleinmaterial	DM 1 468,–
Reifen	DM 655,–
Steuer und Versicherung	DM 593,–
Wagenpflege	DM 180,–
Wertminderung wie Vorjahr (25 % aus DM 10 400,–)	DM 2 600,–
Zinsen für Kfz-Finanzierung	DM 128,–
Zusammen	DM 10 857,–

*) – Der Verlust eines dem Arbeitgeber wegen Arbeitsplatzsicherung gewährten verzinslichen Darlehens kann grundsätzlich *nicht* zu Werbungskosten beim Arbeitnehmer führen. Lediglich bei völlig unbegründeten Zins- und Rückzahlungserwartungen kann von einem verlorenen Zuschuß ausgegangen werden. Zinsen aufgrund Refinanzierung eines solchen Darlehens sind abziehbar bei den Einkünften aus Kapitalvermögen und können dort zum Verlust führen (BFH v. 19. 10. 82 – BStBl 1983 II, S. 295).
– Ist ein Arbeitnehmer nur ein Teil des Kalenderjahres *unbeschränkt* steuerpflichtig, kann er bei der ESt-Veranlagung oder dem LSt-Jahresausgleich *vor* Eintritt der unbeschränkten Steuerpflicht entstandene Aufwendungen *nicht* als Werbungskosten oder Sonderausgaben anerkannt bekommen (BFH-Urteil v. 6. 4. 84; BStBl 1984 II, S. 587).
– Ausgaben berufstätiger Eheleute für eine Kinderpflegerin können auch dann *nicht* als Werbungskosten abgesetzt werden, wenn nur dadurch die berufliche Tätigkeit beider ermöglicht wird (BFH-Urteil v. 19. 11. 82 – BStBl 1983 II, Seite 297).
**) Die entspr. Tabellen des ADAC ersetzen *nicht* tatsächliche Kfz-Aufwendungen (BFH-Urteil v. 27. 6. 80, BStBl 1980 II, Seite 651). Soweit aber im Einzelfall über einen Zeitraum von mind. 3 Monaten eine repräsentative Ermittlung der Kosten und des Durchschnitts-Kilometersatzes möglich ist, kann dieser km-Satz für 2 bis 3 Jahre anerkannt werden, falls sich nicht Änderungen in der jährlichen Gesamtfahrleistung ergeben oder in diesem Zeitraum das Kfz gewechselt wird oder die Abschreibungsdauer endet.

Aufgrund des sich hieraus mit DM –,505 (statt DM –,42 pauschal, vgl. Seite 67) errechneten Kostensatzes pro km, ergeben sich anteilig für die gefahrenen 14 410 Geschäfts-Kilometer tatsächliche Kosten von DM 7277,– und nach Abzug der Arbeitgeber-Erstattung (DM 3602,50) Werbungskosten mit DM 3674,50.

Der Kostensatz von 50,5 Pfennig könnte bei einem körperbehinderten Arbeitnehmer* gemäß S. 59 auch für Kilometerleistungen anläßlich Fahrten zur/von Arbeitsstätte sowie ggf. Familienheimfahrten bei doppeltem Haushalt in Ansatz kommen. Des weiteren sind die nicht in vorstehende Abrechnung einzubeziehenden *eigenen* Aufwendungen infolge Unfalls bei Dienstreise oder Fahrt zur/von Arbeitsstätte Werbungskosten. Auch können entsprechend dem Anteil der *nicht mit dem erhöhten* km-Satz abgerechneten Jahres-Fahrleistung noch die Beiträge zur reinen Haftpflichtversicherung als »Sonderausgaben« angesetzt werden (vgl. S. 126).

Kraftfahrzeugunfälle (Abschn. 24, Abs. 2 LStR)

Hat ein Arbeitnehmer auf einer Geschäftsfahrt oder auf der Fahrt zwischen Wohnung und Arbeitsstätte mit seinem privateigenen Kfz einen Unfall, so sind alle zur Beseitigung der Unfallfolgen anfallenden Aufwendungen abzüglich Erstattungen grundsätzlich Werbungskosten, die neben Pauschbeträgen für Fahrtkilometer (soweit nicht erstattet) anzusetzen sind.
Diese Steuervergünstigung wird auch nicht mehr durch einen bewußten oder leichtfertigen Verstoß gegen die Verkehrsvorschriften ausgeschlossen. Lediglich Trunkenheit** und im Privatbereich liegende Gründe dürften noch dazu führen. Als Unfall-Aufwendungen sind neben Kosten zur Beseitigung von Körper- und Sachschäden auch Prozeßkosten, Schadensersatzleistungen und Wertminderungen anzusehen. Grundsätzlich werden die Aufwendungen nur im Jahr des Anfalls der Ausgaben oder bei Wertminderungen des eigenen Fahrzeugs im Jahr des Unfalls als Werbungskosten berücksichtigt. Aus der Rechtsprechung ist erwähnenswert:

*) Bei Übertragung des steuerfreien Pauschbetrages für einen schwer geh- und stehbehinderten Körperbehinderten auf eine andere Person, können von dieser die entspr. Kfz-Kosten angesetzt werden (BFH-Urteil v. 1. 8. 75 – BStBl 1975 II, S. 825).
**) Führt alkoholbedingte Fahruntüchtigkeit zu einem Verkehrsunfall, können daraus *keine* Werbungskosten entstehen; gilt auch, wenn der Unfall auf der Heimfahrt nach einer Betriebsveranstaltung eingetreten ist (BFH v. 6. 4. 84; BStBl II, S. 434-436).

- Gemäß einem Urteil des BFH vom 10. 3. 78 wurden Unfallkosten *einschließlich* Aufwendungen zur Beseitigung eines dabei an der Garage des Arbeitnehmers entstandenen Schadens anerkannt (BStBl 1978 II, S. 381).
- Die durch einen Unfall mit eigenem Pkw bei einem Umweg mit dem ausschließlichen Zweck des Tankens auf der Fahrt zur oder von der Arbeit entstehenden Aufwendungen können Werbungskosten sein (BFH-Urt. v. 11. 10. 84; BStBl 1985 II, S. 10).
- Hat ein Arbeitnehmer, dem an seinem Arbeitsort (hier: Baustelle) die Möglichkeit zur einer warmen Mahlzeit fehlt, auf der Fahrt zu oder von einem nahe gelegenen und vertretbaren Lokal einen Kfz-Unfall, sind die dadurch bedingten Kosten grundsätzlich abzugsfähig (BFH-Urt. v. 18. 12. 1981 – BStBl 1982 II, S. 261).
- Die Kosten zur Beseitigung eines anläßlich der Abholfahrt eines Ehegatten von der gemeinsamen Arbeitsstätte am eigenen Pkw durch Unfall entstandenen Schadens können Werbungskosten sein. Im Entscheidungsfall hatten beide Ehegatten ausnahmsweise nicht die gleiche Arbeitszeit, und der eine Ehegatte wollte den später seine Arbeit beendenden Partner abholen (BFH-Urt. v. 3. 8. 84; BStBl 1984 II, S. 800).
- Holt ein Arbeitnehmer einen Kollegen gefälligkeitshalber zur Fahrt in die gemeinsame Arbeitsstätte ab (gilt auch für den Rückweg) und setzt dies einen Umweg voraus, so fallen Aufwendungen durch einen auf dieser Umwegstrecke eingetretenen Unfall grundsätzlich in die Privatsphäre und sind *nicht* als Werbungskosten anzusehen (BFH-Urteil v. 14. 11. 86 – BStBl 1987 II, S. 275).

Reisekosten* (§ 5 LStDV, Abschnitt 25 LStR, § 8 EStDV)

Steuerlich abzugsfähige Reisekosten sind beruflich veranlaßte Ausgaben, die durch vorübergehende Abwesenheit vom Firmensitz bzw. von der regelmäßigen Arbeitsstätte entstehen.

Das Steuerrecht unterscheidet aber zwischen *Dienstreise* und *Dienstgang*. Ein Dienstgang liegt vor, wenn ein Arbeitnehmer von seiner regelmäßigen Arbeitsstätte vorübergehend abwesend ist und dabei die Entfernung von seiner Arbeitsstätte oder Wohnung weniger als 15 km beträgt. Bei einem länger als 5 Stunden dauernden Dienstgang können vom Arbeitgeber ohne Nachweis von Ausgaben DM 3,– steuerfrei gezahlt werden, andernfalls der Arbeitnehmer in dieser Höhe Werbungskosten geltend machen kann. Werden tatsächliche Kosten nachgewisen, sind max. DM 19,– anzuerkennen.

Eine Dienstreise liegt vor, wenn ein Arbeitnehmer mindestens *15 Kilometer* entfernt von seiner regelmäßigen Arbeitsstätte *und* von seiner Wohnung vorübergehend beschäftigt wird. Bei Benutzung öffentlicher Verkehrsmittel ist die Tarifentfernung und ansonsten die kürzeste Straßenverbindung maßgebend. Bei Verbindung eines Dienstganges mit einer Dienstreise (oder umgekehrt) wird die gesamte auswärtige Tätigkeit als Dienstreise gewertet. Der Mittelpunkt der auf Dauer abgestellten Tätigkeit ist die regelmäßige Arbeitsstätte, wobei es unbedeutend ist, ob ein Arbeitnehmer

*) Wegen der Regelung für Berufskraftfahrer wird auf Seite 63 verwiesen.

vorwiegend auswärts tätig wird. Ist ein Arbeitnehmer jedoch länger als 3 Monate ständig am gleichen anderen Ort, so gilt dieser dann als regelmäßige Arbeitsstätte; bei einer Versetzung ist aber der neue Ort von Beginn an die regelmäßige Arbeitsstätte.

Aufwendungen einer Dienstreise sind Kosten für Fahrt, Verpflegung, Unterkunft, ggf. auch für Heimfahrten, und Nebenausgaben (für Telefon, Garage, Parkplatz, Gepäckbeförderungen etc.). Werden Reisekosten nicht oder nicht voll ersetzt, ist der ungedeckte Teil begrenzt abzugsfähig. In Betracht kommen:

- Fahrtkosten in nachgewiesener Höhe*
- Kosten der Unterbringung gemäß Nachweis
- Mehraufwendungen für Beköstigung (Ausgaben für die Verpflegung abzüglich Einsparung im eigenen Haushalt)
- Nebenkosten in tatsächlicher oder glaubhaft gemachter Höhe

Als *Fahrtkosten* mit eigenem Fahrzeug können die unter »Kilometergelder« angeführten Pauschsätze angesetzt werden (s. S. 71). Die *Unterbringungskosten* bei Dienstreisen *im Inland* können *nur* nach Beleg anerkannt werden. Ein Arbeitgeber kann sie aber gemäß Abschnitt 8 LStR wie folgt einheitlich je Reise erstatten:

Jahresarbeitsentgelt	Pauschalsätze
bis DM 25 000,–	DM 35,–
mehr als DM 25 000,– bis DM 50 000,–	DM 37,–
über DM 50 000,–	DM 39,–

Ungedeckte tatsächliche Übernachtungskosten sind Werbungskosten. Als *Mehraufwendungen für Beköstigung* werden im Inland in der Regel – ohne Einzelnachweis – folgende, nach dem voraussichtlichen Jahresarbeitslohn gestaffelten Pauschbeträge** anerkannt:

Jahresarbeitsentgelt	eintägige Reisen	mehrtägige Reisen
bis DM 25 000,– (oder bei Verlust)	DM 31,–	DM 42,–
DM 25 001,– bis DM 50 000,–	DM 33,–	DM 44,–
mehr als DM 50 000,–	DM 35,–	DM 46,–

Diese Sätze sind für einen vollen Reisetag mit ununterbrochener Abwesenheit von mehr als 12 Stunden anzusetzen. Sie ermäßigen

*) Auch bei Übernachtungen in der Nähe (Einzugsgebiet) des Zielortes gehören die täglichen Fahrtkosten zum und vom Ort der Tätigkeit zu den Werbungskosten. Bei einer Dienstreise von mehreren Wochen sind auch bei Ledigen die Kosten für die Heimfahrt an den Wochenenden abzugsfähig (BFH v. 17. 12. 76 – BStBl 1977 II, S. 294).

**) Im Widerspruch zu Verwaltungsanweisungen sind auch bei eintägigen Dienstreisen im Großraum Berlin die Pauschbeträge gemäß den LStR grundsätzlich zu gewähren (BFH-Urteil v. 24. 10. 86 – BStBl 1987 II, S. 138).

sich auf $^8/_{10}$ bei einer Abwesenheit über 10 Stunden, auf $^5/_{10}$ über 7 Stunden und auf $^3/_{10}$ über 5 bis 7 Stunden.

Werden vom Arbeitnehmer höhere Beträge geltend gemacht oder führen die Pauschbeträge offensichtlich zu einer falschen Besteuerung, müssen die tatsächlichen Verpflegungsausgaben einzeln nachgewiesen oder zumindest glaubhaft gemacht werden*.

Bei einzeln nachgewiesenen oder glaubhaft gemachten Aufwendungen für Beköstigung werden die Mehraufwendungen um $^1/_5$ der Ausgaben, höchstens jedoch um einen Betrag von DM 6,– pro Reisetag, infolge Haushaltsersparnis gekürzt. Dieser Abzug unterbleibt jedoch, wenn dadurch die angegebenen Pauschsätze unterschritten werden. Als Höchstbetrag für jeden *vollen* Reisetag im Inland werden bis zu DM 64,– anerkannt. Im Ausland sind es bei Ländergruppe I bis DM 70,–, Ländergruppe II bis DM 92,–, Ländergruppe III bis 113,– und Ländergruppe IV bis DM 134,–. Bei Reise-*stunden* ist anteilig entsprechend den Pauschalen zu verfahren.

Zur Ländergruppe I gehören u. a. Österreich, Jugoslawien, Griechenland, Spanien, Bulgarien, Polen, Portugal, Türkei, Ungarn; zur Ländergruppe II Niederlande, Luxemburg, Monaco; zur Ländergruppe III Frankreich, Belgien, Dänemark, Italien, Schweiz, Sowjetunion, Kanada, Australien; zur Ländergruppe IV Großbritannien/Nordirland, Finnland, Norwegen, Schweden, USA, Japan, Israel.

---

*) Die Zuerkennung der entspr. Pauschsätze für Verpflegungsmehraufwendungen führt auch *nicht* mehr zu einer unzutreffenden Besteuerung bei einem Außendienstmitarbeiter mit nur jeweils eintägiger Reisetätigkeit in einem Gebiet, das nur wenige Gemeinden umfaßt und von der regelmäßigen Arbeitsstätte lediglich 15 bis 20 km entfernt liegt (BFH-Urt. v. 23. 4. 1982 – BStBl 1982 II, S. 500). Auch bei einem im Bahnpostbegleitdienst eingesetzten Arbeitnehmer mit regelmäßiger Arbeitsstätte in M., von der er ständig dieselben Zielorte anfährt und der während der gesamten Fahrtdauer im Postwagen verbleiben muß, also insoweit keine Möglichkeit zu Fremdmahlzeiten hat, wurden die für Dienstreisen maßgebenden Pauschsätze für Verpflegungsmehraufwendungen (abzgl. Erstattungsbeträge) *voll* anerkannt. Dem standen auch vermindert gezahlte Tagessätze seitens des Arbeitgebers *nicht* entgegen (BFH-Urt. v. 2. 4. 1982 – BStBl 1982 II, Seite 498). Der BFH hat mit Urteil v. 25. 10. 85 (BStBl 1986 II, S. 200) bestätigt, daß die Pauschalen gemäß den Lohnsteuer-Richtlinien für Verpflegungsmehraufwendungen bei Dienstreisen und für den Einsatz von einem privateigenen Pkw zu Geschäftsfahrten auch in der Rechtsprechung grundsätzlich zu beachten sind. Nur eine offensichtlich *dadurch* eintretende unzutreffende Besteuerung (möglich u. a. bei weitgehend im Außendienst Tätigen mit der Folge des Verbleibens nur noch unverhältnismäßig geringer Einkünfte aus dem Arbeitsverhältnis oder im Falle hoher geschäftlicher Fahrleistungen mit privateigenem Pkw) kann zu einer anderen Beurteilung führen.

Bei *Auslandsreisen* werden Mehraufwendungen für Verpflegung und Übernachtungskosten ebenfalls getrennt abgegolten.

Ohne Einzelnachweis über die Höhe der tatsächlichen Kosten können die Mehraufwendungen für *Verpflegung* – bis auf Ausnahmen* – mit folgenden Tagessätzen in DM abgegolten werden:

Jahresarbeitsentgelt		Ländergruppe			
		I	II	III	IV
voraussichtlich bis DM 40 000,– (oder bei Verlust)	DM:	45	60	75	90
darüber	DM:	50	66	81	96

Für Auslands-Dienstreisen von nur Stunden wird das Tagegeld nur wie bei Inlandsreisen mit $\frac{3}{10}$, $\frac{5}{10}$, $\frac{8}{10}$ oder voll anerkannt.

Für Auslands-Übernachtungskosten, soweit sie der Arbeitgeber nicht erstattet oder dieser die Unterkunft stellt, werden grundsätzlich folgende Pauschalsätze anerkannt:

Jahresarbeitsentgelt		Ländergruppe			
		I	II	III	IV
voraussichtlich bis DM 40 000,– (oder bei Verlust)	DM:	41	55	69	84
darüber	DM:	46	60	74	89

Bei mehrtägigen Auslandsreisen werden für den Hin- und Rückfahrtag flg. Anteile des Tagespauschalsatzes maximal anerkannt:

Antritt vor 12.00 / Rückkehr nach 12.00 Uhr	$\frac{10}{10}$
Antritt ab 12.00 Uhr bis 13.59 / Rückkehr nach 10.00 bis 12.00 Uhr	$\frac{8}{10}$
Antritt ab 14.00 Uhr bis 16.59 Uhr / Rückkehr nach 7.00 bis 10.00 Uhr	$\frac{5}{10}$
Antritt ab 17.00 bis 18.59 Uhr / Rückkehr nach 5.00 bis 7.00 Uhr	$\frac{3}{10}$

Gemäß Abschn 25 Abs. 6 Ziff. 3c LStR sind bei unentgeltlicher Gewährung eines Teiles der Verpflegung die Pausch- oder die Höchstbeträge für Frühstück um 15 % und für Mittags- oder Abendessen um jeweils 30 %, höchstens jedoch insgesamt bis auf 25 vom Hundert, zu kürzen. Bei Mahlzeiten aus Anlaß gesellschaftlicher Veranstaltungen unterbleibt die Kürzung. Bei mehrtägigen Reisen können die Verpflegungskosten nur entweder mit den Pauschbeträgen oder in tatsächlicher Höhe geltend gemacht werden.

*) Die nach dem Stand 1. 10. 1987 geltenden Zu- und Abschläge auf Auslandstagegelder und Höchstbeträge für Auslands-Verpflegungsmehraufwand ergeben sich im einzelnen aus dem Schreiben des BFM vom 27. 8. 87 (BStBl 1987 I, S. 622). Danach sind u. a. Abschläge für Reisen nach Ungarn (DM 6,– bzw. 8,40), Großbritannien/Nordirland (DM 15,– bzw. 21,–) und in die USA (DM 15,– bzw. 21,–) vorzunehmen, doch dürfen für Ungarn die Inlands-Pauschbeträge angesetzt werden. Zuschläge sind dagegen u. a. bei Sowjetunion und Monaco (je DM 15,– bzw. 21,–) zulässig.

Sonderausgaben

Zeile		Bitte nur volle DM-Beträge eintragen	99	13

Zeile				
62	– Nicht rentenversicherungspflichtige Arbeitnehmer bitte die Zeilen 31 bis 36 der Anlage N ausfüllen –		30	30
63	Gesetzliche **Sozialversicherung** (nur Arbeitnehmeranteil) und/oder	Stpfl./Ehemann	5 283	
64	befreiende Lebensversicherung sowie andere gleichgestellte Aufwendungen (ohne steuerfreie Zuschüsse des Arbeitgebers) – In der Regel auf der Lohnsteuerkarte bescheinigt –	Ehefrau	31 3 336	31
65	Gesetzlicher Arbeitgeberanteil zur gesetzlichen **Rentenversicherung,** steuerfreie Zuschüsse des Arbeitgebers zu gleichgestellten Aufwendungen (in der Regel auf der Lohnsteuerkarte bescheinigt),	Stpfl./Ehemann	32 2831	32
66	steuerfreie Beträge der Künstlersozialkasse an die BfA	Ehefrau	33 1788	33
	Es bestand Knappschaftsversicherungspflicht			
67	**Freiwillige** Angestellten-, Arbeiterrenten-; Höher**versicherung** (abzüglich steuerfreier Arbeitgeberzuschuß) sowie Beiträge von Nichtarbeitnehmern zur gesetzlichen Altersversorgung	Stpfl./Ehegatten	41	41

Zeile		in 1988 gezahlt	in 1988 erstattet			
68	**Krankenversicherung** (freiwillige Beiträge sowie Beiträge von Nichtarbeitnehmern zur gesetzlichen Kran- kenversicherung – abzüglich steuerfreie Zuschüsse, z. B. des Arbeitgebers –)		–	▸	40	40
69	**Unfallversicherung**		–	▸	42	42
70	**Lebensversicherung** ohne vermögenswirksame Leistungen (einschl. Sterbekasse u. Zusatzversorgung; ohne Beträge in Zeilen 63 u. 64)	212	–	– ▸	44 212	44
71	**Haftpflichtversicherung** (ohne Kasko-, Hausrat- und Rechtsschutzversicherung) (inkl. Pkw)	370	–	28 ▸	43 342	43

Zeile		Für 1988 habe(n) ich/wir und die nach dem 1. 1. 1971 geborenen Kinder eine **Wohnungsbauprämie** beantragt:	Nein	Ja	34	
72	Beiträge an **Bausparkassen,** die als Sonderausgaben geltend gemacht werden – ohne vermögenswirksame Leistungen –					
73	Institut, Vertrags-Nr. und Vertragsbeginn			35	Beiträge	35

Zeile			tatsächlich gezahlt	abziehbar		Eingangsdatum
74	**Renten**	11		12 | | v. H.	10	38 | | | |
75	**Dauernde Lasten**			10	11	
76	Unterhaltsleistungen an den geschiedenen/dauernd getrennt lebenden Ehegatten lt. **Anlage U**	39		12 | | v. H.	10	

Zeile			in 1988 gezahlt	in 1988 erstattet		
77	**Kirchensteuer**	13		232,88	14 73,20 ▸	39
78	**Steuerberatungskosten**			16		13

Zeile		Art der Aus-/Weiterbildung				
79	Aufwendungen für die eigene **Berufsausbildung** oder die Weiterbildung in einem nicht ausgeübten Beruf			17	14	
80	**Spenden** und Beiträge für wissenschaftliche und kulturelle Zwecke	lt. beigef. Bestätigungen	lt. Nachweis Betriebsfinanzamt + ▸	18	16 17	
81	für mildtätige, kirchliche, religiöse und gemeinnützige Zwecke	60	+ ▸	19 60	18	
82	**Mitgliedsbeiträge und Spenden** an politische Parteien (§§ 34 g, 10 b EStG)		+ ▸	20 70	19 20	
83	an unabhängige Wählervereinigungen (§ 34 g EStG)		+ ▸	70	70	

Zeile		aus 1983	aus 1984	aus 1985		
84	Nur bei Einkommensteuererklärung ausfüllen: **Verlustabzug** nach § 10 d EStG und/oder § 2 Abs. 1 Satz 2 Auslandsinvestitionsgesetz (Bitte weder in Rot noch mit Minuszeichen eintragen)	24	25	26	Summe der Umsätze, Gehälter und Löhne	
85			Verlustrücktrag	27 aus 1986	28 aus 1987	21 Kz | Wert

Außergewöhnliche Belastungen

Zeile		Nachweis	ist beigefügt.	hat bereits vorgelegen.		
86	**Körperbehinderte und Hinterbliebene**					

Zeile	Name	Ausweis/Rentenbescheid/Bescheinigung ausgestellt am / gültig bis	Hinter- bliebener	Körper- behinderter	blind/ständig pflege- bedürftig	geh- und steh- behindert	Grad der Behinderung		
87								56	56 1. Person*)
88								57	57 2. Person*)
89									

Zeile				
90	**Beschäftigung** einer Hausgehilfin Haushaltshilfe	Aufwendungen DM	**Heim- oder Pflegeunterbringung** Unterbringung: Art der Dienstleistungskosten	*) bei Blinden und ständig Pflege- bedürftigen „200" eintragen Hinterblieb. Pauschalbetrag
91	vom – bis	Antragsgrund, Name und Anschrift der Beschäftigten / der untergebrachten Person		58 Anzahl Hausgehilfin/Unterbr.
92	**Freibetrag für besondere Fälle** (bitte Ausweis beifügen) Flüchtling / Vertriebener / Heimat- vertriebener / Spätaussiedler / Politisch Verfolgter			60 Freibetrag f. bes. Fälle
93	**Freibetrag für Aufwendungen zur Pflege des Eltern-Kind-Verhältnisses,** wenn das Kind dem anderen Elternteil zuzuordnen ist und kein gemeinsamer Haushalt der Elternteile bestand		63 Ja = 1	
	Vorname des Kindes / Aufwendungen vom – bis	Vorname des Kindes / Aufwendungen vom – bis		Freibetrag nach § 33 a Abs. 1 a EStG
94				66

Zu **Sonderausgaben**
(§§ 10, 10b, 10c EStG; Abschn. 33–49 LStR)

Die Einteilung in begrenzt abzugsfähige Sonderausgaben und übrige Sonderausgaben blieb unverändert.

Bei den begrenzt abzugsfähigen Sonderausgaben, als Vorsorgeaufwendungen bezeichnet, handelt es sich um bestimmte Versicherungsbeiträge und um Beiträge an Bausparkassen. Diese Aufwendungen sind mit folgenden Höchstbeträgen steuermindernd:

a) In voller Höhe bis DM 4680,– bei gemeinsam versteuerten Ehegatten, und bis DM 2340,– bei den übrigen Arbeitnehmern.

b) Zusätzlich (bzw. vorweg) können solche Beiträge bei Ehegatten bis DM 6000,– (*ab 1990* DM 8000,–) und im übrigen bis DM 3000,– (*ab 1990* DM 4000,–), *jedoch vermindert* um hierauf anzurechnende Arbeitgeberanteile zur Rentenversicherung und dergl., abgezogen werden; bei dem Personenkreis, dem ohne eigenen Beitrag eine Altersversorung zusteht (u. a. Beamte), mindert sich der Vorwegabzug um 9 % der Einnahmen aus dem entspr. Dienstverhältnis, höchstens, wie auch allgemein, aus der Beitragsbemessungsgrenze in der gesetzl. Rentenversicherung*.

c) Beiträge, soweit sie die nach a) und b) abziehbaren Beiträge übersteigen, können noch zur Hälfte, maximal bis zu 50 % der unter a) angegebenen Beträge, abgezogen werden.

Neben einem möglichen Vorwegabzug** gemäß b) können somit weitere Vorsorgeaufwendungen noch bis zu DM 4680,– bei Alleinstehenden und bis zu DM 9360,– bei gemeinsam zu versteuernden Ehegatten zu einer Steuerermäßigung führen. *Aber nur die Hälfte dieser Beträge ist voll abzugsfähig* (vgl. unter a), *dagegen die zweite Hälfte jeweils nur mit 50 %* (vgl. unter c). Dies bedeutet, daß von DM 4680,– (ggf. nach Vorwegabzug verbliebenen) Vorsorgeaufwendungen bei Alleinstehenden DM 3510,–, und von DM 9360,– bei Eheleuten DM 7020,– steuermindernd sind.

Für Vorsorgeaufwendungen berücksichtigen die allgemeinen wie die besonderen LSt-Tabellen Pauschalabzüge gemäß § 10c EStG.

*) 9 % oder die Arbeitgeberanteile aus dieser Bemessungsgrenze liegen höher als DM 6000,–, insoweit ist sie bedeutungslos geworden.

**) Gemäß § 113 Angestelltenversicherungsgesetz (AVG) sind *Arbeitgeber*anteile auch für versicherungsfreie (z. B. bei Versorgung nach beamtenrechtlichen Bestimmungen) oder von der Rentenversicherung befreite Angestellte zu entrichten. Insoweit ist dann auch der sogenannte Vorwegabzug von Vorsorgeaufwendungen gemäß § 10 Abs. 3, Ziff. 2 zu kürzen (BFH-Urteil v. 17. 2. 87 – BStBl 1987 II, S. 494).

Sie ergeben sich gemäß Seite 31 prozentual zum Lohn nach Steuerklassen und getrennt für Arbeitnehmer mit und ohne eigenen Beitrag zur Altersversorgung bis zu unterschiedlichen Höchstbeträgen. Die Seiten 146–151 zeigen Beispiele und Tabellen hierzu. Sofern die Vorsorgepauschale höher ist als der Vorteil bei Ansatz der tatsächlichen Vorsorgeaufwendungen, ist sie für die Versteuerung maßgebend*. Dies gilt aber *nicht*, wenn von dem Vorwegabzug gemäß b) Gebrauch gemacht wird, denn dann kommen nur noch die übrigen tatsächlichen Vorsorgeaufwendungen in Abzug.

Zum besseren Verständnis nachfolgend die Ermittlung der steuerlich zu berücksichtigenden Vorsorgeaufwendungen nach dem Musterbeispiel auf dem Originalformular (vgl. Seite 122):

		Anzuerkennen:
– Geltend gemachte Vorsorgeaufwendungen		
Arbeitnehmeranteile Sozialversicherung	DM 8619	
übrige	DM 554	
	DM 9173	
– Davon Vorwegabzug gemäß b)		
(DM 6000 ./. DM 4619 Rentenversicherung Arbeit*geber*	DM 1381	DM 1381
– Vom verbleibenden Betrag in Höhe von	DM 7792	
werden berücksichtigt:		
voll gemäß a)	DM 4680	DM 4680
vom Rest (maximal von DM 4680) die Hälfte	DM 3112	DM 1556
–Vom Finanzamt beim Lohnsteuer-Jahresausgleich oder bei		
der ESt-Veranlagung *statt* der geringeren Vorsorgepau-		
schale (DM 6642 gemäß Seite 141) steuermindernd zu be-		
rücksichtigen (vgl. Seite 140, Fußnote 2)		DM 7617

Für die übrigen,*nicht* unter die Vorsorgeaufwendungen fallenden Sonderausgaben enthält die Jahreslohnsteuertabelle einen »*Sonderausgaben-Pauschbetrag*« von DM 270,– bei den Steuerklassen I, II und IV sowie einen solchen von DM 540,– bei der Steuerklasse III.

Zu **Vorsorgeaufwendungen**
(§§ 10c, 10 Abs. 1 Ziff. 2 + 3 EStG; Abschn. 39–44, 49 LStR)

Zur Beantwortung der Frage, ob sich der Ansatz von tatsächlichen Vorsorgeaufwendungen unter Beachtung des Vorwegabzugs (vgl. Seite 123 unter b) steuerlich günstiger auswirkt als die ansonsten wirksame Vorsorgepauschale, werden nachfolgend die Vorsorgeaufwendungen im einzelnen aufgezeigt:

*) Im Inland aufgrund eines Doppelbesteuerungsabkommens mit ausländischen Staaten steuerfrei bleibender Arbeitslohn kann *nicht* in die Bemessungsgrundlage für die Vorsorgepauschale einbezogen werden (BFH-Urteil v. 18. 3. 83 – BStBl 1983 II, Seite 475).

Gesetzliche Sozialversicherung / Befreiende Lebensversicherung
(nur Arbeitnehmeranteil)

Hierunter fallen die vom Arbeitgeber einbehaltenen Anteile des Arbeitnehmers aus Pflichtbeiträgen* zur Rentenversicherung der Arbeiter und Angestellten, zur knappschaftlichen Rentenversicherung und zur Kranken- und Arbeitslosenversicherung. Des weiteren Arbeitnehmeranteile zu Lebensversicherungs-Beiträgen bei dem Personenkreis, der von der Verpflichtung, Beiträge an die gesetzliche Rentenversicherung zu entrichten, befreit worden ist und statt dessen die »befreiende Lebensversicherung« gewählt hat.

Vom Arbeitnehmer aus eigenen Mitteln aufzubringende Beträge

Das noch für Versicherungen mit Sparanteil und Bausparbeiträge bestandene Kreditaufnahmeverbot ist ab 1988 aufgehoben worden.

Abzugsfähig sind grundsätzlich flg. Vorsorgeleistungen, *soweit sie nicht* an ausländische Versicherungen erfolgen, die *keine* Erlaubnis zum Geschäftsbetrieb im Inland besitzen, und soweit sie nicht vermögenswirksame Leistungen mit AN-Sparzulage darstellen.
- *Freiwillige Beiträge »Angestellten-** u. Arbeiterrentenversicherung«.*
- Prämien für eine *private Krankenversicherung**** auf Grund eines freiwilligen Versicherungsvertrages. Hierzu gehören auch zusätzliche Krankenhaustagegeld-, Operationsversicherungen usw. Eine Beitragsrückzahlung wegen schadensfreiem Verlauf etc. ist abzuziehen.
- Die Beiträge zur *Unfallversicherung* sind Sonderausgaben, wenn sie nicht berufsbedingt und somit Werbungskosten sind.
- *Beiträge zur privaten Lebensversicherung* können, unabhängig vom Begünstigten, nur von demjenigen geltend gemacht werden, der sie zahlt und Versicherungsnehmer ist. Aufnahmegebühren sowie auch die Versicherungssteuer usw. sind ebenso

---

*) Bleibt der Lohn steuerfrei (hier gemäß § 3 Ziff. 63 EStG von einem Arbeitgeber im Inland für eine Tätigkeit auf einer Baustelle in der DDR gezahlt), können auch die Pflichtbeiträge (Arbeitnehmeranteile) zur Sozialversicherung insoweit *nicht* anerkannt werden (BFH v. 27. 3. 81, BStBl 1981 II, S. 530). *Ab 1989* jedoch in solchen Fällen Lohn nur noch dann steuerfrei, *wenn* er in der DDR entsprechend versteuert wird.
**) Freiwillige Beiträge zur gesetzlichen Rentenversicherung kann nur der Versicherungsnehmer selbst geltend machen. Wenn ein Vater für seine Tochter solche Beiträge entrichtet, sind sie bei ihm nicht abzugsfähig (BFH-Urteil vom 9. 5. 74, VI R 233/71).
***) Beiträge zur Krankenversicherung können von Rentnern nur insoweit berücksichtigt werden, als sie über den steuerfrei erhaltenen Zuschüssen liegen.

Sonderausgaben wie die laufenden Prämien. Dividenden oder Überschußanteile mindern im Jahr der Auszahlung oder Gutschrift die abzugsfähigen Beiträge oder Prämien. Dies gilt aber nicht, soweit Dividenden bei Versicherungen auf den Lebens- oder Todesfall zur Erhöhung der Versicherungssumme verwendet werden. Beiträge für Lebens- oder Todesfallversicherungen sowie an Witwen-, Waisen- oder Sterbekassen oder Versorgungs- und Pensionskassen werden anerkannt bei:

a) allein auf den Todesfall bezogenen Risikoversicherungen;

b) Rentenversicherungen *ohne* Kapitalwahlrecht;

c) Rentenversicherungen gegen laufende Beitragsleistung *mit* Kapitalwahlrecht, *das aber nicht vor Ablauf von 12 Jahren* ab Vertragsabschluß ausgeübt werden kann;

d) Kapitalversicherungen gegen laufende Beiträge mit Sparanteil, bei Versicherungsdauer von mindestens 12 Jahren*.

– Beiträge für *Aussteuer- und Ausbildungsversicherungen* sowie auch Prämien für eine *Erbschaftssteuerversicherung.*

Zukunftssicherung (Abschnitt 11, Abs. 5–9 LStR)

Übernimmt der Arbeitgeber Beiträge oder Versicherungsprämien für die Zukunftssicherung des Arbeitnehmers und werden diese, soweit der dafür eingeräumte Freibetrag von DM 312,– nicht ausreicht, vom Arbeitgeber als steuerpflichtiger Arbeitslohn behandelt, so kann sie der Arbeitnehmer als Sonderausgaben geltend machen. Dies gilt nicht, wenn der Arbeitgeber die Lohnsteuer für diese Beiträge pauschal berechnet und übernommen hat.

Beiträge zu Haftpflichtversicherungen (Abschnitt 40 LStR)

Hierzu rechnen die Haftpflichtversicherungen, die, wie beispielsweise beim Hauseigentümer oder bei einem Arbeitnehmer für seinen beruflich benötigten Kraftwagen, weder Betriebsausgaben noch Werbungskosten sind. Die Beiträge für die persönliche Haftpflichtversicherung des Arbeitnehmers oder seiner Familie oder die Versicherung für ein Tier oder für das private Kraftfahrzeug fallen in der Regel hierunter, *nicht aber* die Hausratversicherung. Macht ein Arbeitnehmer im Rahmen der Werbungskosten Fahrten zwischen Wohnung und Arbeitsstätte geltend, so steht dies nicht der *vollen* Anerkennung der Kfz-Haftpflichtprämie (ohne Teilkasko oder Vollkasko) entgegen (Abschnitt 40 Abs. 4 LStR).

*) Werden bei einer Lebensversicherung Teilleistungen *vor* Ablauf von 12 Jahren vereinbart, sind die Versicherungsbeiträge zur Gänze *nicht* als Vorsorgeaufwendungen abzugsfähig (BFH-Urteil v. 27. 10. 87 – BStBl 1988 II, S. 132).

Beiträge an Bausparkassen (Abschnitt 41–44 LStR)

Die steuerliche Auswirkung der Beiträge zu Bausparkassen hat nach Kürzung der Höchstbeträge für Vorsorgeaufwendungen um Kinderanteile weiter an Bedeutung verloren. Interessant ist sie steuerlich noch für Arbeitnehmer mit gekürzter Vorsorgepauschale, so für Beamte, und für Arbeitnehmer mit noch nicht ausgeschöpftem Vorwegabzug von Vorsorgeaufwendungen (vgl. Seite 123). Im übrigen für Freiberufler mit geringen Versicherungsbeiträgen. Die zur Erlangung von Baudarlehen für inländische Objekte an private und öffentliche Bausparkassen* geleisteten Beiträge gehören als Vorsorgeaufwendungen zu den Sonderausgaben, wenn sie der Erlangung von Baudarlehen dienen, die bestimmt sind zum

- Bau oder zur Verbesserung** eines Wohngebäudes oder eines andern Gebäudes, soweit es Wohnzwecken dient, oder einer Eigentumswohnung oder zum Erwerb eines eigentumsähnlichen Dauerwohnrechts oder zur Beteiligung an der Finanzierung des Baues oder Erwerbs eines Gebäudes gegen Überlassung einer Wohnung;
- Erwerb von Bauland, mit der Absicht darauf ein Wohngebäude zu errichten. Soll das zu errichtende Gebäude nur zum Teil Wohnzwecken dienen, so ist der Erwerb nur insoweit begünstigt, als das Bauland auf den Wohnzwecken dienenden Teil des Gebäudes entfällt. Die Baureife des Grundstückes ist ohne Einfluß;
- Erwerb von Wohnbezitz gemäß § 12a des Zweiten Wohnungsbaugesetzes;
- Ablösen von Verpflichtungen (z. B. Hypotheken), die der Arbeitnehmer im Zusammenhang mit den oben genannten Vorhaben eingegangen ist.

Die zweckentsprechende***, unverzügliche Verwendung der angesparten Mittel ist auch ohne Einhaltung der Sperrfrist steuerunschädlich. Gleiches gilt für Mieter zur baulichen Modernisierung ihrer Wohnung. Auch zum Bau oder Erwerb von Ein- und Zweifamilienhäusern sowie Eigentumswohnungen in Feriengebieten.

Wird festgestellt, daß der Bausparer bei Einzahlung der Beiträge nicht oder nicht mehr beabsichtigt, die Bausparsumme entspr. Zwecken zuzuführen, ist die Ablehnung als Sonderausgaben möglich. Die Beiträge kann nur derjenige absetzen, der Vertragspartner der Bausparkasse ist und als solcher die Beiträge leistet. Auf den

*) Ein Verzeichnis über die zum Geschäftsbetrieb im Inland zugelassenen Bausparkassen befindet sich in Anlage 2 zu den Lohnsteuerrichtlinien.

**) Auch wesentliche Bestandteile wie Saunen und Einbaumöbel, oder ein Nebengebäude, Zweitgaragen etc. können hierunter fallen (Abschn. 41 Abs. 2 Ziff. 1 LStR).

***) Eine vor Ablauf des Vergünstigungszeitraumes erfolgte Verfügung über die Bausparsumme zwecks Wohnungsbau oder Erwerb eines Wohngebäudes im *Ausland* ist steuerschädlich. Steht die Nachversteuerung bereits bei der ESt-Veranlagung für das Vorjahr fest, ist auch die Berücksichtigung von Bausparbeiträgen als Sonderausgaben nicht mehr möglich (BFH-Urteil v. 26. 8. 86 – BStBl 1987 II, S. 164).

Begünstigten kommt es nicht an, so daß der Arbeitnehmer auch zugunsten dritter Personen einen für sich selbst steuerbegünstigten Bausparvertrag abschließen kann. Der Vertrag muß auf eine bestimmte Summe gerichtet sein, und der Sparer muß sich zu bestimmten Einzahlungen verpflichtet haben. Haben mehrere Steuerpflichtige einen Bausparvertrag gemeinsam abgeschlossen, die nicht eine Haushaltsgemeinschaft bilden und gesondert besteuert werden, so kann jeder nur die von ihm geleisteten Beiträge geltend machen. Neben den vertraglichen Raten sind auch die darüber hinausgehenden freiwilligen Beitragszahlungen, zu denen aber *nicht* Wohnungsbauprämien oder überwiesene Prämien nach dem Sparprämiengesetz rechnen, sowie Abschlußgebühren und die gutgeschriebenen, als zusätzliche Beitragszahlung verwendeten Zinsen bis zur vollen oder teilweisen Auszahlung der Bausparsumme als Sonderausgaben zu berücksichtigen; der Zeitpunkt der Zuteilung ist *nicht* maßgebend. Bausparkassen-Beiträge können 1988 und 1989 *voll* als Sonderausgaben geltend gemacht werden; sie unterliegen *nicht mehr* der Begrenzung auf das Eineinhalbfache (150 %) des durchschnittlichen Jahresbetrages der Beiträge aus den ersten 4 Vertragsjahren. *Ab 1990 jedoch werden nur noch 50 % der geleisteten Beiträge als Sonderausgaben angerechnet.* Beiträge sind bis zur vollen Höhe der Bausparsumme als Sonderausgaben abzugsfähig. Die für den Sonderausgabenabzug von Bausparverträgen gültige Sperrfrist beträgt 10 Jahre.

Tritt der Arbeitnehmer in einen bereits zugunsten eines Dritten bestehenden Bausparvertrag ein, so kann er die vorgesparten Bausparteile nicht als Sonderausgaben geltend machen, sondern nur die Beiträge, die er *nach seinem Eintritt* an die Bausparkasse entrichtet. Dies gilt auch für die sogenannten Bausparsammelverträge, die erst später auf die einzelnen Kaufwerber aufgeteilt werden. Beim Eintritt des Arbeitnehmers in einen bereits bestehenden Bausparvertrag gelten die für diesen Vertrag maßgebenden Sperrfristen weiter, es ist also nicht der Abschluß eines neuen Vertrages zu unterstellen. Die Auszahlung von Bausparsummen nach Ablauf der Sperrfrist ohne Verwendung entsprechend der Zweckbestimmung ist steuerunschädlich, wenn der Arbeitnehmer nicht schon innerhalb der Sperrzeit eine andere Verwendung vorgesehen hat.

Das Kreditaufnahme-Verbot für den Abzug von Bausparbeiträgen ist aufgehoben worden.

Die vorzeitige Rückzahlung, Auszahlung, Abtretung oder Beleihung ist unschädlich, wenn sie auf den Tod oder die völlige Erwerbsunfähigkeit (über 90 %) des Arbeitnehmers *oder* seines mit ihm zusammenlebenden Ehegatten oder des Begünstigten zurückzuführen ist. Ebenso bei anhaltender Arbeitslosigkeit (mind. 1 Jahr).

Die vorzeitige Abtretung von Ansprüchen aus dem Bausparvertrag und die vorzeitige Auszahlung sind auch unschädlich, wenn der Bausparer die erhaltenen Beträge unverzüglich* und unmittelbar entspr. der Zweckbestimmung des Vertrages verwendet.

Die nach Zuteilung des Baudarlehens anfallenden Rückzahlungsraten können neben Zinsen auch Verwaltungsgebühren und Lebensversicherungsanteile enthalten, die als Werbungskosten bzw. als Sonderausgaben (Lebensversicherung) abzugsfähig sind.

Kumulierungsverbot/Wahlrecht (Abschn. 42 LStR und 95 EStR)

Bausparer, deren zu versteuerndes Einkommen (vgl. S. 103/4) im Jahr analog zu den Voraussetzungen für Sparzulagen nach dem 5. VermBG und für Sparprämien nach dem SparPG bei Ledigen nicht über DM 24 000,– und bei Verheirateten nicht über DM 48 000,– liegt, wozu pro Kind DM 1800,– bzw. bei nichtverheirateten Eltern und Unterhaltsleistungen beider Teile je DM 900,– hinzukommen**, können unter 2 Vergünstigungsmöglichkeiten alljährlich neu wählen, welche für sie am vorteilhaftesten ist. Sie können den Sonderausgabenabzug geltend machen *oder* die Prämie nach dem WoPG. Bei entsprechenden anderen Sparleistungen aufgrund von *vor dem 13. 11. 1980* abgeschlossenen Sparverträgen können bis zu deren Auslaufen *statt dessen* noch Prämien nach dem SparPG beantragt werden. *Ausgeschlossen* von Vergünstigungen nach dem WoPG wie auch nach dem SparPG sind *seit 1982* Leistungen nach dem VermBG mit entsprechenden Sparzulagen, so daß das sog.

*) Eine unverzügliche Verwendung einer vorzeitig ausgezahlten Bausparsumme liegt grundsätzlich nur vor, wenn innerhalb 12 Monaten nach Erhalt der Mittel mit dem Wohnungsbau begonnen wird.
**) *Ab 1990 zwar Anhebung der Einkommensgrenzen auf DM 27 000 bzw. DM 54 000, doch gleichzeitig Wegfall der Erhöhungsbeträge für Kinder.*

Kumulierungsverbot, nämlich die Verhinderung einer gleichzeitigen Beanspruchung mehrerer Vergünstigungsmöglichkeiten, weitgehend realisiert ist. Mit Wirkung *ab 1990* ist das Kumulierungsverbot aber aufgehoben worden.

Ehegatten können mit ihren zu Beginn des Jahres noch nicht 17 Jahre alten Kindern *die Wahl zwischen Sonderausgabenabzug und Wohnungsbauprämie nur gemeinsam und einheitlich* (Höchstbetragsgemeinschaft) ausüben. Für die Wohnungsbauprämie als auch für die Sparprämie sind pro Jahr bei Ledigen bis DM 800,– und bei Eheleuten bis DM 1600,– Sparleistungen begünstigt. Die Wohnungsbauprämie beträgt ebenso wie die Sparprämie seit 1982, *nunmehr aber letztmalig für 1988,* 14 % zuzüglich jeweils 2 % für jedes zu berücksichtigende Kind. *Ab dem Jahre 1989 beträgt die Prämie nur noch 10 % und außerdem entfällt die Kindervergünstigung.* Die Sperrfrist nach dem Wohnungsbau-Prämiengesetz ist für alle *ab 13. 11. 1980* abgeschlossenen Sparverträge auf 10 Jahre (bisher 7) verlängert worden.

Für steuerpflichtige vermögenswirksame Leistungen des Arbeitgebers zugunsten der Vermögensbildung von Arbeitnehmern* bis zum Betrage von DM 624,–* bzw. DM 936,– bei bestimmten Vermögensbeteiligungen pro anno, die nicht mehr zusätzlich nach dem WoPG oder dem SparPG begünstigt sind, werden noch wie folgt steuerfreie Sparzulagen* gemäß § 13 des 5. VermBG gezahlt:

– 16 % bzw. bei 3 oder mehr Kindern** 26 %, wenn die Anlage entspr. dem SparPG erfolgt oder bei best. Lebens- und Todesfallversicherungen oder bei festverzinslichen Wertpapieren etc.
– 23 %, bzw. bei 3 oder mehr Kindern** 33 %, wenn die Anlage dem WoPG entpricht oder die Mittel zum Erwerb einer Wohnung und dergl. verwendet oder damit die Aktien des Arbeitgebers zum Vorzugskurs mit einer Sperrfrist von 6 Jahren gekauft werden usw.

---

*) *Ab 1990* wird zwar die Grenze für die Vermögensförderung auf DM 936 vereinheitlicht, die zulagenbegünstigten Förderungsmöglichkeiten werden aber bei gleichzeitig starker Reduzierung der Zulagensätze beschränkt auf neue Bauspar- und bestimmte Beteiligungsverträge. Die Zulagen für neue Verträge entsprechend dem Wohnungsbau-Prämiengesetz betragen dann nur noch 10 % und für bestimmte Vermögensbeteiligungen 20 %; ein Kinder-Zuschlag entfällt jeweils.
**) Maßgebend ist die auf der Lohnsteuerkarte eingetragene Zahl der Kinder und *nicht* die Zahl der Kinderfreibeträge.

Zu **Übrige Sonderausgaben**

Einzelheiten über die hierunter stehenden Positionen ergeben sich aus den Seiten 79 bis 83. Besonders hingewiesen wird auf die Ausführungen über die »Unterhaltsleistungen an den geschiedenen oder dauernd getrennt lebenden Ehegatten« (Seite 81).

Zu **Außergewöhnliche Belastungen** (in besonderen Fällen)

Körperbehinderte und Hinterbliebene (§ 33b EStG)

Über die Freibeträge für Körperbehinderte und Hinterbliebene unterrichten die Seiten 48 und 49. Dabei wird auch auf die Übertragungsmöglichkeiten von Freibeträgen für körperbehinderte Kinder auf die Eltern oder auf nur einen Elternteil eingegangen, falls eine eigene Beanspruchung nicht vorliegt.

Hausgehilfin/Haushaltshilfe oder Heim-/Pflegeunterbringung

Die hierunter fallenden, sehr begrenzten Möglichkeiten für einen steuerlichen Vorteil aus der Beschäftigung einer Haushaltskraft basieren auf Alter und anhaltender Krankheit. Einzelheiten ergeben sich aus Seite 88.

Freibetrag für besondere Fälle (§ 52 Abs. 24 EStG)

Dieser Freibetrag steht Vertriebenen, Flüchtlingen usw. für 3 Jahre zu; vergleiche hierzu Seite 47. Statt dessen kann dieser Personenkreis aber auch Aufwendungen für Hausrat und Kleidung als außergewöhnliche Belastung, allerdings unter Anrechnung eines zumutbaren Eigenanteils (vgl. Seite 133), geltend machen. Insoweit wird auf Seite 138 verwiesen.

Freibetrag zur Pflege des Eltern-Kind-Verhältnisses

Die Voraussetzungen für den möglichen Unterhaltsfreibetrag von DM 600,– pro Kind und Jahr ergeben sich aus Seite 87 unter 2.

– 4 –

Zeile	Unterstützung bedürftiger Personen	Name und Anschrift der unterstützten Person, Beruf, Familienstand			Summe der Unterstützungszeiträume in Monaten insgesamt
95		Wünsche, Paul, Agnesstr.14, 8000 München 40, Rentner, Wittwer			
96	Hatte jemand Anspruch auf einen Kinderfreibetrag für diese Person?	☒ Nein ☐ Ja	Verwandtschaftsverhältnis zu dieser Person	Schwieger-vater	Geburtsdatum 10.10.1916	50 Eigene Einnahmen der unterstützten Person(en), ggf. „0"
97	Aufwand für diese Person	vom – bis 1.1.–31.12.	DM 1.400	Grund der Unterstützung Alter und Krankheit		51
98	Diese Person hatte im Unterstützungszeitraum	Bruttoarbeitslohn —	Renten 3.583 DM	andere Einkünfte/Bezüge sowie Vermögen (Art und Höhe) ohne / vermögenslos		52 Betriebsausgaben, Werbungskosten/ Unkosten-Pauschbetrag
99	außerhalb des Unterstützungszeitraums	Einnahmen —	Diese Person lebte in meinem Haushalt (Art und Höhe auf bes. Blatt erläutern)	☒ im eigenen/ anderen Haushalt	zusammen mit folgenden Angehörigen	53 Unterhaltsleistungen Dritter
100	Zum Unterhalt dieser Person haben auch beigetragen (Name, Anschrift, Zeitraum und Höhe der Unterstützung) Rudolf Wünsche, Agnesstr.5, 8000 München 40, im Jahr 1988 = DM 1.000					54 Tatsächl. Unterhaltsaufwendungen des Antragstellers
101	Ausbildungsfreibetrag (1. Kind) Vorname, Familienstand und Anschrift des Kindes Susanne, ledig, Züricher Str.12, 8000 München 71 / 18 Jahre im April					65 Ausbildungsfreibeträge
102	Auswärtige Unterbringung	vom – bis	Ausbildungsort München	Aufwendungen für die Berufsausbildung entstanden	vom – bis 1.1.–31.12.	Kz Wert
103	Einnahmen d. Kindes im maßgeb. Ausbildungszeitraum	Bruttoarbeitslohn — DM	Öfftl. Ausbildungshilfen — DM	andere Einkünfte/Bezüge (Art und Höhe)		
104	außerhalb des maßgebenden Ausbildungszeitraums	Bruttoarbeitslohn — DM	Öfftl. Ausbildungshilfen — DM	andere Einkünfte/Bezüge (Art und Höhe)		
105	Ausbildungsfreibetrag (2. Kind) Vorname, Familienstand und Anschrift des Kindes					
106	Auswärtige Unterbringung	vom – bis	Ausbildungsort	Aufwendungen für die Berufsausbildung entstanden	vom – bis	Kinderbetreuungskosten Aufwendungen 84
107	Einnahmen d. Kindes im maßgeb. Ausbildungszeitraum	Bruttoarbeitslohn	Öfftl. Ausbildungshilfen	andere Einkünfte/Bezüge (Art und Höhe)		85 Höchstbetrag
108	außerhalb des maßgebenden Ausbildungszeitraums	Bruttoarbeitslohn DM	Öfftl. Ausbildungshilfen DM	andere Einkünfte/Bezüge (Art und Höhe)		86 Pauschbetrag
109	Kinderbetreuungskosten für haushaltszugehörige Kinder bis 16 Jahre		Bei Alleinstehenden: Es bestand ein gemeinsamer Haushalt der Elternteile		vom – bis	61 Personell berechneter Betrag (§§ 33a, 33b EStG)
110	Ich war	vom – bis	erwerbstätig	körperbehindert	krank	Anerkannte außergewöhnliche Belastung – vor Abzug der zumutbaren Belastung –
111	Der Ehegatte bzw. der andere Elternteil bei gemeinsamem Haushalt war	vom – bis	erwerbstätig	körperbehindert	krank	62
112	Vorname und Anschrift des Kindes		Das Kind gehörte zu meinem Haushalt		vom – bis	
113	Pauschbetrag oder Art und Höhe der Aufwendungen		Dienstleistungen		vom – bis	99 12
114	Andere außergewöhnliche Belastungen Art der Belastung		Gesamtaufwand im Kalenderjahr DM	Erhaltene/zu erwartende Versicherungsleistungen, Beihilfen, Unterstützung, Wert des Nachlasses usw. DM		Nr. Wert
115						
116						
117						
118	Nur bei geschiedenen oder dauernd getrennt lebenden Elternpaaren oder bei Eltern nichtehelicher Kinder: Laut beigefügtem gemeinsamen Antrag sind die Ausbildungsfreibeträge auf einen Elternteil zu übertragen und/oder die für Kinder zu gewährenden Pauschbeträge für Körperbehinderte/Hinterbliebene in einem anderen Verhältnis als je zur Hälfte aufzuteilen.					
119	Nur bei getrennter Veranlagung von Ehegatten ausfüllen: Laut beigefügtem gemeinsamen Antrag beträgt der bei mir zu berücksichtigende Anteil an den		Sonderausgaben v. H.	außergewöhnlichen Belastungen v. H.		

99	30		12	Lst / ESt		14	KiSt A	DM	Pf	15	KiSt B	DM	Pf	18	Sparzulage A		31	Sparzulage B	
Bisher festgesetzte Beträge – ggf. in Rot –			10	Vers. Zuschl. in v.H.		11	Vers. Zuschl. in DM		38	Vorauszahlungen		Kz	Wert			Kz	Wert		

Verfügung 1. Die aufgeführten Daten sind mit Hilfe des geprüften und genehmigten Programms sowie unter Berücksichtigung der ggf. gespeicherten Daten maschinell zu verarbeiten. In Höhe des maschinell ermittelten Ergebnisses werden die Steuern, die Rückforderungen von Arbeitnehmer-Sparzulagen, der Verspätungszuschlag und die Vorauszahlungen festgesetzt oder es wird die Nichtveranlagung verfügt. Das Ergebnis ist bekanntzugeben.

	Erledigt (Namensz., Datum)		Erledigt (Namensz., Datum)
2. ☐ Grunddaten prüfen		7. ☐ In V-Liste/Z-Kartei vermerken	
3. ☐ KM fertigen		8. ☐ Auf Lst-Karte vermerken	
4. ☐ Belege zurückgeben		9. ☐ Bescheid ergänzen (Anlage beifügen)	
5. ☐ Änderung / Berichtigung vermerken		10. Z. d. A.	
6. ☐ Zur Datenerfassung			Kontrollzahl

Erfaßt

Sachgebietsleiter	Datum	Bearbeiter

Zu **Außergewöhnliche Belastungen** (in besonderen Fällen)
(§§ 33, 33a EStG; Abschn. 66–70 LStR)

Einzelheiten zu den auf Seite 4 (oben) des Antrags stehenden restlichen 2 Positionen von Belastungen in besonderen Fällen ergeben sich mit den erhöhten Abzugsmöglichkeiten seit 1986 wie folgt aus den vorangegangenen Erläuterungen:

– Unterstützung bedürftiger Personen   Seiten 91/92
– Ausbildungsfreibetrag/Auswärtige Unterbringung   Seiten 88/89

Zu **Belastung durch Kinderbetreuungskosten** (§ 33c EStG)

Alleinstehende mit zu ihrem Haushalt gehörenden Kind im Alter unter 16 Jahren zum Jahresbeginn können ihre tatsächlichen Kinderbetreuungskosten im Rahmen der allgemeinen außergewöhnlichen Belastungen geltend machen, *wenn* sie berufstätig oder anhaltend krank oder behindert sind. Gleiches gilt unter bestimmten Voraussetzungen für zusammenlebende Eheleute mit Kind. Einzelheiten hierzu ergeben sich aus Seite 85. Nach Abzug einer zumutbaren (Eigen-)Belastung sind gemäß nachfolgender Tabelle bis zu DM 4000 für das erste Kind und je DM 2000 für weitere Kinder abzugsfähig. *Ohne* Nachweis werden je Kind bis DM 480 (DM 40 pro Monat) pauschal abgezogen.

Zu **Andere außergewöhnliche Belastungen** (§ 33 EStG)

Bei den »allgemeinen außergewöhnlichen Belastungen« wird gemäß § 33 Abs. 3 EStG eine zumutbare Belastung in Abzug gebracht. Die Ausgangsbasis für die Berechnung der zumutbaren Belastung ist der *Gesamtbetrag der Einkünfte*, vgl. hierzu die Ausführungen mit Beispiel auf Seite 87. Nach Familienstand und Höhe der Einkünfte ergibt sich die selbst zu tragende Belastung wie folgt in Prozenten:

Einkünfte		bis DM 30 000,–	bis DM 100 000,–	über DM 100 000,–
Alleinstehende	ohne Kind	5 %	6 %	7 %
Ehegatten	ohne Kind	4 %	5 %	6 %
Steuerpflichtige mit 1 oder 2 Kindern		2 %	3 %	4 %
Steuerpflichtige mit 3 oder 4 Kindern		1 %	1 %	2 %

Ist ein Arbeitnehmer mit größeren Aufwendungen zwangsläufig stärker belastet als die überwiegende Mehrzahl mit gleichen Einkommensverhältnissen, vergleichbarer Vermögenslage und gleichem Familienstand, so wird der Betrag, um den diese Aufwendungen die ihm zumutbare (Eigen-)Belastung übersteigen, als steuermindernd anerkannt. Dies gilt nicht mehr für Diätkost.

Diese Vorschrift hat den Sinn, der sozialen Gerechtigkeit und der steuerlichen Gleichmäßigkeit zu dienen, indem sie Härten mildern und beseitigen will, die im Einzelfall auftreten. Bei Anwendung dieser Vorschrift darf *nicht* kleinlich verfahren werden, was sich insbesondere auf die Anforderung von Unterlagen und Nachweisen bezieht. Im allgemeinen genügt die Glaubhaftmachung.

Die Vorschrift setzt dem Grunde nach voraus, daß

– der Arbeitnehmer belastet sein muß;
– das Ereignis für den Arbeitnehmer außergewöhnlich sein muß;
– das Ereignis und die Beseitigung seiner Folgen für den Arbeitnehmer zwangsläufig sein müssen;
– die Ausgaben erfolgt sein müssen.

Belastet sein bedeutet den Eintritt eines Ereignisses in die persönliche Lebenssphäre, das für den Arbeitnehmer eine Last ist. Gemeint ist hier in erster Linie eine finanzielle Last. Auf diese sind alle Erstattungen von Dritten an den Arbeitnehmer, z. B. durch Versicherung im Krankheits- oder Brandfall und durch Arbeitgeber im Notfall, anzurechnen. Dabei ist unbedeutend, ob die Erstattungen erst später erfolgen, vorausgesetzt, der Arbeitnehmer konnte mit Sicherheit im Jahr seiner Aufwendungen damit rechnen. Vorgänge, die ausschließlich auf der Vermögensebene liegen, wie Schulden durch ein Spekulationsgeschäft oder Auszahlungen an Miterben, können hier nicht berücksichtigt werden, ebenso Schulden in Verbindung mit verlorenen Baukostenzuschüssen.

Außergewöhnlich* bedeutet größere Aufwendungen, als der überwiegenden Mehrzahl der in gleichen Verhältnissen lebenden Arbeitnehmer erwachsen. Es muß sich um Aufwendungen handeln, die in den besonderen Verhältnissen des einzelnen oder eines sehr kleinen Kreises von Steuerpflichtigen begründet sind.

*) Aufwendungen für den Umbau oder die Anschaffung von neuen Gasgeräten als Folge der Umstellung auf Erdgasversorgung sind nicht als außergewöhnliche Belastungen anzuerkennen (BFH-Urt. v. 15. 2. 74 – BStBl 1974 II, S. 335). Auch bei einem Umzug aufgrund Kündigung des Mietverhältnisses wegen des Baues einer Stadtbahn sind die entsprechenden Kosten *nicht* als außergewöhnliche Belastung abzügsfähig (BFH-Urt. v. 23. 6. 78 – BStBl 1978 II, S. 526).

*Zwangsläufig** bedeutet, daß sich der Arbeitnehmer dem Ereignis und der Beseitigung seiner Folgen aus rechtlichen, tatsächlichen oder sittlichen Gründen nicht entziehen kann (Tod, Unfall, Krankheit, Katastrophe). Mangels sittlicher Verpflichtung fallen z. B. Adoptionskosten** nicht hierunter. Flugkosten für ausl. Waisenkinder zwecks Adoption können aber zwangsläufig sein.

Neben den Vergünstigungen für Schwerbehinderte (vgl. S. 86) sind unter vorstehenden Gesichtspunkten besonders erwähnenswert:

Aussteuer

Der BFH hat mit Urteil vom 3. 8. 87 (BStBl 1987 II, S. 779) *in Abänderung der bisherigen Rechtsprechung* entschieden, daß eine Aussteuer grundsätzlich auch dann *nicht* aus sittlichen Gründen zwangsläufig ist, wenn die Tochter *ohne* Berufsausbildung blieb. Damit dürfte eine steuerliche Abzugsmöglichkeit für Aussteuer-Zuwendungen in Zukunft ausgeschlossen sein.

Badekur – Heilkur***

Kosten hierfür sind insoweit berücksichtigungsfähig, als sie nach den gesamten Umständen im Einzelfall außergewöhnlich sowie

*) Schadensersatzleistungen fehlt die Zwangsläufigkeit, wenn sie auf grob fahrlässiges oder leichtfertiges Handeln zurückzuführen sind, z. B. Verkehrsunfall aufgrund Übermüdung (BFH-Urteil v. 3. 6. 82 – BStBl 1982 II, Seite 749). Ebenso sind gemäß BFH-Urteil v. 18. 7. 86 (BStBl 1986 II, S. 745) Zahlungen, Kosten und Kreditzinsen aufgrund privatrechtlicher Vereinbarungen zwischen geschiedenen Eheleuten (wegen Schadensersatz) *nicht* abzugsfähig. Aufwendungen in Erfüllung des Anspruchs eines unehelichen Kindes auf vorzeitigen Erbausgleich können außergewöhnliche Belastungen sein, da sie nur einer Minderheit von Steuerpflichtigen gleicher Einkommens- und Vermögensverhältnisse entstehen. Die Anerkennung setzt aber Zwangsläufigkeit aus rechtlichen Gründen voraus, d. h. es muß die nach bürgerlichem Recht vorgesehene, entsprechende notariell beurkundete Vereinbarung oder eine gerichtliche Entscheidung über den Anspruch vorliegen (BFH-Urteil v. 23. 10. 87 – BStBl 1988 II, S. 332).

**) Im Falle der Adoption eines ausländischen Kindes können die damit verbundenen Aufwendungen mangels Zwangsläufigkeit *nicht* als außergewöhnliche Belastung anerkannt werden. Die Abzugsfähigkeit setzt ein vom Willen des Steuerpflichtigen unabhängiges Ereignis, dem er sich nicht entziehen kann, voraus (BFH-Urteil v. 13. 3. 87 – BStBl 1987 II, S. 495). Auch ist eine Adoption aufgrund ärztlichen Rats wegen Unfruchtbarkeit und zur Vermeidung von Ehekonflikten oder seelischen Erkrankungen *nicht* berücksichtigungsfähig (BFH-Urteil v. 20. 3. 87 – BStBl 1987 II, S. 596).

***) Kosten und Reiseausgaben für eine zur Heilung oder Linderung einer Krankheit erforderlichen Kur können abzugsfähig sein, wenn die Krankheit anderweitig kaum mit Erfolg behandelt werden kann und *vor* Antritt der Kur das Zeugnis eines Amts- oder Vertrauensarztes darüber vorliegt sowie der Patient sich den unter ärztlicher Kontrolle stehenden Kurmaßnahmen unterzieht (BFH v. 14. 2. 1980 – BStBl 1980 II, S. 295).

zwangsläufig* sind und nicht durch Leistungen Dritter (Kranken-kasse, Rentenversicherung, Arbeitgeber) gedeckt werden. Ein Nachweis über die Kurbedürftigkeit ist jeweils erforderlich, und zwar in der Regel durch Vorlage eines amtsärztlichen Zeugnisses**, sofern sich die Notwendigkeit der Kur nicht eindeutig aus anderen Unterlagen ergibt, beispielsweise aus einer Bescheinigung der Ver-sicherungsanstalt, Pflichtkrankenkasse oder durch Behörden für ihre Arbeitnehmer bei Gewährung von Zuschüssen und Beihilfen. Grundsätzlich muß der Arbeitnehmer auch am Kurort ärztliche Be-treuung beanspruchen. Bei Anerkennung von Verpflegungsauf-wendungen kann eine tägliche Haushaltsersparnis berücksichtigt werden. Ist die Kur mit einer ansonsten üblichen Erholungsreise verbunden, werden für Unterkunft und Verpflegung in der Regel nur die Mehrkosten berücksichtigt; die am Badeort entstandenen Arzt- und Kurmittelkosten dagegen als zwangsläufig voll. Als Ko-sten der Fahrt sind generell die der öffentlichen Verkehrsmittel an-zusetzen; Kosten für Pkw werden nur bei Notwendigkeit aner-kannt. Bei alten und hilflosen Arbeitnehmern können auch Kosten für eine Begleitperson in Frage kommen. Kosten für Auslands-Ku-ren werden in der Regel nur bis zur Höhe der Aufwendungen, die in einem dem Heilzweck dienenden entsprechenden inländischen Kurort entstehen würden, anerkannt. Aufwendungen für ärztlich verordnete Nachkuren in einem typischen Erholungsort sind im allgemeinen *nicht* außergewöhnlich. Das gilt vor allem, wenn die Nachkur nicht unter ständiger ärztlicher Aufsicht in einer besonde-ren Kranken- oder Genesungsanstalt durchgeführt wird. Aufwen-dungen für Besuchsfahrten zum Ehegatten, der in Kur ist, sind grundsätzlich nicht abzugsfähig. Hierbei handelt es sich in der Re-gel um typische und übliche gegenseitige Pflichten und Aufwen-dungen einer ehelichen Gemeinschaft (BFH-Urteil v. 16. 5. 1975, BStBl 1975 II, S. 536).

*) Selbst wenn bei schweren Asthma-Leiden der Aufenthalt in einem dafür klimatisch günstigen Gebiet zur Linderung des Leidens beiträgt, werden die Kosten einer dorti-gen Zweitwohnung *nicht* als zwangsläufig und als gezielte therapeutische Maßnahme mit der Folge des Abzugs als außergewöhnliche Belastung angesehen (BFH v. 20. 11. 87 – BStBl 1988 II, S. 137).
**) Die mit einer Gruppentherapie zwecks Heilung von Trunksucht verbundenen Auf-wendungen können bei Vorliegen eines amtsärztlichen Zeugnisses (mit entsprechen-der Empfehlung und Angabe der voraussichtlichen Dauer) als außergewöhnliche Bela-stungen anerkannt werden. Als Fahrtkosten sind hier in der Regel die der öffentlichen Verkehrsmittel anzusetzen (BFH-Urteil v. 13. 2. 87 – BStBl 1987 II, S. 427).

Beerdigungskosten*

zählen zu den Nachlaßverbindlichkeiten** und können daher beim Erben nur zu einer außergewöhnlichen Belastung führen, wenn sie über dem Wert des Nachlasses liegen, zu dem auch Sterbegelder, Versicherungsleistungen, Gehaltsfortzahlungen usw. rechnen. Dies trifft auch zu, wenn der Arbeitnehmer als Erbe die Bestattungskosten für seinen verstorbenen Ehegatten zu tragen hat. Zu den Beerdigungskosten zählen neben Grabstätte, Sarg und Grabstein u. a. Todesanzeigen, Danksagungen, Kranzschmuck und Blumen; nicht dagegen Trauerkleidung und Bewirtung von Trauergästen***. *Spätere* Grabpflegekosten oder Gebühren für die Grabstätte oder Ausgaben für die Erneuerung des Grabsteins werden in der Regel nicht als außergewöhnliche Belastung anerkannt.

Ehescheidungskosten****

entstehen einem Arbeitnehmer zwangsläufig. Zu den außergewöhnlichen Belastungen gehören die Kosten für Scheidungsfolge-*regelungen*, wie für elterliches Sorgerecht, Versorgungsausgleich, Unterhalt sowie für güterrechtliche Verhältnisse, ggf. auch für Gutachten zwecks Vermögensbewertung usw. Auch die ggf. vom anderen Teil übernommenen Scheidungskosten, wenn die entspr. Vereinbarung vom Gericht übernommen wurde. Nicht dazu gehören Detektivkosten oder Aufwendungen zum Zwecke des Versorgungsausgleichs, die gemäß BFH-Urt. v. 21. 10. 83 (BStBl 1984 II, S. 106–109) auch nicht Werbungskosten sein können.

*) Obwohl die entspr. Kosten durch den Nachlaß nicht gedeckt waren, wurden Aufwendungen anläßlich des Ablebens eines nahen Verwandten in Amerika, hier für die Reise sowie für die Einäscherung und Überführung der Urne etc., mangels Zwangsläufigkeit und mit Rücksicht auf steuerliche Gleichmäßigkeit und soziale Gerechtigkeit *nicht* berücksichtigt (BFH-Urteil v. 11. 5. 1979 – BStBl 1979 II, Seite 558).

**) Die für einen mittellos verstorbenen Elternteil übernommenen Nachlaßverbindlichkeiten aus lebensnotwendigen Bedürfnissen (Miete, Strom, Gas, Telefon etc.) und auch für Reinigung und Desinfizierung der Wohnung können neben Beerdigungskosten (abzüglich Sterbegelder und Beihilfen) zwangsläufig aus sittlichen Gründen und somit außergewöhnliche Belastungen sein; *nicht* dagegen eine Renten- oder Pensionsrückzahlung (BFH-Urteil v. 24. 7. 87 – BStBl 1987 II, S. 715).

***) Auch bei Tod einer unterhaltsberechtigten Person, verbunden mit der Rechtspflicht, die Beerdigungskosten zu tragen, werden Ausgaben für die Bewirtung von Trauergästen *nicht* als zwangsläufig angesehen und sind steuerlich nicht berücksichtigungsfähig (BFH-Urteil v. 17. 9. 87 – BStBl 1988 II, S. 130).

****) Folgekosten einer Scheidung wegen Vermögensauseinandersetzung können auch dann nicht berücksichtigt werden, wenn aufgrund einer möglichen negativen Auswirkung der Scheidung auf die berufliche Existenz eine rasche und großzügige Regelung angebracht ist (BFH-Urteil vom 10. 2. 77, BStBl 1977 II, Seite 462).

Hausrat und Kleidung

können grundsätzlich *nicht* zu einer außergewöhnlichen Belastung führen. Wenn jedoch die Gegenstände infolge eines *unabwendbaren* Ereignisses (Brand, Diebstahl*, Katastrophe, Kriegseinwirkung, Vertreibung, politische Verfolgung usw.) verloren oder unbrauchbar wurden, können die Wiederbeschaffungskosten als außergewöhnliche Belastung anerkannt werden. Dies gilt für den Arbeitnehmer selbst wie für seinen nicht getrennt lebenden Ehegatten oder seine steuerlich zu berücksichtigenden Kinder. Arbeitnehmer, die als Vertriebene, Heimatvertriebene, Sowjetzonenflüchtlinge und diesen gleichgestellte Personen die Voraussetzung für die Gewährung eines Freibetrages nach § 52 Abs. 23 EStG erfüllen, können in demselben Jahr entweder im Sinn dieser Bestimmung ihre tatsächlichen Aufwendungen *oder* aber den Freibetrag geltend machen. Liegt das Ereignis jedoch schon längere Zeit zurück, können die Anschaffungen lediglich in Ausnahmefällen als Wiederbeschaffung angesehen werden. Die Aufwendungen für die Wiederbeschaffung oder Wiederinstandsetzung müssen dem Arbeitnehmer zwangsläufig erwachsen und den Umständen nach notwendig sowie betragsmäßig angemessen sein. Erhaltene Entschädigungen oder Beihilfen sind grundsätzlich anzurechnen.

Krankheitskosten**

des Arbeitnehmers oder seiner Familie können als außergewöhnliche Belastungen anerkannt werden. Dazu gehören u. a. Aufwendungen für Arzt, Zahnarzt, Krankenhaus, Medikamente und Heilmittel, soweit sie nicht durch Dritte*** erstattet werden. Handelt es sich um eine typische Berufskrankheit, sind die anfallenden Ausgaben Werbungskosten. Werden Krankheitskosten mit Darlehensmitteln bezahlt, können sie erst im Jahr der Rückzahlung berücksichtigt werden (BFH-Urteil vom 4. 10. 1968, BStBl 1969 II, S. 179). *Aufwendungen für Arzneimittel,* Stärkungsmittel und ähnliche Präparate sind nur anzuerkennen, wenn sie ärztlich verordnet werden oder in Ausnahmefällen bei länger andauernden, bereits glaubhaft

---

*) Laut BFH-Urteil vom 3. 9. 76, BStBl 1976 II, sind Wiederbeschaffungskosten für im Urlaub gestohlene Kleidung nicht als außergewöhnliche Belastung anerkannt worden.
**) Kosten für eine Frischzellenbehandlung können bei Anerkennung der Zwangsläufigkeit aufgrund eines *vor* Behandlung erstellten amtsärztlichen Attestes als außergewöhnliche Belastung anerkannt werden (BFH v. 17. 7. 81 – BStBl 1981 II, Seite 711).
***) Unter die Erstattung fallen auch Bezüge aus einer Krankenhaustagegeldversicherung (BFH vom 22. 10. 1971, BStBl 1972 II, Seite 177).

gemachten Krankheiten mit ständigem Medikametenbedarf; Apothekenbelege mit Vermerk »für Arzneimittel« reichen nicht aus (BFH vom 5. 12. 1968, BStBl 1969 II, S. 260). Auch Aufwendungen für die Ausübung eines Sports können hierunter fallen, wenn er nach ärztlichem Attest *nur* zur Heilung oder Linderung einer Krankheit erforderlich ist und nach ärztlichen Anweisungen bzw. Aufsicht ausgeübt wird (BFH vom 15. 10. 1971, BStBl 1972 II, S. 14). Die Wahl der Krankenhausklasse steht frei, übliche Trinkgelder oder kleine Geschenke können mitberücksichtigt werden. Auf den Abzug einer Haushaltsersparnis* wird beim Klinikaufenthalt im allgemeinen verzichtet. Insoweit, als auf dringendes Anraten der *behandelnden Ärzte* (Attestvorlage!) wegen Beschleunigung des Heilungsprozesses oder ausschlaggebender Bedeutung die engsten Angehörigen den Kranken besuchen**, sind die entspr. Kosten zu berücksichtigen. Auch dem Kranken dienende Gegenstände***, wie Krücke oder Rollstuhl, sind abzugsfähig.

Schuldentilgung

kann zu einer Berücksichtigung führen, wenn und soweit die Schuldaufnahme durch noch nicht geltend gemachte Ausgaben verursacht worden ist, bei denen die Voraussetzungen für die Anerkennung als außergewöhnliche Belastung vorgelegen haben, z. B. im Falle schwerer Erkrankungen. Bei Verschuldung aufgrund zwangsläufiger Arbeitslosigkeit oder wegen Wiederbeschaffung von Hausrat etc. infolge eines unabwendbaren Ereignisses können die Tilgungsbeträge ebenfalls zur Steuerminderung führen. Dagegen *nicht* die Rückzahlung von Studiendarlehen.

*) Bei krankheitsbedingter Unterbringung in einem Pflegeheim handelt es sich bei den Kosten um eine außergewöhnliche Belastung. Bei Weiterführung des normalen Haushaltes sind davon Haushaltsersparnisse *nicht* abzuziehen, anders dagegen bei Auflösung des bisherigen Haushaltes (2 BFH-Urteile v. 22. 8. 80, BStBl 1981 II, S. 23–26).

**) Die mit Krankenhausbesuchsfahrten zum Ehepartner verbundenen Kosten sind unabhängig von Entfernung und Krankheitsdauer *grundsätzlich* mit der ehelichen Lebensgemeinschaft verbundene, steuerlich *nicht* berücksichtigungsfähige Aufwendungen. Anders verhält es sich, wenn der Besuch zur Heilung und Linderung der Krankheit entscheidend beitragen kann und der *behandelnde Krankenhausarzt (nicht* Hausarzt!) dies schriftlich bestätigt (BFH-Urteil v. 2. 3. 84; BStBl 1984 II, S. 484/5).

***) Außergewöhnliche Belastungen wegen Krankheit oder Behinderung werden steuerlich dann *nicht* anerkannt, wenn diese den Kauf von marktgängigen Gegenständen (hier Nachtstromspeicherheizung für eine Querschnittgelähmte zwecks erforderlicher gleichbleibender Wohnungstemperatur) betreffen und somit nicht nur dem Kranken dienen können oder anderweitig veräußerbar sind (BFH-Urteil v. 4. 3. 83 – BStBl 1983, Seite 378).

Ermittlung der Steuer-Erstattung
nach Musterbeispiel

Der »Antrag auf Lohnsteuer-Jahresausgleich 1988« bringt für die Eheleute Huber folgendes Ergebnis:

Arbeitslohn beider Ehegatten		<u>DM 49 500,–</u>
(Seite 112 und Fußnote Seite 113)		
Weihnachtsfreibeträge (2 × DM 600,–)		DM 1 200,–
Arbeitnehmer-Freibeträge (2 × DM 480,–)		DM 960,–
Werbungskosten		
Max H.	DM 2 644,–	
Petra H. (höhere Pauschale)	<u>DM 564,–</u>	DM 3 208,–
Sonderausgaben		
Vorwegabzug Vorsorgekosten*	DM 1 381,–	
Rest Vorsorgeausgaben**	DM 6 236,–	
Übrige (höhere Pauschale)	<u>DM 540,–</u>	DM 8 157,–
Außergewöhnliche Belastungen		
1. Ausbildungs-Freibetrag	DM 1 800,–	
2. Unterstützung Angehörige	<u>DM 1 400,–</u>	DM 3 200,–
Kinderfreibeträge (3,0)		<u>DM 7 452,–</u>
Abzugsbeträge insgesamt		<u>DM 24 177,–</u>
Zu versteuerndes Einkommen		DM 25 323,–
Lohnsteuer hieraus nach ESt-Splittingtabelle 1988		DM 3 468,–
Kirchensteuer hieraus***		DM 133,44

1987 betrug hier das Einkommen DM 25 923, die ESt DM 3706 und die KiSt DM 152,48; *nach der Steuerreform werden es 1990 bei gleichen Voraussetzungen ein zu versteuerndes Einkommen von DM 24 214****, eine ESt von DM 2488 und eine KiSt von DM 127,04 sein.*

*) Maximal (vgl. Seite 123) DM 6000,– *abzüglich* Arbeitgeberanteile zur gesetzlichen Rentenversicherung, hier zusammen DM 4619,–, ergibt DM 1381,–.

**) Die mit insgesamt DM 9173,– (8619 + 554) geltend gemachten Vorsorgeaufwendungen können gemäß den Angaben und Ausführungen auf den Seiten 123 und 124 und *Errechnung dieses Beispiels (Seite 124)* mit DM 7617,– (1381 + 6236) abgezogen werden. Sie liegen höher als die Vorsorgepauschale mit DM 6642,– (vgl. S. 141 + 148).

***) 8 % (9 %) aus Lohnsteuer abzgl. DM 600,– *(ab 1990 DM 300)* für jedes Kind.

****) – *Neu Werbungskosten-Pauschbetrag je AN DM 2000 bei Wegfall Weihn.-, AN-Freibetrag und Werbungskosten-Pauschale* (zus. je AN 1644); *Anhebung km-Satz bei Fahrten Wohnung–Arbeit auf DM –,50* (= + DM 378). Danach Werbungskosten H. Huber DM 3022 + Frau Huber DM 2000 = DM 5022 (statt DM 5368)	DM
	./. 346
– *Neue Vorsorge-Pauschale 7776, Sonderausgaben-Pausch. neu 216* (7992/8157)	./. 165
– *Anhebung Kinderfreibeträge auf DM 1512/3024* (9072 statt 7452)	+ 1620
Minderung des zu versteuernden Einkommens 1990 (DM 25 323 zu DM 24 214)	+ 1109

Im Vergleich zu den im Beispiel einbehaltenen Lohnsteuern mit DM 4711,– und Kirchensteuer mit DM 232,88, ergibt zusammen DM 4943,88, zeigt sich eine *Steuerersparnis von DM 1342,44.*

Wäre im vorstehenden Musterbeispiel ein Ehegatte bei ansonsten gleichen Lohnbezügen zeitweise arbeitslos gewesen und hätte insoweit zusätzlich steuerfreies Arbeitslosengeld in Höhe von DM 3000,– bezogen, ergäbe sich als Folge des *Progressionsvorbehaltes für Arbeitslosen-, Kurzarbeiter- und Schlechtwettergeld sowie Arbeitslosenhilfe* rechnerisch folgende Steuerschuld:

Tarifliche Steuer laut ESt-Tabelle für das gemäß Musterbeispiel zu versteuernde Einkommen von DM 25 323,– zuzüglich DM 3000,– Arbeitslosengeld, also zus. DM 28 323,–, ergibt DM 4134,– ESt oder einen Durchschnittssteuersatz von 14,59 % für DM 28 323,–. Dieser Satz bezogen (multipliziert) auf das hier tatsächlich steuerpflichtige Einkommen von nur DM 25 323,– zeigt eine Steuerschuld von DM 3694,– gegenüber DM 3468,– (vgl. Vorseite), so daß hiernach auf das Arbeitslosengeld DM 226,– zuzüglich ggf. 8 % Kirchensteuer = rd. DM 18,– entfallen würden. Dieses rein rechnerische Beispiel kann im Vergleich zu einer ESt-Veranlagung geringfügige Abweichungen durch dabei vorgenommene Abrundungen auf den Eingang der jeweiligen Steuerstufe zeigen.

Bei Arbeitnehmern mit geringen Vorsorgeaufwendungen* wird als Minimum die Vorsorgepauschale berücksichtigt, deren Berechnung sich nach dem Formularbeispiel wie folgt ergibt:
Vorsorgepauschale aus Arbeitslohn, abzüglich jeweils DM 600,– Weihnachtsfreibetrag. Bemessungsgrundlage somit

Ehemann	DM 29 730,–
Ehefrau	DM 18 570,–
Zusammen	DM 48 300,–
Hiernach ergibt sich:	
a) 9 % aus DM 48 300,–	DM 4 347,–
(Höchstbetrag mit 2 × DM 2340,–)	
b) 9 % aus DM 48 300,–	DM 2 340,–
(maximal 2 × DM 1170,–)	
Summe	DM 6 687,–
Vorsorgepauschale abgerundet (durch 54 teilbar)	DM 6 642,–

Bei dem gezeigten Musterbeispiel auf dem Antragsformular würde *ohne Einzelangaben* über die tatsächlichen Vorsorgeaufwendungen *insgesamt* nur die obige Vorsorgepauschale beim Jahresausgleich berücksichtigt werden. Durch die Möglichkeit des Vorwegabzuges mit DM 1381,– und hohe tatsächliche Ausgaben war es aber wesentlich günstiger, diese anzugeben. Gemäß Ausrechnung auf Seite 124 wirkten sich dadurch DM 7617,– steuermindernd aus.

*) Arbeitnehmern mit Altersversorgung *ohne eigene Beitragsleistung* wird *seit 1983* nur noch eine geminderte Vorsorgepauschale zuerkannt (vgl. Seiten 31, 147–151).

VI. Einkommensteuer-Veranlagung 1988 von Arbeitnehmern

Gemäß § 46 EStG werden Arbeitnehmer unter folgenden Voraussetzungen zur Einkommensteuer veranlagt*:
- bei einem Einkommen (Einkünfte abzgl. Sonderausgaben und außergewöhnliche Belastungen)
  von mehr als DM 48000,– *(ab 1990 = 54 000,–)* bei den nach Splittingtarif zu versteuernden Personen, im Falle gemeinsam versteuerter Ehegatten, wenn nur einer Lohn bezieht, oder wenn ihn zwar beide erhalten, sie jedoch in StKl IV eingestuft sind;
  von mehr als 24000,– *(ab 1990 = 27 000,–)* bei anderen AN;
- bei Nebeneinkünften (Einnahmen abzüglich Werbungskosten) über DM 800,–**, einschließlich ausländischer Einkünfte, die aufgrund Doppelbesteuerungsabkommens freigestellt sind;
- bei Einkünften *aus mehreren Arbeitsverhältnissen gleichzeitig,* wenn das zu versteuernde Einkommen (Einkommen vermindert um Sonder-Freibeträge***) *DM 18 000,–* bei Eheleuten oder nach dem Splittingtarif zu versteuernden Personen *DM 36 0000,–* übersteigt; *(neu ab 1990* »bei Lohn von mehreren Arbeitgebern nebeneinander«);
- *bei Bezug von Kurzarbeiter- oder Schlechtwettergeld,* soweit ein LSt-Jahresausgleich *nicht* durchzuführen ist *(entfällt ab 1990);*
- bei Personen mit Altersversorgung *ohne* eigene Beitragsleistung oder mit Ruhegeld aus gesetzlicher Rentenversicherung, wenn die Lohnsteuer während des Jahres voll oder zeitweise nach StKl I bis IV der *allgemeinen LSt-Tabelle* zu erheben war;
- bei gemeinsam versteuerten Ehegatten, die beide Arbeitslohn beziehen, wenn das zu versteuernde Einkommen *DM 36 000,–* übersteigt und einer von ihnen im Jahr ganz oder zum Teil die StKl V oder VI hatte; gleiches gilt *ohne* Knüpfung an die Einkommenshöhe, wenn einer Arbeitslosengeld oder -hilfe bezogen hat und der andere ganz oder zeitweise die StKl III hatte;

---

*) Vgl. hierzu das Heyne-Buch Nr. 9184 »Einkommensteuerberater für Arbeitnehmer«.
**) *Ab 1990:* Wenn die Nebeneinkünfte, ggf. minus Freibetrag »Land- und Forstwirtschaft« und Altersentlastungsbetrag, *oder die dem Progressionsvorbehalt unterliegenden* (Auslands-)*Einkünfte* und Leistungen (wie Arbeitslosen-, Kurzarbeitergeld, doch *neu* auch Kranken-, Mutterschaftsgeld usw.) DM 800,– übersteigen.
***) Hier gemeint: Haushalts- und Kinderfreibetrag sowie *bis 1989* Altersfreibetrag.

- bei lohnsteuerpflichtigen Versorgungsbezügen (§ 19/2 EStG) aus mehr als einem früheren Dienstverhältnis, wenn die Gesamtsumme DM 12 000,– übersteigt *(entfällt ab 1990);*
- bei einem Alter von 64 Jahren vor Jahresbeginn, wenn der AN nebeneinander von mehreren Stellen Lohn (ohne Versorgungsbezüge) mit zus. über DM 7500,– bezogen hat *(entfällt ab 1990);*
- bei einem Freibetrag auf der LSt-Karte wegen Wohnungsbauförderung (incl. ggf. Sonderfreibetrag für Kinder) gemäß § 39a Abs. 1 Ziff. 6 EStG (vgl. Seiten 50–57),
- bei einem nicht oder nicht mehr verheirateten oder einem verheirateten, aber dauernd getrennt lebenden voll steuerpflichtigen *Elternpaar,* wenn die Übertragung eines Kinderfreibetrages* beantragt wird oder für die Gewährung eines Ausbildungsfreibetrages oder für die Übertragung eines ihrem Kind zustehenden Pauschbetrages für Körperbehinderte oder Hinterbliebene eine andere Aufteilung als je zur Hälfte gewünscht wird;
- bei Eheschließung, wenn beide Arbeitnehmer sind und einer den Haushaltsfreibetrag oder StKl III hatte;
- bei Auflösung der Ehe durch Scheidung oder Tod, wenn einer der Ehegatten im gleichen Jahr wieder geheiratet hat;
- bei Beantragung der getrennten Veranlagung durch einen Ehegatten** (§§ 26, 26a EStG) *oder bei Beantragung der besonderen Veranlagung im Jahr der Eheschließung* (§ 26c EStG)***.
- bei Beantragung der Einkommensteuer-Veranlagung wegen
  a) ermäßigtem Steuersatz für außerordentliche Einkünfte sowie Verteilung von Einnahmen auf mehrere Jahre (§ 34 EStG); Anrechnung Auslands-Steuern (§ 34c EStG) und Erbschaftssteuer (§ 35 EStG); *Steuerermäßigung bei Wohnraumförderung,* mit beantragter Baugenehmigung ab 29. 7. 81 zusätzlich um je DM 600,– ab dem 2. Kind, bei Steuerbegünstigung *ab 1987 für eigengenutztes Wohnungseigentum* um DM 600,– *(ab 1990 DM 750,–)*

*) *ab 1990 auch,* wenn nur ein Elternteil *voll* den Kinderfreibetrag auf der LSt-Karte hat *oder* ein Elternteil erst unbeschränkt steuerpflichtig wurde; des weiteren bei Eintrag der StKl II beim Vater mit Zustimmung der Mutter für ein bei beiden Elternteilen gemeldetes Kind, oder wenn der Vater den Haushaltsfreibetrag beantragt.
**) Ein einseitiger Antrag auf getrennte Veranlagung im Rechtsbehelfverfahren gegen einen Zusammenveranlagungs-Einkommensteuerbescheid kann noch zu einer getrennten Veranlagung führen (BFH-Urteil v. 28. 8. 1981 – BStBl 1982 II, Seite 156).
***) Beide Gatten können dann noch bisherige Steuervorteile, wie Haushaltsfreibetrag oder Anwendung des Splittingtarifs nach Verwitwung im Vorjahr, behalten. *Ab 1990* hier ESt-Veranlagung beim Freibetrag auf LSt-Karte für Kinderbetreuung.

für jedes zum Haushalt gehörende und berücksichtigungsfähige Kind (§ 34f EStG, vgl. auch Seiten 50–57).

b) Berücksichtigung von Verlusten aus anderen Einkunftsarten;
c) Verlustabzug und -Rücktrag von 2 Jahren (§ 10d EStG);
d) Anrechnung von Kapitalertragsteuer auf die Steuerschuld;*
e) Anrechnung von Körperschaftssteuer auf die Steuerschuld*.

Der Antrag auf getrennte ESt-Veranlagung bei Eheleuten** und wegen Veranlagung zugunsten von Steuerpflichtigen gemäß Vorseite unter a), b), d) und e) ist *innerhalb von 2 Jahren nach Ende des Veranlagungszeitraums zu stellen.*

Als außerordentliche Einkünfte gemäß § 34 EStG, mit einem *auf die Hälfte ermäßigten Steuersatz*, kommen Veräußerungsgewinne aus »Land- und Forstwirtschaft«, »Gewerbebetrieb« und »Selbstständige Arbeit« in Betracht, wie auch Entschädigungen gemäß § 24 Ziff. 1 EStG; die als Ersatz für Einnahmen oder die Aufgabe bzw. auch Nichtausübung einer Tätigkeit gezahlt werden (vgl. S. 11 u. 33) sowie Ausgleichsleistungen an Handelsvertreter nach § 89b HGB.

Die Freigrenze von DM 800,– für Nebeneinkünfte wird bei Ehegatten nicht verdoppelt, selbst wenn beide solche hatten. Bei etwa gleichem Lohn kann getrennte Veranlagung von Vorteil sein.

Eine Steuerminderung über eine ESt-Veranlagung ist auch durch Darlehen nach Berlin für betriebliche Investitionen oder Baumaßnahmen (§§ 16 und 17 Berlin-FG) zu erreichen.

Für eine mit der Hälfte der Lohnsteuer belegte Arbeitnehmer-Erfindung kann die ESt-Veranlagung von Vorteil sein. Hier auch ggf. durch Verteilung auf mehrere Jahre*** auf Antrag.

Steuererklärungstermin ist der 31. 5. des Folgejahres. Frist-Verlängerung durch Antrag die Regel, durch Steuerberater stets.

---

*) Aktionäre usw., die voraussichtlich *nicht* zur Einkommensteuer veranlagt werden, können die anrechenbare Körperschaftsteuer gemäß § 36b EStG durch Antrag auch ohne eine ESt-Veranlagung erstattet bekommen und gemäß § 44a EStG auch vom Abzug der Kapitalertragsteuer freigestellt werden, vgl. Fußnote auf Seite 110).

**) Auch wenn Eheleute vor dem Familiengericht das Getrenntleben seit einem Jahr zwecks frühzeitiger Scheidung erklärten, kann für das Scheidungsjahr eine steuerliche Zusammenveranlagung erfolgen, wenn sie zum Jahresbeginn tatsächlich noch nicht »dauernd getrennt gelebt haben« (BFH-Urteil v. 13. 12. 85; BStBl 1986 II, S. 486).

***) Bei einer Arbeitnehmer-Erfindervergütung mit halbem Steuersatz kann als zusätzliche Vergünstigung auch die Verteilung auf 2 oder 3 Jahre (vgl. unter »Sonstige Bezüge«) bei entspr. Antrag vorgenommen werden, wenn die Vergütung für eine mehrjährige Tätigkeit gezahlt wird (BFH-Urteil v. 20. 11. 82 – BStBl 1983 II, Seite 300).

VII. Ermittlung der Lohnsteuer anhand der Einkommensteuertabellen*

Mit Hilfe der Einkommensteuer-Tabellen ist es im Vergleich zur Jahres-Lohnsteuertabelle in der Regel wesentlich einfacher festzustellen, ob ein LSt-Jahresausgleich lohnenswert ist oder ob und in welcher Höhe mit einer Lohnsteuer-Rückerstattung auch im Rahmen einer ESt-Veranlagung gerechnet werden kann. Dies trifft insbesondere zu auf Arbeitnehmer mit eigenen Beitragsleistungen zur Altersversorgung, für die die »allgemeine Lohnsteuertabelle« maßgebend ist; insoweit überwiegend auf Ehegatten, *wenn beide Arbeitnehmer sind*, und auf viele Arbeitnehmer *mit eingetragenem Freibetrag* auf der Lohnsteuer-Karte, die dadurch die ihnen zustehende Vorsorgepauschale geschmälert bekommen haben, d. h. deren um DM 600,– Weihnachtsfreibetrag gekürzter Jahreslohn *abzüglich Freibetrag* auf der LSt-Karte bei den Steuerklassen I, II und IV unter rd. DM 26 000,– und bei der Steuerklasse III unter rd. DM 52 000,– gesunken ist oder auch vor Abzug dieses eingetragenen Freibetrages nicht höher lag. Hat beispielsweise ein Lediger mit einem Jahreslohn von DM 15 400,– einen Freibetrag von DM 3000,– auf die LSt-Karte eingetragen bekommen, wurde bei ihm im Laufe des Jahres eine Vorsorgepauschale von DM 2106,– in der allgemeinen Lohnsteuertabelle berücksichtigt, obwohl ihm DM 2484,– zustehen, weil die Lohnbezüge (minus DM 600,– Weihnachtsfreibetrag**) *ohne* Abzug der Freibeträge die richtige Bemessungsgrundlage sind. Ehegatten, die beide Arbeitslohn beziehen, können vielfach eine wesentlich höhere Vorsorgepauschale beanspruchen, als bei ihnen in den StKl-Kombinationen IV/IV oder III/V (mit im übrigen recht unterschiedlichen Beträgen) berücksichtigt wurde (vgl. hierzu Seite 26). Haben arbeitnehmende Ehegatten Arbeitsbezüge von DM 20 400,– und DM 10 400,–, ergeben sich nach StKl IV Vorsorgepauschalen von zusammen 4644,–, dagegen nach StKl III/V von nur DM 2916,– und *in richtiger Höhe*, auf die ein Anspruch besteht, von DM 4968,–. Liegen die Arbeitsbezüge des einen Ehegatten bei DM 33 400,– und des anderen bei DM 15 400,–, ergeben sich nach der StKl-Kombination IV/IV DM 5994,– und

*) vgl. ESt-Tabellen 1988/89 im Anhang bis DM 53 000 *(mit Vergleichen zu 1990).*
**) Aus Bruttolohn *minus* Weihnachtsfreibetrag sowie gegebenenfalls Altersentlastungs- und Versorgungs-Freibetrag.

nach III/V nur DM 5238,–, wogegen die Anspruchshöhe DM 6588,– beträgt. Die zustehenden Vorsorge-Pauschalen für die Arbeitnehmerkreise *mit* und *ohne* Beitragszahlung zur eigenen Altersversorgung ergeben sich *vollständig und für die Abweichungsbereiche durch Gegenüberstellung aus den Tabellen auf den Seiten 147 und 148;* Berechnungsbeispiele (auch für Beamte) zeigen die Seiten 149 bis 151.

Eine einwandfreie Ermittlung der Jahressteuer ist nur anhand der ESt-Tabellen möglich. *Vor ihrer Anwendung* sind *neben* dem Weihnachtsfreibetrag (DM 600 je AN) sowie ggf. Alters-* und Versorgungsfreibetrag und Altersentlastungsbetrag* noch die Vorsorgepauschale und tarifliche Vergünstigungen abzuziehen; letztere, zu denen noch die Kinderfreibeträge kommen, ergeben sich aus flg. Übersicht in DM für 1988/89*.

| Tarifliche Vergünstigungen* | Alleinstehende | | Eheleute | |
	ohne Zuordnung Kind	*mit* Zuordnung Kind	*ein* Arbeitnehmer	*beide* Arbeitnehmer
Arbeitnehmerfreibetrag	480	480	480	960
Werbungskosten-Pauschale	564	564	564	1 128
Sonderausgaben-Pauschbetrag	270	270	540	540
Haushaltsfreibetrag	–	4 752	–	–
1988/89	1 314	6 066	1 584	2 628
*1990**	2 108	7 724	2 216	4 216

Hierzu kommen ggf. noch Kinderfreibeträge, wie sie auf der LSt-Karte vermerkt sind. Es stehen als Kinderfreibetrag grundsätzlich *jedem unterhaltsleistenden Elternteil* DM 1242,– (ab 1990 = 1512) zu, für ein Kind somit insgesamt DM 2484,– (ab 1990 = 3024). Der »Zähler 0,5« für Kinderfreibeträge auf der LSt-Karte entspricht bei den Steuerklassen I, II und III DM 1242 Freibetrag, bei StKl IV die Hälfte (= DM 621,–). Der »Zähler 1« bedeutet die doppelte Höhe und der »Zähler 3« z. B. DM 7452,– bzw. bei StKl IV DM 3726,– Kinderfreibeträge. *Auf der LSt-Karte eingetragene Freibeträge erhöhen die tariflichen Vergünstigungen ebenso wie noch anzuerkennende Aufwendungen.*
Die abzuziehende Vorsorgepauschale* (auch die beschränkte) ergibt sich vollständig aus den Tabellen der Folgeseiten.

*) *Ab 1990* entfallen zugunsten eines neu geschaffenen *Arbeitnehmer-Pauschbetrages* von DM 2000 der bisherige Arbeitnehmerfreibetrag (540), die Werbungskosten-Pauschale (564) und der Weihnachtsfreibetrag (600), zusammen DM 1644. Der Sonderausgaben-Pauschbetrag wird von DM 270/540 *vermindert* auf DM 108/216, der Haushaltsfreibetrag wird von DM 4752 auf DM 5616 *angehoben,* der Altersfreibetrag (720) *entfällt,* und die Höchstsumme des Altersentlastungsbetrages wird entsprechend auf DM 3720 *angehoben.*

Einheitliche Vorsorgepauschalen
in der allgemeinen – und der besonderen Lohnsteuertabelle 1988 und 1989

Steuerklassen I, II und IV		Steuerklasse III	
Jahreslohn* ab DM	Vorsorge-Pauschale** DM	Jahreslohn* ab DM	Vorsorge-Pauschale** DM
1800	324	13086	2322
2100	378	13194	2376
2400	432	13464***	2430
2700	486	13842	2484
3000	540	14112	2538
3300	594	14382	2592
3600	648	14652	2646
3900	702	15030	2700
4200	756	15300	2754
4500	810	15570	2808
4800	864	15948	2862
5100	918	16218	2916
5400	972	16488	2970
5700	1026	16758	3024
6000	1080	17136	3078
6300	1134	17406	3132
6600	1188	17676	3186
6900	1242	18054	3240
7200***	1296	18324	3294
7470	1350	18594	3348
7794	1404	18864	3402
8064	1458	19242	3456
8388	1512	19512	3510
8658	1566	19782	3564
8982	1620	20052	3618
9252	1674	20430	3672
9576	1728	20700	3726
9900	1782	20970	3780
10170	1836	21348	3834
10494	1890	21618	3888
10764	1944	21888	3942
11088	1998	22158	3996

*) Lohn *abzüglich:* Weihnachtsfreibetrag (DM 600) und gegebenenfalls Versorgungs-freibetrag (40 %, maximal DM 4800) und Altersentlastungsbetrag (40 % maximal DM 3000). *Änderung 1990,* vgl. Fußnote auf Vorseite.

**) Minimum bei StKl I, II u. IV = DM 300, bei StKl III DM 600, *entfällt ab 1990.* Endstufe in der »besonderen LSt-Tabelle« DM 1998 bzw. bei StKl III DM 3996.

***) *Steuerschwelle* (vgl. Seite 32) beginnt in den Steuerklassen I, II und IV mit DM 7416 in 1988/89, in StKl III mit DM 13626. Entsprechend sind die obigen Tabellenwerte für Vorsorgepauschalen darin berücksichtigt.

Arbeitnehmer-Vorsorgepauschalen als *Mindestbeträge* für Vorsorgeaufwendungen im Lohnsteuer-Jahresausgleich oder bei der Einkommensteuer-Veranlagung 1988/89 ab den voneinander abweichenden Bereichen in der allgemeinen von der besonderen Jahres-Lohnsteuertabelle

Steuerklassen I, II und IV			Steuerklasse III					
Jahreslohn* ab DM	Vorsorge-Pauschalen Allgem. LSt-Tab. DM	Besond. LSt-Tab.** –Minus–	Jahreslohn* ab DM	Vorsorge-Pauschalen Allgem. LSt-Tab. DM	Besond. LSt-Tab.** –Minus–	Jahreslohn* ab DM	Vorsorge-Pauschalen Allgem. LSt-Tab. DM	Besond. LSt-Tab.** –Minus–
11 088	1998	ohne	22 158	3996	ohne	35 820	5562	-1566
11 358	2052	- 54	22 536	4050	- 54	36 414	5616	-1620
11 682	2106	- 108	22 806	4104	- 108	37 008	5670	-1674
11 952	2160	- 162	23 076	4158	- 162	37 602	5724	-1728
12 276	2214	- 216	23 454	4212	- 216	38 196	5778	-1782
12 600	2268	- 270	23 724	4266	- 270	38 790	5832	-1836
12 870	2322	- 324	23 994	4320	- 324	39 384	5886	-1890
13 356	2376	- 378	24 246	4374	- 378	39 978	5940	-1944
13 950	2430	- 432	24 642	4428	- 432	40 572	5994	-1998
14 598	2484	- 486	24 912	4482	- 486	41 166	6048	-2052
15 192	2538	- 540	25 182	4536	- 540	41 760	6102	-2106
15 786	2592	- 594	25 452	4590	- 594	42 354	6156	-2160
16 380	2646	- 648	25 830	4644	- 648	42 948	6210	-2214
16 974	2700	- 702	26 208	4698	- 702	43 650	6264	-2268
17 568	2754	- 756	26 802	4752	- 756	44 244	6318	-2322
18 162	2808	- 810	27 396	4806	- 810	44 838	6372	-2376
18 756	2862	- 864	27 990	4860	- 864	45 432	6426	-2430
19 350	2916	- 918	28 584	4914	- 918	46 026	6480	-2484
19 998	2970	- 972	29 178	4968	- 972	46 620	6534	-2538
20 592	3024	-1026	29 772	5022	-1026	47 214	6588	-2592
21 186	3078	-1080	30 366	5076	-1080	47 808	6642	-2646
21 780	3132	-1134	30 960	5130	-1134	48 402	6696	-2700
22 374	3186	-1188	31 544	5184	-1188	48 996	6750	-2754
22 968	3240	-1242	32 148	5238	-1242	49 590	6804	-2808
23 562	3294	-1296	32 850	5292	-1296	50 184	6858	-2862
24 156	3348	-1350	33 444	5346	-1350	50 778	6912	-2916
24 750	3402	-1404	34 038	5400	-1404	51 732	6966	-2970
25 398	3456	-1458	34 632	5454	-1458	51 966	7020	-3024
25 992	3510	-1512	35 226	5508	-1512	Höchst-betrag		bleibt
	Maximal	bleibt						

Ab 1990 erhöhen sich die allgemeinen Vorsorgepauschalen in bestimmten, mittleren Bereichen, vgl. hierzu Fußnote 3 auf Seite 31.

Nicht in Tabellenform lassen sich die sog. »Mischfälle bringen, d. h. Lohnbezüge von Eheleuten, bei denen z. B. einer Beamter und der andere Gatte im Angestelltenverhältnis tätig ist. Insoweit wird verwiesen auf die folgende Seite mit entsprechenden Berechnungsbeispielen, die zugleich eine Ergänzung zu den Seiten 26 und 27 sind.

*) Lohn *abzüglich*: Weihnachtsfreibetrag (DM 600) sowie ggf. Versorgungsfreibetrag (40 %, maximal DM 4800) und Altersentlastungsbetrag (40 %, maximal DM 3000). *Änderung 1990*, vgl. Fußnote auf Seite 146.

**) Gilt für den Personenkreis mit Altersversorgung *ohne eigene* Beitragszahlung (u. a. Beamte) oder mit Altersruhegeld aus der gesetzlichen Rentenversicherung.

Berechnung der Vorsorgepauschale 1988/89 bei arbeitnehmenden Eheleuten gemäß § 10c Abs. 6 EStG, wenn ein Teil im Beamten- und der andere Teil im Angestelltenverhältnis steht (vgl. Seite 31).

---

1. Beispiel* (vgl. Seite 26)

Beamtenlohn DM 30 600; Angestelltenlohn (4 Monate) DM 8600. Minus Weihnachtsfreibetr. (je DM 600) = DM 30 000 bzw. DM 8000.

Vorsorge-Pauschale auf Beamtenbezüge		
18 % aus DM 30 000, maximal DM 2000		= DM 2000
Vorsorge-Pauschale auf Angestellten-Gehalt		
9 % aus DM 8000, maximal DM 2340 = DM 720		
9 % aus DM 8000, maximal DM 1170 = DM 720		= DM 1440
Vorsorge-Pauschale zusammen		= DM 3440
Abrundung auf den nächsten durch DM 54		
teilbaren Betrag		= DM 3402
Mindestbetrag der Vorsorge-Pauschale hier aber		
18 % aus DM 30 000, maximal DM 4000		= DM 4000**
Abrundung (durch 54 teilbar)		= DM 3996

2. Beispiel* (vgl. Seiten 26 + 27)

Beamtenlohn DM 40 600; Angestelltenlohn DM 20 600.
Abzgl. Weihnachtsfreibeträge = DM 40 000 bzw. DM 20 000.

Vorsorge-Pauschale auf Beamtenbezüge		
18 % aus DM 40 000,– maximal DM 2000		= DM 2000
Vorsorge-Pauschale auf Angestelltengehalt		
Abweichend von der allgemeinen Regel hier		
18 % aus DM 20 000		= DM 3600
Vorsorge-Pauschale zusammen		= DM 5600
Dies ergäbe bei Abrundung (durch 54 teilbar)		= DM 5562
Höchstbetrag der Vorsorge-Pauschale hier aber		
entsprechend § 10 Abs. 3 EStG (vgl. S. 123) voll		
anzuerkennende tatsächliche Vorsorge-		
aufwendungen bis		DM 4680
zuzüglich Hälftebetrag aus Differenz von		
DM 5600 zu DM 4680		= DM 460
zusammen		DM 5140
Vorsorge-Pauschale (Abrundung = durch 54 teilbar)		DM 5130

*) Im Falle beider im Angestelltenverhältnis ergeben sich im Beispiel 1 DM 5724 und im Beispiel 2 DM 7020 Vorsorge-Pauschale; bei 2 Beamten jeweils DM 3996.
**) Als Mindestbetrag für die Vorsorge-Pauschale ist hier die Summe anzusetzen, die sich dann ergeben würde, wenn der Beamte *Alleinverdiener* gewesen wäre (vgl. S. 31).

Ein Beispiel für die eigene Ermittlung der Vorsorgepauschale von Eheleuten, bei denen beide Gatten im Angestellten- oder Arbeitsverhältnis mit eigenen Beitragszahlungen zur Altersversorgung stehen, ergibt sich aus Seite 141. Rechnen beide Ehepartner ihre für die Vorsorgepauschale maßgebenden Bezüge zusammen, können sie die ihnen zustehende gemeinsame Vorsorgepauschale *genau* aus der Tabelle auf Seite 148 unter »Steuerklasse III« ablesen. Dies gilt auch für Beamtenehepaare, nicht aber für die sogenannten »Mischfälle«. Nachfolgend noch ein Beispiel mit Besonderheiten für einen pensionierten, verheirateten Beamten (StKl III) im Alter von 66 Jahren mit einer Versorgungsrente von DM 30 500,– und Arbeitslohn (Teilzeitbeschäftigung) mit DM 5000,– *im Jahre 1988 oder 1989:*

Gesamt-Arbeitsbezüge 1988/89		DM 35 500,–
abzüglich:		
Weihnachtsfreibetrag	DM 600,–	
Versorgungsfreibetrag		
(40% max. DM 4800,–)	DM 4 800,–	
Altersentlastungsbetrag*		
(40% aus DM 5000,–)	DM 2 000,–	DM 7 400,–
Maßgebend für Vorsorgepauschale somit		DM 28 100,–
Vorsorgepauschale** (vgl. Seite 31, Ziff. 5c):		
– 18% hieraus, maximal DM 4000,–		= DM 4 000,–
		DM 4 000,–
abgerundet (durch 54 teilbar)		DM 3 996,–**

Nach eingehender Behandlung der Vorsorgepauschalen und der durch die entsprechenden Tabellen auf den Seiten 147 und 148 sowohl für Arbeitnehmer *mit* als auch *ohne* Beitragszahlungen zur Altersversorgung gegebenen Möglichkeit ihre Vorsorgepauschalen abzulesen, dürfte es mit zusätzlicher Hilfe durch die Tabelle über die Tariffreibeträge und die Kinderfreibeträge auf Seite 146 jedem leichtfallen, die eigene Einkommen- oder Lohnsteuer aus der ESt-Grundtabelle (StKl I + II) oder der ESt-Splittingtabelle (zusammenlebende Eheleute) zu ermitteln. Der Weihnachtsfreibetrag (DM 600 pro Arbeitnehmer) und gegebenenfalls auf der LSt-Karte eingetragene Freibeträge oder ganz allgemein zustehende besondere Freibeträge oder *über* den Pauschalen für Werbungsko-

---

*) 40 % vom Arbeitslohn (ggf. zuzüglich anderer positiver Einkünfte), jedoch ohne Versorgungsbezüge (Pensionen) und Leibrenten; maximal DM 3000,–.
**) Dieses Beispiel bezogen auf einen anderen Arbeitnehmer, der mangels entspr. Anwartschaft noch kein Ruhegeld aus der ges. Rentenversicherung erhält, ergibt auf einer Berechnungsbasis von DM 31 900,– (35 500 Lohn ./. 600 ./. 3000 Altersentlastung) eine abgerundete Vorsorgepauschale von DM 5184,–.

sten bzw. Sonderausgaben (vgl. hierzu auch Seite 123 unter b in Verbindung mit Absatz 3 auf Seite 124) liegende tatsächliche Aufwendungen sind den Tariffreibeträgen *vor* Anwendung der Einkommensteuer-Tabelle noch hinzuzurechnen.

Folgende Beispiele sollen nochmals veranschaulichen, wie die Jahressteuerschuld 1988 und 1989 bei Arbeitnehmern der Steuerklassen II und III mit jeweils einem Kind, sowie dem Eintrag eines Kinderfreibetrages von 0,5 bzw. 1,0 auf der LSt-Karte, und einem um den Weihnachtsfreibetrag gekürzten Arbeitslohn von DM 25 000,– bzw. DM 35 000,– zu ermitteln ist. *Besondere Freibeträge oder über die Pauschalen hinausgehende, steuerlich anzuerkennende Aufwendungen müssen noch gesondert vom Arbeitslohn abgezogen werden.*

	DM	DM
a) *Steuerklasse II/1*		
Jahresarbeitslohn (minus Weihnachtsfreibetrag)	25 000,–	35 000,–
Freibeträge und Pauschalen:		
Arbeitnehmerfreibetrag	480,–	480,–
– Werbungskosten-Pauschale	564,–	564,–
– Sonderausgaben-Pauschbetrag	270,–	270,–
– Vorsorgepauschale	3 402,–	3 510,–
9% vom Lohn, max. 2340,–		
9% vom Lohn, max. 1170,–		
– Haushaltsfreibetrag	4 752,–	4 752,–
– Kinderfreibetrag	1 242,–	1 242,–
	10 710,–	10 818,–
Zu versteuerndes Einkommen	14 290,–	24 182,–
Einkommensteuer nach Grundtabelle 1988/89	2 091,–	4 408,–
b) *Steuerklasse III/1*	DM	DM
Jahresarbeitslohn (minus Weihnachtsfreibetrag)	25 000,–	35 000,–
Freibeträge und Pauschalen:		
– Arbeitnehmerfreibetrag	480,–	480,–
– Werbungskosten-Pauschale	564,–	564,–
– Sonderausgaben-Pauschbetrag	540,–	540,–
– Vorsorgepauschale	4 482,–	5 454,–
9% vom Lohn, max. 4680,–		
9% vom Lohn, max. 2340,–		
– Kinderfreibetrag	2 484,–	2 484,–
	8 550,–	9 522,–
Zu versteuerndes Einkommen	16 450,–	25 478,–
Einkommensteuer nach Splittingtabelle 1988/89	1 520,–	3 492,–

Ein Blick zu den tariflichen Frei- und Pauschbeträgen auf Seite 146 zeigt für obiges Beispiel nach StKl II/1 einen Betrag von DM 5850,– und für das Beispiel nach StKl III/1 von DM 1584,–, wozu jeweils noch der Kinderfreibetrag und die Vorsorgepauschale (S. 147 + 148) kommen. Obige Einzelposten zeigen volle Übereinstimmung.

Die Lohnsteuer ist auch Bemessungsgrundlage für die Kirchensteuer*. Sie beträgt unterschiedlich nach Ländern 8 % oder 9 % davon, doch gilt für Steuerpflichtige mit Kindern als »Maßstabsteuer« die Lohn- und Einkommensteuer nach Abzug von DM 300 *(ab 1990 DM 150)* für *jeden Kinderfreibetrag* von DM 1242 *(1990 = DM 1512)* bzw. von DM 600 *(ab 1990 DM 300)* je Kinderfreibetrag von DM 2484 *(1990 = DM 3024)*. Im Falle von 4 Kinderfreibeträgen zu je DM 2484 ergibt sich z. B. bei einer Lohnsteuer von DM 8400 abzgl. 4 × DM 600 ein Basiswert für die Berechnung der Kirchensteuer von DM 6000 (1990 = DM 7200).

Steuertabellen im Anhang

Anhang 1

ESt-Tabellen 1988/89 von DM 4600,– bis DM 55 300,–** *mit Vergleichswerten 1990* je DM 500,– Einkommensbetrag.
Die Besteuerung setzt 1987 und 1988 in der ESt-Grundtabelle bei DM 4590,– bzw. DM 4806,– ein und kommt erst nach einer dann folgenden Proportionalzone mit 22 % bis zu DM 18 000,– in die (ab 1988 leicht abgeschwächte) Steuer-Progressionsphase. Nach der ESt-Splittingtabelle beginnt die Besteuerung ab einem zu versteuernden Einkommen von DM 9180,–, *ab 1988* DM 9612,–, und die Proportionalbesteuerung mit 22 % reicht hier bis zu DM 36 000,–.

Anhang 2

Allgemeine Monatslohnsteuertabelle 1988/89** nach Steuerklassen und bis zu 3 Kindern von DM 1210,– bis DM 5500,–. Die Besteuerung beginnt bei folgendem Lohnbezug (Schwelle) in DM:

– StKl I und IV ohne Kinderfreibeträge	618,00
– StKl II mit »Zähler 0,5« als Kinderfreibetrag	1212,00
– StKl III ohne Kinderfreibetrag	1135,50
mit »Zähler 1,0« als Kinderfreibetrag	1387,50
mit »Zähler 2,0« als Kinderfreibetrag	1648,50
– Steuerklasse V	91,50

*) Nach Kirchen-Austritt kann für den Folgemonat *keine* Kirchensteuer mehr erhoben werden (BFH v. 15. 2. 84; BStBl 1984 II, S. 458/9). Einheitlich wird hiernach aber nicht verfahren. Gemäß eines mir vorliegenden Schreibens des Bistums Essen v. 26. 5. 87 wird dort entsprechend dem nordrhein-westfälischen Kirchenaustrittsgesetz v. 26. 5. 81 auch für den auf den Austritt folgenden Monat noch Kirchensteuer erhoben.
**) Das Heyne-Taschenbuch Nr. 9184 »Einkommensteuer-Berater für Arbeitnehmer« enthält die ESt-Tabellen bis DM 101 700,– *mit Vergleichswerten 1990* und die allgemeine Monatslohnsteuertabelle 1988/89 bis DM 6500,– und 3 Kindern.

Diese Ausführungen gelten bis 1989 auch für alle Arbeitnehmer mit Anwendung der *besonderen* Lohnsteuertabelle, da die allgemeine LSt-Tabelle erst *ab* Bereichen von DM 946,50 im Monat oder DM 11 358,– im Jahr bei den Steuerklassen I, II und IV und *ab* 1878,– im Monat bzw. DM 22 536,– im Jahr bei StKl III abweicht. Hier nun folgend die Zuschlagwerte pro Monat für Beamte und andere Arbeitnehmer *ohne* Beitragzahlung zur Altersversorgung, *damit auch dieser Personenkreis die eigene Steuer aus der allgemeinen Monats-Lohnsteuertabelle* (Anhang 2) richtig ablesen kann. Für die allgem. Jahreslohnsteuertabelle sind diese Zuschlagswerte × 12 zu nehmen.

Steuerklassen I, II und IV			Steuerklasse III					
Monatslohn *ab* DM	Zuschlag DM	Ablesebetrag DM	Monatslohn *ab* DM	Zuschlag DM	Ablesebetrag DM	Monatslohn *ab* DM	Zuschlag DM	Ablesebetrag DM
924,–	ohne	924,–	1846,50	ohne	1846,50	2985,–	139,50	3024,50
946,50	4,50	951,–	1878,–	4,50	1882,50	3034,50	144,–	3178,50
973,50	9,–	982,50	1900,50	9,–	1909,50	3084,–	153,–	3237,–
996,–	13,50	1009,50	1923,–	13,50	1936,50	3133,50	157,50	3291,–
1023,–	18,–	1041,–	1954,50	18,–	1972,50	3183,–	162,–	3345,–
1050,–	27,–	1077,–	1977,–	27,–	2004,–	3232,50	166,50	3399,–
1072,50	27,–	1099,50	1999,50	31,50	2031,–	3282,–	171,–	3453,–
1113,–	31,50	1144,50	2022,–	36,–	2058,–	3331,50	175,50	3507,–
1162,50	36,–	1198,50	2053,50	40,50	2094,–	3381,–	180,–	3561,–
1216,50	40,50	1257,–	2076,–	49,50	2125,50	3430,50	184,50	3615,–
1266,–	45,–	1311,–	2098,50	49,50	2148,–	3480,–	189,–	3669,–
1315,50	54,–	1369,50	2121,–	54,–	2175,–	3529,50	193,50	3723,–
1365,–	58,50	1423,50	2152,50	58,50	2211,–	3579,–	198,–	3777,–
1414,50	63,–	1477,50	2184,–	63,–	2247,–	3637,50	202,50	3840,–
1464,–	67,50	1531,50	2233,50	67,50	2311,–	3687,–	211,50	3898,50
1513,50	72,–	1585,50	2283,–	72,–	2355,–	3736,50	216,–	3952,50
1563,–	76,50	1639,50	2332,50	76,50	2409,–	3786,–	220,50	4006,50
1612,50	81,–	1693,50	2382,–	81,–	2469,–	3835,50	225,–	4060,50
1666,50	85,50	1752,–	2431,50	85,50	2517,–	3885,–	229,50	4114,50
1716,–	90,–	1806,–	2481,–	90,–	2571,–	3934,50	234,–	4168,50
1765,50	94,50	1860,–	2530,50	94,50	2625,–	3984,–	238,50	4222,50
1815,–	103,50	1918,50	2580,–	103,50	2683,50	4033,50	243,–	4276,50
1864,50	108,–	1972,50	2629,50	108,–	2737,50	4083,–	252,–	4335,–
1914,–	112,50	2026,50	2679,–	112,50	2791,50	4132,50	252,–	4384,50
1963,50	117,–	2080,50	2737,50	117,–	2854,50	4182,–	252,–	4434,–
2013,–	121,50	2134,50	2787,–	121,50	2908,50	4231,50	252,–	4483,50
2062,50	126,–	2188,50	2836,50	126,–	2962,50	4281,–	252,–	4533,–
2116,50	126,–	2242,50	2886,–	130,50	3016,50	4330,50	252,–	4582,50
2166,–	126,–	2292,–	2935,50	135,–	3070,50	höher	252,–	
	Höchst-Plus						Höchst-Plus	

Anlage KSO

1988

Name und Vorname/Gemeinschaft/Körperschaft

HUBER, Max und Petra

Kenn-Nr. des Jahres 1987 / Aktenzeichen / Steuernummer

0815

☐ zum Antrag
☐ auf Lohnsteuer-Jahresausgleich
☐ zur Einkommensteuererklärung
☐ zur Körperschaftsteuererklärung
☐ zur Erklärung zur gesonderten und
   einheitlichen Feststellung

Stets ausfüllen, unterschreiben und abgeben!

Einkünfte aus Kapitalvermögen

Zeile	Inländische Kapitalerträge	Anzurechnende Körperschaftsteuer	Kapitalertragsteuer (bei Freistellung 0 DM)	Zu versteuernde Einnahmen (einschließlich anzurechnender/vergüteter Körperschaftsteuer und Kapitalertragsteuer) Steuerpfl. Person Ehemann Gemeinschaft DM	Ehefrau DM	99 26
1						
2		lt. beigefügter Nachweise		Bitte nur volle DM-Beträge eintragen		89
3		DM | Pf	DM | Pf			Kz | Wert
4	Zinsen aus Sparguthaben und sonstigen Kapitalforderungen			150	130	
5	Zinsen aus Bausparguthaben					
6	Erträge aus festverzinslichen Wertpapieren (z.B. Anleihen, Pfandbriefe)			300		
7	Gewinnausschüttungen, z.B. Dividenden (Bezeichnung)					
8	Erträge aus Investmentanteilen (ausländische Quellensteuer vgl. Vordruck ESt/LSt 1 A, Zeilen 57 bis 59)					
9	Zinsen aus Hypotheken und Grundschulden					
10	Einnahmen aus der Veräußerung von Dividendenscheinen u.a. (ohne Stammrecht - Steuern auch als Einnahmen in Zeile 7 eintragen -					
11	Zinsen aus Sparanteilen bestimmter Versicherungsbeiträge					
12	Erträge als stiller Gesellschafter/partiarischer Darlehnsgeber bei					
13						30
14	Erträge aus Beteiligung (Gemeinschaft, Finanzamt, Steuernummer)					31
15						32
16	Vermögensauskehrungen bei Kapitalherabsetzung oder Liquidation					33
17	Zinsen aus Wandelschuldverschreibungen, Gewinnobligationen und Genußrechten					16
18	Sonstige					17
19	**Summe** der Zeilen 4 bis 18 Steuern in den Vordruck ESt/LSt 1 A (Zeile 55), ESt 1 B (Zeilen 31, 32) oder KSt 1 B übertragen.			30 450	31 130	24
20	**Ausländische Kapitalerträge** (einschließlich der ausländischen Quellensteuer, die außerdem in Zeilen 57 bis 59 des Vordrucks ESt/LSt 1 A einzutragen ist) Zinsen aus Sparguthaben, Dividenden, Hinzurechnungsbetrag nach § 10 AStG u.a.					25
21				32	33	28
22	**Werbungskosten** (ggf. einschließlich gesondert und einheitlich festgestellter Beträge) DM			16	17	29
23	**Berlinvergünstigung**	Oben enthaltene Einnahmen, die **nicht aus Berlin (West)** sind		24	25	22
24	**Nur ausfüllen** bei Abgabe des Vordrucks **in** Berlin (West)	darauf entfallende Werbungskosten		28	29	23
25	**Nur ausfüllen** bei Wohnsitz **in** Berlin (West) und Abgabe des Vordrucks **außerhalb** von Berlin (West)	Oben enthaltene begünstigte Einnahmen **aus Berlin (West)**		22	23	26
26		darauf entfallende Werbungskosten		26	27	27
27	**Keine Kapitalerträge**	Einnahmen aus Kapitalvermögen sind	☐ nicht angefallen	☐ nicht angefallen		
28	**Unterschrift** Ich versichere, daß ich die Angaben zu den Einkünften aus Kapitalvermögen wahrheitsgemäß nach bestem Wissen und Gewissen gemacht habe.					
29	Datum, Unterschrift(en) – Steuererklärungen sind eigenhändig – bei Ehegatten von beiden – zu unterschreiben.					

Anlage KSO für Einkünfte aus Kapitalvermögen und sonstige Einkünfte – Aug. 88 (3)

Anhang 1

– Einkommensteuer –
Grund- und Splitting-Tabelle 1988/89
von DM 4590,– bis DM 53 135,–
mit
Vergleichswerten 1990
in Stufen zu je DM 500,– Einkommen

Einkommensteuer-Grund- und Splitting-Tabelle 1988/89
- Mit Vergleichswerten 1990 für je DM 500.– Einkommen -

Zu versteuerndes Einkommen bis DM	Einkommensteuer Grundtarif DM	Einkommensteuer Splittingtarif DM	Zu versteuerndes Einkommen bis DM	Einkommensteuer Grundtarif DM	Einkommensteuer Splittingtarif DM
4 589			7 019	487/*256*	
4 643			7 073	499	
4 697			7 127	511	
4 751			7 181	523	
4 805			7 235	535	
4 859	12		7 289	546	
4 913	24		7 343	558	
4 967	36		7 397	570	
5 021	47		7 451	582	
5 075	59		7 505	594/*348*	
5 129	71		7 559	606	
5 183	83		7 613	618	
5 237	95		7 667	630	
5 291	107		7 721	641	
5 345	119		7 775	653	
5 399	131		7 829	665	
5 453	143		7 883	677	
5 507	154		7 937	689	
5 561	166		7 991	701	
5 615	178		8 045	713/*451*	
5 669	190/*0*		8 099	725	
5 723	202/*10*		8 153	737	
5 777	214/*20*		8 207	748	
5 831	226/*30*		8 261	760	
5 885	238/*41*		8 315	772	
5 939	249/*51*		8 369	784	
5 993	261/*61*		8 423	796	
6 047	273/*71*		8 477	808	
6 101	285		8 531	820/*544*	
6 155	297		8 585	832	
6 209	309		8 639	843	
6 263	321		8 693	855	
6 317	333		8 747	867	
6 371	344		8 801	879	
6 425	356		8 855	891	
6 479	368		8 909	903	
6 533	380/*164*		8 963	915	
6 587	392		9 017	927/*637*	
6 641	404		9 071	938	
6 695	416		9 125	950	
6 749	428		9 179	962	
6 803	440		9 233	974	
6 857	451		9 287	986	
6 911	463		9 341	998	
6 965	475		9 395	1 010	

Einkommensteuer-Grund- und Splitting-Tabelle 1988/89
- Mit Vergleichswerten 1990 für je DM 500.– Einkommen -

Zu versteuerndes Einkommen bis DM	Einkommensteuer Grundtarif DM	Einkommensteuer Splittingtarif DM	Zu versteuerndes Einkommen bis DM	Einkommensteuer Grundtarif DM	Einkommensteuer Splittingtarif DM
9449	1022		11879	1556	498
9503	1034/731		11933	1568	522/122
9557	1045		11987	1580	522
9611	1057		12041	1592/1233	546/142
9665	1069	24	12095	1604	546
9719	1081	24	12149	1616	570
9773	1093	48	12203	1628	570
9827	1105	48	12257	1639	594
9881	1117	72	12311	1651	594
9935	1129	72	12365	1663	618
9989	1140	94	12419	1675	618
10043	1152/836	94	12473	1687	642
10097	1164	118	12527	1699/1332	642/224
10151	1176	118	12581	1711	666
10205	1188	142	12635	1723	666
10259	1200	142	12689	1734	688
10313	1212	166	12743	1746	688
10367	1224	166	12797	1758	712
10421	1235	190	12851	1770	712
10475	1247	190	12905	1782	736
10529	1259/932	214	12959	1794	736
10583	1271	214	13013	1806/1431	760/328
10637	1283	238	13067	1818	760
10691	1295	238	13121	1829	784
10745	1307	262	13175	1841	784
10799	1319	262	13229	1853	808
10853	1331	286	13283	1865	808
10907	1342	286	13337	1877	832
10961	1354	308	13391	1889	832
11015	1366/1028	308	13445	1901	856
11069	1378	332	13499	1913	856
11123	1390	332	13553	1925/1542	880/430
11177	1402	356	13607	1936	880
11231	1414	356	13661	1948	902
11285	1426	380	13715	1960	902
11339	1437	380/0	13769	1972	926
11393	1449	404/20	13823	1984	926
11447	1461	404	13877	1996	950
11501	1473/1125	428/40	13931	2008	950
11555	1485	428	13985	2020	974
11609	1497	452/60	14039	2031/1642	974/512
11663	1509	452	14093	2043	998
11717	1521	476/82	14147	2055	998
11771	1532	476	14201	2067	1022
11825	1544	498/102	14255	2079	1022

Einkommensteuer-Grund- und Splitting-Tabelle 1988/89
- Mit Vergleichswerten 1990 für je DM 500.– Einkommen -

Zu versteuerndes Einkommen bis DM	Einkommensteuer Grundtarif DM	Einkommensteuer Splittingtarif DM	Zu versteuerndes Einkommen bis DM	Einkommensteuer Grundtarif DM	Einkommensteuer Splittingtarif DM
14309	2091	1046	16739	2625	1568
14363	2103	1046	16793	2637	1592
14417	2115	1070	16847	2649	1592
14471	2126	1070	16901	2661	1616
14525	2138/1744	1092/614	16955	2673	1616
14579	2150	1092	17009	2685/2273	1640/1088
14633	2162	1116	17063	2697	1640
14687	2174	1116	17117	2709	1664
14741	2186	1140	17171	2720	1664
14795	2198	1140	17225	2732	1686
14849	2210	1164	17279	2744	1686
14903	2222	1164	17333	2756	1710
14957	2233	1188	17387	2768	1710
15011	2245/1846	1188/696	17441	2780	1734
15065	2257	1212	17495	2792	1734
15119	2269	1212	17549	2804/2391	1758/1190
15173	2281	1236	17603	2816	1758
15227	2293	1236	17657	2827	1782
15281	2305	1260	17711	2839	1782
15335	2317	1260	17765	2851	1806
15389	2328	1282	17819	2863	1806
15443	2340	1282	17873	2875	1830
15497	2352	1306	17927	2887	1830
15551	2364/1960	1306/800	17981	2899	1854
15605	2376	1330	18035	2911/2497	1854/1274
15659	2388	1330	18089	2922	1876
15713	2400	1354	18143	2934	1876
15767	2412	1354	18197	2946	1900
15821	2423	1378	18251	2958	1900
15875	2435	1378	18305	2970	1924
15929	2447	1402	18359	2982	1924
15983	2459	1402	18413	2994	1948
16037	2471/2064	1426/902	18467	3006	1948
16091	2483	1426	18521	3018/2605	1972/1378
16145	2495	1450	18575	3030	1972
16199	2507	1450	18629	3043	1996
16253	2519	1474	18683	3055	1996
16307	2530	1474	18737	3067	2020
16361	2542	1496	18791	3079	2020
16415	2554	1496	18845	3091	2044
16469	2566	1520	18899	3103	2044
16523	2578/2168	1520/984	18953	3116	2068
16577	2590	1544	19007	3128/2713	2068/1462
16631	2602	1544	19061	3140	2090
16685	2614	1568	19115	3153	2090

Einkommensteuer-Grund- und Splitting-Tabelle 1988/89
- Mit Vergleichswerten 1990 für je DM 500.– Einkommen -

Zu versteuerndes Einkommen bis DM	Einkommensteuer Grundtarif DM	Einkommensteuer Splittingtarif DM	Zu versteuerndes Einkommen bis DM	Einkommensteuer Grundtarif DM	Einkommensteuer Splittingtarif DM
19169	3165	2114	21599	3743	2638
19223	3177	2114	21653	3757	2662
19277	3190	2138	21707	3770	2662
19331	3202	2138	21761	3784	2684
19385	3215	2162	21815	3797	2684
19439	3227	2162	21869	3810	2708
19493	3240	2186	21923	3824	2708
19547	3252/2834	2186/1566	21977	3837	2732
19601	3265	2210	22031	3851/3401	2732/2056
19655	3277	2210	22085	3864	2756
19709	3290	2234	22139	3878	2756
19763	3302	2234	22193	3891	2780
19817	3315	2258	22247	3905	2780
19871	3328	2258	22301	3919	2804
19925	3340	2280	22355	3932	2804
19979	3353	2280	22409	3946	2828
20033	3366/2943	2304/1672	22463	3960	2828
20087	3378	2304	22517	3973/3514	2852/2162
20141	3391	2328	22571	3987	2852
20195	3404	2328	22625	4001	2874
20249	3417	2352	22679	4015	2874
20303	3429	2352	22733	4028	2898
20357	3442	2376	22787	4042	2898
20411	3455	2376	22841	4056	2922
20465	3468	2400	22895	4070	2922
20519	3481/3053	2400/1756	22949	4084	2946
20573	3494	2424	23003	4098/3641	2946/2250
20627	3507	2424	23057	4111	2970
20681	3520	2448	23111	4125	2970
20735	3533	2448	23165	4139	2994
20789	3546	2470	23219	4153	2994
20843	3559	2470	23273	4167	3018
20897	3572	2494	23327	4181	3018
20951	3585	2494	23381	4195	3042
21005	3598/3164	2518/1864	23435	4209	3042
21059	3611	2518	23489	4224	3064
21113	3624	2542	23543	4238/3755	3064/2358
21167	3637	2542	23597	4252	3088
21221	3651	2566	23651	4266	3088
21275	3664	2566	23705	4280	3112
21329	3677	2590	23759	4294	3112
21383	3690	2590	23813	4308	3136
21437	3703	2614	23867	4323	3136
21491	3717	2614	23921	4337	3160
21545	3·730/3266	2638/1970	23975	4351	3160

Anhang 1

Einkommensteuer-Grund- und Splitting-Tabelle 1988/89
- Mit Vergleichswerten 1990 für je DM 500.– Einkommen -

Zu versteuerndes Einkommen bis DM	Einkommensteuer Grundtarif DM	Einkommensteuer Splittingtarif DM	Zu versteuerndes Einkommen bis DM	Einkommensteuer Grundtarif DM	Einkommensteuer Splittingtarif DM
24029	4365/3871	3184/2466	26459	5029	3706
24083	4380	3184	26513	5044/4472	3730/2972
24137	4394	3208	26567	5060	3730
24191	4408	3208	26621	5075	3754
24245	4423	3232	26675	5090	3754
24299	4437	3232	26729	5105	3778
24353	4452	3256	26783	5121	3778
24407	4466	3256	26837	5136	3802
24461	4480	3278	26891	5151	3802
24515	4495/3987	3278/2554	26945	5167	3826
24569	4509	3302	26999	5182	3826
24623	4524	3302	27053	5198/4605	3850/3084
24677	4538	3326	27107	5213	3850
24731	4553	3326	27161	5229	3872
24785	4568	3350	27215	5244	3872
24839	4582	3350	27269	5259	3896
24893	4597	3374	27323	5275	3896
24947	4611	3374	27377	5291	3920
25001	4626/4104	3398/2664	27431	5306	3920
25055	4641	3398	27485	5322	3944
25109	4655	3422	27539	5337/4726	3944/3172
25163	4670	3422	27593	5353	3968
25217	4685	3446	27647	5368	3968
25271	4700	3446	27701	5384	3992
25325	4714	3468	27755	5400	3992
25379	4729	3468	27809	5415	4016
25433	4744	3492	27863	5431	4016
25487	4759	3492	27917	5447	4040
25541	4774/4235	3516/2774	27971	5463	4040
25595	4789	3516	28025	5478/4847	4062/3284
25649	4803	3540	28079	5494	4062
25703	4818	3540	28133	5510	4086
25757	4833	3564	28187	5526	4086
25811	4848	3564	28241	5542	4110
25865	4863	3588	28295	5557	4110
25919	4878	3588	28349	5573	4134
25973	4893	3612	28403	5589	4134
26027	4908/4353	3612/2862	28457	5605	4158
26081	4923	3636	28511	5621/4969	4158/3374
26135	4938	3636	28565	5637	4182
26189	4953	3658	28619	5653	4182
26243	4969	3658	28673	5669	4206
26297	4984	3682	28727	5685	4206
26351	4999	3682	28781	5701	4230
26405	5014	3706	28835	5717	4230

Einkommensteuer-Grund- und Splitting-Tabelle 1988/89
- Mit Vergleichswerten 1990 für je DM 500.– Einkommen -

Zu versteuerndes Einkommen bis DM	Einkommensteuer Grundtarif DM	Einkommensteuer Splittingtarif DM	Zu versteuerndes Einkommen bis DM	Einkommensteuer Grundtarif DM	Einkommensteuer Splittingtarif DM
28889	5733	4252	31319	6475	4776
28943	5749	4252	31373	6492	4800
28997	5765	4276	31427	6509	4800
29051	5781/5106	4276/3488	31481	6526	4824
29105	5798	4300	31535	6543/5745	4824/4012
29159	5814	4300	31589	6560	4846
29213	5830	4324	31643	6577	4846
29267	5846	4324	31697	6594	4870
29321	5862	4348	31751	6611	4870
29375	5878	4348	31805	6628	4894
29429	5895	4372	31859	6645	4894
29483	5911	4372	31913	6662	4918
29537	5927/5229	4396/3602	31967	6679	4918
29591	5944	4396	32021	6696/5872	4942/4128
29645	5960	4420	32075	6714	4942
29699	5976	4420	32129	6731	4966
29753	5993	4444	32183	6748	4966
29807	6009	4444	32237	6765	4990
29861	6025	4466	32291	6782	4990
29915	6042	4466	32345	6800	5014
29969	6058	4490	32399	6817	5014
30023	6075/5354	4490/3692	32453	6834	5038
30077	6091	4514	32507	6851/6000	5038/4220
30131	6108	4514	32561	6869	5060
30185	6124	4538	32615	6886	5060
30239	6141	4538	32669	6903	5084
30293	6157	4562	32723	6921	5084
30347	6174	4562	32777	6938	5108
30401	6190	4586	32831	6956	5108
30455	6207	4586	32885	6973	5132
30509	6224/5479	4610/3806	32939	6990	5132
30563	6240	4610	32993	7008	5156
30617	6257	4634	33047	7025/6157	5156/4336
30671	6274	4634	33101	7043	5180
30725	6290	4656	33155	7060	5180
30779	6307	4656	33209	7078	5204
30833	6324	4680	33263	7095	5204
30887	6341	4680	33317	7113	5228
30941	6357	4704	33371	7130	5228
30995	6374	4704	33425	7148	5250
31049	6391/5618	4728/3920	33479	7166	5250
31103	6408	4728	33533	7183/6272	5274/4454
31157	6425	4752	33587	7201	5274
31211	6441	4752	33641	7219	5298
31265	6458	4776	33695	7236	5298

Anhang 1

Einkommensteuer-Grund- und Splitting-Tabelle 1988/89
- Mit Vergleichswerten 1990 für je DM 500.– Einkommen -

Zu versteuerndes Einkommen bis DM	Einkommensteuer Grundtarif DM	Einkommensteuer Splittingtarif DM	Zu versteuerndes Einkommen bis DM	Einkommensteuer Grundtarif DM	Einkommensteuer Splittingtarif DM
33749	7254	5322	36179	8067	5844
33803	7272	5322	36233	8086	5868
33857	7289	5346	36287	8104	5868
33911	7307	5346	36341	8123	5892
33965	7325	5370	36395	8141	5892
34019	7343/6403	5370/4546	36449	8160	5916
34073	7360	5394	36503	8178/7079	5916/5090
34127	7378	5394	36557	8197	5940
34181	7396	5418	36611	8216	5940
34235	7414	5418	36665	8234	5964
34289	7432	5440	36719	8253	5964
34343	7450	5440	36773	8271	5988
34397	7467	5464	36827	8290	5988
34451	7485	5464	36881	8309	6012
34505	7503/6533	5484/4664	36935	8327	6012
34559	7521	5488	36989	8346	6036
34613	7539	5512	37043	8365/7229	6036/5210
34667	7557	5512	37097	8384	6060
34721	7575	5536	37151	8402	6060
34775	7593	5536	37205	8421	6086
34829	7611	5560	37259	8440	6086
34883	7629	5560	37313	8459	6110
34937	7647	5584	37367	8477	6110
34991	7665	5584	37421	8496	6134
35045	7684/6680	5608/4782	37475	8515	6134
35099	7702	5608	37529	8534/7364	6158/5330
35153	7720	5632	37583	8553	6158
35207	7738	5632	37637	8572	6182
35261	7756	5654	37691	8591	6182
35315	7774	5654	37745	8609	6206
35369	7792	5678	37799	8628	6206
35423	7811	5678	37853	8647	6232
35477	7829	5702	37907	8666	6232
35531	7847/6812	5702/4876	37961	8685	6256
35585	7865	5726	38015	8704/7500	6256/5426
35639	7884	5726	38069	8723	6280
35693	7902	5750	38123	8742	6280
35747	7920	5750	38177	8761	6306
35801	7939	5774	38231	8780	6306
35855	7957	5774	38285	8799	6330
35909	7975	5798	38339	8819	6330
35963	7994	5798	38393	8838	6354
36017	8012/6945	5822/4994	38447	8857	6354
36071	8031	5822	38501	8876/7637	6380/5546
36125	8049	5844	38555	8895	6380

Einkommensteuer-Grund- und Splitting-Tabelle 1988/89
- Mit Vergleichswerten 1990 für je DM 500.– Einkommen -

Zu versteuerndes Einkommen bis DM	Einkommensteuer Grundtarif DM	Einkommensteuer Splittingtarif DM	Zu versteuerndes Einkommen bis DM	Einkommensteuer Grundtarif DM	Einkommensteuer Splittingtarif DM
38609	8914	6404	41039	9793/8363	6962/6106
38663	8933	6404	41093	9812	6988
38717	8953	6430	41147	9832	6988
38771	8972	6430	41201	9852	7014
38825	8991	6454	41255	9872	7014
38879	9010	6454	41309	9892	7040
38933	9030	6480	41363	9912	7040
38987	9049	6480	41417	9932	7066
39041	9068/7790	6504/5668	41471	9952	7066
39095	9087	6504	41525	9972/8504	7092/6230
39149	9107	6530	41579	9992	7092
39203	9126	6530	41633	10012	7118
39257	9145	6554	41687	10032	7118
39311	9165	6554	41741	10052	7144
39365	9184	6580	41795	10072	7144
39419	9204	6580	41849	10092	7170
39473	9223	6604	41903	10112	7170
39527	9242/7928	6604/5764	41957	10132	7196
39581	9262	6630	42011	10152/8646	7196/6328
39635	9281	6630	42065	10173	7222
39689	9301	6656	42119	10193	7222
39743	9320	6656	42173	10213	7248
39797	9340	6680	42227	10233	7248
39851	9359	6680	42281	10253	7274
39905	9379	6706	42335	10273	7274
39959	9398	6706	42389	10294	7302
40013	9418/8067	6732/5886	42443	10314	7302
40067	9438	6732	42497	10334	7328
40121	9457	6756	42551	10354/8805	7328/6452
40175	9477	6756	42605	10375	7354
40229	9496	6782	42659	10395	7354
40283	9516	6782	42713	10415	7380
40337	9536	6808	42767	10436	7380
40391	9555	6808	42821	10456	7406
40445	9575	6834	42875	10476	7406
40499	9595	6834	42929	10497	7434
40553	9614/8223	6858/6006	42983	10517	7434
40607	9634	6858	43037	10537/8948	7460/6576
40661	9654	6884	43091	10558	7460
40715	9674	6884	43145	10578	7486
40769	9693	6910	43199	10599	7486
40823	9713	6910	43253	10619	7514
40877	9733	6936	43307	10639	7514
40931	9753	6936	43361	10660	7540
40985	9773	6962	43415	10680	7540

Einkommensteuer-Grund- und Splitting-Tabelle 1988/89
- Mit Vergleichswerten 1990 für je DM 500.– Einkommen -

Zu versteuerndes Einkommen bis DM	Einkommensteuer Grundtarif DM	Einkommensteuer Splittingtarif DM	Zu versteuerndes Einkommen bis DM	Einkommensteuer Grundtarif DM	Einkommensteuer Splittingtarif DM
43469	10701	7568	45899	11638	8168
43523	10721/9093	7568/6676	45953	11659	8196
43577	10742	7594	46007	11680/9841	8196/7256
43631	10763	7594	46061	11701	8222
43685	10783	7620	46115	11722	8222
43739	10804	7620	46169	11743	8250
43793	10824	7648	46223	11765	8250
43847	10845	7648	46277	11786	8278
43901	10865	7674	46331	11807	8278
43955	10886	7674	46385	11828	8306
44009	10907/9238	7702/6802	46439	11850	8306
44063	10927	7702	46493	11871	8334
44117	10948	7728	46547	11892/10006	8334/7384
44171	10969	7728	46601	11913	8362
44225	10989	7756	46655	11935	8362
44279	11010	7756	46709	11956	8390
44333	11031	7782	46763	11977	8390
44387	11052	7782	46817	11999	8418
44441	11072	7810	46871	12020	8418
44495	11093	7810	46925	12041	8448
44549	11114/9399	7838/6928	46979	12063	8448
44603	11135	7838	47033	12084/10156	8476/7510
44657	11155	7864	47087	12106	8476
44711	11176	7864	47141	12127	8504
44765	11197	7892	47195	12148	8504
44819	11218	7892	47249	12170	8532
44873	11239	7920	47303	12191	8532
44927	11260	7920	47357	12213	8560
44981	11281	7946	47411	12234	8560
45035	11301/9546	7946/7028	47465	12256	8588
45089	11322	7974	47519	12277/10306	8588/7614
45143	11343	7974	47573	12299	8616
45197	11364	8002	47627	12320	8616
45251	11385	8002	47681	12342	8646
45305	11406	8030	47735	12363	8646
45359	11427	8030	47789	12385	8674
45413	11448	8056	47843	12407	8674
45467	11469	8056	47897	12428	8702
45521	11490/9693	8084/7154	47951	12450	8702
45575	11511	8084	48005	12471/10456	8730/7742
45629	11532	8112	48059	12493	8730
45683	11553	8112	48113	12515	8760
45737	11574	8140	48167	12536	8760
45791	11595	8140	48221	12558	8788
45845	11617	8168	48275	12580	8788

Einkommensteuer-Grund- und Splitting-Tabelle 1988/89
- Mit Vergleichswerten 1990 für je DM 500.– Einkommen -

Zu versteuerndes Einkommen bis DM	Einkommensteuer		Zu versteuerndes Einkommen bis DM	Einkommensteuer	
	Grundtarif DM	Splittingtarif DM		Grundtarif DM	Splittingtarif DM
48329	12601	8816	50759	13590	9458
48383	12623	8816	50813	13613	9488
48437	12645	8846	50867	13635	9488
48491	12666	8846	50921	13657	9518
48545	12688/10625	8874/7870	50975	13679	9518
48599	12710	8874	51029	13702/11411	9548/8470
48653	12732	8904	51083	13724	9548
48707	12754	8904	51137	13746	9578
48761	12775	8932	51191	13769	9578
48815	12797	8932	51245	13791	9606
48869	12819	8960	51299	13813	9606
48923	12841	8960	51353	13836	9636
48977	12863	8990	51407	13858	9636
49031	12884/10777	8990/7974	51461	13881	9666
49085	12906	9018	51515	13903/11567	9666/8574
49139	12928	9018	51569	13925	9696
49193	12950	9048	51623	13948	9696
49247	12972	9048	51677	13970	9726
49301	12994	9076	51731	13993	9726
49355	13016	9076	51785	14015	9756
49409	13038	9106	51839	14038	9756
49463	13060	9106	51893	14060	9786
49517	13082/10930	9136/8104	51947	14083	9786
49571	13104	9136	52001	14105/11724	9816/8706
49625	13126	9164	52055	14128	9816
49679	13148	9164	52109	14150	9846
49733	13170	9194	52163	14173	9846
49787	13192	9194	52217	14195	9876
49841	13214	9222	52271	14218	9876
49895	13236	9222	52325	14240	9906
49949	13258	9252	52379	14263	9906
50003	13280/11084	9252/8208	52433	14286	9938
50057	13302	9282	52487	14308	9938
50111	13324	9282	52541	14331/11899	9968/8838
50165	13346	9310	52595	14353	9968
50219	13368	9310	52649	14376	9998
50273	13391	9340	52703	14399	9998
50327	13413	9340	52757	14421	10028
50381	13435	9370	52811	14444	10028
50435	13457	9370	52865	14467	10058
50489	13479	9400	52919	14489	10058
50543	13501/11256	9400/8338	52973	14512	10088
50597	13524	9428	53027	14535/12057	10088/8944
50651	13546	9428	53081	14558	10120
50705	13568	9458	53135	14580	10120

Anhang 1

Einkommensteuer-Grund- und Splitting-Tabelle 1988/89
- Mit Vergleichswerten 1990 für je DM 500.– Einkommen -

Zu versteuerndes Einkommen bis DM	Einkommensteuer		Zu versteuerndes Einkommen bis DM	Einkommensteuer	
	Grundtarif DM	Splittingtarif DM		Grundtarif DM	Splittingtarif DM
53 189	14 603	10 150	54 269	15 061	10 458
53 243	14 626	10 150	54 323	15 084	10 458
53 297	14 649	10 180	54 377	15 107	10 488
53 351	14 671	10 180	54 431	15 130	10 488
53 405	14 694	10 210	54 485	15 153	10 518
53 459	14 717	10 210	54 539	15 176/*12 554*	10 518/*9 318*
53 513	14 740/*12 216*	10 242/*9 078*	54 593	15 199	10 550
53 567	14 763	10 242	54 647	15 222	10 550
53 621	14 786	10 272	54 701	15 245	10 582
53 675	14 808	10 272	54 755	15 268	10 582
53 729	14 831	10 302	54 809	15 291	10 612
53 783	14 854	10 302	54 863	15 314	10 612
53 837	14 877	10 334	54 917	15 337	10 644
53 891	14 900	10 334	54 971	15 360	10 644
53 945	14 923	10 364	55 025	15 383/*12 715*	10 674/*9 452*
53 999	14 946	10 364	55 079	15 406	10 674
54 053	14 969/*12 394*	10 396/*9 200*	55 133	15 430	10 706
54 107	14 992	10 396	55 187	15 453	10 706
54 161	15 015	10 426	55 241	15 476	10 736
54 215	15 038	10 426	55 295	15 499	10 736

Anhang 2

Allgemeine Monatslohnsteuertabelle 1988/89
von DM 1210,– bis DM 5491,49

Arbeitnehmer *ohne* eigene Beitragszahlung zur Altersversorgung,
wie Beamte, können *statt* aus der für sie maßgebenden *besonderen*
Lohnsteuertabelle ihre Lohnsteuer auch aus dieser *allgemeinen*
Lohnsteuertabelle richtig ablesen, wenn sie dabei die *Zuschlagswerte
auf Seite 153* berücksichtigen.

Sofern *Arbeitnehmer der Steuerklassen I und IV* mit ihrem Monatslohn
unter den Eingangsstufen in diesem Anhang 2, jedoch *über* den auf
Seite 152 angegebenen Steuerschwellen liegen, können sie ihre
Lohnsteuer mit 22 % *aus der Differenz zwischen der Steuerschwelle und
dem eigenen Lohn* bei nur minimalen Abweichungen infolge der
Steuerstufen leicht selbst ermitteln.

Allgemeine MONATSLOHNSTEUERTABELLE 1988/89*)

Tabellenkopf (beide Tabellenhälften):

Lohn bis DM	Arbeitnehmer ohne Kinder St-Kl.	DM	AN mit Kinderfreibeträgen gemäß LSt-Karte St-Kl.	0,5 DM	1,0 DM	1,5 DM	2,0 DM	2,5 DM	3,0 DM

Linke Tabellenhälfte

Lohn bis DM	St-Kl	ohne DM	0,5	1,0	1,5	2,0	2,5	3,0
1211,99	I/IV	109,90	98,00	87,00	75,20	64,30	52,50	41,50
	III	13,80	–	–	–	–	–	–
	V	246,50	–	–	–	–	–	–
	VI	265,30	–	–	–	–	–	–
1216,49	I/IV	110,90	99,00	88,00	76,20	65,30	53,40	42,50
	III	15,80	–	–	–	–	–	–
	V	247,50	–	–	–	–	–	–
	VI	266,30	–	–	–	–	–	–
1220,99	I/IV	110,90	99,00	88,00	76,20	65,30	53,40	42,50
	III	15,80	–	–	–	–	–	–
	V	248,50	–	–	–	–	–	–
	VI	267,30	–	–	–	–	–	–
1225,49	I/IV	111,80	100,00	89,00	77,20	66,20	54,40	43,50
	III	17,80	–	–	–	–	–	–
	V	249,50	–	–	–	–	–	–
	VI	268,30	–	–	–	–	–	–
1229,99	I/IV	112,80	101,00	90,00	78,10	67,30	55,40	44,50
	III	17,80	–	–	–	–	–	–
	V	250,50	–	–	–	–	–	–
	VI	269,30	–	–	–	–	–	–
1234,49	I/IV	113,80	101,00	90,00	78,10	67,30	55,40	44,50
	III	17,80	–	–	–	–	–	–
	V	251,40	–	–	–	–	–	–
	VI	270,30	–	–	–	–	–	–
1238,99	I/IV	114,80	102,00	91,00	79,10	68,30	56,40	45,50
	III	19,80	–	–	–	–	–	–
	V	252,40	–	–	–	–	–	–
	VI	271,30	–	–	–	–	–	–
1243,49	I/IV	115,80	102,90	92,00	80,10	69,30	57,40	46,50
	III	19,80	–	–	–	–	–	–
	V	253,50	–	–	–	–	–	–
	VI	272,50	–	–	–	–	–	–
1247,99	I/IV	116,80	103,90	93,00	81,10	70,20	58,40	47,50
	III	21,80	–	–	–	–	–	–
	V	254,50	–	–	–	–	–	–
	VI	273,50	–	–	–	–	–	–
1252,49	I/IV	117,80	104,90	94,00	82,10	71,20	59,40	48,50
	III	21,80	–	–	–	–	–	–
	V	255,50	–	–	–	–	–	–
	VI	274,50	–	–	–	–	–	–
1256,99	I/IV	118,80	105,90	95,00	83,10	72,20	60,40	49,50
	III	23,80	–	–	–	–	–	–
	V	256,50	–	–	–	–	–	–
	VI	275,60	–	–	–	–	–	–
1261,49	I/IV	119,80	106,90	96,00	84,10	73,20	61,40	50,50
	III	23,80	–	–	–	–	–	–
	V	257,50	–	–	–	–	–	–
	VI	276,60	–	–	–	–	–	–
1265,99	I/IV	120,70	107,90	97,00	85,10	74,20	62,30	51,50
	III	25,60	–	–	–	–	–	–
	V	258,30	–	–	–	–	–	–
	VI	277,30	–	–	–	–	–	–
1270,49	I/IV	120,70	108,90	98,00	86,10	75,20	63,30	52,50
	III	25,60	–	–	–	–	–	–
	V	259,30	–	–	–	–	–	–
	VI	278,80	–	–	–	–	–	–

Rechte Tabellenhälfte

Lohn bis DM	St-Kl	ohne DM	0,5	1,0	1,5	2,0	2,5	3,0
1337,99	I/IV	134,60	122,70	111,80	100,00	89,00	77,20	66,30
	III	37,60	24,70	13,80	2,00	–	–	–
	V	274,50	–	–	–	–	–	–
	VI	295,60	–	–	–	–	–	–
1342,49	I/IV	135,60	123,70	112,80	101,00	90,00	78,10	67,30
	III	37,60	25,70	14,80	3,00	–	–	–
	V	275,60	–	–	–	–	–	–
	VI	296,60	–	–	–	–	–	–
1346,99	I/IV	136,50	124,70	113,80	102,00	91,00	79,10	68,30
	III	39,60	26,70	15,80	–	–	–	1,00
	V	276,60	–	–	–	–	–	–
	VI	297,80	–	–	–	–	–	–
1351,49	I/IV	137,50	125,70	114,80	102,90	92,00	80,10	69,30
	III	39,60	27,70	15,80	–	–	–	2,00
	V	277,80	–	–	–	–	–	–
	VI	299,00	–	–	–	–	–	–
1355,99	I/IV	138,50	126,70	115,80	103,90	93,00	81,10	70,20
	III	41,50	28,60	17,80	–	–	–	3,00
	V	278,80	–	–	–	–	–	–
	VI	300,10	–	–	–	–	–	–
1360,49	I/IV	139,50	127,60	116,80	104,90	94,00	82,10	71,20
	III	41,50	29,60	17,80	–	–	–	3,90
	V	279,80	–	–	–	–	–	–
	VI	301,50	–	–	–	–	–	–
1364,99	I/IV	140,50	128,60	117,80	105,90	95,00	83,10	72,20
	III	43,50	30,60	19,80	–	–	–	3,90
	V	281,00	–	–	–	–	–	–
	VI	302,60	–	–	–	–	–	–
1369,49	I/IV	140,50	128,60	117,80	105,90	95,00	83,10	72,20
	III	43,50	30,60	19,80	–	–	–	3,90
	V	282,00	–	–	–	–	–	–
	VI	303,80	–	–	–	–	–	–
1373,99	I/IV	141,50	129,60	118,80	106,90	96,00	84,10	73,20
	III	45,50	31,60	21,80	–	–	–	4,90
	V	283,10	–	–	–	–	–	–
	VI	305,10	–	–	–	–	–	–
1378,49	I/IV	142,50	130,60	119,70	107,90	97,00	85,10	74,20
	III	45,50	32,60	21,80	–	–	–	5,90
	V	284,10	–	–	–	–	–	–
	VI	306,30	–	–	–	–	–	–
1382,99	I/IV	143,50	131,60	120,70	108,90	98,00	86,10	75,20
	III	47,50	33,60	21,80	–	–	–	6,90
	V	285,30	–	–	–	–	–	–
	VI	307,50	–	–	–	–	–	–
1387,49	I/IV	144,50	132,70	121,70	109,90	99,00	87,00	76,20
	III	45,50	34,60	23,80	–	–	–	7,90
	V	286,50	–	–	–	–	–	–
	VI	308,80	–	–	–	–	–	–
1391,99	I/IV	145,50	133,60	122,70	110,90	100,00	88,00	77,20
	III	45,50	35,60	23,80	–	–	–	8,90
	V	287,60	–	–	–	–	–	–
	VI	310,00	–	–	–	–	–	–
1396,49	I/IV	146,50	134,60	123,70	111,80	101,00	89,00	78,10
	III	47,50	36,60	25,60	–	–	–	9,90
	V	288,80	–	–	–	–	–	–
	VI	311,10	–	–	–	–	–	–

German monthly wage-tax table (Allgemeine Monats-Lohnsteuer-Tabelle) — the page shows, for each wage step, the tax by Steuerklasse (I/IV, II, V, VI) across the number of Kinderfreibeträge (0; 0,5; 1; 1,5; 2; 2,5; 3). Values where the tax would be ≤ 0 are shown as "–".

Left section (Steuerklasse I/IV — Lohnsteuer across Kinderfreibeträge 0 / 0,5 / 1 / 1,5 / 2 / 2,5 / 3)

Lohn bis	0	0,5	1	1,5	2	2,5	3
1274,99	121,70	99,00	76,20	53,40	30,60	7,90	–
1279,49	122,70	100,00	77,20	54,40	31,60	8,90	–
1283,99	123,70	101,00	78,10	55,40	32,60	9,90	–
1288,49	124,70	102,00	79,10	56,40	33,60	10,90	–
1292,99	125,70	102,90	80,10	57,40	34,60	11,90	–
1297,49	126,70	103,90	81,10	58,40	35,60	12,80	–
1301,99	127,60	104,90	82,10	59,40	36,60	13,80	–
1306,49	128,60	105,90	83,10	60,40	37,50	14,80	–
1310,99	129,60	106,90	84,10	61,40	38,50	15,80	–
1315,49	130,60	107,90	85,10	62,30	39,50	16,60	–
1319,99	130,60	107,90	85,10	63,30	39,50	16,80	–
1324,49	131,60	108,90	86,10	63,30	40,50	17,80	–
1328,99	132,50	109,90	87,00	64,30	41,50	18,80	–
1333,49	133,60	110,90	88,00	65,30	42,50	19,80	–

Accompanying values for classes II, V and VI (as printed):
- 1274,99 — II: 25,60 | V: 260,30 | VI: 279,80
- Further brackets list corresponding II / V / VI values in the same column block.

Right section (Steuerklasse I/IV — Lohnsteuer across Kinderfreibeträge 0 / 0,5 / 1 / 1,5 / 2 / 2,5 / 3)

Lohn bis	0	0,5	1	1,5	2	2,5	3
1400,99	147,50	124,70	102,00	79,10	56,40	33,60	10,90
1405,49	148,50	125,70	102,90	80,10	57,40	34,60	11,90
1409,99	149,50	126,70	103,90	81,10	58,40	35,60	12,80
1414,49	150,50	127,60	104,90	82,10	59,40	36,60	13,80
1418,99	150,50	127,60	105,80	83,10	60,40	37,50	13,80
1423,49	151,50	128,60	106,80	83,10	60,40	37,50	14,80
1427,99	152,40	129,60	106,90	84,10	61,40	38,50	15,80
1432,49	153,40	130,60	107,90	85,10	63,30	39,50	16,80
1436,99	154,40	131,60	108,90	86,10	63,30	40,50	17,80
1441,49	155,40	132,50	109,90	87,00	64,30	41,50	18,80
1445,99	156,40	133,60	110,90	88,00	65,30	42,50	19,80
1450,49	157,40	134,60	111,80	89,00	66,30	43,50	20,70
1454,99	158,40	135,60	112,80	90,00	67,30	44,50	21,70
1459,49	159,40	136,50	113,80	91,00	68,30	45,50	22,70

- 1400,99 — II: 47,50 / 24,70 / 2,20 | V: 290,00 | VI: 312,30
- Further brackets list corresponding II / V / VI values in the same column block.

*) Arbeitnehmer für die die besonderen Lohnsteuer-Tabellen gelten (u. a. Beamte und Rentner), können ihre Steuer unter Anwendung der Zurechnungstabelle auf Seite 153 auch von dieser allgemeinen Monats-Lohnsteuer-Tabelle ablesen.

Zurechnungstabelle auf Seite 153

Allgemeine MONATSLOHNSTEUERTABELLE 1988/89*

Hinweis: Diese Seite besteht aus einer sehr dichten numerischen Tabelle mit zwei nebeneinander angeordneten Blöcken. Die Kopfzeile lautet für beide Blöcke gleich.

Lohn bis DM	Arbeitnehmer ohne Kinder DM	St.-Kl.	AN mit Kinderfreibeträgen gemäß LSt.-Karte:					
			0,5 DM	1,0 DM	1,5 DM	2,0 DM	2,5 DM	3,0 DM

Linker Block

Lohn bis DM	St.-Kl.	ohne Kinder	0,5	1,0	1,5	2,0	2,5	3,0
1463,99	I,IV	160,40	137,50	114,80	92,00	69,30	46,50	23,70
	III	59,30	50,50	27,70	4,90	—	—	—
	V	306,30	37,60	13,60	—	—	—	—
	VI	330,50	148,50	137,50	125,70	114,80	102,90	92,00
1468,49	I,IV	160,40	137,50	114,80	92,00	69,30	46,50	23,70
	III	61,30	50,50	27,70	4,90	—	—	—
	V	307,50	37,60	13,60	—	—	—	—
	VI	331,80	148,50	137,50	125,70	114,80	102,90	92,00
1472,99	I,IV	161,30	138,50	115,80	93,00	70,20	47,50	24,70
	III	61,30	51,50	28,60	5,90	—	—	—
	V	308,60	38,60	15,80	—	—	—	—
	VI	333,10	149,50	138,00	126,70	115,60	103,90	93,00
1477,49	I,IV	162,30	139,50	116,60	94,00	71,20	48,50	25,70
	III	61,00	52,50	29,50	6,90	—	—	—
	V	310,00	39,60	15,80	—	—	—	—
	VI	334,50	150,50	139,50	127,60	116,80	104,90	94,00
1481,99	I,IV	163,30	140,50	117,80	95,00	72,20	49,50	26,70
	III	63,30	53,40	30,60	7,80	—	—	—
	V	311,10	40,50	17,80	—	—	—	—
	VI	335,60	151,40	140,50	128,60	117,80	105,90	95,00
1486,49	I,IV	164,30	141,50	118,80	96,00	73,20	50,50	27,70
	III	65,30	54,40	31,60	8,90	—	—	—
	V	312,30	41,50	17,80	—	—	—	—
	VI	337,00	152,40	141,50	129,00	118,80	106,90	96,00
1490,99	I,IV	165,30	142,50	119,70	97,00	74,20	51,50	28,60
	III	65,30	55,40	32,60	9,90	—	—	—
	V	313,60	41,50	19,80	—	—	—	—
	VI	338,50	153,40	142,50	130,60	119,70	107,90	97,00
1495,49	I,IV	166,30	143,50	120,70	98,00	75,20	52,50	29,60
	III	67,30	56,40	33,60	10,80	—	—	—
	V	315,00	43,50	19,80	—	—	—	—
	VI	339,80	154,40	143,50	131,60	120,70	108,90	98,00
1499,99	I,IV	167,30	144,50	121,70	99,00	76,20	53,40	30,60
	III	67,30	57,40	34,60	11,90	—	—	—
	V	316,30	43,50	21,80	—	—	—	—
	VI	341,10	155,40	144,50	132,60	121,70	109,90	99,00
1504,49	I,IV	168,30	145,40	122,70	100,00	77,20	54,40	31,60
	III	67,30	58,40	35,60	12,80	—	—	—
	V	317,50	43,50	21,80	—	—	—	—
	VI	342,50	156,40	145,50	133,60	122,70	110,90	100,00
1508,99	I,IV	169,40	146,50	123,70	101,00	78,10	55,40	32,60
	III	67,30	59,40	36,60	13,60	—	—	—
	V	318,80	45,40	23,80	—	—	—	—
	VI	344,00	157,40	146,50	134,60	123,70	111,80	101,00
1513,49	I,IV	170,30	147,50	124,70	102,00	79,10	56,40	33,60
	III	69,30	60,40	37,50	14,80	—	—	—
	V	320,00	45,50	23,80	—	—	—	—
	VI	345,30	158,40	147,50	135,60	124,70	112,80	102,00
1517,99	I,IV	170,20	147,50	124,80	102,00	79,10	56,40	33,60
	III	69,30	60,40	37,50	14,80	—	—	—
	V	321,30	45,50	23,80	—	—	—	—
	VI	346,60	159,40	148,50	135,60	124,70	112,80	102,00
1522,49	I,IV	171,20	148,50	125,70	102,90	80,10	57,40	34,60
	III	71,30	61,30	38,60	15,80	—	—	—
	V	322,50	47,50	25,60	—	—	—	—
	VI	348,10	159,40	148,50	136,50	125,70	113,80	102,90

Rechter Block

Lohn bis DM	St.-Kl.	ohne Kinder	0,5	1,0	1,5	2,0	2,5	3,0
1589,99	I,IV	185,10	162,30	139,50	116,80	94,00	71,20	48,50
	III	83,10	75,20	52,50	29,60	6,90	—	—
	V	342,50	63,30	342,50	13,80	—	—	—
	VI	369,50	173,20	162,30	150,50	139,50	127,60	116,80
1594,49	I,IV	186,00	163,30	140,50	117,80	95,00	72,20	49,50
	III	83,10	76,20	53,40	30,60	7,90	—	—
	V	344,00	61,30	37,60	15,80	—	—	—
	VI	371,00	174,20	163,30	151,50	140,50	128,60	116,80
1598,99	I,IV	187,00	164,30	141,50	118,80	96,00	73,20	50,50
	III	85,10	77,20	54,40	31,60	8,90	—	—
	V	372,50	63,30	39,60	15,80	—	—	—
	VI	372,50	175,20	164,30	152,40	141,50	129,60	117,80
1603,49	I,IV	188,00	165,30	142,50	119,70	97,00	74,20	51,50
	III	85,10	78,10	55,40	32,60	9,90	—	—
	V	346,60	61,30	39,60	15,80	—	—	—
	VI	374,00	176,20	165,30	153,40	142,50	130,60	119,70
1607,99	I,IV	189,00	166,30	143,50	120,70	98,00	75,20	52,50
	III	85,10	79,10	56,40	33,60	10,90	—	—
	V	375,50	63,30	41,50	17,80	—	—	—
	VI	375,50	177,10	166,30	154,40	143,50	131,60	120,70
1612,49	I,IV	190,00	167,30	144,50	121,70	99,00	76,20	53,40
	III	80,10	80,10	57,40	34,60	11,90	—	—
	V	349,50	63,30	41,50	17,80	—	—	—
	VI	377,10	178,10	167,30	155,40	144,50	132,60	121,70
1616,99	I,IV	190,00	167,30	144,50	121,70	99,00	76,20	53,40
	III	87,10	80,10	58,40	34,60	11,90	—	—
	V	350,80	65,30	41,50	19,80	—	—	—
	VI	378,10	179,10	167,30	156,40	144,50	132,60	121,70
1621,49	I,IV	191,00	168,30	145,50	122,70	100,00	77,20	54,40
	III	89,10	81,10	58,40	35,60	12,80	—	—
	V	352,30	65,30	43,50	19,80	—	—	—
	VI	380,10	168,30	156,40	145,50	133,60	122,70	—
1625,99	I,IV	192,00	169,20	146,50	123,70	101,00	78,10	55,40
	III	89,10	82,10	59,40	36,60	13,60	—	—
	V	353,60	65,30	43,50	19,80	—	—	—
	VI	381,60	169,20	157,40	146,50	134,60	123,70	—
1630,49	I,IV	193,00	170,20	147,50	124,70	102,00	79,10	56,40
	III	89,10	84,10	60,40	37,50	14,80	—	—
	V	355,00	67,30	43,50	21,80	—	—	—
	VI	383,10	170,20	158,40	147,50	135,60	124,70	—
1634,99	I,IV	194,00	171,00	148,50	125,70	102,90	80,10	57,40
	III	91,00	84,10	61,40	38,50	15,80	—	—
	V	356,50	67,30	45,50	21,80	—	—	—
	VI	386,50	171,00	159,40	148,50	136,60	125,70	—
1639,49	I,IV	195,00	172,20	149,50	126,70	103,90	81,10	58,40
	III	91,00	85,10	62,30	39,50	16,80	—	—
	V	357,80	69,30	45,50	23,80	—	—	—
	VI	386,10	172,00	160,40	149,50	137,50	126,70	—
1643,99	I,IV	196,00	173,20	150,50	127,60	104,90	82,10	59,40
	III	93,00	86,10	63,30	40,50	17,80	—	—
	V	359,10	69,30	47,50	23,80	—	—	—
	VI	387,60	173,20	161,30	150,50	138,50	127,60	—
1648,49	I,IV	197,00	174,20	151,50	128,60	105,90	83,10	60,40
	III	71,30	87,10	64,30	41,50	18,80	—	—
	V	322,50	71,30	47,50	25,60	2,00	—	—
	VI	389,10	185,10	174,20	162,30	151,50	139,50	128,60

1 526,99	I,IV	172,20	I	149,50	126,70	103,90	81,10	58,40	35,60
	III	71,30	II	62,30	39,50	16,80	–	–	–
	V	323,80	III	47,50	25,60	2,00	–	–	–
	VI	349,50	IV	160,40	149,50	137,50	126,70	114,80	103,90
1 531,49	I,IV	173,20	I	150,50	127,60	104,90	82,10	59,40	36,60
	III	71,30	II	63,30	40,50	17,80	–	–	–
	V	325,10	III	49,50	25,60	4,00	–	–	–
	VI	350,80	IV	161,30	150,50	138,50	127,60	115,80	104,90
1 535,99	I,IV	174,20	I	151,50	128,60	105,90	83,10	60,40	37,50
	III	73,30	II	64,30	41,50	18,80	–	–	–
	V	326,30	III	49,50	27,60	4,00	–	–	–
	VI	352,30	IV	162,30	151,50	139,50	128,60	116,80	105,90
1 540,49	I,IV	175,20	I	152,40	129,60	106,90	84,10	61,40	38,50
	III	73,30	II	65,30	42,50	19,80	–	–	–
	V	327,60	III	51,50	27,60	6,00	–	–	–
	VI	353,60	IV	163,30	152,40	140,50	129,60	117,80	106,90
1 544,99	I,IV	176,20	I	153,40	130,60	107,90	85,10	62,30	39,50
	III	75,10	II	66,30	43,50	20,70	–	–	–
	V	329,10	III	51,50	29,60	6,00	–	–	–
	VI	355,00	IV	164,30	153,40	141,50	130,60	118,80	107,90
1 549,49	I,IV	177,10	I	154,40	131,60	108,90	86,10	63,30	40,50
	III	75,10	II	67,30	44,50	21,70	–	–	–
	V	330,50	III	53,50	29,60	7,80	–	–	–
	VI	356,50	IV	165,30	154,40	142,50	131,60	119,70	108,90
1 553,99	I,IV	178,10	I	155,40	132,60	109,90	87,00	64,30	41,50
	III	75,10	II	68,30	45,50	22,70	–	–	–
	V	331,80	III	53,50	29,60	7,80	–	–	–
	VI	357,80	IV	166,30	155,40	143,50	132,60	120,70	109,90
1 558,49	I,IV	179,10	I	156,40	133,60	110,90	88,00	65,30	42,50
	III	77,10	II	69,30	46,50	23,70	1,00	–	–
	V	333,10	III	53,50	31,60	7,80	–	–	–
	VI	359,50	IV	167,30	156,40	144,50	133,60	121,70	110,90
1 562,99	I,IV	180,10	I	157,40	134,60	111,80	89,00	66,30	43,50
	III	77,10	II	70,20	47,50	24,70	2,00	–	–
	V	334,50	III	55,50	31,60	9,80	–	–	–
	VI	360,80	IV	168,30	157,40	145,50	134,60	122,70	111,80
1 567,49	I,IV	180,10	I	157,40	134,60	111,80	89,00	66,30	43,50
	III	79,10	II	70,20	47,50	24,70	2,00	–	–
	V	335,60	III	55,50	33,60	9,80	–	–	–
	VI	362,30	IV	168,30	157,40	145,50	134,60	122,70	111,80
1 571,99	I,IV	181,10	I	158,40	135,60	112,80	90,00	67,30	44,50
	III	79,10	II	71,20	48,50	25,70	3,00	–	–
	V	337,00	III	57,30	33,60	11,80	–	–	–
	VI	363,80	IV	169,20	158,40	146,50	135,60	123,70	112,80
1 576,49	I,IV	182,10	I	159,40	136,50	113,80	91,00	68,30	45,50
	III	79,10	II	72,20	49,50	26,70	3,90	–	–
	V	338,50	III	57,30	33,60	11,80	–	–	–
	VI	365,10	IV	170,20	159,40	147,50	136,50	124,70	113,80
1 580,99	I,IV	183,10	I	160,40	137,50	114,80	92,00	69,30	46,50
	III	81,10	II	73,20	50,50	27,70	4,90	–	–
	V	339,80	III	57,30	35,60	11,80	–	–	–
	VI	366,60	IV	171,20	160,40	148,50	137,50	125,70	114,80
1 585,49	I,IV	184,10	I	161,30	138,50	115,80	93,00	70,20	47,50
	III	81,10	II	74,20	51,50	28,60	5,90	–	–
	V	341,10	III	59,30	35,60	13,80	–	–	–
	VI	368,10	IV	172,20	161,30	149,50	138,50	126,70	115,80

1 652,99	I,IV	198,00	I	175,20	152,40	129,60	106,90	84,10	61,40
	III	93,00	II	88,00	65,30	42,50	19,80	–	–
	V	362,30	III	71,30	47,50	25,60	2,00	–	–
	VI	390,60	IV	186,00	175,20	163,30	152,40	140,50	129,60
1 657,49	I,IV	199,00	I	176,20	153,40	130,60	107,90	85,10	62,30
	III	95,00	II	89,00	66,30	43,50	20,70	–	–
	V	363,80	III	71,30	49,50	25,60	4,00	–	–
	VI	392,30	IV	187,00	176,20	164,30	153,40	141,50	130,60
1 661,99	I,IV	200,00	I	177,10	154,40	131,60	108,90	86,10	63,30
	III	95,00	II	90,00	67,30	44,50	21,70	–	–
	V	365,10	III	73,30	49,50	27,60	4,00	–	–
	VI	394,00	IV	188,00	177,10	165,30	154,40	142,50	131,60
1 666,49	I,IV	201,00	I	178,10	155,40	132,60	109,90	87,00	64,30
	III	97,00	II	91,00	68,30	45,50	22,70	–	–
	V	366,60	III	73,30	51,50	27,60	6,00	–	–
	VI	395,50	IV	189,00	178,10	166,30	155,40	143,50	132,60
1 670,99	I,IV	201,00	I	178,10	155,40	132,60	109,90	87,00	64,30
	III	97,00	II	91,00	68,30	45,50	22,70	–	–
	V	368,10	III	75,10	51,50	29,60	6,00	–	–
	VI	397,00	IV	189,00	178,10	166,30	155,40	143,50	132,60
1 675,49	I,IV	201,90	I	179,10	156,40	133,60	110,90	88,00	65,30
	III	97,00	II	92,00	69,30	46,50	23,70	1,00	–
	V	369,50	III	75,10	51,50	29,60	6,00	–	–
	VI	398,60	IV	190,00	179,10	167,30	156,40	144,50	133,60
1 679,99	I,IV	202,90	I	180,10	157,40	134,60	111,80	89,00	66,30
	III	99,00	II	93,00	70,20	47,50	24,70	2,00	–
	V	371,00	III	75,10	53,50	29,60	7,80	–	–
	VI	400,10	IV	191,00	180,10	168,30	157,40	145,50	134,60
1 684,49	I,IV	203,90	I	181,10	158,40	135,60	112,80	90,00	67,30
	III	99,00	II	94,00	71,20	48,50	25,70	3,00	–
	V	372,50	III	77,10	53,50	31,60	7,80	–	–
	VI	401,80	IV	192,00	181,10	169,20	158,40	146,50	135,60
1 688,99	I,IV	204,90	I	182,10	159,40	136,50	113,80	91,00	68,30
	III	101,00	II	95,00	72,20	49,50	26,70	3,90	–
	V	374,00	III	77,10	55,50	31,60	9,80	–	–
	VI	403,30	IV	193,00	182,10	170,20	159,40	147,50	136,50
1 693,49	I,IV	205,90	I	183,10	160,40	137,50	114,80	92,00	69,30
	III	101,00	II	96,00	73,20	50,50	27,70	4,90	–
	V	375,60	III	79,10	55,50	33,60	9,80	–	–
	VI	404,80	IV	194,00	183,10	171,20	160,40	148,50	137,50
1 697,99	I,IV	206,90	I	184,10	161,30	138,50	115,80	93,00	70,20
	III	103,00	II	97,00	74,20	51,50	28,60	5,90	–
	V	377,10	III	79,10	57,30	33,60	11,80	–	–
	VI	406,50	IV	195,00	184,10	172,20	161,30	149,50	138,50
1 702,49	I,IV	207,90	I	185,10	162,30	139,50	116,80	94,00	71,20
	III	103,00	II	98,00	75,20	52,50	29,60	6,90	–
	V	378,60	III	79,10	57,30	33,60	11,80	–	–
	VI	408,10	IV	196,00	185,10	173,20	162,30	150,50	139,50
1 706,99	I,IV	208,90	I	186,00	163,30	140,50	117,80	95,00	72,20
	III	103,00	II	99,00	76,20	53,40	30,60	7,90	–
	V	380,10	III	81,10	57,30	35,60	11,80	–	–
	VI	409,80	IV	197,00	186,00	174,20	163,30	151,50	140,50
1 711,49	I,IV	209,90	I	187,00	164,30	141,50	118,80	96,00	73,20
	III	105,00	II	100,00	77,20	54,40	31,60	8,90	–
	V	381,60	III	81,10	59,30	35,60	13,80	–	–
	VI	411,50	IV	198,00	187,00	175,20	164,30	152,40	141,50

*) Arbeitnehmer für die die besonderen Lohnsteuer-Tabellen gelten (u. a. Beamte und Rentner), können ihre Steuer unter Anwendung der Zurechnungstabelle auf Seite 153 auch von dieser allgemeinen Monats-Lohnsteuer-Tabelle ablesen.

Allgemeine MONATSLOHNSTEUERTABELLE 1988/89*)

Each income bracket lists five wage-tax classes (St.-Kl.): **I,IV · II · III · V · VI**. The columns give the tax for employees *without children* (Arbeitnehmer ohne Kinder) and *with child allowances* (AN mit Kinderfreibeträgen gemäß LSt-Karte) for 0,5 / 1,0 / 1,5 / 2,0 / 2,5 / 3,0 child allowances (all amounts in DM).

Left part (Lohn bis DM 1715,99 – 1774,49)

Lohn bis DM	St.-Kl.	ohne Kinder	0,5	1,0	1,5	2,0	2,5	3,0
1715,99	I,IV	210.80	188.00	165.30	142.50	119.70	97.00	74.20
	II	201.80	179.00	156.30	142.50	119.70	97.00	74.20
	III	100.60	83.10	61.30	39.60	15.80	13.80	9.90
	V	383.10	—	—	—	—	—	—
	VI	413.00	199.00	188.00	176.20	165.30	153.40	142.50
1720,49	I,IV	210.80	188.00	165.30	142.50	119.70	97.00	74.20
	II	201.80	179.00	156.30	142.50	119.70	97.00	74.20
	III	106.80	78.10	61.30	39.60	15.80	13.80	9.90
	V	384.60	—	—	—	—	—	—
	VI	414.60	199.00	188.00	176.20	165.30	153.40	142.50
1724,99	I,IV	211.80	189.00	166.30	143.50	120.70	98.00	75.20
	II	201.80	179.00	156.30	143.50	120.70	98.00	75.20
	III	108.80	85.10	61.30	39.60	15.80	13.80	10.80
	V	386.10	—	—	—	—	—	—
	VI	416.30	200.00	189.00	177.10	166.30	154.40	143.50
1729,49	I,IV	212.80	190.00	167.30	144.50	121.70	99.00	76.20
	II	201.60	180.10	157.40	144.50	121.70	99.00	76.20
	III	106.80	80.10	61.30	39.60	34.60	11.90	11.90
	V	387.60	—	—	—	—	—	—
	VI	417.80	201.00	190.00	178.10	167.30	155.40	144.50
1733,99	I,IV	213.80	191.00	168.30	145.50	122.70	100.00	77.20
	II	202.80	180.10	158.40	145.50	122.70	100.00	77.20
	III	108.80	85.10	63.30	39.60	35.60	17.80	12.80
	V	389.10	—	—	—	—	—	—
	VI	419.50	201.00	191.00	179.10	168.10	156.40	145.50
1738,49	I,IV	214.80	192.00	169.20	146.50	123.70	101.00	78.10
	II	208.60	184.00	162.30	146.50	123.70	101.00	78.10
	III	108.80	87.10	63.30	41.50	36.60	13.80	13.80
	V	390.60	—	—	—	—	—	—
	VI	421.10	202.90	192.00	180.10	169.20	157.40	146.50
1742,99	I,IV	215.80	193.00	170.20	147.50	124.70	102.00	79.10
	II	206.80	184.00	162.30	147.50	124.70	102.00	79.10
	III	110.80	87.10	65.30	41.50	36.60	19.80	14.80
	V	392.30	—	—	—	—	—	—
	VI	422.80	203.90	193.00	181.10	170.20	158.40	147.50
1747,49	I,IV	216.80	194.00	171.10	148.50	125.70	102.90	80.10
	II	208.60	185.00	163.30	148.50	125.70	102.90	80.10
	III	110.80	89.10	65.30	43.50	38.50	15.80	15.80
	V	394.00	—	—	—	—	—	—
	VI	424.50	204.90	194.00	182.10	171.10	159.40	148.50
1751,99	I,IV	217.80	195.00	172.10	149.50	126.50	103.90	81.10
	II	208.60	185.00	164.30	149.50	126.50	103.90	81.10
	III	112.80	89.10	65.30	43.50	39.50	19.80	16.80
	V	395.50	—	—	—	—	—	—
	VI	426.10	205.90	195.00	183.10	172.20	160.40	149.50
1756,49	I,IV	218.80	196.00	173.00	150.50	127.60	104.90	82.10
	II	212.80	188.10	166.30	150.50	127.60	104.90	82.10
	III	112.80	91.00	67.30	43.50	40.50	17.80	17.80
	V	397.00	—	—	—	—	—	—
	VI	427.80	206.90	196.00	184.10	173.00	161.30	150.50
1760,99	I,IV	219.70	197.00	174.20	151.50	128.60	105.90	83.10
	II	212.80	188.10	167.30	151.50	128.60	105.90	83.10
	III	114.80	91.00	67.30	45.50	41.60	21.80	18.80
	V	398.60	—	—	—	—	—	—
	VI	429.50	207.90	197.00	185.10	174.20	162.30	151.50
1765,49	I,IV	220.70	198.00	175.20	152.40	129.60	106.90	84.10
	II	214.80	190.10	168.30	152.40	129.60	106.90	84.10
	III	114.80	91.00	69.30	45.50	42.50	23.80	23.80
	V	400.10	—	—	—	—	—	—
	VI	431.20	208.90	198.00	186.00	175.20	163.30	152.40
1769,99	I,IV	221.70	198.00	175.20	152.40	129.60	106.90	84.10
	II	214.80	190.10	168.30	152.40	129.60	106.90	84.10
	III	116.80	93.00	69.30	47.50	43.50	23.80	23.80
	V	401.80	—	—	—	—	—	—
	VI	432.80	208.90	198.00	186.00	175.20	163.30	152.40
1774,49	I,IV	221.70	199.00	176.20	153.40	130.60	107.90	85.10
	II	216.80	191.10	169.30	153.40	130.60	107.90	85.10
	III	116.80	93.00	69.30	47.50	45.30	20.70	20.70
	V	403.30	—	—	—	—	—	—
	VI	434.50	209.90	199.00	187.00	176.30	164.30	153.40

Right part (Lohn bis DM 1841,99 – 1900,49)

Lohn bis DM	St.-Kl.	ohne Kinder	0,5	1,0	1,5	2,0	2,5	3,0
1841,99	I,IV	235.50	212.70	190.00	167.30	144.50	121.70	99.00
	II	226.50	105.90	102.90	80.10	57.40	34.60	11.90
	III	128.60	83.10	83.10	59.30	37.60	13.80	—
	V	427.80	—	—	—	—	—	167.30
	VI	460.50	223.70	212.80	201.80	190.00	178.10	167.30
1846,49	I,IV	236.50	213.80	195.00	168.30	145.50	122.70	100.00
	II	128.60	126.70	103.90	81.10	58.40	35.60	12.80
	III	129.50	83.10	83.10	61.30	37.60	15.80	—
	V	429.50	—	—	—	—	—	—
	VI	462.10	224.70	213.80	201.90	191.00	179.10	168.30
1850,99	I,IV	237.50	214.80	192.00	169.20	146.50	123.70	101.00
	II	227.60	127.60	103.90	82.10	59.40	36.80	13.80
	III	131.60	106.80	83.10	61.30	39.60	15.80	—
	V	431.20	—	—	—	—	—	—
	VI	464.00	225.70	214.80	202.90	192.00	180.10	169.20
1855,49	I,IV	238.50	215.80	193.00	170.20	147.50	124.70	102.00
	II	130.60	128.60	105.80	82.10	60.40	37.60	14.80
	III	132.60	106.80	85.10	61.30	39.60	17.80	—
	V	432.80	—	—	—	—	—	—
	VI	465.60	226.60	215.80	203.90	192.00	181.10	170.20
1859,99	I,IV	239.50	216.80	194.00	171.10	148.50	125.70	102.90
	II	230.60	108.60	105.80	84.10	61.40	38.50	15.80
	III	134.60	108.80	85.10	63.30	41.50	17.80	—
	V	434.50	—	—	—	—	—	—
	VI	467.60	227.60	216.60	204.90	194.00	182.10	171.20
1864,49	I,IV	240.50	217.80	195.00	172.00	149.50	126.50	103.90
	II	132.60	130.60	107.90	85.10	62.30	39.50	16.80
	III	136.30	108.80	87.10	63.30	41.50	17.80	—
	V	436.30	—	—	—	—	—	—
	VI	469.50	228.60	217.80	205.90	195.00	183.10	172.20
1868,99	I,IV	241.50	218.70	195.00	172.00	149.50	126.50	103.90
	II	234.60	110.80	107.90	85.10	62.30	39.50	16.80
	III	136.30	110.80	87.10	65.30	41.50	19.80	—
	V	438.00	—	—	—	—	—	—
	VI	471.10	228.60	217.80	205.90	195.00	183.10	172.20
1873,49	I,IV	241.50	218.70	196.00	173.00	150.50	127.60	104.90
	II	134.60	131.60	108.90	86.10	63.30	40.50	17.80
	III	139.60	110.80	89.10	65.30	43.50	19.80	—
	V	439.60	—	—	—	—	—	—
	VI	473.00	229.70	218.70	206.90	196.00	184.10	173.20
1877,99	I,IV	242.50	219.70	197.00	174.20	151.50	128.60	105.80
	II	235.60	132.60	108.90	87.10	64.30	41.50	18.80
	III	139.60	112.80	89.10	65.30	43.50	19.80	—
	V	441.30	—	—	—	—	—	—
	VI	474.80	230.60	219.70	207.90	197.00	185.10	174.20
1882,49	I,IV	243.50	220.70	198.00	175.20	152.40	129.60	106.90
	II	134.60	133.60	110.90	88.00	65.30	42.50	19.80
	III	142.60	112.80	91.00	67.30	45.30	21.60	—
	V	443.00	—	—	—	—	—	—
	VI	476.60	231.60	220.70	208.90	198.00	186.00	175.20
1886,99	I,IV	244.50	221.70	199.00	176.20	153.40	130.60	107.90
	II	236.60	112.80	110.90	88.00	65.30	43.50	20.70
	III	144.60	112.80	91.00	67.30	45.30	21.80	—
	V	444.80	—	—	—	—	—	—
	VI	478.30	232.60	221.70	209.90	199.00	187.00	176.20
1891,49	I,IV	245.50	222.70	200.00	177.10	154.40	131.60	108.90
	II	136.60	135.30	112.90	90.00	67.30	44.50	21.70
	III	146.60	114.80	93.00	67.30	45.30	23.80	—
	V	446.50	—	—	—	—	—	—
	VI	480.10	233.60	222.70	210.80	200.00	188.00	177.10
1895,99	I,IV	246.50	223.50	201.00	178.10	155.40	132.60	109.90
	II	138.60	136.30	113.60	91.00	68.30	45.50	23.80
	III	148.30	114.80	93.00	69.30	47.30	23.80	2.00
	V	448.30	—	—	—	—	—	2.00
	VI	482.00	233.70	223.70	211.80	201.00	189.00	178.10
1900,49	I,IV	247.50	224.70	201.90	179.10	156.40	133.60	110.80
	II	138.60	137.50	114.80	92.00	69.30	46.50	23.70
	III	138.60	114.80	92.00	69.30	47.50	23.80	2.00
	V	483.00	—	—	—	—	—	23.70
	VI	483.00	235.50	224.70	212.80	201.30	190.00	179.10

Monats-Lohnsteuer-Tabelle (Auszug)

LEFT BLOCK — jede Einkommensstufe zeigt je Spalte vier gestapelte Werte (Steuerklassen I·IV / II / V / VI bzw. III)

bis	Kl.							
1778,99	I,IV	222,70	200,00	177,10	154,40	131,60	108,90	86,10
	II	116,80	112,80	90,00	67,50	44,50	21,70	
	>V	404,80	93,00	71,30	47,50	25,60	6,00	
	≧VI	436,30	210,80	200,00	189,00	178,00	163,30	154,40
1783,49	I,IV	223,70	201,00	178,10	155,40	132,60	109,90	87,00
	II	118,80	114,80	92,00	69,30	45,50	22,70	
	>V	406,50	95,00	72,30	48,50	25,60	6,00	1,00
	≧VI	438,00	211,80	201,00	190,00	178,00	163,30	155,40
1787,99	I,IV	224,70	201,90	179,10	156,40	133,60	110,90	88,00
	II	118,80	114,80	92,00	69,30	46,50	23,70	1,00
	>V	408,10	95,00	73,30	49,50	26,60	6,00	
	≧VI	439,60	212,80	201,80	190,80	179,00	164,30	156,40
1792,49	I,IV	225,70	202,90	180,00	157,40	134,50	111,80	89,00
	II	118,80	114,80	92,00	70,20	46,50	23,70	2,00
	>V	409,80	97,00	73,30	51,50	27,60	6,00	
	≧VI	441,30	213,80	202,90	191,00	180,00	165,30	157,40
1796,99	I,IV	226,60	203,90	181,00	158,40	135,60	112,80	90,00
	II	120,80	116,80	94,00	71,20	48,50	25,70	3,00
	>V	411,50	97,00	75,10	51,50	29,60	8,00	
	≧VI	443,00	214,80	203,90	192,00	181,00	168,30	158,40
1801,49	I,IV	227,60	204,90	182,00	159,40	136,50	113,80	91,00
	II	120,80	116,80	96,00	71,20	48,50	25,70	3,90
	>V	413,00	97,00	75,10	51,50	29,60	8,00	
	≧VI	444,60	215,80	204,90	193,00	182,00	169,20	159,40
1805,99	I,IV	228,60	205,90	183,00	160,40	137,50	114,80	92,00
	II	120,80	118,80	96,00	73,20	50,50	27,70	4,90
	>V	414,60	99,00	75,10	53,50	29,60	8,00	
	≧VI	446,50	216,80	205,90	193,10	182,00	170,20	160,40
1810,49	I,IV	229,80	206,90	184,00	161,30	138,50	115,80	93,00
	II	120,80	118,80	97,00	73,20	50,50	27,70	5,90
	>V	416,30	99,00	77,10	53,50	31,60	8,00	
	≧VI	448,30	217,80	206,90	195,00	184,00	171,20	161,30
1814,99	I,IV	230,60	207,90	185,10	162,30	139,50	116,80	94,00
	II	122,80	120,70	99,00	75,20	52,50	29,60	6,90
	>V	417,80	101,00	77,10	55,50	31,60	9,80	
	≧VI	450,00	218,70	207,90	196,00	185,00	173,20	162,30
1819,49	I,IV	230,60	207,90	185,10	162,30	139,50	116,80	94,00
	II	122,80	120,70	101,00	76,10	53,50	33,60	6,90
	>V	419,50	101,00	79,10	55,50	33,60	9,80	
	≧VI	451,80	218,70	207,90	196,00	185,00	173,20	162,30
1823,99	I,IV	232,60	208,90	186,00	163,30	140,50	117,80	95,00
	II	124,60	121,70	99,00	76,20	53,40	30,60	7,90
	>V	421,10	103,00	79,10	57,30	33,60	11,80	
	≧VI	453,50	219,70	208,90	197,00	186,00	174,20	163,30
1828,49	I,IV	232,60	209,90	187,00	164,30	141,50	118,80	96,00
	II	124,60	121,70	101,00	76,20	54,40	31,60	8,90
	>V	422,80	103,00	79,10	57,30	33,60	11,80	
	≧VI	455,10	220,70	209,90	198,00	187,00	175,20	164,30
1832,99	I,IV	233,60	210,80	188,00	165,30	142,50	119,70	97,00
	II	126,60	123,70	101,00	78,10	55,40	32,60	9,90
	>V	424,50	103,00	81,10	57,40	35,60	11,80	
	≧VI	457,00	221,70	210,80	198,00	187,00	176,20	165,30
1837,49	I,IV	234,60	211,80	189,00	166,30	143,50	120,70	98,00
	II	126,60	123,70	101,00	78,10	55,40	32,60	9,90
	>V	426,10	105,00	81,10	59,30	35,60	13,80	
	≧VI	458,60	222,70	211,80	200,00	189,00	177,10	166,30

RIGHT BLOCK

bis	Kl.							
1904,99	I,IV	248,50	225,70	202,90	180,10	157,40	134,50	111,80
	II	138,60	138,60	115,80	93,00	70,20	47,50	24,70
	>V	451,80	116,80	93,00	71,30	47,50	25,60	6,00
	≧VI	487,60	236,50	226,70	213,80	202,80	191,00	180,10
1909,49	I,IV	249,50	226,70	203,80	181,10	158,40	135,60	112,80
	II	138,60	139,50	116,80	94,00	71,20	48,50	25,70
	>V	453,50	116,80	95,00	72,30	49,50	25,60	6,00
	≧VI	487,60	237,50	226,60	214,80	203,80	192,00	181,10
1913,99	I,IV	250,50	227,60	204,80	182,10	159,40	136,50	113,80
	II	140,50	140,50	116,80	95,00	72,20	49,50	26,70
	>V	455,50	118,80	95,00	73,30	49,50	27,60	6,40
	≧VI	491,30	238,50	227,60	215,80	204,90	193,00	182,10
1918,49	I,IV	250,50	227,60	204,80	182,00	159,40	136,50	113,80
	II	140,50	140,50	118,80	95,00	73,20	49,50	26,70
	>V	455,50	118,80	97,00	73,30	51,50	27,60	6,00
	≧VI	491,30	238,50	227,60	215,80	204,90	193,00	182,00
1922,99	I,IV	251,50	228,60	205,90	183,10	160,40	137,50	114,80
	II	142,50	141,50	118,80	96,00	73,20	50,50	27,70
	>V	457,00	120,80	97,00	75,10	51,50	29,60	6,00
	≧VI	493,10	239,50	228,60	216,80	205,90	194,00	183,10
1927,49	I,IV	252,50	229,60	206,90	184,10	161,30	138,50	115,80
	II	142,50	141,50	120,80	97,00	74,20	51,50	28,70
	>V	460,50	120,80	99,00	75,10	53,50	29,60	6,00
	≧VI	495,00	240,50	229,60	217,80	206,90	195,00	184,10
1931,99	I,IV	253,50	230,40	207,90	185,10	162,30	139,50	116,80
	II	144,50	143,50	120,80	98,00	75,20	52,50	29,60
	>V	462,80	122,80	99,00	77,10	53,50	31,60	6,00
	≧VI	495,00	241,50	230,50	218,70	207,90	196,00	185,10
1936,49	I,IV	254,50	231,60	208,90	186,10	163,30	140,50	117,80
	II	144,50	143,50	122,80	99,00	76,20	53,40	30,60
	>V	464,00	122,80	101,00	77,10	55,50	31,60	7,80
	≧VI	498,60	242,50	231,60	219,70	208,90	197,00	186,00
1940,99	I,IV	255,50	232,60	209,90	187,00	164,30	141,50	118,80
	II	146,50	122,70	120,70	100,00	77,20	53,60	31,60
	>V	565,60	122,70	101,00	79,10	55,50	33,60	9,80
	≧VI	500,00	243,50	232,60	220,70	209,90	198,00	187,00
1945,49	I,IV	256,50	233,60	210,70	188,00	165,30	142,50	119,70
	II	146,50	145,40	122,70	101,00	78,10	55,40	32,60
	>V	467,60	124,60	101,00	79,10	55,50	33,60	9,80
	≧VI	502,50	244,50	233,60	221,70	210,80	199,00	188,00
1949,99	I,IV	257,50	234,40	211,80	189,00	166,30	143,50	120,70
	II	148,50	147,50	124,60	101,00	79,10	56,40	33,60
	>V	469,30	124,60	103,00	79,10	57,30	33,60	7,90
	≧VI	504,30	245,50	234,60	222,70	211,80	200,00	189,00
1954,49	I,IV	258,50	235,50	212,80	190,00	167,30	144,50	121,70
	II	148,50	147,50	124,60	103,00	80,10	57,30	34,60
	>V	471,10	126,70	103,00	79,10	57,30	33,60	8,90
	≧VI	506,10	246,50	235,50	223,70	212,80	201,00	190,00
1958,99	I,IV	259,60	236,50	213,80	191,00	168,30	145,50	122,70
	II	148,50	149,50	126,70	103,00	81,10	58,40	35,60
	>V	473,00	126,70	103,00	81,10	57,30	35,60	9,90
	≧VI	508,10	247,50	236,50	224,70	213,80	201,90	191,00
1963,49	I,IV	260,60	237,50	214,80	192,00	169,20	146,50	123,70
	II	148,50	149,50	126,70	105,00	82,10	59,30	36,60
	>V	474,80	126,70	105,00	81,10	59,30	35,60	13,80
	≧VI	510,10	248,50	237,50	225,70	214,80	202,90	192,00

*) Arbeitnehmer für die die besonderen Lohnsteuer-Tabellen gelten (u. a. Beamte und Rentner), können ihre Steuer unter Anwendung der Zurechnungstabelle auf Seite 153 auch von dieser allgemeinen Monats-Lohnsteuer-Tabelle ablesen.

Allgemeine MONATSLOHNSTEUERTABELLE 1988/89*

Linke Tabellenhälfte

Lohn bis DM	St.-Kl.	Arbeitnehmer ohne Kinder DM	AN mit Kinderfreibeträgen gemäß LSt.-Karte: 0,5 DM	1,0 DM	1,5 DM	2,0 DM	2,5 DM	3,0 DM
1967,99	I,IV	260,50	237,50	214,80	192,00	169,20	146,50	123,70
	II	150,50	150,50	127,60	104,90	82,10	59,40	36,60
	III	476,60	128,60	105,00	83,10	61,30	37,60	13,80
	V,VI	512,00	248,50	237,50	225,70	214,80	202,90	192,00
1972,49	I,IV	261,60	238,50	215,80	193,00	170,20	147,50	124,70
	II	152,50	152,50	128,60	106,90	84,10	59,40	38,50
	III	478,30	130,60	106,80	83,10	61,30	37,60	15,80
	V,VI	513,80	249,50	238,50	226,60	215,80	203,90	193,00
1976,99	I,IV	262,70	239,50	216,80	194,00	171,20	148,50	125,70
	II	152,50	152,50	129,60	106,90	84,10	61,40	38,50
	III	480,10	130,60	106,80	83,10	61,40	37,60	15,80
	V,VI	515,80	250,50	239,50	227,60	216,80	204,90	194,00
1981,49	I,IV	263,70	240,50	217,80	195,00	172,20	149,50	126,70
	II	154,50	154,50	130,60	108,90	86,10	63,30	39,60
	III	482,00	130,60	106,80	85,10	61,30	39,60	15,80
	V,VI	517,60	251,50	240,50	228,60	217,80	205,90	195,00
1985,99	I,IV	264,70	241,50	218,70	196,00	173,20	150,50	127,60
	II	154,50	154,50	131,60	108,90	86,10	63,30	40,50
	III	483,80	132,60	108,80	85,10	63,30	39,60	17,80
	V,VI	519,60	252,50	241,50	229,60	218,70	206,90	196,00
1990,49	I,IV	265,80	242,50	219,70	197,00	174,20	151,50	128,60
	II	156,50	156,50	131,60	110,90	88,10	63,30	41,50
	III	485,60	132,60	108,80	87,10	63,30	41,50	17,80
	V,VI	521,50	253,50	242,50	230,60	219,70	207,90	197,00
1994,99	I,IV	266,80	243,50	220,70	198,00	175,20	152,40	129,60
	II	156,50	156,50	132,60	110,90	88,10	65,30	41,50
	III	487,60	134,60	110,80	87,10	65,30	41,50	19,80
	V,VI	523,50	254,50	243,50	231,60	220,70	208,90	198,00
1999,49	I,IV	267,90	244,50	221,70	199,00	176,20	153,40	130,60
	II	158,50	158,50	134,60	112,90	90,10	67,30	43,50
	III	489,30	134,60	110,80	89,10	65,30	43,50	19,80
	V,VI	525,30	255,50	244,50	232,60	221,70	209,90	199,00
2003,99	I,IV	268,90	245,50	222,70	200,00	177,10	154,40	131,60
	II	156,50	158,50	135,60	112,90	90,10	67,30	44,50
	III	491,30	136,60	110,80	89,10	65,30	43,50	19,80
	V,VI	527,30	256,50	245,50	233,60	222,70	210,80	200,00
2008,49	I,IV	270,00	246,50	223,70	201,00	178,10	155,40	132,60
	II	158,50	159,40	135,60	112,90	90,10	69,30	44,50
	III	493,10	136,60	112,80	89,10	67,30	43,50	21,80
	V,VI	529,30	257,50	246,50	234,60	223,70	211,80	201,00
2012,99	I,IV	271,00	247,50	224,70	201,90	179,10	156,40	133,60
	II	158,50	160,40	136,60	114,80	91,00	69,30	46,50
	III	495,00	138,60	112,80	91,00	67,30	45,50	21,80
	V,VI	531,30	258,50	247,50	235,50	224,70	212,80	201,90
2017,49	I,IV	271,00	247,50	224,70	201,90	179,00	156,40	133,60
	II	160,50	160,40	136,60	114,80	91,00	69,30	46,50
	III	496,80	138,60	112,80	91,00	69,30	45,50	23,80
	V,VI	533,30	258,50	247,50	235,50	224,70	212,80	201,90
2021,99	I,IV	272,00	248,50	225,70	202,90	180,10	157,40	134,60
	II	160,50	161,30	138,50	114,80	93,00	69,30	47,50
	III	498,60	138,60	114,80	91,00	69,30	47,50	23,80
	V,VI	535,10	259,60	248,50	236,50	225,70	213,80	202,90
2026,49	I,IV	273,00	249,50	226,60	203,90	181,10	158,40	135,60
	II	162,50	162,30	138,50	116,80	93,00	69,30	47,50
	III	500,50	140,60	114,80	93,00	69,30	47,50	23,80
	V,VI	537,10	260,60	249,50	237,50	226,60	214,80	203,90

Rechte Tabellenhälfte

Lohn bis DM	St.-Kl.	Arbeitnehmer ohne Kinder DM	AN mit Kinderfreibeträgen gemäß LSt.-Karte: 0,5 DM	1,0 DM	1,5 DM	2,0 DM	2,5 DM	3,0 DM
2093,99	I,IV	287,90	263,70	240,50	217,80	195,00	172,20	149,50
	II	174,10	176,20	153,40	130,60	107,90	85,10	62,30
	III	529,30	150,50	128,60	106,80	83,10	61,30	37,60
	V,VI	566,00	275,10	263,60	252,50	241,50	229,60	218,70
2098,49	I,IV	289,00	264,70	241,50	218,70	196,00	173,00	150,50
	II	174,10	177,10	154,30	131,60	108,90	86,10	63,30
	III	531,30	152,50	128,60	106,80	85,10	61,30	37,60
	V,VI	568,00	276,20	264,70	252,50	241,50	229,60	218,70
2102,99	I,IV	290,00	265,80	242,50	219,70	197,00	174,00	151,50
	II	174,10	178,10	154,30	132,60	109,90	87,00	64,30
	III	533,30	152,50	130,60	108,80	85,10	61,40	39,60
	V,VI	570,00	276,60	265,80	253,50	242,50	230,60	219,70
2107,49	I,IV	291,10	266,80	243,50	220,70	198,00	175,20	152,40
	II	176,10	178,10	155,40	133,60	110,90	88,00	65,30
	III	535,10	152,50	130,60	108,80	85,10	63,30	39,60
	V,VI	572,00	278,30	266,80	254,50	243,50	231,60	220,70
2111,99	I,IV	292,20	267,90	244,50	221,70	199,00	176,10	153,40
	II	176,10	180,10	156,10	134,60	111,80	89,00	66,30
	III	537,10	154,50	132,60	108,80	86,10	63,30	39,60
	V,VI	574,00	279,40	267,90	255,50	244,50	232,60	221,70
2116,49	I,IV	293,30	268,90	245,50	222,70	200,00	177,10	154,40
	II	178,10	181,10	157,40	134,60	111,80	90,00	67,30
	III	539,10	154,50	132,60	110,80	87,10	63,30	41,50
	V,VI	576,00	280,50	268,90	256,50	245,50	233,60	222,70
2120,99	I,IV	293,30	270,00	246,50	223,70	201,00	178,10	155,40
	II	178,10	182,10	158,40	135,60	112,80	90,00	67,30
	III	541,00	156,50	132,60	110,80	87,10	65,30	41,50
	V,VI	578,00	281,50	270,00	257,50	246,50	234,60	223,70
2125,49	I,IV	294,40	271,00	247,50	224,70	201,90	179,10	156,40
	II	180,10	183,10	158,40	136,60	113,80	91,00	68,30
	III	543,00	156,50	134,60	110,80	89,10	65,30	41,50
	V,VI	580,00	282,50	271,00	258,50	247,50	235,50	224,70
2129,99	I,IV	295,50	272,00	248,50	225,70	202,90	180,10	157,40
	II	180,10	183,10	160,10	136,60	113,80	91,00	69,30
	III	545,00	156,50	134,60	112,80	89,10	65,30	43,50
	V,VI	582,00	282,50	271,00	258,50	247,50	235,50	224,70
2134,49	I,IV	296,50	272,00	248,50	225,70	202,90	180,10	157,40
	II	182,10	185,10	161,10	137,60	114,80	92,00	69,30
	III	547,00	158,50	134,60	112,80	89,10	67,30	43,50
	V,VI	584,00	283,60	272,00	259,60	248,50	236,50	225,70
2138,99	I,IV	297,60	273,00	249,60	226,60	203,90	181,10	158,40
	II	182,10	185,10	161,10	138,50	114,80	93,00	70,30
	III	548,80	158,50	136,60	112,80	91,10	67,30	45,50
	V,VI	586,00	284,70	273,00	260,60	249,50	237,50	226,60
2143,49	I,IV	298,70	274,10	250,60	227,60	204,90	182,00	159,40
	II	184,10	187,00	162,10	138,50	116,80	93,00	70,30
	III	551,00	160,30	136,60	114,80	91,00	69,30	45,50
	V,VI	588,00	285,70	274,10	261,60	250,50	238,50	227,60
2147,99	I,IV	299,80	275,10	251,50	228,60	205,90	183,10	160,40
	II	184,10	187,00	164,10	138,50	116,80	93,00	72,20
	III	553,00	160,30	138,60	114,80	93,00	69,30	47,50
	V,VI	590,00	286,80	274,10	261,60	250,50	238,50	227,60
2152,49	I,IV	300,90	276,20	252,50	229,60	206,90	184,10	161,30
	II	186,10	188,00	164,10	140,50	117,80	95,00	72,20
	III	555,00	160,30	138,60	114,80	93,00	69,30	47,50
	V,VI	593,00	287,90	276,20	263,70	252,50	240,50	229,60

*) Allgemeine Monatslohnsteuertabelle 1988/89

Allgemeine Monats-Lohnsteuer-Tabelle (Fortsetzung)

Steuerklassen-Markierungen je Einkommensgruppe: **I/IV**, **=II**, **=III**, **>V**

Tabelle 1

von	Kl.	1	2	3	4	5	6	7
2030,99	I/IV	274,10	250,50	227,60	204,90	182,10	159,40	136,50
	=II	162,30	163,30	140,50	117,80	95,00	72,20	49,50
	=III	502,50	93,00	116,50	93,00	71,30	49,50	25,60
	>V	539,10	258,60	255,60	252,60	227,60	215,80	204,90
2035,49	I/IV	275,30	251,60	228,60	205,80	183,10	160,30	137,50
	=II	164,30	164,30	141,50	118,70	96,00	73,20	50,60
	=III	504,30	95,00	118,80	95,00	71,50	49,50	25,60
	>V	541,10	262,70	259,80	256,80	228,60	216,80	205,80
2039,99	I/IV	276,30	252,50	229,60	206,80	184,10	161,30	138,50
	=II	164,30	165,30	142,50	119,70	97,00	74,20	51,50
	=III	504,30	97,00	118,80	97,00	73,30	49,50	27,50
	>V	543,00	263,70	260,80	245,00	229,80	217,70	206,80
2044,49	I/IV	277,30	253,50	230,60	207,90	185,00	162,30	139,50
	=II	164,30	166,30	143,50	120,70	97,00	74,20	51,50
	=III	508,10	97,00	118,80	97,00	73,30	51,50	27,50
	>V	545,00	264,70	261,80	245,80	230,80	217,70	207,90
2048,99	I/IV	278,30	254,50	231,60	208,90	186,00	163,30	140,50
	=II	166,30	167,30	144,50	120,70	99,00	76,20	53,40
	=III	510,10	97,00	121,70	97,00	76,20	51,50	29,60
	>V	545,00	266,80	253,50	242,50	230,80	219,70	208,90
2053,49	I/IV	279,40	255,50	232,50	209,90	187,00	164,30	141,50
	=II	166,30	168,30	145,50	121,70	99,00	76,20	53,40
	=III	512,10	97,00	123,70	97,00	76,20	51,50	29,60
	>V	549,00	266,80	255,50	244,50	230,80	219,70	209,90
2057,99	I/IV	280,50	256,50	233,60	210,80	188,00	165,30	142,50
	=II	166,30	169,20	146,50	123,70	101,00	78,10	55,40
	=III	513,80	99,00	123,70	99,00	78,10	53,50	29,60
	>V	551,00	241,90	258,50	246,90	233,50	220,60	210,80
2062,49	I/IV	281,60	257,00	234,70	211,80	189,00	166,30	143,50
	=II	168,80	170,30	124,00	124,70	103,00	79,10	56,40
	=III	515,80	99,00	126,70	99,00	78,10	53,50	31,60
	>V	553,00	268,80	257,50	245,50	234,40	221,60	211,80
2066,99	I/IV	281,60	257,50	234,60	211,80	189,00	166,30	143,50
	=II	168,30	170,30	147,50	124,70	102,00	79,10	56,40
	=III	515,80	101,00	124,70	101,00	79,10	55,50	31,60
	>V	553,00	268,80	257,50	245,50	234,40	222,50	211,80
2071,49	I/IV	282,50	258,50	235,70	212,80	190,00	167,30	144,50
	=II	170,30	171,20	148,50	125,00	103,00	81,10	57,40
	=III	519,60	101,00	128,60	101,00	81,10	55,50	33,60
	>V	556,80	270,00	258,50	246,50	235,50	223,30	212,80
2075,99	I/IV	283,60	259,60	236,70	213,90	191,00	168,00	145,40
	=II	170,30	172,20	149,50	126,70	103,00	81,10	58,40
	=III	519,60	103,00	126,70	103,00	81,10	55,50	33,60
	>V	558,80	272,00	259,60	247,50	236,50	224,70	213,90
2080,49	I/IV	284,70	260,60	237,70	214,80	192,00	169,20	146,40
	=II	170,30	173,00	150,50	127,00	104,00	82,10	59,30
	=III	523,50	103,00	130,60	103,00	81,10	57,50	33,60
	>V	560,80	273,00	260,60	248,50	237,50	225,70	214,80
2084,99	I/IV	285,70	261,60	238,50	215,80	193,00	170,20	147,50
	=II	172,30	174,00	151,50	128,60	105,90	83,10	60,40
	=III	525,50	103,00	130,60	103,00	83,10	57,50	35,60
	>V	562,70	274,10	262,70	249,80	238,50	226,80	215,80
2089,49	I/IV	286,80	262,70	239,70	216,80	194,00	171,20	148,50
	=II	172,30	174,40	152,50	129,50	106,80	84,10	61,40
	=III	527,30	105,90	132,60	105,90	83,10	59,30	35,60
	>V	564,60	274,10	262,70	250,50	239,50	227,60	216,80

Tabelle 2

von	Kl.	1	2	3	4	5	6	7
2156,99	I/IV	€ 302,00	277,60	253,60	230,60	207,60	185,10	162,30
	=II	184,10	189,00	166,30	143,50	120,70	98,00	75,20
	=III	556,80	182,30	138,60	118,00	95,00	71,30	47,50
	>V	595,00	289,00	277,30	264,70	253,50	241,50	230,60
2161,49	I/IV	303,00	278,30	254,60	231,60	208,60	186,00	163,30
	=II	185,10	190,00	167,30	144,50	121,50	99,00	76,20
	=III	558,80	183,10	140,50	120,00	97,00	71,30	47,50
	>V	597,10	290,00	290,00	265,70	254,50	242,50	231,60
2165,99	I/IV	304,20	279,40	255,50	232,60	209,80	187,00	164,30
	=II	186,10	191,00	168,30	145,50	122,70	100,00	77,20
	=III	560,80	184,30	140,50	118,50	97,00	74,20	49,50
	>V	599,00	291,00	279,40	266,80	255,50	243,50	232,60
2170,49	I/IV	304,20	279,40	255,50	232,60	209,90	187,00	164,30
	=II	186,80	191,40	168,30	145,50	124,20	100,00	77,20
	=III	560,80	184,30	143,50	121,70	95,00	73,30	49,50
	>V	601,10	291,10	279,40	267,90	255,50	243,50	232,60
2174,99	I/IV	305,30	280,50	256,50	233,60	210,80	188,00	165,30
	=II	188,10	192,00	169,30	146,50	123,70	101,00	78,10
	=III	564,80	188,00	140,50	120,80	97,00	73,30	51,50
	>V	603,00	292,20	280,50	267,90	256,50	244,50	233,60
2179,49	I/IV	306,40	281,50	257,50	234,70	211,80	189,00	166,30
	=II	188,10	193,00	169,30	147,50	124,00	102,90	79,10
	=III	564,80	186,30	141,50	123,70	99,00	73,30	51,50
	>V	605,10	293,30	281,50	268,90	257,50	245,50	234,60
2183,99	I/IV	307,50	282,50	258,50	234,60	212,80	190,00	166,30
	=II	190,00	194,00	170,30	148,50	125,70	102,90	79,10
	=III	568,80	186,30	145,40	123,70	99,00	75,10	51,50
	>V	607,30	294,40	282,50	268,90	258,50	246,50	235,50
2188,49	I/IV	308,50	283,60	259,60	236,50	213,90	191,00	168,00
	=II	190,00	195,00	171,20	149,50	126,70	103,00	81,10
	=III	570,60	188,50	145,50	123,70	99,00	75,10	53,50
	>V	609,10	295,50	283,60	271,00	259,60	247,50	236,50
2192,99	I/IV	309,70	284,70	260,60	237,50	214,80	192,00	169,20
	=II	192,00	196,00	172,30	150,50	127,00	104,90	82,10
	=III	572,80	188,50	148,50	124,70	101,00	77,10	55,50
	>V	611,30	296,50	284,70	271,00	260,60	248,50	237,50
2197,49	I/IV	310,80	285,70	261,60	238,50	215,80	193,00	170,20
	=II	192,00	197,00	173,00	151,50	128,60	105,90	83,10
	=III	574,80	191,00	146,50	124,70	101,00	79,10	55,50
	>V	613,50	297,60	285,70	273,00	261,60	249,50	238,50
2201,99	I/IV	311,90	286,80	262,70	239,60	216,80	194,00	171,20
	=II	194,00	198,00	175,20	152,40	129,60	106,80	84,10
	=III	576,80	194,00	148,50	127,40	103,00	79,10	57,30
	>V	615,50	298,70	286,80	274,10	262,70	250,50	239,50
2206,49	I/IV	313,00	287,90	263,70	240,50	217,80	195,00	172,20
	=II	194,00	199,00	175,20	153,40	130,50	107,90	85,10
	=III	580,80	194,00	151,50	126,40	103,00	79,10	57,30
	>V	617,60	299,80	287,90	275,10	263,70	251,50	240,50
2210,99	I/IV	314,10	288,90	264,70	241,50	218,70	196,00	173,20
	=II	196,00	200,00	177,00	154,40	131,60	108,90	86,10
	=III	580,80	196,00	150,50	126,40	105,90	81,10	59,30
	>V	619,50	300,90	288,90	276,20	264,70	252,50	241,50
2215,49	I/IV	315,30	290,00	265,80	242,50	219,70	197,00	174,20
	=II	196,00	201,00	178,00	155,40	132,60	108,90	87,00
	=III	582,60	196,00	152,50	126,60	105,90	81,10	59,30
	>V	621,60	302,00	290,00	277,30	265,80	253,50	242,50

*) Arbeitnehmer für die die besonderen Lohnsteuer-Tabellen gelten (u. a. Beamte und Rentner), können ihre Steuer unter Anwendung der Zurechnungstabelle auf Seite 153 auch von dieser allgemeinen Monats-Lohnsteuer-Tabelle ableiten.

Allgemeine MONATSLOHNSTEUERTABELLE 1988/89*)

Linke Tabellenhälfte

Lohn bis DM	St.-Kl.	Arbeitnehmer ohne Kinder DM	St.-Kl.	0,5 DM	1,0 DM	1,5 DM	2,0 DM	2,5 DM	3,0 DM
2219,99	I,IV	316,40	I,IV	291,00	266,80	243,50	220,50	198,00	175,20
	III	198,00	III	201,90	179,90	158,40	136,50	113,80	88,00
	II	628,60	II	591,90	578,80	555,50	532,50	108,80	61,80
	V	683,60	V	303,00	291,10	278,80	266,80	254,50	243,50
2224,49	I,IV	317,50	I,IV	292,20	267,90	244,50	221,70	199,00	176,20
	III	198,00	III	202,90	180,70	157,40	134,60	111,80	89,00
	II	586,80	II	176,10	152,50	130,60	108,60	85,10	61,10
	V	625,80	V	304,20	292,20	279,40	267,90	255,70	244,50
2228,99	I,IV	318,60	I,IV	293,30	268,90	245,50	222,70	200,00	177,10
	III	200,00	III	203,90	181,10	158,00	135,60	112,60	90,00
	II	590,00	II	176,90	153,50	126,60	108,80	86,30	63,30
	V	627,80	V	305,30	293,30	280,50	268,40	256,60	245,50
2233,49	I,IV	319,70	I,IV	294,40	270,00	246,50	223,70	200,90	178,10
	III	200,00	III	204,90	182,10	159,40	136,50	113,60	91,10
	II	591,00	II	176,10	154,50	130,60	108,60	85,10	63,30
	V	630,00	V	306,40	294,40	281,50	270,00	257,50	246,60
2237,99	I,IV	320,90	I,IV	295,50	271,00	247,50	224,70	201,90	179,10
	III	200,00	III	205,90	183,10	160,40	137,50	114,80	92,00
	II	592,00	II	178,30	156,30	132,60	110,80	85,10	63,30
	V	630,00	V	307,50	295,50	282,50	271,00	258,50	247,50
2242,49	I,IV	322,00	I,IV	296,50	272,00	248,50	225,70	202,90	180,10
	III	202,00	III	207,90	184,10	161,30	138,50	115,80	93,00
	II	595,00	II	180,30	156,30	132,60	110,80	87,10	65,30
	V	634,00	V	308,50	296,50	283,60	272,00	259,60	248,50
2246,99	I,IV	323,10	I,IV	297,60	273,00	249,50	226,60	203,90	181,10
	III	202,00	III	207,90	185,10	162,30	139,50	116,80	94,00
	II	597,10	II	180,70	158,10	132,60	110,80	87,10	65,30
	V	635,10	V	309,70	297,60	284,60	273,00	260,60	249,50
2251,49	I,IV	324,20	I,IV	298,70	274,00	250,50	227,60	204,90	182,10
	III	204,00	III	208,90	186,10	163,30	140,50	117,80	94,90
	II	599,00	II	180,30	158,30	134,60	112,80	89,10	67,30
	V	638,10	V	310,80	298,70	285,70	274,10	261,60	250,50
2255,99	I,IV	325,40	I,IV	299,80	275,10	251,50	228,60	205,90	183,00
	III	204,00	III	209,90	187,10	164,30	141,50	118,70	96,00
	II	601,10	II	182,30	158,30	136,60	112,80	89,10	67,30
	V	640,50	V	311,90	299,80	286,80	275,10	262,70	251,50
2260,49	I,IV	326,50	I,IV	300,90	276,00	252,50	229,60	206,90	184,10
	III	206,00	III	211,90	188,00	165,30	142,50	119,70	97,00
	II	603,10	II	184,10	160,30	136,60	114,80	91,10	69,30
	V	642,50	V	313,00	300,90	287,80	276,20	263,70	252,50
2264,99	I,IV	327,60	I,IV	302,00	277,00	253,50	230,60	207,90	185,10
	III	206,80	III	211,90	189,00	166,30	143,50	120,70	98,00
	II	605,10	II	184,10	160,30	138,60	116,80	91,10	69,30
	V	644,60	V	314,10	302,00	289,00	277,30	264,70	253,50
2269,49	I,IV	328,80	I,IV	303,00	278,10	254,50	231,60	208,90	186,00
	III	208,80	III	212,80	190,00	167,30	144,50	121,70	99,00
	II	607,30	II	184,10	162,30	138,60	116,80	93,10	71,30
	V	646,60	V	315,30	303,00	290,00	278,30	265,80	254,50
2273,99	I,IV	330,00	I,IV	304,20	279,40	255,50	232,60	209,90	187,00
	III	207,90	III	213,80	191,00	168,30	145,50	122,70	100,00
	II	609,10	II	186,10	162,30	140,50	118,80	95,10	73,30
	V	648,60	V	317,50	305,30	292,20	279,50	267,90	255,50
2278,49	I,IV	330,00	I,IV	305,30	280,40	256,30	233,60	210,90	188,00
	III	209,80	III	213,80	192,00	169,30	146,50	123,70	101,00
	II	611,30	II	186,30	164,30	140,50	118,80	95,10	73,30
	V	650,80	V	317,50	305,30	292,20	280,50	267,90	256,50

Rechte Tabellenhälfte

Lohn bis DM	St.-Kl.	Arbeitnehmer ohne Kinder DM	St.-Kl.	0,5 DM	1,0 DM	1,5 DM	2,0 DM	2,5 DM	3,0 DM
2345,99	I,IV	348,40	I,IV	322,60	296,50	272,00	248,50	225,70	202,90
	III	215,60	III	209,60	207,60	187,00	161,50	138,50	115,80
	II	642,60	II	201,30	180,00	154,50	130,60	108,80	85,10
	V	682,60	V	334,50	322,00	308,50	296,50	283,60	272,00
2350,49	I,IV	349,50	I,IV	323,60	297,60	273,00	249,50	226,60	203,90
	III	223,60	III	200,60	207,10	185,10	162,30	139,50	116,80
	II	644,50	II	200,00	178,10	154,50	130,60	108,80	89,10
	V	684,60	V	335,60	323,10	309,70	297,60	284,70	273,00
2354,99	I,IV	350,70	I,IV	324,20	298,70	274,10	250,50	227,60	204,90
	III	223,60	III	201,60	201,60	186,10	163,30	140,50	117,70
	II	646,80	II	202,60	178,10	156,30	132,60	110,80	90,00
	V	686,80	V	336,90	324,20	310,80	298,70	285,70	274,10
2359,49	I,IV	352,00	I,IV	325,40	299,80	275,10	251,50	228,60	205,90
	III	225,60	III	202,60	202,60	187,00	164,30	141,50	118,80
	II	648,60	II	202,00	180,00	156,30	134,60	110,80	89,10
	V	689,00	V	338,00	325,40	311,90	299,80	286,80	275,10
2363,99	I,IV	353,10	I,IV	326,50	300,90	276,20	252,50	229,60	206,90
	III	225,60	III	203,60	203,60	189,00	165,30	142,50	119,70
	II	651,00	II	204,00	180,00	158,30	134,60	112,80	91,00
	V	691,10	V	339,10	326,50	313,00	300,90	287,80	276,20
2368,49	I,IV	354,30	I,IV	327,60	302,00	277,30	253,50	230,60	207,90
	III	227,60	III	204,60	204,60	190,00	166,30	143,50	120,70
	II	653,00	II	204,00	182,00	158,30	136,60	112,80	93,00
	V	693,10	V	340,30	327,60	314,10	302,00	289,00	277,30
2372,99	I,IV	355,50	I,IV	328,80	303,00	278,30	254,50	231,60	208,90
	III	227,60	III	205,60	205,60	191,00	167,30	144,50	121,70
	II	655,30	II	205,80	182,00	160,30	136,60	114,80	93,00
	V	695,30	V	341,50	328,80	315,30	303,00	290,00	278,30
2377,49	I,IV	356,60	I,IV	329,90	304,20	279,40	255,50	232,60	209,90
	III	229,60	III	205,80	205,80	191,00	168,30	145,50	122,70
	II	657,10	II	205,80	184,00	160,30	138,60	116,80	93,00
	V	697,50	V	342,60	329,90	316,40	304,20	291,10	279,40
2381,99	I,IV	357,80	I,IV	331,00	305,30	280,50	256,50	233,60	210,80
	III	231,60	III	207,80	207,80	192,00	169,40	146,50	123,70
	II	659,00	II	207,30	184,00	162,30	138,60	116,80	96,00
	V	699,80	V	343,70	331,00	317,50	305,30	292,20	280,50
2386,49	I,IV	359,00	I,IV	332,20	306,40	281,50	257,50	234,60	211,80
	III	229,60	III	208,50	208,50	193,00	170,20	147,50	124,70
	II	661,30	II	207,80	184,10	162,30	140,50	116,80	93,00
	V	702,00	V	344,90	332,20	318,60	306,40	293,30	281,50
2390,99	I,IV	360,20	I,IV	333,40	307,50	282,50	258,50	235,50	212,60
	III	231,60	III	209,80	209,80	195,00	171,60	148,50	125,70
	II	663,50	II	209,80	186,10	162,30	140,50	118,80	95,00
	V	704,10	V	346,00	333,40	319,70	307,50	294,40	282,50
2395,49	I,IV	361,40	I,IV	334,50	308,50	283,60	259,60	236,50	213,80
	III	240,50	III	209,80	209,80	195,00	172,20	149,50	126,70
	II	665,50	II	209,80	186,10	164,30	140,50	118,80	95,00
	V	706,30	V	348,40	334,50	320,90	308,50	295,70	283,60
2399,99	I,IV	362,50	I,IV	335,60	309,70	284,70	260,60	237,50	214,80
	III	233,60	III	211,80	211,80	196,00	173,00	150,50	127,60
	II	667,30	II	211,80	188,10	164,30	142,50	120,80	97,00
	V	708,50	V	349,50	335,60	322,00	309,70	296,50	284,70
2404,49	I,IV	363,70	I,IV	335,30	310,80	285,70	261,60	238,50	215,80
	III	233,60	III	242,50	212,60	197,00	174,20	151,50	128,60
	II	669,60	II	211,80	188,10	166,30	142,50	120,80	97,00
	V	710,60	V	349,50	336,80	323,10	310,80	297,50	285,50

Monats-Lohnsteuer-Tabelle (Fortsetzung)

Linke Tabellenhälfte

DM	Kl.							
2 282,99	I	352,20	306,00	281,50	257,50	234,50	211,50	189,00
	II	209,80	215,80	193,00	170,20	147,50	124,70	102,00
	III	98,80	188,10	164,30	142,50	118,80	97,00	73,30
	VI	653,00	318,60	306,40	293,30	281,50	268,90	257,50
2287,49	I	333,40	307,50	282,50	258,50	235,50	212,80	190,00
	II	211,80	217,80	195,00	172,20	148,50	125,70	102,00
	III	615,50	188,10	166,30	142,50	118,80	97,00	73,30
	VI	655,00	319,70	307,50	294,40	282,50	270,00	258,50
2291,99	I	334,50	308,50	283,60	259,60	236,50	213,80	191,00
	II	211,80	217,80	195,00	172,20	149,50	126,70	103,90
	III	617,60	188,10	166,30	144,50	120,80	97,00	75,10
	VI	657,10	320,90	308,50	295,40	283,60	271,00	259,60
2296,49	I	335,60	309,70	284,70	260,60	237,50	214,80	192,00
	II	213,80	219,70	197,00	174,10	150,50	126,70	103,90
	III	619,50	190,00	166,30	144,50	120,80	99,00	75,10
	VI	659,50	322,00	309,70	296,50	284,70	272,00	260,60
2300,99	I	336,80	310,80	285,70	261,60	238,50	215,80	193,00
	II	213,80	219,70	197,00	174,10	151,50	128,60	105,90
	III	621,60	190,00	168,30	144,50	120,80	99,00	75,10
	VI	661,30	323,10	310,80	297,60	285,70	273,00	261,60
2305,49	I	339,10	311,90	286,70	263,70	240,30	216,80	194,00
	II	213,60	221,70	199,00	176,00	151,50	128,60	105,90
	III	623,60	192,00	168,30	146,50	122,80	101,00	77,10
	VI	663,50	324,20	311,90	298,70	286,70	274,00	262,70
2309,99	I	339,10	313,00	287,90	263,70	240,30	217,80	195,00
	II	215,80	221,70	199,00	176,00	153,40	130,60	107,90
	III	625,80	192,00	170,30	146,50	124,80	101,00	77,10
	VI	665,50	325,40	313,00	299,80	287,90	275,00	263,70
2314,49	I	340,30	314,10	288,90	264,80	241,40	218,80	196,00
	II	215,80	223,70	201,00	178,00	153,40	130,60	107,90
	III	627,80	194,00	170,30	148,50	124,80	103,00	79,10
	VI	667,90	326,50	314,10	300,90	288,90	276,10	264,70
2318,99	I	341,50	315,30	290,00	265,80	242,50	219,70	197,00
	II	217,80	223,70	201,00	178,00	155,40	132,60	109,90
	III	630,00	194,00	172,30	148,50	126,60	103,00	79,10
	VI	669,80	327,60	315,30	302,00	290,00	277,10	265,80
2323,49	I	342,50	316,40	291,10	266,90	243,50	220,70	198,00
	II	217,80	225,60	203,00	179,90	156,40	132,60	109,90
	III	632,00	196,00	172,30	150,50	126,60	105,00	81,10
	VI	672,00	328,80	316,40	303,00	291,10	278,10	266,80
2327,99	I	343,70	317,50	292,20	267,90	244,50	221,70	199,00
	II	219,80	225,60	203,00	179,90	157,40	134,60	111,80
	III	634,00	196,00	174,10	150,50	128,60	105,00	81,10
	VI	674,00	330,00	317,50	304,20	292,20	279,40	267,90
2332,49	I	344,90	318,60	293,30	268,90	245,60	222,70	200,00
	II	219,80	227,60	205,00	181,80	158,40	134,60	111,80
	III	636,10	198,00	174,10	152,50	128,60	106,90	83,10
	VI	676,10	331,00	318,60	305,30	293,30	280,50	268,90
2336,99	I	346,00	319,70	294,40	270,00	246,50	223,70	201,00
	II	219,80	227,60	205,00	181,80	159,40	136,50	113,80
	III	638,10	198,00	176,10	152,50	130,60	106,90	83,10
	VI	678,30	332,10	319,70	306,30	294,40	281,50	270,00
2341,49	I	347,20	320,80	295,50	271,00	247,60	224,60	201,90
	II	221,60	229,60	207,00	181,80	159,40	136,50	113,80
	III	640,50	198,00	176,10	152,50	130,60	106,80	85,10
	VI	680,50	333,40	320,90	307,50	295,50	282,50	271,00

Rechte Tabellenhälfte

DM	Kl.							
2 408,99	I	365,00	338,00	311,90	286,80	262,70	239,60	216,80
	II	235,80	243,50	220,70	198,00	175,20	152,40	129,60
	III	672,00	211,80	190,70	168,40	144,50	120,80	99,60
	VI	712,80	350,70	338,00	324,20	311,90	298,70	286,80
2413,49	I	366,10	339,10	313,00	287,90	263,70	240,40	217,60
	II	235,60	243,50	221,60	199,80	176,10	153,40	130,60
	III	674,00	213,80	190,70	168,40	144,50	122,80	99,00
	VI	715,00	352,00	339,10	325,40	313,00	299,80	287,90
2417,99	I	367,30	340,30	314,10	289,00	264,70	241,50	218,70
	II	237,60	245,50	221,80	199,80	177,10	154,40	131,60
	III	676,10	213,80	192,50	170,30	146,50	122,80	101,80
	VI	717,00	353,10	340,30	326,50	314,10	300,90	289,00
2422,49	I	368,50	341,50	315,30	290,00	265,80	242,50	219,70
	II	237,60	245,50	223,80	201,80	177,10	154,40	131,60
	III	678,30	215,80	192,50	170,30	146,50	124,60	101,80
	VI	719,10	354,30	341,50	327,60	315,30	302,00	290,00
2426,99	I	369,70	342,50	316,40	291,10	266,80	243,50	220,70
	II	239,70	247,50	223,80	201,80	179,10	156,40	133,60
	III	680,50	215,80	194,50	172,30	148,50	124,60	103,60
	VI	721,30	355,40	342,50	328,80	316,40	303,00	291,10
2431,49	I	371,00	343,70	317,50	292,20	267,90	244,50	221,70
	II	239,50	249,50	225,60	203,80	180,50	157,40	134,50
	III	682,60	217,80	194,50	172,30	148,50	126,60	103,60
	VI	723,50	356,60	343,70	330,00	317,50	304,20	292,20
2435,99	I	372,10	344,90	318,60	293,30	268,90	245,50	222,70
	II	239,50	249,50	225,60	203,80	181,00	158,60	135,60
	III	684,60	217,80	196,40	174,10	150,50	126,60	105,60
	VI	725,60	357,80	344,90	331,10	318,60	305,30	293,30
2440,49	I	373,30	346,00	319,70	294,40	270,00	246,50	223,70
	II	241,60	251,50	227,60	205,80	182,50	159,40	136,50
	III	686,80	219,80	196,40	174,10	150,50	128,60	105,60
	VI	728,00	359,00	346,00	332,20	319,70	306,40	294,40
2444,99	I	374,50	347,20	320,90	295,50	271,00	247,50	224,70
	II	241,50	251,50	228,60	205,80	183,10	160,40	137,50
	III	689,00	219,80	198,40	176,10	152,50	128,60	107,60
	VI	730,10	360,20	347,20	333,40	320,90	307,50	295,50
2449,49	I	375,70	348,40	322,00	296,50	272,00	248,50	225,70
	II	243,50	253,50	228,60	207,80	184,50	161,30	138,60
	III	691,10	221,80	198,40	176,10	152,50	130,60	108,60
	VI	732,30	361,40	348,40	334,50	322,00	308,50	296,50
2453,99	I	377,00	349,50	323,10	297,60	273,00	249,50	226,60
	II	243,50	253,50	230,60	207,80	185,10	162,30	139,50
	III	693,10	221,80	200,40	178,10	153,60	130,60	108,60
	VI	734,50	362,60	349,50	335,60	323,10	309,70	297,60
2458,49	I	378,10	350,70	324,20	298,60	274,10	250,50	227,60
	II	245,60	255,50	232,60	209,80	186,10	162,30	140,50
	III	695,30	221,80	200,40	178,10	155,40	132,60	110,60
	VI	736,60	363,70	350,70	336,80	324,20	310,80	298,60
2462,99	I	379,40	352,00	325,40	300,00	275,10	251,50	228,60
	II	245,50	255,50	232,60	209,80	187,00	164,30	141,50
	III	697,50	223,60	202,40	180,10	155,40	132,60	110,80
	VI	738,80	366,10	352,00	338,00	325,40	311,90	300,00
2467,49	I	380,60	353,10	326,50	300,90	276,20	252,50	229,60
	II	247,40	255,50	234,50	211,80	187,00	164,30	142,50
	III	699,80	223,60	202,40	180,10	156,40	132,60	110,80
	VI	741,00	366,10	353,10	339,10	326,50	313,00	300,90

*) Arbeitnehmer für die die besonderen Lohnsteuer-Tabellen gelten (u. a. Beamte und Rentner), können ihre Steuer unter Anwendung der Zurechnungstabelle auf Seite 153 auch von dieser allgemeinen Monats-Lohnsteuer-Tabelle ablesen.

Allgemeine MONATSLOHNSTEUERTABELLE 1988/89*)

Tabellenteil 1

Lohn bis DM	St.-Kl.	Arbeitnehmer ohne Kinder DM	AN mit Kinderfreibeträgen gemäß LSt.-Karte:					
			0,5 DM	1,0 DM	1,5 DM	2,0 DM	2,5 DM	3,0 DM
2471,99	I,IV	381,80	354,30	327,60	302,00	277,30	253,50	230,60
	II	247,50	257,60	234,60	211,80	189,00	166,30	143,60
	III	249,50	258,50	235,50	212,60	190,00	167,50	145,30
	VI	743,30	371,00	360,20	349,70	339,30	328,80	303,00
2476,49	I,IV	383,50	355,50	328,80	303,00	278,30	254,40	231,60
	II	249,50	258,50	235,50	212,60	190,00	167,50	144,60
	III	704,10	259,60	236,50	213,70	191,00	168,50	146,10
	VI	745,50	372,10	361,20	350,70	340,30	329,80	303,00
2480,99	I,IV	384,20	356,60	330,00	304,20	279,40	255,50	232,60
	II	249,50	259,60	236,50	213,80	191,00	168,20	145,50
	III	705,80	260,50	237,50	214,70	192,00	169,30	146,10
	VI	746,80	371,00	362,20	351,70	341,20	330,80	304,20
2485,49	I,IV	385,60	357,80	331,20	305,30	280,50	256,50	233,50
	II	260,50	260,50	237,50	214,70	192,00	169,30	146,50
	III	708,50	261,60	238,60	215,80	193,00	170,30	147,50
	VI	749,80	371,00	363,00	352,70	342,10	331,00	305,30
2489,99	I,IV	386,70	359,00	332,20	306,40	281,50	257,70	234,60
	II	251,60	261,60	238,60	215,80	193,00	170,30	147,50
	III	710,10	262,70	239,60	216,80	194,00	171,30	148,60
	VI	751,10	372,10	360,00	350,70	343,70	332,20	306,40
2494,49	I,IV	387,90	360,10	333,40	307,50	282,60	258,70	235,50
	II	251,50	262,70	239,60	216,80	194,00	171,30	148,60
	III	712,80	263,70	240,50	217,80	195,00	172,30	149,50
	VI	754,80	373,30	360,60	351,70	344,90	333,30	307,50
2498,99	I,IV	389,10	361,40	334,50	308,50	283,60	259,60	236,50
	II	253,50	263,70	240,60	217,80	195,00	172,30	149,50
	III	717,00	263,70	241,50	218,70	196,00	172,60	150,50
	VI	756,50	375,70	360,00	351,70	335,10	334,50	308,50
2503,49	I,IV	390,40	362,70	335,50	309,70	285,70	260,60	237,70
	II	253,60	265,70	241,60	218,70	196,00	173,60	150,50
	III	719,50	231,60	207,80	184,10	188,10	166,30	140,50
	VI	758,60	375,70	362,50	353,00	340,30	334,30	309,70
2507,99	I,IV	391,60	363,70	336,80	310,80	285,70	261,60	238,50
	II	255,70	265,70	242,60	219,70	197,00	174,20	151,50
	III	761,00	271,00	209,60	186,10	184,70	165,60	140,50
	VI	761,00	377,00	363,70	354,00	343,10	335,10	310,80
2512,49	I,IV	392,80	365,00	338,00	311,90	286,80	262,70	239,50
	II	257,30	266,70	243,50	220,70	198,00	175,40	152,50
	III	721,30	233,70	209,60	186,10	164,40	165,60	142,50
	VI	763,10	378,10	365,00	350,70	338,00	334,50	311,90
2516,49	I,IV	394,00	366,10	339,10	313,00	287,90	263,70	240,50
	II	257,30	267,90	244,50	221,70	199,00	176,20	153,40
	III	723,30	233,90	211,80	188,10	166,20	166,20	143,40
	VI	765,30	379,40	366,10	356,40	338,00	335,10	313,00
2521,49	I,IV	395,30	367,30	340,30	314,10	289,00	264,70	241,50
	II	259,30	267,90	245,60	222,60	199,60	166,30	144,50
	III	725,60	235,60	211,80	190,00	166,60	168,60	145,50
	VI	767,60	380,60	367,30	357,80	340,40	337,10	314,10
2525,99	I,IV	396,50	368,50	341,50	315,30	290,00	265,80	242,50
	II	259,60	270,00	246,50	223,70	201,00	168,50	145,50
	III	728,80	235,60	213,60	190,00	168,10	168,50	146,50
	VI	769,80	381,80	369,60	358,60	341,50	338,10	315,30
2530,49	I,IV	397,80	369,70	342,50	316,40	291,10	266,80	243,50
	II	259,30	237,60	247,50	213,80	201,60	168,50	146,50
	III	772,00	237,60	213,80	192,00	166,80	170,30	147,50
	VI	772,00	383,00	369,70	355,50	342,50	328,80	316,40

Tabellenteil 2

Lohn bis DM	St.-Kl.	Arbeitnehmer ohne Kinder DM	AN mit Kinderfreibeträgen gemäß LSt.-Karte:					
			0,5 DM	1,0 DM	1,5 DM	2,0 DM	2,5 DM	3,0 DM
2597,99	I,IV	416,50	387,90	360,20	333,40	307,50	282,50	258,50
	II	273,10	286,80	239,60	216,80	194,00	194,00	171,20
	III	182,10	192,60	158,30	186,10	158,30	160,30	136,60
	VI	805,80	401,50	373,30	378,70	362,10	346,00	333,40
2602,49	I,IV	417,80	389,10	361,40	334,50	308,50	283,80	259,60
	II	273,70	287,90	240,60	212,60	217,80	195,00	172,20
	III	765,30	251,50	205,70	188,10	182,70	160,30	136,60
	VI	808,00	402,70	389,10	379,40	366,10	347,20	334,50
2606,99	I,IV	419,00	390,40	362,50	335,50	309,70	284,70	260,60
	II	275,10	289,00	241,60	213,70	218,70	196,00	173,20
	III	767,80	251,50	205,70	188,10	184,70	160,30	138,60
	VI	810,30	404,00	390,40	380,60	362,50	348,50	335,50
2611,49	I,IV	420,30	391,60	363,60	336,80	310,80	285,70	261,60
	II	277,10	290,00	242,60	213,70	219,60	162,70	174,20
	III	769,80	253,50	207,80	188,10	184,10	162,70	138,60
	VI	812,50	405,20	391,60	377,00	363,70	349,50	336,80
2615,99	I,IV	421,60	392,80	365,00	338,00	311,90	286,80	262,70
	II	277,10	291,10	243,50	207,80	220,70	186,50	175,20
	III	772,00	253,50	207,80	190,00	184,10	162,70	140,60
	VI	814,60	406,50	392,80	378,10	386,10	350,70	338,00
2620,49	I,IV	422,90	394,00	366,10	339,10	313,00	287,90	263,70
	II	277,70	292,20	244,50	221,70	175,80	186,40	176,20
	III	774,30	255,30	209,60	190,00	164,40	164,40	140,60
	VI	817,00	407,70	394,00	379,40	366,10	352,00	339,10
2624,99	I,IV	424,10	395,30	367,30	340,30	314,10	289,00	264,70
	II	279,10	293,30	268,90	222,60	188,70	166,40	177,10
	III	776,80	255,30	209,60	190,00	166,40	164,40	142,50
	VI	819,10	409,00	395,30	381,80	367,30	353,10	340,30
2629,49	I,IV	425,40	396,50	368,50	341,50	315,30	290,00	265,80
	II	279,10	294,40	269,60	223,70	188,10	166,40	178,10
	III	778,60	257,30	211,80	190,00	168,00	166,40	142,50
	VI	821,60	410,20	396,50	368,50	368,70	354,30	341,50
2633,99	I,IV	426,70	397,80	369,70	342,50	316,40	291,10	266,80
	II	279,10	295,50	271,00	247,60	201,60	167,00	179,10
	III	181,00	257,30	211,80	188,70	168,00	166,30	142,50
	VI	823,80	411,50	397,80	383,00	369,70	355,50	342,50
2638,49	I,IV	428,00	399,00	371,00	343,70	317,50	292,20	267,90
	II	281,10	296,50	271,00	225,60	202,70	180,10	180,10
	III	783,10	259,30	211,80	190,00	168,00	168,00	144,50
	VI	826,00	412,70	399,00	384,20	371,00	356,60	343,70
2642,99	I,IV	429,20	400,20	372,10	344,90	318,60	293,30	268,90
	II	281,10	297,60	273,20	226,60	203,70	181,10	181,10
	III	783,50	259,30	235,60	211,80	190,00	164,50	144,50
	VI	828,50	414,00	400,20	371,00	372,10	356,60	344,90
2647,49	I,IV	430,50	401,50	373,30	346,00	319,70	294,40	271,00
	II	283,10	298,70	273,60	237,60	192,00	182,10	182,10
	III	787,80	261,30	237,60	213,80	192,00	166,40	146,00
	VI	830,60	415,30	401,50	386,70	373,30	357,80	346,00
2651,99	I,IV	431,80	402,70	374,50	347,20	320,80	295,50	271,00
	II	283,10	299,80	275,10	237,60	192,60	183,10	183,10
	III	190,00	261,30	237,60	213,80	192,00	168,40	146,00
	VI	832,80	416,50	402,70	387,90	374,50	359,00	347,20
2656,49	I,IV	433,10	404,00	375,70	348,40	322,00	296,50	272,10
	II	283,10	300,80	275,20	239,50	194,00	184,10	184,10
	III	792,10	263,30	239,50	213,80	192,00	170,30	148,00
	VI	835,30	417,80	404,00	389,10	375,70	361,40	348,40

Monats-Lohnsteuer-Tabelle (Fortsetzung)

Werte in Klammern: Steuerklassen I,IV / II / III / VI. Die sieben Wertespalten je Einkommensbetrag.

Linke Tabelle

Betrag	Kl	1	2	3	4	5	6	7
2534,99	I,IV	399.00	371.00	343.00	317.00	292.20	267.60	244.50
	II	259.30	272.00	248.50	225.70	202.90	180.10	157.40
	III	732.30	237.60	213.80	192.00	168.30	146.50	122.80
	VI	774.30	384.20	371.00	356.60	343.70	330.00	317.50
2539,49	I,IV	400.20	372.00	344.40	318.60	293.30	268.90	245.50
	II	261.30	273.00	249.50	226.60	203.90	181.10	158.40
	III	734.30	239.60	215.80	194.00	170.30	148.30	124.60
	VI	776.60	385.50	373.30	357.80	344.90	331.10	318.60
2543,99	I,IV	401.50	373.30	346.00	319.70	294.40	270.00	246.50
	II	261.30	275.00	250.50	227.60	204.90	182.10	159.40
	III	736.60	239.60	215.80	194.00	170.30	148.30	124.60
	VI	778.80	386.70	374.50	359.00	346.00	332.20	319.70
2548,49	I,IV	402.70	374.50	347.20	320.90	295.50	271.00	247.50
	II	263.30	275.00	251.50	228.60	205.90	183.10	160.40
	III	738.90	241.60	217.80	196.00	172.30	150.30	126.60
	VI	781.00	387.90	375.70	360.20	347.20	333.40	320.90
2552,99	I,IV	404.00	375.70	348.40	322.00	296.50	272.00	248.50
	II	263.30	277.00	252.50	229.60	206.90	184.10	161.30
	III	741.00	241.60	217.80	196.00	172.30	150.30	126.60
	VI	783.10	389.10	375.70	361.40	348.40	334.50	322.00
2557,49	I,IV	405.20	377.00	349.60	323.10	297.70	273.00	249.50
	II	265.30	277.00	253.50	230.60	207.90	185.10	162.30
	III	743.10	243.60	219.80	198.00	174.30	152.30	128.60
	VI	785.50	390.20	377.00	362.50	349.60	335.60	323.10
2561,99	I,IV	406.50	378.00	350.70	324.20	298.80	274.00	250.50
	II	265.30	279.00	254.50	231.60	208.90	186.10	163.30
	III	745.30	243.60	219.80	198.00	174.30	152.30	128.60
	VI	787.80	391.40	378.10	363.70	350.70	336.60	324.20
2566,49	I,IV	407.70	379.40	352.00	325.40	300.00	275.10	251.50
	II	267.30	279.00	255.50	232.60	209.90	187.10	164.30
	III	747.50	245.60	221.80	200.00	176.30	154.30	130.60
	VI	790.00	392.60	379.40	365.00	352.00	338.00	325.40
2570,99	I,IV	409.00	380.60	353.10	326.50	301.00	276.20	252.50
	II	267.30	281.00	256.50	233.60	210.90	188.10	165.30
	III	749.80	245.60	221.80	200.00	176.30	154.30	130.60
	VI	792.10	394.00	380.60	366.10	353.10	339.10	326.50
2575,49	I,IV	410.20	381.80	354.30	327.60	302.20	277.30	253.50
	II	269.30	281.00	257.50	234.60	211.90	189.10	166.30
	III	752.00	247.60	223.80	202.00	178.30	156.30	132.60
	VI	794.50	395.00	381.80	367.30	354.30	340.30	327.60
2579,99	I,IV	411.50	383.00	355.50	328.80	303.30	278.30	254.50
	II	269.30	283.00	258.50	235.50	212.90	190.10	167.30
	III	754.20	247.60	223.80	202.00	178.30	156.30	132.60
	VI	796.60	396.30	383.00	368.50	355.50	341.50	328.80
2584,49	I,IV	412.70	384.20	356.60	330.00	304.40	279.40	255.50
	II	271.30	283.00	259.50	236.50	213.80	191.10	168.30
	III	756.40	249.60	225.80	204.00	180.30	158.30	134.60
	VI	798.80	397.50	384.20	369.70	356.60	342.50	330.00
2588,99	I,IV	414.00	385.60	357.80	331.00	305.50	280.50	256.50
	II	271.30	285.00	260.50	237.50	214.80	192.10	169.20
	III	758.60	249.60	225.80	204.00	180.30	158.30	134.60
	VI	801.10	398.70	385.60	371.00	357.80	343.70	331.00
2593,49	I,IV	415.30	386.70	359.00	332.20	306.60	281.50	257.50
	II	273.30	285.00	261.60	238.50	215.80	193.10	170.20
	III	760.80	251.60	227.80	206.00	182.30	160.30	136.60
	VI	803.30	399.90	386.70	372.10	359.00	344.90	332.20

Rechte Tabelle

Betrag	Kl	1	2	3	4	5	6	7
2660,99	I,IV	434.40	405.20	377.00	349.50	323.10	297.60	273.00
	II	285.10	302.00	277.30	254.50	230.60	207.90	185.10
	III	794.30	263.30	239.50	217.80	194.00	172.30	148.50
	VI	837.50	419.00	405.20	390.40	377.00	362.50	349.50
2665,49	I,IV	435.70	406.50	378.00	350.70	324.20	298.70	274.10
	II	287.10	303.00	278.30	255.60	231.60	208.90	186.00
	III	796.60	265.30	241.50	219.80	196.00	173.30	149.50
	VI	838.80	420.30	406.50	391.60	378.00	363.70	350.70
2669,99	I,IV	437.00	407.70	379.40	352.00	325.40	299.80	275.10
	II	287.10	304.20	279.40	256.50	232.60	209.90	187.00
	III	798.80	265.30	241.50	219.80	196.00	174.10	150.50
	VI	842.10	421.60	407.70	392.80	379.40	365.00	352.00
2674,49	I,IV	438.20	409.00	380.60	353.10	326.50	300.90	276.20
	II	289.00	305.30	280.50	257.50	233.60	210.90	188.00
	III	801.00	267.30	243.50	221.80	198.00	176.10	152.50
	VI	844.30	422.90	409.00	394.00	380.60	366.10	353.10
2678,99	I,IV	439.50	410.20	381.80	354.30	327.60	302.00	277.30
	II	289.00	306.40	281.50	258.50	234.60	211.80	189.00
	III	803.30	267.30	243.50	221.80	198.00	176.10	152.50
	VI	846.60	424.10	410.20	395.30	381.80	367.30	354.30
2683,49	I,IV	440.80	411.50	383.00	355.50	328.80	303.00	278.30
	II	289.00	307.50	282.50	259.60	235.60	212.70	190.00
	III	805.60	269.30	245.50	223.80	200.00	176.10	153.50
	VI	848.80	425.40	411.50	396.50	383.00	368.50	355.50
2687,99	I,IV	442.10	412.70	384.20	356.60	330.00	304.20	279.40
	II	291.00	308.50	283.60	260.60	236.50	213.80	191.00
	III	808.00	269.30	245.50	223.80	200.00	176.10	154.50
	VI	851.30	426.70	412.70	397.80	384.20	369.70	356.60
2692,49	I,IV	443.50	414.00	385.60	357.80	331.00	305.30	280.50
	II	291.00	309.70	284.70	261.60	237.50	214.80	192.00
	III	810.00	271.30	247.50	225.80	202.00	178.10	154.50
	VI	853.60	428.00	414.00	399.00	385.60	371.00	357.80
2696,99	I,IV	444.70	415.30	386.70	359.00	332.20	306.40	281.50
	II	293.00	310.80	285.70	262.60	238.50	215.80	193.00
	III	812.50	271.30	247.50	225.80	202.00	178.10	156.30
	VI	855.80	429.20	415.30	400.20	386.70	372.10	359.00
2701,49	I,IV	446.00	416.50	387.90	360.20	333.40	307.50	282.50
	II	293.00	311.90	286.80	263.60	239.50	216.80	194.00
	III	814.80	273.30	249.50	227.80	204.00	180.10	156.30
	VI	858.10	430.50	416.50	401.50	387.90	373.30	360.20
2705,99	I,IV	447.30	417.80	389.10	361.40	334.50	308.50	283.60
	II	295.00	313.00	287.90	264.60	240.50	217.80	195.00
	III	817.00	273.30	249.50	227.80	204.00	180.10	158.30
	VI	860.30	431.80	417.80	402.70	389.10	374.50	361.40
2710,49	I,IV	448.60	419.00	390.40	362.50	335.60	309.70	284.70
	II	295.00	314.10	289.00	265.60	241.50	218.70	196.00
	III	819.30	275.30	251.50	229.80	206.00	182.10	158.30
	VI	862.80	433.10	419.00	404.00	390.40	375.70	362.50
2714,99	I,IV	450.00	420.30	391.60	363.70	336.70	310.90	285.70
	II	297.00	315.30	290.00	266.60	242.50	219.70	197.00
	III	821.60	275.30	251.50	229.80	206.00	182.10	160.30
	VI	865.10	434.40	420.30	405.20	391.60	377.00	363.70
2719,49	I,IV	451.20	421.60	392.80	365.00	338.00	311.90	286.80
	II	297.00	316.40	291.10	267.60	243.50	220.70	198.00
	III	823.80	277.30	251.60	231.60	208.00	184.10	160.30
	VI	867.50	435.70	421.60	406.50	392.80	378.10	365.00

*) Arbeitnehmer, für die die besonderen Lohnsteuer-Tabellen gelten (u. a. Beamte und Rentner), können ihre Steuer unter Anwendung der Zurechnungstabelle auf Seite 153 auch von dieser allgemeinen Monats-Lohnsteuer-Tabelle ablesen.

Allgemeine MONATSLOHNSTEUERTABELLE 1988/89*)

Linke Tabellenhälfte

Lohn bis DM	St.-Kl.	Arbeitnehmer ohne Kinder DM	AN mit Kinderfreibeträgen gemäß LSt-Karte: 0,5 DM	1,0 DM	1,5 DM	2,0 DM	2,5 DM	3,0 DM
2723,99	I,IV	452,50	394,00	366,10	339,10	313,10	289,00	287,90
	III	296,00	253,90	227,40	201,90	184,10	162,30	199,60
	V	826,50	422,90	267,90	245,50	224,70	188,10	162,30
	VI	869,60	437,00	409,00	397,80	394,00	366,10	366,10
2728,49	I,IV	453,90	395,30	367,30	340,30	314,10	290,50	289,00
	III	299,60	255,30	228,70	202,20	186,10	164,30	200,00
	V	828,50	424,10	253,50	246,50	225,50	188,80	162,30
	VI	872,00	438,20	410,20	399,00	395,30	368,50	367,30
2732,99	I,IV	455,20	396,50	368,50	341,50	315,30	290,50	290,00
	III	300,60	255,40	229,60	203,60	186,10	164,30	201,90
	V	830,60	425,40	255,40	247,50	226,50	190,00	164,30
	VI	874,30	439,50	411,50	400,30	396,50	368,50	368,30
2737,49	I,IV	456,50	397,80	369,70	342,50	316,40	291,10	291,10
	III	303,20	255,50	231,00	203,60	186,10	164,30	201,90
	V	832,80	426,70	255,50	247,50	226,50	190,00	164,30
	VI	876,60	440,80	411,50	401,50	397,80	369,70	369,70
2741,99	I,IV	457,80	399,00	371,00	343,70	317,50	292,20	292,20
	III	305,60	256,50	231,00	205,60	188,10	164,30	201,90
	V	835,30	428,00	256,50	248,50	227,40	190,00	164,30
	VI	879,00	442,10	412,70	402,70	399,00	371,00	371,00
2746,49	I,IV	459,10	400,20	372,10	344,90	318,60	293,30	293,30
	III	303,50	257,50	232,00	205,60	188,10	166,30	203,90
	V	837,50	429,20	257,50	249,50	228,40	191,00	166,30
	VI	881,30	443,30	414,00	403,90	400,20	372,10	372,10
2750,99	I,IV	460,50	401,50	373,30	346,10	319,70	294,40	294,40
	III	311,00	257,60	233,40	207,60	190,00	166,30	203,90
	V	839,80	430,50	257,60	249,60	229,30	192,00	166,30
	VI	883,60	444,70	415,30	405,10	401,50	373,30	373,30
2755,49	I,IV	461,80	402,70	374,50	347,20	320,90	295,50	295,50
	III	313,60	259,40	233,40	207,60	190,00	168,30	205,90
	V	842,10	431,80	259,40	251,50	230,40	192,00	168,30
	VI	886,00	446,00	416,50	406,30	402,70	374,50	374,50
2759,99	I,IV	463,00	404,00	375,70	348,40	322,00	296,50	296,50
	III	316,00	259,50	234,80	209,60	192,00	168,30	205,90
	V	844,30	433,10	259,50	251,50	231,30	194,00	168,30
	VI	888,30	447,30	417,80	407,50	404,00	375,70	375,70
2764,49	I,IV	464,40	405,20	377,00	349,50	323,10	297,60	297,60
	III	318,60	261,40	235,70	209,60	192,00	170,30	207,60
	V	846,60	434,40	261,40	253,50	232,60	194,00	170,30
	VI	890,60	448,60	419,00	408,80	405,20	377,00	377,00
2768,99	I,IV	465,70	406,50	378,10	350,70	324,20	298,70	298,70
	III	321,00	263,40	235,70	211,60	194,00	170,30	208,50
	V	848,80	435,70	263,40	254,50	233,60	196,00	170,30
	VI	893,00	450,00	420,30	410,00	406,50	378,10	378,10
2773,49	I,IV	467,00	407,70	379,40	352,00	325,40	299,80	299,80
	III	323,50	263,50	237,10	211,60	194,00	172,30	209,60
	V	851,30	437,00	263,50	255,50	234,60	196,00	172,30
	VI	895,30	451,20	421,60	411,20	407,70	379,40	379,40
2777,99	I,IV	468,40	409,00	380,60	353,10	326,50	300,90	300,90
	III	326,00	263,60	238,50	213,60	196,00	172,30	211,60
	V	853,60	438,30	263,60	257,50	235,60	198,00	172,30
	VI	897,60	452,50	422,80	412,40	409,00	380,60	380,60
2782,49	I,IV	469,70	410,20	381,80	354,30	327,60	302,00	302,00
	III	328,50	265,50	238,50	213,60	196,00	174,10	211,60
	V	855,80	439,50	265,50	257,50	236,60	198,00	174,10
	VI	900,00	453,90	424,10	413,60	410,20	381,80	381,80

Rechte Tabellenhälfte

Lohn bis DM	St.-Kl.	Arbeitnehmer ohne Kinder DM	AN mit Kinderfreibeträgen gemäß LSt-Karte: 0,5 DM	1,0 DM	1,5 DM	2,0 DM	2,5 DM	3,0 DM
2849,99	I,IV	489,80	459,10	429,20	400,20	372,10	344,90	318,60
	III	322,60	349,60	324,50	300,90	275,60	250,50	199,80
	V	890,60	301,00	279,10	255,30	231,60	209,80	186,10
	VI	935,30	473,70	460,50	443,50	429,20	414,00	400,20
2854,49	I,IV	491,20	460,50	430,50	401,50	373,30	346,10	319,70
	III	324,40	350,70	324,50	298,60	274,10	250,50	199,80
	V	893,00	301,00	279,10	255,30	233,60	209,80	188,10
	VI	937,60	475,00	460,50	444,70	430,50	415,30	401,50
2858,99	I,IV	492,50	461,80	431,80	402,70	374,50	347,20	320,90
	III	326,60	351,80	325,40	300,90	275,30	253,10	211,80
	V	895,30	303,00	279,10	257,30	233,60	211,60	188,10
	VI	940,00	476,40	461,80	446,00	431,80	416,50	402,70
2863,49	I,IV	493,90	463,10	433,10	404,00	375,70	348,40	322,00
	III	326,60	353,10	326,80	300,90	276,20	252,50	211,80
	V	897,60	303,00	281,10	257,30	235,60	211,60	190,00
	VI	942,30	477,70	463,00	447,30	433,10	417,80	404,00
2867,99	I,IV	495,30	464,40	434,40	405,20	377,00	349,50	323,10
	III	331,00	354,30	326,80	302,80	277,20	253,50	213,80
	V	906,00	304,80	281,10	257,30	235,60	213,60	190,00
	VI	944,80	479,00	464,40	448,60	434,40	419,00	405,20
2872,49	I,IV	496,60	465,70	435,70	406,50	378,10	350,70	324,20
	III	328,80	355,50	328,80	302,80	278,10	254,50	213,80
	V	902,30	304,80	283,10	259,30	237,60	213,60	192,00
	VI	947,10	480,40	465,70	450,00	435,70	420,30	406,50
2876,99	I,IV	498,00	467,00	437,00	407,70	379,40	352,00	325,40
	III	328,80	356,80	328,80	304,80	279,10	255,50	215,80
	V	906,30	306,60	283,10	259,30	237,60	215,60	192,00
	VI	949,50	481,70	467,00	451,20	437,00	421,60	407,70
2881,49	I,IV	499,40	468,40	438,20	409,00	380,60	353,10	326,50
	III	330,60	357,80	331,00	305,00	280,10	256,50	215,80
	V	907,00	306,60	285,10	261,20	239,50	215,60	194,00
	VI	951,80	483,10	468,40	452,50	438,20	422,80	409,00
2885,99	I,IV	500,70	469,70	439,50	410,20	381,80	354,30	327,60
	III	333,40	359,50	331,00	306,40	281,10	258,50	223,60
	V	909,30	308,60	285,10	261,20	239,50	217,80	194,00
	VI	954,30	484,50	469,70	453,90	439,50	424,10	410,20
2890,49	I,IV	502,00	471,00	440,80	411,50	383,00	355,50	328,80
	III	330,60	360,20	333,40	307,50	282,50	258,50	223,60
	V	911,60	308,60	285,10	263,20	239,50	217,80	196,00
	VI	956,80	485,80	471,00	455,20	440,80	425,40	411,50
2894,99	I,IV	503,50	472,40	442,10	412,70	384,20	356,60	329,80
	III	333,60	361,50	333,40	308,80	283,50	259,50	219,80
	V	914,10	308,80	287,10	263,20	241,50	219,80	196,00
	VI	959,00	487,10	472,40	456,50	442,10	426,70	412,70
2899,49	I,IV	504,80	473,70	443,50	414,00	385,50	357,80	331,00
	III	332,60	362,50	335,50	309,70	284,70	260,60	237,50
	V	916,50	310,60	287,10	265,20	241,50	219,80	198,00
	VI	961,50	488,50	473,70	457,80	443,50	428,00	414,00
2903,99	I,IV	506,20	475,00	444,70	415,30	386,70	359,00	332,20
	III	334,60	363,70	335,50	310,60	285,30	261,60	237,50
	V	918,80	310,60	289,00	265,20	243,50	221,80	198,00
	VI	963,80	489,80	475,00	459,10	444,70	429,20	415,30
2908,49	I,IV	507,50	476,40	446,00	416,50	387,90	359,00	333,40
	III	334,60	365,00	338,00	311,90	286,70	262,70	239,50
	V	921,00	312,60	289,00	267,30	243,50	221,80	198,00
	VI	966,10	491,20	476,40	460,50	446,00	430,50	416,50

Monats-Lohnsteuer-Tabelle — Fortsetzung

Einkommen bis	Kl.	1	2	3	4	5	6	7
2786,99	I,IV	471,70	440,90	411,50	383,00	355,50	328,80	303,00
	II	310,80	289,70	265,80	241,50	219,80	196,00	174,10
	III	858,10	336,80	310,80	285,70	261,80	238,50	215,80
	V	902,30	459,10	440,90	411,50	383,00	355,50	303,00
2791,49	I,IV	472,40	442,40	412,70	384,30	356,60	330,00	304,20
	II	310,80	334,50	308,50	283,60	259,90	236,60	213,90
	III	860,30	289,00	265,80	241,50	219,80	198,00	174,10
	V	904,60	456,50	442,40	412,70	384,30	356,60	304,20
2795,99	I,IV	473,70	443,50	414,00	385,50	357,80	331,00	305,30
	II	312,80	335,50	310,10	285,00	261,40	238,00	176,10
	III	862,60	289,00	267,80	243,50	221,80	198,00	176,10
	V	907,00	457,80	443,50	414,00	385,50	357,80	385,50
2800,49	I,IV	475,00	444,70	415,30	386,70	359,00	332,20	306,40
	II	312,80	336,80	310,80	287,50	261,80	238,50	176,10
	III	865,10	291,00	267,80	245,50	221,80	200,00	176,10
	V	909,30	459,10	444,70	415,30	386,70	359,00	386,70
2804,99	I,IV	476,40	446,00	416,50	387,90	360,20	333,40	307,50
	II	314,80	337,80	311,60	288,80	263,40	240,50	178,10
	III	867,40	291,00	269,80	245,50	223,80	200,00	178,10
	V	911,50	460,50	446,00	416,50	387,90	360,20	387,90
2809,49	I,IV	477,70	447,30	417,80	389,10	361,40	340,30	308,50
	II	314,80	339,10	313,00	290,10	263,90	249,40	180,10
	III	869,90	293,00	271,80	247,50	225,80	204,00	180,10
	V	914,10	461,80	447,30	417,80	389,10	361,40	389,10
2813,99	I,IV	479,00	448,60	419,00	390,40	362,50	335,60	309,70
	II	314,80	340,30	313,80	291,00	265,40	245,50	180,10
	III	872,00	293,00	271,80	247,50	227,60	204,00	180,10
	V	916,50	463,10	448,60	419,00	390,40	362,50	390,40
2818,49	I,IV	480,40	450,00	420,30	391,60	363,70	336,80	310,80
	II	316,80	341,40	315,40	292,10	267,00	247,50	182,10
	III	874,30	295,00	273,80	249,50	227,60	204,00	182,10
	V	918,80	464,50	450,00	420,30	391,60	363,70	391,60
2822,99	I,IV	481,80	451,20	421,60	392,80	365,00	338,00	311,90
	II	316,80	342,60	316,40	293,00	267,60	248,40	182,10
	III	876,60	295,00	273,80	249,50	229,60	206,00	182,10
	V	921,00	465,70	451,20	421,60	392,80	365,00	392,80
2827,49	I,IV	483,10	452,40	422,90	394,00	366,10	339,10	313,00
	II	318,80	343,70	317,50	294,20	269,40	250,40	184,10
	III	879,00	297,00	275,80	251,50	229,60	206,00	184,10
	V	923,50	467,00	452,40	422,90	394,00	366,10	394,00
2831,99	I,IV	484,50	453,90	424,10	395,30	367,30	340,30	314,10
	II	318,80	344,80	318,50	295,00	270,70	251,40	184,10
	III	881,30	297,00	275,80	251,50	231,70	207,80	184,10
	V	925,80	468,40	453,90	424,10	395,30	367,30	395,30
2836,49	I,IV	485,80	455,20	425,40	396,50	368,50	341,50	315,30
	II	320,80	346,00	319,70	296,40	270,80	251,60	184,10
	III	883,60	297,10	275,10	251,60	231,70	207,80	184,10
	V	928,10	469,50	455,20	425,40	396,50	368,50	396,50
2840,99	I,IV	487,10	456,50	426,70	397,80	369,70	342,50	316,40
	II	320,80	347,10	320,70	297,20	272,50	253,40	186,10
	III	886,00	299,10	277,80	253,50	233,60	209,80	186,10
	V	930,60	471,00	456,50	426,70	397,80	369,70	397,80
2845,49	I,IV	488,50	457,80	428,00	399,00	371,00	343,70	317,50
	II	322,60	348,40	322,00	298,60	272,70	253,50	186,10
	III	888,30	299,10	277,60	253,50	233,60	209,80	186,10
	V	933,10	472,40	457,80	428,00	399,00	371,00	399,00

Einkommen bis	Kl.	1	2	3	4	5	6	7
2912,99	I,IV	509,00	477,70	447,70	417,80	389,10	361,40	335,60
	II	336,60	366,90	339,00	312,80	289,40	264,50	241,50
	III	923,50	312,80	299,00	269,30	245,60	223,60	200,00
	V	968,60	492,50	461,80	431,80	402,30	374,50	419,00
2917,49	I,IV	510,40	479,00	448,60	418,60	389,40	362,50	335,60
	II	336,60	367,30	340,30	314,10	289,80	264,50	241,50
	III	925,80	314,10	300,90	271,00	247,50	223,60	200,00
	V	971,10	493,90	461,80	431,80	402,60	375,70	419,00
2921,99	I,IV	511,70	480,40	450,00	420,30	391,60	363,50	336,80
	II	338,60	369,20	341,00	315,40	291,00	266,50	243,50
	III	928,10	314,10	300,90	271,00	247,60	225,60	202,00
	V	973,30	495,30	464,40	434,40	404,50	376,80	420,30
2926,49	I,IV	513,00	481,70	451,20	421,60	392,80	365,00	338,00
	II	338,60	369,70	342,50	316,80	291,10	266,60	243,50
	III	930,60	316,80	302,70	273,00	249,50	225,60	202,00
	V	975,80	496,60	465,70	434,70	405,40	377,10	421,60
2930,99	I,IV	514,50	483,10	452,50	422,90	394,00	366,10	339,10
	II	340,60	370,90	343,90	317,80	292,80	268,50	244,00
	III	933,00	316,80	302,70	273,00	251,50	227,60	204,00
	V	978,30	498,00	467,00	435,70	406,50	378,20	422,90
2935,49	I,IV	515,80	484,50	453,80	424,10	395,20	367,30	340,30
	II	340,60	372,10	344,90	318,60	293,00	268,60	245,50
	III	935,30	318,60	304,70	273,10	251,60	227,60	204,00
	V	980,60	499,40	467,30	436,40	407,10	379,20	424,10
2939,99	I,IV	517,20	485,80	455,00	425,40	396,50	368,50	340,30
	II	342,60	373,30	346,00	319,90	294,50	269,60	245,50
	III	937,60	318,60	304,70	275,10	251,60	229,60	204,00
	V	983,10	500,70	468,40	438,40	408,50	380,40	425,40
2944,49	I,IV	518,40	487,10	456,50	426,70	397,80	369,70	342,50
	II	342,60	374,60	347,30	320,90	295,10	271,00	247,50
	III	940,00	320,90	306,50	277,00	253,50	229,60	205,80
	V	985,30	502,00	471,00	438,40	408,60	380,50	426,70
2948,99	I,IV	520,00	488,50	457,80	428,00	399,00	371,00	343,70
	II	344,60	375,80	348,40	321,60	296,80	272,80	248,40
	III	942,30	320,90	306,50	277,00	255,40	229,60	205,80
	V	987,80	503,30	471,00	440,70	410,80	382,40	428,00
2953,49	I,IV	521,20	489,80	459,00	429,20	400,20	372,10	344,90
	II	344,60	377,00	349,50	323,10	297,00	272,90	249,50
	III	944,80	323,10	308,50	277,10	255,40	231,60	207,80
	V	990,30	504,60	472,40	440,70	410,80	382,40	429,20
2957,99	I,IV	522,80	491,20	460,50	430,50	401,50	373,30	346,00
	II	346,50	378,10	350,50	324,40	297,60	274,70	250,60
	III	947,10	323,10	308,50	279,10	257,40	231,60	207,80
	V	992,60	506,00	473,70	443,10	412,10	384,50	430,50
2962,49	I,IV	524,10	492,50	461,80	431,80	402,70	374,50	347,20
	II	346,50	379,40	352,00	325,60	299,00	275,10	251,50
	III	949,50	325,60	310,50	279,10	257,40	233,60	209,60
	V	995,10	507,50	476,10	443,10	412,10	384,60	431,80
2966,99	I,IV	525,50	493,80	463,00	433,10	404,00	375,70	348,40
	II	348,50	380,60	353,20	326,60	300,90	277,00	252,50
	III	951,80	325,60	310,50	281,10	259,30	233,60	209,60
	V	997,50	508,80	476,10	445,60	414,30	386,50	433,10
2971,49	I,IV	527,00	495,30	464,40	434,40	405,20	377,00	349,50
	II	348,60	381,80	354,30	327,60	301,00	277,30	253,50
	III	954,30	327,60	312,50	281,10	259,30	233,60	211,80
	V	1000,00	510,30	479,00	445,60	414,40	387,80	434,40

*) Arbeitnehmer für die die besonderen Lohnsteuer-Tabellen gelten (u. a. Beamte und Rentner), können ihre Steuer unter Anwendung der Zurechnungstabelle auf Seite 153 auch von dieser allgemeinen Monats-Lohnsteuer-Tabelle ablesen.

Allgemeine MONATSLOHNSTEUERTABELLE 1988/89*

Lohn bis DM	St.-Kl.	Arbeitnehmer ohne Kinder DM	**0,5 DM	1,0 DM	1,5 DM	2,0 DM	2,5 DM	3,0 DM
2975,99	I,IV	528,40	496,60	465,50	435,50	406,50	378,10	350,70
	II	350,50	386,80	355,50	328,80	303,20	278,30	254,50
	III	956,80	383,00	353,50	281,10	259,30	237,60	213,80
	VI	1002,30	511,70	496,60	480,40	465,70	450,00	435,70
2980,49	I,IV	529,70	498,00	467,00	437,00	407,70	379,40	352,00
	II	350,50	384,20	356,60	330,00	304,20	279,40	255,50
	III	959,50	326,60	304,80	281,00	259,30	235,60	213,80
	VI	1004,80	513,00	498,00	481,70	467,00	451,20	437,00
2984,99	I,IV	531,10	499,40	468,40	438,20	409,00	380,60	353,10
	II	360,50	385,50	357,80	331,00	305,30	280,50	256,50
	III	962,50	361,80	306,00	281,00	261,30	239,50	215,80
	VI	1007,10	514,50	499,40	483,10	468,40	452,50	438,20
2989,49	I,IV	532,50	500,70	469,70	439,50	410,20	381,80	354,30
	II	350,50	386,80	359,00	332,20	306,40	281,50	257,50
	III	963,80	328,60	304,80	283,10	261,30	237,60	213,80
	VI	1009,60	515,80	500,70	484,50	469,70	453,90	439,50
2993,99	I,IV	534,00	502,00	471,00	440,90	411,50	383,00	355,50
	II	350,50	388,00	360,20	333,40	307,50	282,50	258,50
	III	966,50	366,10	307,30	282,30	260,80	237,60	213,80
	VI	1012,00	517,20	502,00	485,80	471,00	455,20	440,90
2998,49	I,IV	535,40	503,50	472,40	442,10	412,70	384,20	356,60
	II	352,50	389,10	361,40	334,50	308,50	283,60	259,60
	III	968,60	330,60	306,00	285,10	263,00	239,50	215,80
	VI	1014,50	518,60	503,50	487,10	472,40	456,50	442,10
3002,99	I,IV	536,70	504,80	473,70	443,50	414,00	385,50	357,80
	II	350,50	390,40	362,50	335,70	309,60	284,60	260,60
	III	971,10	368,60	310,80	285,10	263,00	241,50	217,80
	VI	1016,80	520,00	504,80	488,50	473,70	457,80	443,50
3007,49	I,IV	538,10	506,20	475,00	444,70	415,30	386,70	359,00
	II	354,30	391,60	363,70	336,80	310,80	285,70	261,60
	III	973,30	332,60	308,30	287,10	263,00	241,50	217,80
	VI	1019,10	521,40	506,20	489,80	475,00	459,10	444,70
3011,99	I,IV	539,50	507,50	476,40	446,00	416,50	387,90	360,20
	II	350,50	392,80	365,00	338,00	311,80	286,70	262,80
	III	975,80	332,60	308,30	287,10	265,10	241,50	217,80
	VI	1021,60	522,80	507,50	491,20	476,40	460,50	446,00
3016,49	I,IV	541,00	509,00	477,80	447,30	417,80	389,10	361,40
	II	356,10	394,00	366,20	339,10	313,00	287,80	263,70
	III	978,30	334,60	310,80	289,00	265,10	243,50	219,80
	VI	1024,00	524,10	509,00	492,50	477,80	461,80	447,30
3020,99	I,IV	542,40	510,30	479,00	448,60	419,00	390,40	362,50
	II	350,50	395,30	367,30	340,20	314,10	288,80	264,80
	III	980,60	367,80	314,80	289,00	267,10	243,50	219,80
	VI	1026,60	525,50	510,30	493,90	479,00	463,00	448,60
3025,49	I,IV	543,80	511,70	480,40	450,00	420,30	391,60	363,70
	II	350,50	396,50	368,50	341,50	315,30	289,80	265,80
	III	983,00	336,60	312,50	291,00	267,10	245,50	221,80
	VI	1029,00	527,00	511,70	495,30	480,40	464,40	450,00
3029,99	I,IV	545,20	513,00	481,70	451,20	421,60	392,80	365,00
	II	350,60	397,60	369,70	342,60	316,40	290,90	266,80
	III	985,60	338,60	312,50	291,00	267,10	245,50	221,80
	VI	1031,50	528,40	513,00	496,60	481,70	465,70	451,20
3034,44	I,IV	546,60	514,50	483,10	452,50	422,90	394,00	366,10
	II	360,30	399,00	371,00	343,70	317,50	292,20	267,90
	III	987,80	336,60	314,50	291,00	269,10	247,50	223,80
	VI	1033,80	529,70	514,50	498,00	483,10	467,00	452,50

Lohn bis DM	St.-Kl.	Arbeitnehmer ohne Kinder DM	0,5 DM	1,0 DM	1,5 DM	2,0 DM	2,5 DM	3,0 DM
3101,99	I,IV	568,00	535,40	503,50	472,40	442,10	412,70	384,20
	II	374,00	417,60	389,10	361,40	334,50	308,50	283,60
	III	1023,00	352,30	330,60	308,10	283,10	261,30	237,60
	VI	1070,60	550,90	535,40	518,60	503,50	487,10	472,40
3106,49	I,IV	569,50	536,70	504,80	473,70	443,50	414,00	385,50
	II	374,60	419,00	390,40	362,50	335,60	309,60	284,70
	III	1026,60	352,50	306,00	283,80	262,10	241,50	237,60
	VI	1073,00	552,30	536,70	520,00	504,80	488,50	473,70
3110,99	I,IV	570,90	538,10	506,20	475,00	444,90	415,30	386,70
	II	376,10	420,30	391,60	363,70	336,80	310,80	285,80
	III	1031,50	350,50	310,80	285,10	263,00	241,50	217,80
	VI	1075,60	553,70	538,10	521,40	506,20	489,80	475,00
3115,49	I,IV	572,40	539,50	507,50	476,40	446,00	416,50	387,90
	II	376,10	421,60	365,00	365,00	338,00	311,80	286,80
	III	1031,50	354,30	330,60	308,80	285,10	263,00	241,50
	VI	1078,00	555,10	539,50	522,80	507,50	491,20	476,40
3119,99	I,IV	573,80	541,00	509,00	477,80	447,30	417,80	389,10
	II	377,60	422,90	394,00	366,20	339,10	313,00	287,80
	III	1031,80	350,50	307,30	285,10	263,00	241,50	219,80
	VI	1080,50	556,50	541,00	524,10	509,00	492,50	477,80
3124,49	I,IV	575,20	542,40	510,30	479,00	448,60	419,00	390,40
	II	378,10	424,10	395,30	367,30	340,20	314,10	289,00
	III	1036,30	356,30	312,50	289,00	265,10	243,50	219,80
	VI	1083,00	558,00	542,40	525,50	510,30	493,90	479,00
3128,99	I,IV	576,70	543,80	511,70	480,40	450,00	420,30	391,60
	II	380,10	425,40	396,50	368,50	341,50	315,30	289,90
	III	1036,80	350,50	310,80	285,10	265,10	243,50	219,80
	VI	1085,60	559,50	543,80	527,00	511,70	495,30	480,40
3133,49	I,IV	578,10	545,20	513,00	481,70	451,20	421,60	392,80
	II	380,60	426,70	397,80	369,70	342,60	316,40	291,00
	III	1041,10	356,30	314,50	291,00	267,10	245,50	221,80
	VI	1087,80	560,90	545,20	528,40	513,00	496,60	481,70
3137,99	I,IV	579,60	546,60	514,50	483,10	452,50	422,90	394,00
	II	380,10	428,00	399,00	371,00	343,70	317,50	292,20
	III	1041,60	350,50	312,50	287,10	265,10	245,50	221,80
	VI	1090,30	562,30	546,60	529,70	514,50	498,00	483,10
3142,49	I,IV	581,00	548,00	515,80	484,50	453,90	424,10	395,30
	II	382,10	429,20	400,30	372,10	344,90	318,60	293,30
	III	1046,10	358,30	316,50	293,00	267,10	247,50	223,80
	VI	1093,00	563,70	548,00	531,10	515,80	499,40	484,50
3146,99	I,IV	582,50	549,50	517,20	485,80	455,20	425,40	396,50
	II	382,50	430,50	401,50	373,30	346,00	319,70	294,40
	III	1050,50	350,50	314,50	291,00	269,10	247,50	223,80
	VI	1095,50	565,10	549,50	532,50	517,20	500,70	485,80
3151,49	I,IV	584,00	550,90	518,60	487,10	456,50	426,70	397,80
	II	384,10	431,80	402,70	374,50	347,20	320,70	295,50
	III	1051,00	360,30	318,50	293,00	271,10	245,50	221,80
	VI	1097,80	566,60	550,90	534,00	518,60	502,00	487,10
3155,99	I,IV	585,40	552,30	520,00	488,50	457,80	428,00	399,00
	II	384,60	433,10	404,00	375,70	348,40	322,00	296,50
	III	1055,50	350,50	316,50	295,10	271,10	249,50	225,80
	VI	1100,30	568,00	552,30	535,40	520,00	503,50	488,50
3160,49	I,IV	586,90	553,70	521,40	489,80	459,10	429,20	400,20
	II	386,10	434,40	405,20	377,00	349,50	323,10	297,60
	III	1056,00	362,30	340,50	293,00	273,10	251,40	249,50
	VI	1102,80	569,50	553,70	536,70	521,40	504,80	489,80

**AN mit Kinderfreibeträgen gemäß LSt.-Karte

3038,99	I,IV	548,00	I	515,80	484,50	453,90	424,10	395,30	367,30
	III	360,30	II	400,20	372,10	344,90	318,60	293,30	268,90
	V	990,30	III	338,50	314,80	293,00	269,30	247,50	223,60
	VI	1036,30	IV	531,10	515,80	499,40	484,50	468,40	453,90
3043,49	I,IV	549,50	I	517,20	485,80	455,20	425,40	396,50	368,50
	III	362,30	II	401,50	373,30	346,00	319,70	294,40	270,00
	V	992,60	III	338,50	316,80	293,00	271,30	247,50	225,60
	VI	1038,80	IV	532,50	517,20	500,70	485,80	469,70	455,20
3047,99	I,IV	550,90	I	518,60	487,10	456,50	426,70	397,80	369,70
	III	362,30	II	402,70	374,50	347,20	320,90	295,50	271,00
	V	995,10	III	340,50	316,80	295,00	271,30	249,50	225,60
	VI	1041,10	IV	534,00	518,60	502,00	487,10	471,00	456,50
3052,49	I,IV	552,30	I	520,00	488,50	457,80	428,00	399,00	371,00
	III	364,30	II	404,00	375,70	348,40	322,00	296,50	272,00
	V	997,50	III	340,50	318,80	295,00	273,10	249,50	227,60
	VI	1043,60	IV	535,40	520,00	503,50	488,50	472,40	457,80
3056,99	I,IV	553,70	I	521,40	489,80	459,10	429,20	400,20	372,10
	III	364,30	II	405,20	377,00	349,50	323,10	297,60	273,00
	V	1000,00	III	342,50	318,80	297,00	273,10	251,50	227,60
	VI	1046,10	IV	536,70	521,40	504,80	489,80	473,70	459,10
3061,49	I,IV	555,10	I	522,80	491,20	460,50	430,50	401,50	373,30
	III	366,30	II	406,50	378,10	350,70	324,20	298,70	274,10
	V	1002,30	III	342,50	320,80	297,00	275,10	251,50	229,60
	VI	1048,50	IV	538,10	522,80	506,20	491,20	475,00	460,50
3065,99	I,IV	556,50	I	524,10	492,50	461,80	431,80	402,70	374,50
	III	366,30	II	407,70	379,40	352,00	325,40	299,80	275,10
	V	1004,80	III	344,50	320,80	299,00	275,10	253,50	229,60
	VI	1051,00	IV	539,50	524,10	507,50	492,50	476,40	461,80
3070,49	I,IV	558,00	I	525,50	493,90	463,00	433,10	404,00	375,70
	III	368,30	II	409,00	380,60	353,10	326,50	300,90	276,20
	V	1007,10	III	344,50	322,60	299,00	277,10	253,50	231,60
	VI	1053,30	IV	541,00	525,50	509,00	493,90	477,70	463,00
3074,99	I,IV	559,50	I	527,00	495,30	464,40	434,40	405,20	377,00
	III	368,30	II	410,20	381,80	354,30	327,60	302,00	277,30
	V	1009,60	III	346,50	322,60	301,00	277,10	255,30	231,60
	VI	1056,00	IV	542,40	527,00	510,30	495,30	479,00	464,40
3079,49	I,IV	560,90	I	528,40	496,60	465,70	435,70	406,50	378,10
	III	370,30	II	411,50	383,00	355,50	328,80	303,00	278,30
	V	1012,00	III	346,50	324,60	301,00	279,10	255,30	233,60
	VI	1058,30	IV	543,80	528,40	511,70	496,60	480,40	465,70
3083,99	I,IV	562,30	I	529,70	498,00	467,00	437,00	407,70	379,40
	III	370,30	II	412,70	384,20	356,60	330,00	304,20	279,40
	V	1014,50	III	346,50	324,60	301,00	279,10	255,30	233,60
	VI	1060,80	IV	545,20	529,70	513,00	498,00	481,70	467,00
3088,49	I,IV	563,70	I	531,10	499,40	468,40	438,20	409,00	380,60
	III	370,30	II	414,00	385,50	357,80	331,00	305,30	280,50
	V	1016,80	III	348,50	324,60	303,00	279,10	257,30	233,60
	VI	1063,30	IV	546,60	531,10	514,50	499,40	483,10	468,40
3092,99	I,IV	565,10	I	532,50	500,70	469,70	439,50	410,20	381,80
	III	372,10	II	415,30	386,70	359,00	332,20	306,40	281,50
	V	1019,10	III	348,50	326,60	303,00	281,10	257,30	235,60
	VI	1065,80	IV	548,00	532,50	515,80	500,70	484,50	469,70
3097,49	I,IV	566,60	I	534,00	502,00	471,00	440,90	411,50	383,00
	III	372,10	II	416,50	387,90	360,20	333,40	307,50	282,50
	V	1021,60	III	350,50	326,60	304,80	281,10	259,30	235,60
	VI	1068,10	IV	549,50	534,00	517,20	502,00	485,80	471,00

3164,99	I,IV	588,30	I	555,10	522,80	491,20	460,50	430,50	401,50
	III	386,10	II	435,70	406,50	378,10	350,70	324,20	298,70
	V	1058,30	III	364,30	340,50	318,80	295,00	273,10	249,50
	VI	1105,30	IV	570,90	555,10	538,10	522,80	506,20	491,20
3169,49	I,IV	589,80	I	556,50	524,10	492,50	461,80	431,80	402,70
	III	388,00	II	437,00	407,70	379,40	352,00	325,40	299,80
	V	1060,80	III	364,30	342,50	318,80	297,00	273,10	251,50
	VI	1107,80	IV	572,40	556,50	539,50	524,10	507,50	492,50
3173,99	I,IV	591,20	I	558,00	525,50	493,90	463,00	433,10	404,00
	III	388,00	II	438,20	409,00	380,60	353,10	326,50	300,90
	V	1063,30	III	366,30	342,50	320,80	297,00	275,10	251,50
	VI	1110,30	IV	573,80	558,00	541,00	525,50	509,00	493,90
3178,49	I,IV	592,70	I	559,50	527,00	495,30	464,40	434,40	405,20
	III	390,00	II	439,50	410,20	381,80	354,30	327,60	302,00
	V	1065,80	III	366,30	344,50	320,80	299,00	275,10	253,50
	VI	1112,80	IV	575,20	559,50	542,40	527,00	510,30	495,30
3182,99	I,IV	594,10	I	560,90	528,40	496,60	465,70	435,70	406,50
	III	390,00	II	440,90	411,50	383,00	355,50	328,80	303,00
	V	1068,10	III	368,30	344,50	322,60	299,00	277,10	253,50
	VI	1115,30	IV	576,70	560,90	543,80	528,40	511,70	496,60
3187,49	I,IV	595,60	I	562,30	529,70	498,00	467,00	437,00	407,70
	III	390,00	II	442,10	412,70	384,20	356,60	330,00	304,20
	V	1070,60	III	368,30	344,50	322,60	299,00	277,10	253,50
	VI	1117,80	IV	578,10	562,30	545,20	529,70	513,00	498,00
3191,99	I,IV	597,10	I	563,70	531,10	499,40	468,40	438,20	409,00
	III	392,00	II	443,50	414,00	385,50	357,80	331,00	305,30
	V	1073,00	III	368,30	346,50	322,60	301,00	277,10	255,30
	VI	1120,30	IV	579,60	563,70	546,60	531,10	514,50	499,40
3196,49	I,IV	598,50	I	565,10	532,50	500,70	469,70	439,50	410,20
	III	392,00	II	444,70	415,30	386,70	359,00	332,20	306,40
	V	1075,60	III	370,30	346,50	324,60	301,00	279,10	255,30
	VI	1122,80	IV	581,00	565,10	548,00	532,50	515,80	500,70
3200,99	I,IV	600,00	I	566,60	534,00	502,00	471,00	440,90	411,50
	III	394,00	II	446,00	416,50	387,90	360,20	333,40	307,50
	V	1078,10	III	370,30	348,50	324,60	303,00	279,10	257,30
	VI	1125,30	IV	582,50	566,60	549,50	534,00	517,20	502,00
3205,49	I,IV	601,50	I	568,00	535,40	503,50	472,40	442,10	412,70
	III	394,00	II	447,30	417,80	389,10	361,40	334,50	308,50
	V	1080,50	III	372,10	348,50	326,60	303,00	281,10	257,30
	VI	1127,80	IV	584,00	568,00	550,90	535,40	518,60	503,50
3209,99	I,IV	603,00	I	569,50	536,70	504,80	473,70	443,50	414,00
	III	396,00	II	448,60	419,00	390,40	362,50	335,60	309,70
	V	1083,00	III	372,10	350,50	326,60	304,80	281,10	259,30
	VI	1130,30	IV	585,40	569,50	552,30	536,70	520,00	504,80
3214,49	I,IV	604,50	I	570,90	538,10	506,20	475,00	444,70	415,30
	III	396,00	II	450,00	420,30	391,60	363,70	336,80	310,80
	V	1085,50	III	374,10	350,50	328,60	304,80	283,10	259,30
	VI	1132,80	IV	586,90	570,90	553,70	538,10	521,40	506,20
3218,99	I,IV	606,00	I	572,40	539,50	507,50	476,40	446,00	416,50
	III	398,00	II	451,20	421,60	392,80	365,00	338,00	311,90
	V	1087,80	III	374,10	352,50	328,60	306,80	283,10	261,30
	VI	1135,30	IV	588,30	572,40	555,10	539,50	522,80	507,50
3223,49	I,IV	607,40	I	573,80	541,00	509,00	477,70	447,30	417,80
	III	398,00	II	452,50	422,90	394,00	366,10	339,10	313,00
	V	1090,30	III	376,10	352,50	330,60	306,80	285,10	261,30
	VI	1137,80	IV	589,80	573,80	556,50	541,00	524,10	509,00

*) Arbeitnehmer für die die besonderen Lohnsteuer-Tabellen gelten (u. a. Beamte und Rentner), können ihre Steuer unter Anwendung der Zurechnungstabelle auf Seite 153 auch von dieser allgemeinen Monats-Lohnsteuer-Tabelle ablesen.

Allgemeine MONATSLOHNSTEUERTABELLE 1988/89*)

Linker Tabellenteil

Lohn bis DM	St.-Kl.	Arbeitnehmer ohne Kinder DM	St.-Kl.	AN mit Kinderfreibeträgen gemäß LSt.-Karte: 0,5 DM	1,0 DM	1,5 DM	2,0 DM	2,5 DM	3,0 DM
3227,99	I.IV	608,90	I.IV	575,20	542,40	510,30	479,00	448,60	419,00
	II	400,00	II	453,90	424,10	395,50	368,30	341,10	314,10
	III	100,00	III	378,10	352,40	326,70	308,80	285,10	263,30
	V	1100,00	V	453,10	428,00	404,00	382,10	357,40	510,30
	VI	1140,30	VI	591,20	575,20	558,00	542,40	525,50	—
3232,49	I.IV	610,40	I.IV	576,70	543,80	511,70	480,40	450,00	420,30
	II	400,00	II	455,20	425,40	396,80	368,50	341,50	315,30
	III	100,00	III	378,10	354,30	328,30	310,30	287,00	263,30
	V	1095,00	V	455,20	430,50	405,90	381,30	356,60	511,70
	VI	1142,80	VI	592,70	576,70	559,60	543,80	527,00	—
3236,99	I.IV	611,90	I.IV	578,10	545,20	513,00	481,70	451,20	421,60
	II	400,00	II	456,50	426,70	397,90	369,80	342,70	316,40
	III	100,00	III	378,10	356,30	328,30	312,80	289,00	265,40
	V	1100,00	V	456,50	431,80	406,80	382,70	358,00	513,00
	VI	1145,10	VI	594,10	578,10	560,80	545,20	528,40	—
3241,49	I.IV	613,30	I.IV	579,60	546,60	514,50	483,10	452,50	422,90
	II	402,00	II	457,80	428,00	399,10	371,00	343,70	317,50
	III	100,00	III	378,10	356,30	330,30	310,80	287,10	265,30
	V	1100,00	V	457,80	433,10	408,10	384,10	360,10	514,50
	VI	1147,80	VI	595,60	579,60	562,30	546,60	529,70	—
3245,99	I.IV	614,80	I.IV	581,00	548,00	515,80	484,50	453,90	424,10
	II	402,00	II	459,10	429,30	400,30	372,10	345,00	318,60
	III	100,00	III	378,10	358,30	330,30	312,80	289,00	267,30
	V	1100,00	V	459,10	434,40	409,30	385,30	360,60	515,80
	VI	1150,30	VI	597,10	581,00	563,70	548,00	531,10	—
3250,49	I.IV	616,30	I.IV	582,50	549,30	517,20	485,80	455,20	425,40
	II	403,80	II	460,50	430,50	401,50	373,30	346,00	319,70
	III	100,00	III	378,10	358,30	332,30	314,80	291,00	267,40
	V	1105,30	V	460,50	435,70	410,60	386,70	361,80	517,20
	VI	1152,80	VI	598,50	582,50	565,10	549,30	532,50	—
3254,99	I.IV	617,80	I.IV	584,00	550,80	518,60	487,10	456,50	426,70
	II	403,80	II	461,80	431,80	402,70	374,50	347,30	320,80
	III	100,00	III	380,10	360,30	332,30	314,80	291,00	269,30
	V	1105,30	V	461,80	437,00	411,80	387,80	363,10	518,60
	VI	1155,30	VI	600,00	584,00	566,60	550,80	534,00	—
3259,49	I.IV	619,30	I.IV	585,40	552,10	520,00	488,50	457,80	428,00
	II	405,80	II	463,00	433,10	403,90	375,70	348,40	322,00
	III	100,00	III	380,10	360,30	334,30	316,80	293,00	269,30
	V	1110,30	V	463,00	438,10	413,00	389,10	364,30	520,00
	VI	1158,00	VI	601,50	585,40	568,00	552,10	535,40	—
3263,99	I.IV	620,80	I.IV	586,90	553,70	521,40	489,80	459,10	429,20
	II	405,80	II	464,40	434,40	405,10	377,00	349,60	323,10
	III	100,00	III	382,10	362,30	334,30	316,80	293,00	271,30
	V	1110,30	V	464,40	439,50	413,60	390,30	365,50	521,40
	VI	1160,50	VI	603,00	586,90	569,60	553,70	536,70	—
3268,49	I.IV	622,20	I.IV	588,30	555,10	522,80	491,20	460,50	430,50
	II	407,80	II	465,70	435,70	406,20	378,10	350,70	324,20
	III	100,00	III	384,10	362,30	336,30	318,80	293,00	271,30
	V	1115,30	V	465,70	440,70	414,80	391,50	366,70	522,80
	VI	1162,80	VI	604,50	588,30	571,00	555,10	538,10	—
3272,99	I.IV	623,70	I.IV	589,80	556,50	524,10	492,50	461,80	431,80
	II	407,80	II	467,00	437,00	407,40	379,30	352,00	325,40
	III	100,00	III	385,60	364,30	336,30	318,80	295,00	273,10
	V	1115,30	V	467,00	442,00	416,00	392,60	367,90	524,10
	VI	1165,30	VI	606,00	589,80	572,40	556,50	539,50	—
3277,49	I.IV	625,20	I.IV	591,20	458,00	525,50	493,90	463,00	433,10
	II	409,80	II	468,40	444,20	409,00	380,60	353,10	326,50
	III	100,00	III	386,40	388,10	338,30	318,80	295,00	273,10
	V	1120,30	V	468,40	443,30	416,00	393,80	369,20	525,50
	VI	1168,00	VI	607,40	597,60	573,80	558,00	541,00	—
3281,99	I.IV	626,70	I.IV	592,70	559,90	527,00	495,30	464,30	434,40
	II	409,80	II	469,80	437,00	409,00	381,80	354,20	327,50
	III	100,00	III	388,00	366,30	340,50	320,80	297,00	273,10
	V	1120,30	V	469,80	444,60	417,20	395,00	370,40	527,00
	VI	1170,50	VI	608,90	592,70	575,20	559,40	542,40	—
3286,49	I.IV	628,20	I.IV	594,10	560,90	528,40	496,60	465,70	435,70
	II	409,80	II	471,00	440,00	411,50	383,00	355,50	328,60
	III	388,00	III	388,00	364,10	342,50	318,60	297,00	273,10
	V	1125,30	V	471,00	445,80	418,40	399,10	371,60	528,40
	VI	1173,00	VI	610,40	594,10	576,70	560,80	543,80	—

Rechter Tabellenteil

Lohn bis DM	St.-Kl.	Arbeitnehmer ohne Kinder DM	St.-Kl.	AN mit Kinderfreibeträgen gemäß LSt.-Karte: 0,5 DM	1,0 DM	1,5 DM	2,0 DM	2,5 DM	3,0 DM
3353,99	I.IV	650,90	I.IV	616,30	582,50	549,50	517,20	485,60	455,20
	II	423,60	II	491,20	461,80	431,80	401,50	374,50	346,40
	III	162,80	III	402,00	378,10	356,30	332,40	310,80	287,10
	V	1162,60	V	632,70	616,30	598,50	582,50	565,10	549,50
	VI	1211,10	VI	634,20	617,80	600,00	584,00	566,60	550,90
3358,49	I.IV	652,40	I.IV	617,80	584,00	431,80	518,60	487,10	456,50
	II	425,40	II	492,50	461,80	431,80	402,70	374,50	347,30
	III	1185,30	III	402,00	380,10	360,30	334,40	312,30	289,00
	V	1211,30	V	634,20	617,80	600,00	584,00	566,60	550,90
	VI	1213,50	VI	635,70	619,30	358,50	585,40	568,00	552,40
3362,99	I.IV	653,90	I.IV	619,30	585,40	552,30	520,00	488,50	457,80
	II	427,60	II	495,40	464,60	434,40	404,10	377,00	348,70
	III	1168,00	III	403,80	380,10	360,30	334,40	312,30	289,00
	V	1216,10	V	635,70	619,30	601,50	585,40	568,00	552,30
	VI	—	VI	—	—	—	—	—	—
3367,49	I.IV	655,40	I.IV	620,80	586,90	553,70	521,40	489,80	459,10
	II	427,60	II	495,40	464,60	434,10	405,40	377,00	349,30
	III	1170,50	III	403,80	382,10	358,50	336,60	312,80	291,00
	V	1218,80	V	637,20	620,80	603,00	586,60	569,50	553,70
	VI	—	VI	—	—	—	—	—	—
3371,99	I.IV	657,00	I.IV	622,20	588,30	555,10	522,80	491,20	460,50
	II	430,00	II	497,60	466,80	436,60	406,20	379,30	350,70
	III	1173,00	III	405,80	382,10	360,30	336,60	314,80	291,00
	V	1221,10	V	638,70	622,20	604,50	588,30	570,90	555,10
	VI	—	VI	—	—	—	—	—	—
3376,49	I.IV	658,50	I.IV	623,70	589,80	556,50	524,10	492,50	461,80
	II	429,60	II	498,00	467,00	437,50	407,70	379,40	352,00
	III	1175,50	III	405,80	384,10	360,30	338,60	314,80	293,00
	V	1223,80	V	640,30	623,70	606,00	589,80	573,80	556,60
	VI	—	VI	—	—	—	—	—	—
3380,99	I.IV	660,00	I.IV	625,20	591,40	558,00	525,50	493,90	463,00
	II	432,40	II	500,70	469,70	438,10	407,80	380,60	352,30
	III	1178,00	III	405,80	384,10	362,30	338,60	316,80	293,00
	V	1226,30	V	641,80	625,20	607,40	591,20	573,80	558,00
	VI	—	VI	—	—	—	—	—	—
3385,49	I.IV	661,50	I.IV	626,70	592,70	559,50	527,00	495,30	464,40
	II	429,60	II	500,70	469,70	440,00	409,80	381,80	354,30
	III	1180,50	III	407,80	384,10	362,30	338,60	316,80	295,00
	V	1229,00	V	643,30	626,70	608,90	592,70	575,20	559,50
	VI	—	VI	—	—	—	—	—	—
3389,99	I.IV	663,00	I.IV	628,20	594,10	560,90	528,40	496,60	465,70
	II	431,60	II	502,00	472,00	441,60	411,50	383,00	355,50
	III	1183,00	III	407,80	386,10	362,30	340,60	316,80	295,00
	V	1231,50	V	644,80	628,20	610,40	594,10	576,70	560,90
	VI	—	VI	—	—	—	—	—	—
3394,49	I.IV	664,50	I.IV	629,70	595,70	562,30	529,70	498,00	467,00
	II	431,60	II	503,50	472,40	442,10	412,70	384,20	356,60
	III	1185,60	III	409,80	386,10	364,30	340,60	318,80	295,00
	V	1234,00	V	646,30	629,70	611,90	595,60	578,10	562,30
	VI	—	VI	—	—	—	—	—	—
3398,49	I.IV	666,10	I.IV	631,20	563,70	563,70	531,10	499,40	468,40
	II	433,60	II	506,20	474,70	443,60	413,30	385,10	357,60
	III	1188,10	III	409,80	388,10	364,30	342,60	318,80	297,00
	V	1236,50	V	647,80	631,30	613,30	597,10	579,60	563,70
	VI	—	VI	—	—	—	—	—	—
3403,49	I.IV	667,60	I.IV	632,50	598,50	565,10	532,50	500,70	469,70
	II	433,60	II	506,20	475,00	444,70	415,30	386,40	359,00
	III	1190,80	III	411,80	388,10	366,30	342,60	320,80	297,00
	V	1239,10	V	649,30	632,50	614,80	598,50	581,00	565,10
	VI	—	VI	—	—	—	—	—	—
3407,99	I.IV	669,20	I.IV	634,20	600,00	566,60	534,00	502,00	471,00
	II	435,60	II	509,00	476,40	446,00	416,50	387,60	359,60
	III	1193,10	III	411,80	390,00	366,30	344,50	320,80	299,00
	V	1241,60	V	650,90	634,20	616,30	600,00	582,50	566,60
	VI	—	VI	—	—	—	—	—	—
3412,49	I.IV	670,70	I.IV	635,70	509,00	568,00	535,40	503,50	472,40
	II	435,60	II	509,00	477,70	447,30	417,80	389,10	361,40
	III	1195,80	III	413,80	390,00	368,30	344,50	322,60	299,00
	V	1244,30	V	652,40	635,70	617,80	601,50	584,00	568,00
	VI	—	VI	—	—	—	—	—	—

Allgemeine Monats-Lohnsteuer-Tabelle — Ausschnitt (Beträge in DM). Steuerklassen: I,IV / II / V / VI.

Lohn bis	I,IV	II	V	VI
3290,99	629,70	411,80	1175,80	1178,00
3295,49	631,20	411,80	1178,10	1180,60
3299,99	632,70	413,80	1180,60	1183,00
3304,49	634,30	413,80	1183,00	1185,40
3308,99	635,70	415,80	1185,40	1188,10
3313,49	637,20	415,80	1188,10	1190,60
3317,99	638,70	417,80	1190,60	1193,10
3322,49	640,30	417,80	1193,10	1195,60
3326,99	641,80	419,80	1195,60	1198,10
3331,49	643,30	419,80	1198,10	1200,60
3335,99	644,80	421,60	1200,60	1203,50
3340,49	646,30	421,60	1203,50	1206,00
3344,99	647,80	423,60	1206,00	1208,50
3349,49	649,30	423,60	1208,50	1211,00

Lohn bis	I,IV	II	V	VI
3416,99	672,20	437,50	1198,30	1246,80
3421,49	673,80	437,80	1200,80	1249,50
3425,99	675,30	439,50	1203,30	1252,50
3430,49	676,80	439,50	1206,00	1254,60
3434,99	678,40	441,50	1208,50	1257,10
3439,49	680,00	441,10	1211,10	1259,60
3443,99	681,50	443,50	1213,50	1262,30
3448,49	683,00	443,60	1216,10	1264,80
3452,99	684,60	445,60	1218,80	1267,50
3457,49	686,10	445,50	1221,00	1270,00
3461,99	687,70	447,50	1223,80	1272,50
3466,49	689,20	447,50	1226,30	1275,10
3470,99	690,80	449,50	1228,80	1277,60
3475,49	692,40	449,50	1231,50	1280,30

*) Arbeitnehmer für die die besonderen Lohnsteuer-Tabellen gelten (u. a. Beamte und Rentner), können ihre Steuer unter Anwendung der Zurechnungstabelle auf Seite 153 auch von dieser allgemeinen Monats-Lohnsteuer-Tabelle ablesen.

Allgemeine MONATSLOHNSTEUERTABELLE 1988/89*)

Spaltenköpfe (beide Tabellenhälften):

Lohn bis DM	Arbeitnehmer ohne Kinder St.-Kl.	DM	AN mit Kinderfreibeträgen gemäß LSt-Karte: St.-Kl.	0,5 DM	1,0 DM	1,5 DM	2,0 DM	2,5 DM	3,0 DM

Linke Tabellenhälfte

Lohn bis DM	St.-Kl.	ohne Kinder DM	0,5 DM	1,0 DM	1,5 DM	2,0 DM	2,5 DM	3,0 DM
3479,99	I,IV	693,90	656,50	623,70	589,80	556,60	524,10	492,50
	II	449,50	529,70	498,00	467,00	437,00	407,70	379,40
	III	1234,00	427,60	403,80	382,10	358,30	336,60	312,80
	V	1283,00	675,30	658,50	640,30	623,70	606,00	589,80
	VI	1283,00	681,50	666,40	651,50	637,20	623,00	608,90
3484,49	I,IV	695,50	660,00	625,20	591,40	558,00	525,50	493,90
	II	449,50	531,10	499,40	468,40	438,20	409,00	380,60
	III	1239,10	429,10	405,20	383,50	359,70	338,00	314,20
	V	1285,50	676,90	660,00	641,80	625,20	607,50	591,20
	VI	1285,50	683,10	668,00	653,10	638,60	624,40	610,30
3488,99	I,IV	697,00	661,50	626,70	592,90	559,50	527,00	495,30
	II	451,50	532,50	500,70	469,80	439,50	410,20	381,80
	III	1239,10	431,50	406,50	405,80	360,90	340,50	315,60
	V	1288,00	678,40	661,50	643,30	626,70	609,00	592,70
	VI	1288,00	684,60	669,50	651,60	640,10	625,90	611,70
3493,49	I,IV	698,60	663,00	628,20	594,40	560,90	528,40	496,60
	II	451,50	534,00	502,00	471,00	440,90	411,50	383,00
	III	1244,50	429,60	407,80	386,00	362,40	338,50	316,80
	V	1290,60	680,00	663,00	644,80	628,20	610,50	594,20
	VI	1290,60	686,10	671,00	656,10	641,60	627,40	513,10
3497,99	I,IV	700,10	663,00	629,70	595,60	562,30	529,70	498,00
	II	451,60	535,40	503,50	472,40	442,10	412,70	384,20
	III	1244,50	429,80	407,80	387,50	363,90	338,90	316,80
	V	1293,10	681,50	664,50	646,30	629,70	611,90	595,60
	VI	1293,10	687,70	672,50	657,60	643,10	628,90	614,60
3502,49	I,IV	701,70	666,50	631,20	597,10	563,70	531,10	499,40
	II	453,30	536,70	504,80	473,70	443,50	414,00	385,50
	III	1249,60	431,20	407,80	388,90	365,30	340,30	316,80
	V	1295,80	683,00	666,00	647,80	631,20	413,40	597,10
	VI	1295,80	689,20	674,00	659,10	644,60	430,40	616,10
3506,99	I,IV	703,30	667,60	632,70	598,50	565,10	532,50	500,70
	II	455,10	538,10	506,20	475,20	444,80	415,30	386,70
	III	1249,60	431,60	409,40	390,30	366,70	340,50	318,80
	V	1298,50	684,60	667,60	649,30	632,70	414,80	598,50
	VI	1298,50	690,80	675,50	660,70	646,10	431,80	617,60
3511,49	I,IV	704,90	669,20	634,00	600,00	566,60	534,00	502,00
	II	455,30	539,50	507,50	476,60	446,00	416,50	387,90
	III	1252,50	433,20	409,60	391,80	368,10	344,20	318,80
	V	1302,50	686,10	669,20	650,90	634,00	416,50	600,00
	VI	1302,50	692,30	677,10	662,20	647,60	433,20	619,10
3515,99	I,IV	706,40	670,70	635,50	601,50	568,00	535,40	503,50
	II	456,90	540,90	508,90	477,90	447,30	417,80	389,10
	III	1254,60	433,60	411,00	393,20	369,50	342,50	320,80
	V	1303,60	687,70	670,70	652,40	635,80	418,00	601,50
	VI	1303,60	693,90	678,60	663,70	649,30	435,00	620,50
3520,49	I,IV	708,00	672,20	637,20	603,00	569,50	536,70	504,80
	II	457,90	542,40	510,30	479,40	448,60	419,00	390,40
	III	1259,10	435,00	411,10	394,50	370,90	344,50	320,80
	V	1306,10	689,20	672,20	653,90	637,20	419,20	603,00
	VI	1306,10	695,40	680,20	665,20	650,70	436,60	622,00
3524,99	I,IV	709,50	673,80	638,70	606,00	570,80	538,10	506,20
	II	459,50	573,80	511,70	480,80	450,00	420,40	391,60
	III	1259,10	435,60	413,00	396,00	372,50	344,50	322,60
	V	1308,60	690,80	673,80	578,00	638,70	420,60	604,50
	VI	1308,60	697,00	681,70	666,80	652,20	438,00	623,50
3529,49	I,IV	711,10	675,30	640,30	606,00	572,40	539,50	507,50
	II	459,50	545,20	513,00	482,00	451,20	421,60	392,80
	III	1264,80	439,00	413,00	397,30	373,70	346,50	322,60
	V	1311,10	692,30	675,30	578,00	640,30	421,60	606,00
	VI	1311,10	698,50	683,30	668,30	653,70	439,10	624,80
3533,99	I,IV	712,70	676,90	641,80	607,50	573,80	540,90	509,00
	II	459,60	546,70	514,50	483,40	452,60	422,90	394,00
	III	1264,80	439,80	414,80	398,80	375,10	346,50	324,60
	V	1314,00	693,90	676,90	658,60	641,80	423,00	607,50
	VI	1314,00	700,10	684,80	670,50	697,00	440,70	626,30
3538,49	I,IV	714,30	678,40	643,30	608,90	575,20	542,40	510,30
	II	461,30	548,00	515,80	484,80	453,90	424,10	395,30
	III	1266,80	439,40	415,80	400,20	376,50	348,50	324,60
	V	1316,60	695,50	678,40	576,40	643,30	424,10	608,90
	VI	1316,60	701,70	686,40	671,40	660,00	442,10	627,80

Rechte Tabellenhälfte

Lohn bis DM	St.-Kl.	ohne Kinder DM	0,5 DM	1,0 DM	1,5 DM	2,0 DM	2,5 DM	3,0 DM
3605,99	I,IV	738,00	701,70	666,10	631,20	597,10	563,70	531,10
	II	475,10	569,60	536,70	504,50	473,70	443,50	414,00
	III	1306,10	451,50	429,80	405,80	384,10	360,50	338,50
	V	1355,80	719,00	701,70	683,00	666,10	647,80	631,20
	VI	1355,80	725,40	709,80	694,20	678,90	662,00	647,80
3610,49	I,IV	739,60	703,30	667,60	632,70	598,50	565,10	532,50
	II	477,10	570,90	538,10	506,00	475,00	444,70	415,30
	III	1306,10	451,50	431,40	407,10	385,40	361,80	380,50
	V	1358,30	720,50	703,30	684,80	667,60	649,30	632,70
	VI	1358,30	727,00	711,50	695,30	680,40	663,50	649,30
3614,99	I,IV	741,20	704,90	669,30	634,00	600,00	566,60	534,00
	II	477,10	572,40	539,50	507,30	476,30	446,00	416,50
	III	1311,10	453,30	431,60	407,40	386,00	362,40	340,50
	V	1361,00	722,10	704,90	686,40	669,20	650,80	634,00
	VI	1361,00	728,60	713,10	696,90	684,30	650,50	634,90
3619,49	I,IV	742,80	706,40	670,70	635,70	601,50	568,00	535,40
	II	477,10	573,80	540,90	508,70	477,60	447,30	417,80
	III	1316,00	451,60	433,20	409,10	387,60	363,90	340,50
	V	1363,60	723,70	706,40	687,90	670,70	652,40	635,70
	VI	1363,60	730,10	714,60	698,40	683,00	666,10	651,90
3623,99	I,IV	744,40	708,00	672,40	637,20	603,00	569,50	536,70
	II	479,10	575,20	542,40	510,20	479,00	448,60	419,00
	III	1316,00	455,30	433,60	409,80	388,00	364,40	342,50
	V	1366,30	725,30	708,00	689,80	672,40	653,90	637,20
	VI	1366,30	731,60	716,10	699,90	684,50	667,60	653,40
3628,49	I,IV	746,00	709,50	673,80	638,90	604,50	570,80	538,10
	II	481,00	576,70	543,80	511,70	480,40	449,80	420,30
	III	1316,00	455,30	435,00	411,10	389,50	365,80	342,50
	V	1368,80	726,90	709,50	690,80	673,80	655,40	638,90
	VI	1368,80	733,10	717,70	701,40	686,00	669,10	655,40
3632,99	I,IV	747,60	711,10	675,30	640,30	606,00	572,40	539,50
	II	481,00	578,10	545,30	513,00	481,70	451,10	421,60
	III	1321,50	457,30	435,40	411,80	390,30	366,70	344,50
	V	1371,50	728,50	711,10	692,40	675,30	657,00	640,30
	VI	1371,50	734,70	719,30	702,90	687,50	670,50	657,00
3637,49	I,IV	749,20	712,70	676,90	641,80	607,40	573,80	541,00
	II	481,00	579,50	546,60	514,50	483,00	452,30	422,80
	III	1321,50	457,30	435,60	413,40	391,60	368,10	344,50
	V	1374,10	730,10	712,70	693,90	676,90	658,50	641,80
	VI	1374,10	736,30	720,80	704,50	689,00	672,10	658,50
3641,99	I,IV	750,80	714,30	678,40	643,30	608,40	575,20	542,40
	II	481,00	581,00	548,00	515,90	484,30	453,50	424,10
	III	1327,40	459,30	435,30	413,80	392,10	368,40	344,50
	V	1376,80	731,60	714,30	695,30	678,40	660,00	643,30
	VI	1376,80	737,80	722,40	706,00	690,50	673,60	660,00
3646,49	I,IV	752,50	715,90	680,00	644,80	610,40	576,70	543,80
	II	483,10	582,50	549,50	517,20	485,70	454,80	425,40
	III	1327,40	459,30	437,00	415,20	393,90	369,80	346,40
	V	1379,30	733,20	715,90	696,90	680,00	661,40	644,80
	VI	1379,30	739,40	723,90	707,50	692,00	675,10	660,90
3650,99	I,IV	754,00	717,40	681,50	646,30	581,90	578,00	545,20
	II	485,10	584,00	550,90	518,70	487,00	456,10	426,70
	III	1332,10	461,00	437,50	415,50	394,30	370,50	346,40
	V	1382,00	734,70	717,40	698,70	681,50	663,00	646,30
	VI	1382,00	741,00	725,40	709,10	693,50	676,60	662,40
3655,49	I,IV	755,60	719,00	683,00	647,80	583,10	579,50	546,60
	II	485,40	585,40	552,30	520,00	488,40	457,40	428,00
	III	1332,10	462,70	439,00	417,00	395,80	372,10	348,50
	V	1384,60	736,30	719,00	700,30	663,00	664,50	647,80
	VI	1384,60	742,50	727,00	710,70	674,50	678,10	663,90
3659,99	I,IV	757,20	720,50	684,60	649,40	584,60	581,00	549,00
	II	485,70	586,90	553,70	521,40	489,70	458,60	429,20
	III	1337,30	464,70	439,80	417,40	396,10	372,50	348,50
	V	1387,30	738,00	720,50	701,80	684,60	666,10	649,40
	VI	1387,30	744,00	728,50	712,20	676,10	679,60	665,40
3664,49	I,IV	758,90	722,10	686,10	650,90	585,60	582,50	549,50
	II	487,10	588,30	555,10	522,80	491,00	459,90	430,50
	III	1337,30	463,20	441,70	418,80	397,60	372,60	348,50
	V	1390,00	739,60	722,10	703,30	686,10	667,60	650,90
	VI	1390,00	745,60	730,10	713,70	698,20	681,10	666,90

Monats-Lohnsteuer-Tabelle *)

Left block — Steuerklassen I/IV, II, III, V

DM	Kl.							
3542,99	I.IV	715,90	680,00	644,80	610,40	576,40	543,40	511,70
	II	461,30	549,80	517,30	485,80	455,20	425,40	396,60
	III	1270,00	439,50	415,80	394,00	370,30	348,50	324,60
	V	1319,10	697,00	680,00	663,00	646,30	628,70	610,40
3547,49	I.IV	717,40	681,50	646,40	611,90	578,00	545,00	513,00
	II	463,50	552,30	519,80	488,00	457,60	427,80	399,80
	III	1272,50	441,50	417,80	396,00	372,40	350,50	326,70
	V	1321,50	698,60	681,50	664,40	647,70	628,70	611,60
3551,99	I.IV	719,00	683,00	647,90	613,30	579,50	546,60	514,50
	II	463,00	552,30	521,30	488,00	459,10	428,50	399,80
	III	1275,00	441,50	417,80	396,00	374,30	350,80	328,20
	V	1324,50	700,10	683,00	664,80	649,30	631,60	613,30
3556,49	I.IV	720,50	684,60	649,30	614,80	581,00	548,00	515,90
	II	465,30	553,70	521,50	489,60	459,30	430,50	401,30
	III	1277,60	443,50	419,80	398,00	376,10	352,50	328,60
	V	1327,00	701,50	684,60	666,10	650,40	632,80	614,80
3560,99	I.IV	722,10	686,10	650,90	616,30	582,50	549,50	517,20
	II	465,30	555,10	522,60	491,40	461,00	431,40	402,60
	III	1280,30	443,50	419,80	398,00	374,30	352,50	328,60
	V	1329,60	703,30	686,10	667,80	650,90	633,40	616,30
3565,49	I.IV	723,70	687,70	652,40	617,80	584,00	551,00	518,60
	II	467,30	556,50	524,10	492,40	462,10	432,70	404,00
	III	1282,80	445,50	421,80	400,00	376,30	354,50	330,60
	V	1332,10	704,90	687,70	669,00	652,40	634,30	617,60
3569,99	I.IV	725,30	689,20	653,90	619,30	585,50	552,50	520,00
	II	467,30	558,00	525,50	493,80	463,50	434,10	405,40
	III	1285,30	445,50	421,80	400,00	378,30	354,50	330,60
	V	1334,80	706,40	689,20	670,60	653,30	635,40	619,30
3574,49	I.IV	726,90	690,80	655,40	620,80	586,90	553,70	521,40
	II	469,30	558,00	526,90	495,20	464,90	434,40	406,80
	III	1287,80	447,50	423,80	402,00	378,30	354,50	332,60
	V	1337,00	708,00	690,80	672,00	655,40	637,60	620,80
3578,99	I.IV	728,50	692,40	657,00	622,20	588,40	555,10	522,80
	II	469,30	560,90	528,40	496,60	466,20	436,20	406,90
	III	1290,60	447,50	423,80	402,00	378,30	356,30	332,60
	V	1340,00	709,30	692,40	673,80	656,90	637,70	622,20
3583,49	I.IV	730,00	693,90	658,50	623,70	589,80	556,60	524,10
	II	469,30	560,90	529,80	498,00	467,60	437,00	408,30
	III	1293,30	449,50	425,80	404,00	380,30	356,30	334,30
	V	1342,80	711,10	693,90	675,30	658,50	640,40	623,70
3587,99	I.IV	731,60	695,50	660,00	625,20	591,30	558,10	525,50
	II	471,10	563,70	531,10	499,40	468,40	438,20	409,00
	III	1295,90	449,50	425,80	404,00	380,30	358,30	334,30
	V	1345,30	712,70	695,50	676,60	659,90	641,30	625,20
3592,49	I.IV	733,20	697,10	661,50	626,70	592,70	559,50	527,00
	II	471,10	565,10	532,60	500,70	469,90	439,60	411,10
	III	1298,50	451,50	427,80	406,00	382,30	358,60	334,90
	V	1348,00	714,30	697,10	678,40	661,50	643,80	626,70
3596,99	I.IV	734,90	698,60	663,00	628,20	594,20	560,90	528,40
	II	473,10	566,60	534,00	502,00	471,10	441,00	411,50
	III	1301,00	451,50	427,80	406,00	384,30	358,60	336,60
	V	1350,50	715,90	698,60	680,00	663,00	644,80	628,20
3601,49	I.IV	736,50	700,10	664,50	629,70	595,60	562,30	529,70
	II	473,10	568,00	535,30	503,50	473,00	441,60	412,10
	III	1303,60	453,50	429,80	408,00	384,30	360,30	336,60
	V	1353,10	717,70	700,10	681,50	664,50	646,30	629,70

Right block — Steuerklassen I/IV, II, III, V

DM	Kl.							
3668,99	I.IV	760,50	723,70	687,70	652,40	617,80	584,00	550,90
	II	487,00	591,20	558,00	524,40	492,50	461,80	431,30
	III	1342,50	469,20	443,40	421,60	398,00	376,10	353,00
	V	1392,50	741,20	723,70	704,90	687,70	669,20	652,40
3673,49	I.IV	762,00	725,30	689,20	653,90	619,30	585,40	552,30
	II	489,00	591,60	558,40	525,50	493,60	463,90	433,10
	III	1345,30	489,00	443,40	423,60	398,00	376,10	354,40
	V	1395,10	742,80	725,30	706,40	689,20	670,70	653,90
3677,99	I.IV	763,70	726,90	690,80	655,40	620,80	586,90	553,70
	II	489,00	592,90	559,80	526,90	494,90	464,40	434,40
	III	1348,00	489,00	443,40	423,60	400,00	378,10	354,40
	V	1400,50	744,40	726,90	708,00	690,80	672,00	655,40
3682,49	I.IV	765,30	728,50	692,40	657,00	622,20	588,30	555,10
	II	490,00	594,10	561,20	528,40	496,20	465,80	435,30
	III	1350,50	492,40	445,50	425,70	400,00	378,10	356,40
	V	1400,50	746,00	728,50	709,60	692,40	673,80	657,00
3686,99	I.IV	767,00	730,00	693,90	658,50	623,70	589,80	556,50
	II	491,00	595,60	562,60	529,70	498,00	467,00	435,70
	III	1353,10	494,00	447,50	425,70	402,00	380,10	356,40
	V	1403,10	747,60	730,00	711,10	693,90	675,30	658,50
3691,49	I.IV	768,50	731,60	695,50	660,00	625,00	591,20	558,20
	II	493,00	597,10	563,90	531,10	499,40	468,40	437,80
	III	1355,80	494,00	447,50	427,70	402,00	380,10	358,40
	V	1405,60	749,20	731,60	712,70	695,50	676,90	660,00
3695,99	I.IV	770,10	733,20	697,10	661,50	626,70	592,70	559,50
	II	493,00	598,30	565,30	532,60	500,70	469,80	439,20
	III	1358,50	496,00	449,50	427,70	404,00	382,10	358,40
	V	1408,30	750,80	733,20	714,30	697,10	678,40	661,50
3700,49	I.IV	771,80	734,90	698,60	663,00	628,20	594,10	560,90
	II	493,00	600,00	566,40	534,00	502,00	471,10	440,90
	III	1361,00	496,00	449,50	429,70	404,00	382,10	360,40
	V	1411,00	752,50	734,90	715,90	698,60	680,00	663,00
3704,99	I.IV	773,40	736,50	700,10	664,50	629,70	595,60	562,30
	II	495,00	601,50	567,80	535,30	503,20	472,60	441,20
	III	1363,60	498,00	451,50	429,70	406,00	384,10	360,40
	V	1413,60	754,00	736,50	717,40	700,10	681,50	664,50
3709,49	I.IV	775,00	738,00	701,70	666,10	631,20	597,10	563,70
	II	495,00	603,00	569,20	536,70	504,80	473,50	443,10
	III	1366,30	498,00	451,50	431,70	406,00	384,10	362,40
	V	1416,30	755,60	738,00	719,00	701,70	683,00	666,10
3713,99	I.IV	776,70	739,60	703,30	667,60	632,70	598,50	565,10
	II	497,00	604,50	570,90	538,10	506,10	475,00	444,70
	III	1368,80	500,00	453,50	431,70	408,00	384,80	362,40
	V	1419,00	757,20	739,60	720,50	703,30	684,60	667,60
3718,49	I.IV	778,30	741,20	706,30	669,20	634,20	600,00	566,60
	II	499,00	606,00	572,40	539,60	507,50	476,40	445,50
	III	1371,50	500,00	453,50	433,70	408,00	384,80	364,40
	V	1421,60	758,90	741,20	722,10	706,30	686,00	669,20
3722,99	I.IV	779,90	742,80	706,40	670,70	635,70	601,50	568,00
	II	499,00	607,40	573,80	541,00	509,00	477,70	447,30
	III	1374,30	502,00	455,50	433,70	410,00	386,80	364,40
	V	1424,30	760,50	742,80	723,60	706,40	687,70	670,70
3727,49	I.IV	781,00	744,40	708,00	672,20	637,20	603,00	569,50
	II	501,00	608,90	575,30	542,40	510,30	479,00	448,60
	III	1376,80	502,00	455,50	435,70	410,00	386,80	366,20
	V	1426,80	762,00	744,40	725,30	708,00	689,20	672,20

*) Arbeitnehmer für die die besonderen Lohnsteuer-Tabellen gelten (u. a. Beamte und Rentner), können ihre Steuer unter Anwendung der Zurechnungstabelle auf Seite 153 auch von dieser allgemeinen Monats-Lohnsteuer-Tabelle ablesen.

Allgemeine MONATSLOHNSTEUERTABELLE 1988/89*)

Lohn bis DM	St.-Kl.	Arbeitnehmer ohne Kinder DM	AN mit Kinderfreibeträgen gemäß LSt-Karte:					
			0,5 DM	1,0 DM	1,5 DM	2,0 DM	2,5 DM	3,0 DM
3731,99	I,IV	783,10	746,80	709,50	673,80	638,70	604,50	570,90
	II	501,30	610,40	576,70	543,80	511,70	480,40	450,00
	III	1379,50	477,10	455,30	431,80	409,80	386,40	364,30
	V,VI	1429,50	763,70	746,00	726,90	709,50	690,80	673,80
3736,49	I,IV	784,80	747,60	711,40	675,30	640,30	606,00	572,40
	II	501,00	611,90	578,10	545,20	513,00	481,70	451,20
	III	1384,60	478,50	456,70	433,10	411,00	388,00	365,30
	V,VI	1432,10	765,30	747,90	728,50	711,10	692,40	675,30
3740,49	I,IV	786,50	749,20	712,70	676,80	641,80	607,40	573,80
	II	501,00	613,30	579,60	546,60	514,30	483,00	452,50
	III	1384,60	479,10	455,30	433,60	409,90	388,00	364,80
	V,VI	1434,80	767,00	749,20	730,00	712,70	720,50	676,90
3745,49	I,IV	788,00	750,80	714,40	678,40	643,30	608,90	575,20
	II	503,00	614,80	581,00	548,00	515,80	484,50	453,90
	III	1431,50	481,00	455,30	435,00	413,00	389,00	366,30
	V,VI	1437,30	768,50	750,90	731,60	714,30	739,60	678,40
3749,99	I,IV	789,70	752,50	715,90	680,00	644,80	610,40	576,70
	II	503,00	616,30	582,50	549,40	517,20	485,80	455,20
	III	1390,00	481,10	457,30	435,60	411,70	390,00	366,80
	V,VI	1440,10	770,10	752,50	733,20	715,90	758,90	680,00
3754,49	I,IV	791,30	754,00	717,40	681,50	646,30	611,90	578,10
	II	505,60	617,80	584,00	550,90	518,50	487,10	456,50
	III	1392,50	482,50	459,40	436,10	413,80	390,00	368,80
	V,VI	1442,80	771,60	754,00	734,80	717,40	741,20	681,50
3758,99	I,IV	793,00	755,60	719,00	683,00	647,90	613,30	579,60
	II	505,00	619,30	585,40	552,30	519,80	488,50	457,80
	III	1395,10	483,10	459,40	437,50	413,90	392,00	368,80
	V,VI	1445,50	773,40	755,60	736,50	719,00	742,80	683,00
3763,49	I,IV	794,60	757,20	720,50	684,60	649,40	614,80	581,00
	II	507,80	620,80	586,90	553,70	521,20	489,80	459,10
	III	1397,80	485,10	461,40	438,00	415,80	393,00	370,80
	V,VI	1448,00	775,00	757,20	738,00	720,50	744,40	684,60
3767,99	I,IV	796,20	758,70	722,10	686,10	650,90	616,30	582,50
	II	507,10	622,20	588,30	555,00	522,50	491,20	460,50
	III	1400,50	485,10	461,40	439,50	415,90	394,00	370,80
	V,VI	1450,80	776,60	758,70	739,60	722,10	746,00	686,10
3772,49	I,IV	797,90	760,30	723,70	687,70	652,40	617,80	584,00
	II	509,10	623,70	589,70	556,50	523,90	492,50	461,80
	III	1403,50	487,00	463,40	441,10	417,80	394,80	372,80
	V,VI	1453,50	778,10	760,30	741,20	723,70	747,60	687,70
3776,99	I,IV	799,50	761,90	725,20	689,20	653,90	619,30	585,40
	II	509,60	625,20	592,00	557,90	524,10	495,80	463,20
	III	1405,60	487,00	463,40	441,50	417,90	396,00	372,80
	V,VI	1456,00	779,90	761,90	742,80	725,20	749,20	689,20
3781,49	I,IV	801,10	763,70	726,90	690,80	655,40	620,80	586,90
	II	511,10	626,70	592,50	559,50	527,00	496,60	464,40
	III	1408,30	489,00	465,40	441,90	419,80	396,00	374,80
	V,VI	1458,60	781,50	763,70	744,40	726,70	750,80	690,80
3785,99	I,IV	802,80	765,30	728,50	692,40	663,50	622,20	588,30
	II	511,00	628,20	594,10	560,80	528,40	498,00	465,70
	III	1411,10	489,00	465,40	443,50	419,90	398,00	374,80
	V,VI	1461,00	783,10	765,30	746,00	728,50	752,50	692,40
3790,49	I,IV	804,50	767,00	730,00	693,90	658,60	623,70	589,80
	II	511,10	629,70	595,60	562,30	529,70	498,00	467,00
	III	1413,60	491,00	467,40	443,90	419,80	398,00	374,30
	V,VI	1464,00	784,80	767,00	747,60	730,00	755,60	693,90

Lohn bis DM	St.-Kl.	Arbeitnehmer ohne Kinder DM	AN mit Kinderfreibeträgen gemäß LSt-Karte:					
			0,5 DM	1,0 DM	1,5 DM	2,0 DM	2,5 DM	3,0 DM
3857,99	I,IV	829,30	791,30	754,00	717,40	681,50	646,30	611,90
	II	692,40	654,00	619,30	584,90	551,50	520,10	481,70
	III	1453,50	503,00	481,10	457,50	435,50	411,80	388,00
	V,VI	1504,10	809,40	791,30	771,80	754,90	734,90	717,40
3862,49	I,IV	831,00	793,00	755,70	719,00	683,00	647,80	613,30
	II	527,50	655,40	619,30	585,40	552,30	520,00	488,50
	III	1456,00	503,00	481,10	459,50	435,50	413,50	390,00
	V,VI	1506,60	811,10	793,00	773,40	755,60	736,50	719,00
3866,99	I,IV	832,50	794,60	757,20	720,50	684,50	649,30	614,80
	II	501,00	657,00	620,80	586,90	553,70	521,40	490,80
	III	1458,60	505,00	481,10	459,50	435,50	413,80	390,00
	V,VI	1509,50	812,70	794,60	775,00	757,20	738,00	720,50
3871,49	I,IV	834,30	796,20	758,70	722,10	686,10	650,90	616,30
	II	529,50	657,00	622,20	588,30	555,10	522,80	491,20
	III	1461,50	505,00	483,10	459,50	437,50	413,80	392,00
	V,VI	1512,10	814,40	796,20	776,60	758,90	739,60	722,10
3875,99	I,IV	836,00	797,90	760,50	723,70	687,70	652,40	617,80
	II	506,50	658,50	625,60	589,70	556,40	524,10	492,00
	III	1464,00	507,10	483,10	461,30	437,50	415,80	392,00
	V,VI	1514,80	816,00	797,90	778,30	760,50	741,20	723,70
3880,49	I,IV	837,60	799,50	762,00	725,30	689,30	653,90	619,30
	II	531,60	660,00	625,00	591,20	558,00	525,50	493,90
	III	1466,60	507,10	485,10	461,30	439,50	415,80	394,00
	V,VI	1517,50	817,60	799,50	779,90	762,00	742,80	725,30
3884,99	I,IV	839,30	801,10	763,70	726,90	690,80	655,40	620,80
	II	531,00	661,50	627,00	592,50	559,50	526,80	495,30
	III	1469,50	507,10	485,10	461,50	439,50	415,90	394,80
	V,VI	1520,10	819,30	801,10	781,50	763,70	744,40	726,90
3889,49	I,IV	841,00	802,80	765,30	728,50	692,40	657,00	622,20
	II	531,00	663,00	628,20	594,10	560,80	528,40	496,60
	III	1472,00	509,10	485,10	463,50	439,50	417,80	394,00
	V,VI	1522,80	821,00	802,80	783,10	765,30	746,00	728,50
3893,99	I,IV	842,60	804,50	767,00	730,00	693,90	658,50	623,70
	II	507,60	664,50	629,70	595,60	562,30	529,70	498,00
	III	1474,60	509,10	487,10	463,50	441,50	417,80	396,00
	V,VI	1525,50	822,60	804,50	784,80	767,00	747,60	730,00
3898,49	I,IV	844,30	806,10	768,50	731,60	695,50	660,00	625,20
	II	533,60	666,10	631,20	597,00	563,70	531,10	499,40
	III	1477,30	511,10	487,10	465,30	441,50	419,80	396,00
	V,VI	1528,30	824,30	806,10	786,50	768,50	749,20	731,60
3902,99	I,IV	846,00	807,70	770,10	733,20	697,00	661,50	626,70
	II	533,00	666,10	631,80	598,40	565,00	532,50	500,80
	III	1480,00	511,10	489,00	465,30	443,50	419,80	398,00
	V,VI	1530,80	826,00	807,70	788,00	770,10	750,80	733,20
3907,49	I,IV	847,70	809,40	771,80	734,90	698,60	663,50	628,20
	II	535,80	669,20	634,20	600,00	566,60	534,00	502,00
	III	1482,80	513,10	489,00	467,40	445,50	421,60	398,00
	V,VI	1533,60	827,60	809,40	789,70	771,80	752,50	734,90
3911,99	I,IV	849,40	811,00	773,40	736,50	700,10	664,50	629,70
	II	537,80	670,70	635,40	601,40	567,90	535,40	503,00
	III	1485,30	513,10	491,00	467,40	445,50	421,80	400,00
	V,VI	1536,30	829,30	811,00	791,30	773,40	754,00	736,50
3916,49	I,IV	851,00	812,70	775,00	738,00	701,70	666,10	631,20
	II	537,80	672,20	637,20	603,00	569,50	536,70	504,80
	III	1488,10	515,10	491,00	469,30	445,60	423,60	400,00
	V,VI	1538,50	831,00	812,70	793,00	775,00	755,60	738,00

Monats-Lohnsteuer-Tabelle (Fortsetzung)

Linke Tabelle

DM	Kl.							
3.794,99	I,IV	806,10	768,50	731,60	695,50	660,00	625,40	591,20
	V	513,10	631,20	597,10	563,30	531,10	498,80	468,60
	VI	1466,60	786,50	768,60	749,20	731,60	712,70	695,50
3.799,49	I,IV	807,70	770,10	733,20	697,00	661,50	626,70	592,70
	V	513,10	632,70	598,50	565,50	532,50	500,00	469,70
	VI	1419,50	788,00	770,10	750,80	733,20	714,10	697,00
3.803,99	I,IV	809,40	771,80	734,90	698,60	663,00	628,20	594,10
	V	515,10	634,20	600,00	566,80	534,00	502,00	471,10
	VI	1472,00	789,60	771,80	752,50	734,90	715,90	698,60
3.808,49	I,IV	811,00	773,40	736,50	700,10	664,50	629,70	595,60
	V	515,10	635,70	601,50	568,00	535,40	503,50	472,40
	VI	1474,60	791,30	773,40	754,00	736,50	717,40	700,10
3.812,99	I,IV	812,70	775,00	738,00	701,70	666,00	631,10	597,10
	V	517,10	637,20	603,00	569,50	536,80	504,80	473,70
	VI	1477,80	793,00	775,00	755,60	738,00	719,00	701,70
3.817,49	I,IV	814,40	776,60	739,60	703,30	667,60	632,60	598,50
	V	517,10	638,70	604,50	570,80	538,10	506,60	475,00
	VI	1480,00	794,60	776,60	757,20	739,60	720,50	703,30
3.821,99	I,IV	816,00	778,30	741,20	704,90	669,20	634,10	600,00
	V	519,30	640,30	606,00	572,40	539,50	507,90	376,10
	VI	1482,80	796,20	778,30	758,90	741,20	722,10	704,90
3.826,49	I,IV	817,60	779,90	742,80	706,40	670,70	635,50	601,50
	V	519,30	641,80	607,40	573,80	541,00	509,00	477,70
	VI	1485,30	797,70	779,90	760,50	742,80	723,70	706,40
3.830,99	I,IV	819,30	781,50	744,40	708,00	672,20	637,00	603,00
	V	521,30	643,30	608,90	575,20	542,40	510,80	384,10
	VI	1488,00	799,50	781,50	762,00	744,40	725,30	708,00
3.835,49	I,IV	821,00	783,10	746,00	709,50	673,80	638,70	604,50
	V	521,30	644,80	610,10	576,70	543,80	511,70	480,50
	VI	1490,60	801,10	783,10	763,70	746,00	726,90	709,50
3.839,99	I,IV	822,60	784,80	747,60	711,10	675,30	640,00	606,00
	V	521,30	646,30	611,60	578,00	545,20	513,10	381,10
	VI	1493,60	802,80	784,80	765,30	747,60	728,50	711,10
3.844,49	I,IV	824,30	786,40	749,20	712,70	676,90	641,60	607,40
	V	523,30	647,80	613,10	579,60	546,60	514,50	483,10
	VI	1496,00	804,50	786,40	766,90	749,20	730,00	712,70
3.848,99	I,IV	826,00	788,00	750,80	714,20	678,40	643,30	608,90
	V	523,30	649,30	614,80	581,00	548,00	515,80	386,10
	VI	1498,80	806,10	788,00	768,50	750,80	731,60	714,30
3.853,49	I,IV	827,60	789,70	752,50	715,90	680,00	644,80	610,40
	V	525,50	650,90	616,50	582,50	549,00	517,20	485,80
	VI	1501,30	807,70	789,70	770,10	752,50	733,20	715,90

Rechte Tabelle

							DM	Kl.
776,60	814,40	852,70					3.920,99	I,IV
630,70	675,30	540,00						V
814,40	832,60	1490,60						VI
		1541,60						
778,30	816,00	854,40					3.925,49	I,IV
640,30	675,30	540,00						V
816,00	834,30	1493,80						VI
		1544,30						
779,90	817,60	856,00					3.929,99	I,IV
641,80	677,00	496,00						V
817,60	836,00	1496,80						VI
		1547,10						
781,50	819,30	857,80					3.934,49	I,IV
643,30	678,40	542,00						V
819,30	837,60	1498,80						VI
		1549,80						
783,10	821,00	859,50					3.938,99	I,IV
644,80	680,00	544,10						V
821,00	839,30	1501,30						VI
		1552,50						
784,80	822,60	861,10					3.943,49	I,IV
646,30	681,50	544,10						V
822,60	841,00	1504,10						VI
		1555,10						
786,50	824,30	862,80					3.947,99	I,IV
649,30	683,00	546,10						V
824,30	842,60	1506,60						VI
		1557,80						
788,00	826,00	864,50					3.952,49	I,IV
649,30	684,60	546,10						V
826,00	844,30	1509,50						VI
		1560,50						
789,70	827,60	866,20					3.956,99	I,IV
650,80	686,20	512,10						V
827,60	846,00	1512,10						VI
		1563,10						
791,30	829,30	867,90					3.961,49	I,IV
652,40	687,70	548,30						V
829,30	847,70	1514,80						VI
		1566,00						
793,00	831,00	869,60					3.965,99	I,IV
685,80	689,20	550,30						V
831,00	849,40	1517,50						VI
		1568,60						
794,60	832,60	871,30					3.970,49	I,IV
620,80	690,80	550,30						V
832,60	851,00	1520,10						VI
		1571,30						
796,20	834,30	873,00					3.974,99	I,IV
622,30	692,50	552,50						V
834,30	852,70	1522,80						VI
		1574,00						
797,90	836,00	874,70					3.979,49	I,IV
623,70	693,90	552,50						V
816,00	854,40	1525,50						VI
		1576,80						

*) Arbeitnehmer für die die besonderen Lohnsteuer-Tabellen gelten (u. a. Beamte und Rentner), können ihre Steuer unter Anwendung der Zurechnungstabelle auf Seite 153 auch von dieser allgemeinen Monats-Lohnsteuer-Tabelle ablesen.

Allgemeine MONATSLOHNSTEUERTABELLE 1988/89*)

Linke Tabellenhälfte

Lohn bis DM	St.-Kl.	Arbeitnehmer ohne Kinder DM	0,5 DM	1,0 DM	1,5 DM	2,0 DM	2,5 DM	3,0 DM
3983,99	I,IV	876,40	837,60	799,50	762,00	725,30	689,20	653,90
	III	552,50	700,10	660,00	625,20	591,00	558,00	525,50
	V	1533,60	529,50	505,00	483,00	461,30	439,50	413,80
	VI	1579,50	856,00	837,60	817,50	799,50	779,90	762,00
3988,49	I,IV	878,00	839,30	801,10	763,70	726,90	690,80	655,40
	III	552,50	697,00	661,50	626,70	592,20	559,50	527,00
	V	1530,80	529,50	505,00	483,00	461,30	439,50	413,80
	VI	1582,10	857,80	839,30	819,10	801,10	781,50	763,70
3992,99	I,IV	879,80	841,00	802,80	765,20	728,50	692,40	657,00
	III	553,60	698,90	663,30	628,40	594,00	561,00	528,50
	V	1533,60	529,50	507,00	483,00	461,30	441,50	415,80
	VI	1584,80	859,50	841,00	820,80	802,80	783,10	765,20
3997,49	I,IV	881,50	842,60	804,50	767,00	730,00	693,90	658,50
	III	554,60	700,10	664,50	629,70	595,60	562,30	529,70
	V	1536,30	531,60	507,00	485,00	461,30	441,50	415,80
	VI	1587,60	861,00	842,60	822,60	804,50	784,80	767,00
4001,99	I,IV	883,20	844,30	806,10	768,50	731,80	695,50	660,00
	III	555,60	701,70	665,30	631,30	596,70	564,00	531,30
	V	1538,80	531,60	509,00	485,00	463,30	441,50	417,80
	VI	1590,30	862,80	844,30	824,20	806,10	786,50	768,50
4006,49	I,IV	884,90	846,00	807,70	770,10	733,30	697,00	661,50
	III	556,60	703,30	667,40	632,70	598,50	565,10	532,50
	V	1541,60	533,60	509,00	487,00	463,30	443,50	417,80
	VI	1593,00	864,50	846,00	826,00	807,70	788,00	770,10
4010,99	I,IV	886,50	847,70	809,40	771,80	734,90	698,60	663,00
	III	557,60	704,90	669,00	634,00	600,00	566,50	534,00
	V	1544,30	533,60	511,00	487,00	465,30	443,50	419,80
	VI	1595,60	866,20	847,70	827,60	809,40	789,70	771,80
4015,49	I,IV	888,30	849,40	811,00	773,40	736,50	700,10	664,50
	III	558,80	706,40	670,70	635,70	601,50	568,00	535,40
	V	1547,10	535,60	511,00	489,00	465,30	443,50	419,80
	VI	1598,30	867,90	849,40	829,40	811,00	791,30	773,40
4019,99	I,IV	890,00	851,00	812,70	775,00	738,00	701,70	666,10
	III	559,80	708,00	672,30	637,30	603,30	569,50	536,80
	V	1549,80	535,60	513,00	489,00	467,30	445,50	419,80
	VI	1601,00	869,60	851,00	831,00	812,70	793,00	775,00
4024,49	I,IV	891,70	852,70	814,40	776,60	739,60	703,30	667,60
	III	561,00	709,70	673,80	638,80	604,50	570,80	538,10
	V	1552,50	537,70	513,00	491,00	467,30	445,50	421,80
	VI	1603,80	871,30	852,70	832,60	814,40	794,60	776,60
4028,99	I,IV	893,40	854,40	816,00	778,30	741,20	704,90	669,20
	III	562,00	711,20	675,50	640,50	606,30	572,30	539,40
	V	1555,10	537,70	515,00	491,00	469,30	445,50	421,80
	VI	1606,50	873,00	854,40	834,40	816,00	796,20	778,30
4033,49	I,IV	895,00	856,00	817,60	779,90	742,80	706,40	670,70
	III	563,00	712,70	676,90	641,80	607,90	573,80	541,00
	V	1557,80	539,70	515,00	493,00	469,30	447,50	423,60
	VI	1609,10	874,70	856,00	836,00	817,60	797,90	779,90
4037,99	I,IV	896,90	857,80	819,30	781,50	744,40	708,00	672,20
	III	564,00	714,40	678,60	643,30	609,10	575,10	542,20
	V	1560,50	539,70	517,00	493,00	471,30	447,50	423,60
	VI	1611,80	876,40	857,80	837,60	819,30	799,50	781,50
4042,49	I,IV	898,50	859,50	821,00	783,10	746,00	709,50	673,80
	III	565,10	715,90	680,00	644,80	610,40	576,70	543,80
	V	1563,10	540,00	517,50	493,00	471,10	447,70	425,60
	VI	1614,60	878,00	859,50	839,50	821,00	801,10	783,10

Rechte Tabellenhälfte

Lohn bis DM	St.-Kl.	Arbeitnehmer ohne Kinder DM	0,5 DM	1,0 DM	1,5 DM	2,0 DM	2,5 DM	3,0 DM
4109,99	I,IV	924,40	884,90	846,00	807,50	770,10	733,20	697,00
	III	580,10	739,80	703,30	667,60	634,20	600,00	566,60
	V	1603,80	554,80	518,00	485,00	463,50	441,60	413,80
	VI	1655,50	903,70	884,90	864,50	846,00	826,00	807,70
4114,49	I,IV	926,10	886,50	847,70	809,40	771,80	734,90	698,60
	III	580,10	741,20	704,90	669,00	635,60	601,50	566,60
	V	1606,50	556,60	518,00	487,00	463,50	443,60	415,80
	VI	1658,10	905,40	886,50	866,20	847,70	827,60	809,40
4118,99	I,IV	927,90	888,20	849,40	811,00	773,40	736,50	700,10
	III	582,30	742,80	706,40	670,70	637,10	603,10	568,20
	V	1609,10	556,60	520,00	487,00	465,50	443,60	415,80
	VI	1660,80	907,10	888,20	868,00	849,40	829,40	811,00
4123,49	I,IV	929,50	890,00	851,00	812,70	775,00	738,00	701,70
	III	582,30	744,40	708,00	672,30	638,60	603,60	569,50
	V	1611,80	558,80	520,00	489,00	465,50	445,60	417,80
	VI	1663,60	908,90	890,00	869,60	851,00	831,00	812,70
4127,99	I,IV	931,30	891,70	852,70	814,40	776,60	739,60	703,30
	III	584,60	746,00	709,70	673,80	640,30	605,30	571,00
	V	1614,60	558,80	522,00	489,00	467,50	445,60	417,80
	VI	1666,30	910,50	891,70	871,30	852,70	832,60	814,40
4132,49	I,IV	933,00	893,40	854,40	816,00	778,30	741,20	704,90
	III	584,50	747,60	711,10	675,40	641,80	606,80	572,40
	V	1617,30	561,00	522,00	491,00	467,50	447,60	419,80
	VI	1669,10	912,30	893,40	873,00	854,40	834,40	816,00
4136,99	I,IV	934,80	895,10	856,00	817,60	779,80	742,80	706,40
	III	586,90	749,20	712,70	676,90	643,30	608,30	573,80
	V	1620,00	561,00	524,00	491,00	469,50	447,60	419,80
	VI	1671,80	914,00	895,10	874,70	856,00	836,00	817,60
4141,49	I,IV	936,50	896,90	857,80	819,30	781,50	744,40	708,00
	III	586,60	750,80	714,30	678,40	643,30	608,30	573,80
	V	1622,80	563,20	524,00	493,00	469,50	449,60	421,80
	VI	1674,60	915,70	896,90	876,40	857,80	837,60	819,30
4145,99	I,IV	938,30	898,50	859,50	821,00	783,10	746,00	709,50
	III	588,80	752,40	715,90	680,00	644,80	610,00	575,40
	V	1628,50	563,20	526,00	493,00	471,50	449,60	421,80
	VI	1677,30	917,50	898,50	878,10	859,50	839,30	821,00
4150,49	I,IV	940,00	900,30	861,10	822,60	784,70	747,60	711,10
	III	588,60	754,00	717,40	681,60	646,40	610,40	576,80
	V	1628,30	565,30	526,00	495,00	471,50	451,60	423,60
	VI	1680,30	919,20	900,30	879,80	861,10	841,00	822,60
4154,99	I,IV	941,70	902,00	862,80	824,30	786,30	749,20	712,70
	III	591,00	755,50	719,00	683,10	647,80	612,00	579,60
	V	1631,00	565,30	528,00	495,00	473,50	451,60	423,60
	VI	1682,60	921,00	902,00	881,50	862,80	842,60	824,30
4159,49	I,IV	943,50	903,70	864,50	826,00	787,90	750,80	714,30
	III	591,00	757,20	720,50	684,60	649,30	614,80	581,00
	V	1633,60	567,50	528,00	497,00	473,50	453,60	423,60
	VI	1685,30	922,70	903,70	883,20	864,50	844,30	826,00
4163,99	I,IV	945,20	905,40	866,20	827,60	789,70	752,50	715,90
	III	593,10	758,80	722,10	686,20	650,90	616,30	582,40
	V	1636,30	567,50	530,00	497,00	475,50	453,60	425,60
	VI	1688,30	924,40	905,40	884,90	866,20	846,00	827,60
4168,49	I,IV	947,00	907,10	867,90	829,30	791,30	754,00	717,40
	III	593,10	760,50	723,70	687,70	652,40	617,80	584,00
	V	1639,10	569,70	530,00	499,00	475,50	455,60	425,60
	VI	1691,00	926,10	907,10	886,50	867,90	847,70	829,30

Allgemeine Monats-Lohnsteuer-Tabelle *)

Linker Tabellenblock (Steuerklassen I/IV, III, V, VI)

Lohn bis	Kl.							
4046,99	I/IV	900,30	861,10	822,80	784,80	747,80	711,10	675,30
	III	565,10	717,40	681,50	646,30	611,70	578,10	545,20
	V	1566,10	542,00	517,10	495,00	471,10	449,50	425,60
	VI	1617,30	879,80	861,10	841,00	822,60	802,80	784,80
4051,49	I/IV	902,00	862,80	824,30	786,50	749,20	712,70	676,90
	III	566,90	719,00	683,00	647,80	613,10	579,80	546,60
	V	1588,60	543,80	518,60	496,50	473,10	451,10	427,60
	VI	1620,00	881,50	862,80	842,60	824,00	804,50	786,60
4055,49	I/IV	903,70	864,50	826,00	788,00	750,60	714,10	678,40
	III	567,80	720,50	684,60	649,30	614,80	581,00	548,00
	V	1571,90	544,40	519,80	497,60	473,00	451,90	427,60
	VI	1622,80	883,20	864,50	844,40	826,00	806,30	788,00
4060,49	I/IV	905,40	866,20	827,60	789,70	752,50	715,90	680,00
	III	569,60	722,10	686,20	650,80	616,10	582,80	549,60
	V	1574,80	546,20	521,00	499,00	475,00	453,30	429,60
	VI	1625,50	884,90	866,20	846,00	827,60	807,90	789,70
4064,99	I/IV	907,10	867,90	829,30	791,30	754,00	717,40	681,50
	III	569,50	723,70	687,70	652,40	617,80	584,00	550,90
	V	1576,50	546,80	521,30	499,30	475,40	453,60	429,60
	VI	1628,30	886,60	867,90	847,70	829,30	809,40	791,30
4069,49	I/IV	908,90	869,60	831,00	793,00	755,50	719,00	683,00
	III	571,50	725,30	689,30	653,90	619,30	585,80	552,40
	V	1571,50	548,50	523,10	501,10	477,10	455,30	431,60
	VI	1631,00	888,30	869,60	849,40	831,00	811,00	793,00
4073,99	I/IV	910,50	871,30	832,80	794,60	757,20	720,50	684,60
	III	571,50	726,90	690,80	655,50	620,80	587,30	553,70
	V	1582,30	548,50	523,60	501,50	477,50	455,50	431,60
	VI	1633,60	890,00	871,30	851,00	832,60	812,70	794,60
4078,49	I/IV	912,30	873,00	834,30	796,30	758,90	722,10	686,10
	III	573,30	728,50	692,40	657,00	622,30	588,60	555,60
	V	1584,80	550,20	525,00	503,00	479,00	457,30	433,60
	VI	1636,30	891,70	873,00	852,70	834,30	814,40	796,30
4082,99	I/IV	914,00	874,70	836,00	797,90	760,50	723,70	687,70
	III	573,60	730,00	693,90	658,50	623,80	589,90	556,50
	V	1587,80	550,50	527,30	505,00	481,00	459,10	433,60
	VI	1639,10	893,40	874,70	854,40	836,00	816,00	797,90
4087,49	I/IV	915,70	876,40	837,60	799,60	762,00	725,30	689,20
	III	575,30	731,60	695,50	660,00	625,30	591,80	558,20
	V	1576,60	552,50	528,00	505,70	481,60	459,40	435,10
	VI	1641,80	895,10	876,40	856,10	837,60	817,60	799,60
4091,99	I/IV	917,50	878,00	839,30	801,10	763,70	726,90	690,80
	III	575,80	733,20	697,00	661,60	626,80	592,80	559,50
	V	1593,00	552,80	527,50	505,30	481,10	457,00	435,10
	VI	1644,50	896,80	878,00	857,80	839,30	819,30	801,10
4096,49	I/IV	919,20	879,80	841,00	802,80	765,30	728,50	692,40
	III	575,60	734,80	698,60	663,10	628,20	594,60	561,00
	V	1595,80	554,50	529,40	507,10	483,10	459,70	435,10
	VI	1647,30	898,40	879,80	859,50	841,00	821,00	802,80
4100,99	I/IV	921,00	881,50	842,60	804,50	766,90	730,00	693,90
	III	578,00	736,50	700,10	664,70	629,70	595,80	562,30
	V	1598,30	554,60	531,60	509,10	485,10	461,30	437,10
	VI	1650,10	900,10	881,50	861,10	842,60	822,60	804,50
4105,49	I/IV	922,60	883,20	844,40	806,00	768,50	731,60	695,50
	III	578,00	738,00	701,70	666,10	631,20	597,10	563,60
	V	1601,10	556,50	531,60	509,10	485,10	463,10	437,10
	VI	1652,60	902,00	883,20	862,80	844,30	824,30	806,10

Rechter Tabellenblock (Steuerklassen I/IV, III, V, VI)

Lohn bis	Kl.							
4172,99	I/IV	948,70	908,90	869,60	831,00	793,00	755,60	719,00
	III	593,10	762,90	725,30	689,20	653,90	619,90	585,40
	V	1641,80	571,50	544,10	521,30	497,00	475,10	521,30
	VI	1683,60	927,90	908,80	888,30	869,60	849,40	831,00
4177,49	I/IV	950,50	910,50	871,30	832,60	794,60	757,30	720,60
	III	595,30	763,60	726,80	690,70	555,50	495,60	546,60
	V	1644,50	573,50	544,60	523,10	498,70	479,60	522,80
	VI	1686,50	929,50	910,50	890,00	871,30	851,10	832,60
4181,99	I/IV	952,20	912,40	872,90	834,30	796,30	758,90	722,00
	III	595,30	765,30	728,30	692,20	557,00	499,00	548,00
	V	1647,30	571,70	546,30	523,80	499,00	477,60	523,80
	VI	1699,00	931,30	912,30	891,70	872,90	852,70	834,30
4186,49	I/IV	954,00	914,00	874,70	836,00	797,90	760,50	723,70
	III	595,50	767,00	729,80	693,70	558,50	499,50	549,60
	V	1650,00	573,50	548,10	525,60	501,00	479,60	525,60
	VI	1701,80	933,00	914,00	893,40	874,70	854,40	836,00
4190,99	I/IV	955,70	915,70	876,40	837,60	799,50	762,00	725,30
	III	597,50	768,50	731,50	695,20	560,00	501,10	550,90
	V	1652,60	573,40	548,10	525,60	501,00	481,50	525,60
	VI	1704,50	934,80	915,70	895,10	876,40	856,10	837,60
4195,49	I/IV	957,50	917,50	878,00	839,30	801,10	763,70	726,90
	III	597,30	770,10	733,00	696,80	561,50	505,00	552,40
	V	1655,50	573,40	548,40	525,90	501,50	481,60	525,90
	VI	1707,30	936,50	917,50	896,80	878,00	857,80	839,30
4199,99	I/IV	959,20	919,20	879,80	841,00	802,80	765,30	728,50
	III	599,60	771,80	734,60	698,30	563,00	505,10	553,70
	V	1658,10	573,60	550,20	527,70	503,10	483,50	527,70
	VI	1710,10	938,30	919,20	898,60	879,80	859,50	841,00
4204,49	I/IV	961,00	921,00	881,50	842,60	804,50	766,90	730,00
	III	599,60	773,40	736,10	699,80	564,50	507,10	556,60
	V	1660,80	575,80	550,20	527,70	503,10	481,50	527,70
	VI	1712,60	940,00	921,00	900,30	881,50	861,10	842,60
4208,99	I/IV	962,70	922,60	883,20	844,30	806,10	768,50	731,60
	III	601,80	775,00	737,60	601,30	556,80	497,90	556,80
	V	1663,60	575,80	552,00	529,60	505,00	483,50	529,60
	VI	1715,30	941,70	922,60	902,00	883,20	862,80	844,30
4213,49	I/IV	964,50	924,40	884,90	846,00	807,70	770,10	733,20
	III	601,80	776,50	739,30	601,80	558,60	499,50	558,60
	V	1666,30	575,70	552,00	529,60	505,00	485,40	529,60
	VI	1718,30	943,50	924,40	903,70	884,90	864,50	846,00
4217,99	I/IV	966,20	926,10	886,50	847,70	809,40	771,80	734,90
	III	604,00	778,30	740,80	604,00	560,10	503,00	560,10
	V	1669,10	577,80	554,00	531,40	507,00	483,50	531,40
	VI	1721,00	945,20	926,10	905,40	886,50	866,10	847,70
4222,49	I/IV	968,00	927,90	888,30	849,40	811,00	773,40	736,50
	III	604,50	779,80	742,40	604,50	561,60	507,00	561,60
	V	1671,80	577,80	552,50	531,80	507,00	485,40	531,80
	VI	1723,90	947,00	927,90	907,10	888,30	867,90	849,40
4226,99	I/IV	969,80	929,60	890,00	851,00	812,70	775,00	738,00
	III	606,10	781,50	744,40	606,10	562,90	509,10	562,90
	V	1674,60	580,10	556,00	533,60	509,00	487,00	533,60
	VI	1726,50	948,70	929,60	908,80	890,00	869,60	851,00
4231,49	I/IV	971,30	931,30	891,70	852,70	814,40	776,60	739,60
	III	606,10	783,00	746,00	606,10	564,30	509,10	564,30
	V	1677,10	580,10	556,50	533,60	509,00	487,00	533,60
	VI	1729,10	950,50	931,30	910,50	891,70	871,30	852,70

*) Arbeitnehmer für die die besonderen Lohnsteuer-Tabellen gelten (u. a. Beamte und Rentner), können Ihre Steuer unter Anwendung der Zurechnungstabelle auf Seite 153 auch von dieser allgemeinen Monats-Lohnsteuer-Tabelle ablesen.

Allgemeine MONATSLOHNSTEUERTABELLE 1988/89*

Linke Tabellenhälfte

Lohn bis DM	St.-Kl.	ohne Kinder DM	0,5 DM	1,0 DM	1,5 DM	2,0 DM	2,5 DM	3,0 DM
4235,99	I,IV	973,30	933,00	893,60	854,40	816,00	778,30	741,20
	II	669,10	786,50	749,20	712,70	676,90	641,80	606,00
	III	1680,00	584,30	556,60	531,50	505,10	487,00	463,30
	V	1732,00	952,20	933,00	912,30	893,40	873,00	854,40
4240,49	I,IV	975,00	934,80	895,10	856,00	817,60	779,90	742,80
	II	608,50	786,60	749,80	712,60	676,70	641,40	607,40
	III	1682,60	584,60	558,80	533,60	511,10	487,00	465,30
	V	1734,60	954,00	934,80	914,00	895,10	874,70	856,00
4244,99	I,IV	976,80	936,60	896,90	857,80	819,30	781,50	744,40
	II	665,80	584,80	558,80	535,40	509,80	489,00	465,30
	III	1685,60	586,50	558,80	535,40	509,80	489,00	465,30
	V	1737,50	955,70	936,60	915,70	896,90	876,40	857,80
4249,49	I,IV	978,60	938,30	898,50	859,50	821,00	783,10	746,00
	II	610,60	584,70	560,00	535,30	513,00	489,00	467,30
	III	1688,10	588,40	560,00	535,30	513,00	489,00	467,30
	V	1740,10	957,50	938,30	917,50	898,50	878,00	859,50
4253,99	I,IV	980,40	940,00	900,30	861,10	822,60	784,80	747,60
	II	610,60	586,40	560,00	537,40	513,00	491,00	467,30
	III	1691,60	586,40	560,00	537,40	513,00	491,00	467,30
	V	1743,00	959,20	940,00	919,20	900,30	879,80	861,10
4258,49	I,IV	982,10	941,80	902,00	862,80	824,30	786,50	749,20
	II	612,80	586,30	562,20	537,30	515,00	491,00	469,20
	III	1693,60	588,30	562,20	537,30	515,00	491,00	469,20
	V	1745,60	961,00	941,80	921,00	902,00	881,50	862,80
4262,99	I,IV	983,90	943,50	903,70	864,60	826,00	788,00	750,80
	II	612,80	588,00	562,20	539,40	515,00	493,00	469,20
	III	1696,20	590,30	562,20	539,40	515,00	493,00	469,20
	V	1748,50	962,70	943,50	922,60	903,70	883,20	864,60
4267,49	I,IV	985,60	945,30	905,40	866,20	827,60	789,70	752,50
	II	615,00	588,20	564,40	539,30	517,00	493,00	471,10
	III	1699,00	590,20	564,40	539,30	517,00	493,00	471,10
	V	1751,30	964,50	945,30	924,40	905,40	884,90	866,20
4271,99	I,IV	987,50	947,00	907,10	867,90	829,30	791,30	754,00
	II	615,00	590,00	564,40	541,40	517,00	495,00	471,10
	III	1701,60	592,20	564,40	541,40	517,00	495,00	471,10
	V	1754,00	966,20	947,00	926,10	907,10	886,50	867,90
4276,49	I,IV	989,20	948,70	908,90	869,60	831,00	793,00	755,60
	II	617,10	591,90	566,60	541,30	519,00	495,00	473,10
	III	1704,50	592,10	566,60	541,30	519,00	495,00	473,10
	V	1756,60	968,00	948,70	927,90	908,90	888,30	869,60
4280,99	I,IV	991,00	950,50	910,50	871,30	832,60	794,60	757,20
	II	617,10	591,80	568,80	543,40	519,00	497,00	473,10
	III	1707,30	594,10	568,80	543,40	519,00	497,00	473,10
	V	1759,50	969,80	950,50	929,50	910,50	890,00	871,30
4285,49	I,IV	992,70	952,20	912,30	873,00	834,30	796,30	758,90
	II	619,30	593,70	568,80	545,40	519,30	497,00	473,10
	III	1710,10	594,00	568,80	545,40	519,30	497,00	473,10
	V	1762,10	971,50	952,20	931,30	912,30	891,70	873,00
4289,99	I,IV	994,50	954,00	914,00	874,70	836,00	797,90	760,50
	II	619,30	595,60	571,00	545,30	523,00	499,00	475,00
	III	1712,60	595,90	571,00	545,30	523,00	499,00	475,00
	V	1765,00	973,30	954,00	933,00	914,00	893,40	874,70
4294,49	I,IV	996,30	955,70	915,70	876,40	837,60	799,50	762,00
	II	619,50	595,50	571,00	547,40	523,00	499,00	475,00
	III	1715,60	597,90	571,00	547,40	523,00	499,00	475,00
	V	1767,60	975,00	955,70	934,80	915,70	895,10	876,40

Rechte Tabellenhälfte

Lohn bis DM	St.-Kl.	ohne Kinder DM	0,5 DM	1,0 DM	1,5 DM	2,0 DM	2,5 DM	3,0 DM
4361,99	I,IV	1023,00	982,10	941,70	902,00	862,80	824,30	786,50
	II	635,60	631,00	606,00	581,10	555,10	536,00	513,10
	III	1806,30	610,60	581,10	555,10	536,00	513,10	491,70
	V	1809,10	1001,60	982,10	961,00	941,70	921,00	902,00
4366,49	I,IV	1024,90	983,90	943,50	903,70	864,50	826,00	788,00
	II	637,30	632,60	607,30	581,00	558,60	537,80	513,30
	III	1759,50	610,60	581,00	558,60	537,80	513,30	491,70
	V	1811,80	1003,40	983,90	962,90	943,50	922,60	903,70
4370,99	I,IV	1026,80	985,80	945,30	905,40	866,20	827,60	789,70
	II	639,50	634,50	608,60	583,10	558,60	537,70	515,30
	III	1762,00	612,80	583,10	558,60	537,70	515,30	493,60
	V	1814,60	1005,30	985,80	964,50	945,30	924,40	905,40
4375,49	I,IV	1028,50	987,50	947,10	907,10	867,90	829,30	791,30
	II	639,50	636,30	610,60	583,00	560,60	537,60	515,30
	III	1765,00	612,80	583,00	560,60	537,60	515,30	493,60
	V	1817,30	1007,00	987,50	966,20	947,10	926,10	907,10
4379,99	I,IV	1030,20	989,20	948,70	908,90	869,60	831,00	793,00
	II	639,80	637,00	612,80	585,20	560,60	539,80	515,20
	III	1765,30	615,00	585,20	560,60	539,80	515,20	495,60
	V	1820,00	1008,70	989,20	968,00	948,70	927,90	908,90
4384,49	I,IV	1032,00	991,00	950,50	910,50	871,30	832,60	794,60
	II	641,80	639,20	612,80	585,10	562,70	539,70	517,30
	III	1770,50	615,00	585,10	562,70	539,70	517,30	495,60
	V	1822,80	1010,50	991,00	969,80	950,50	929,50	910,50
4388,99	I,IV	1033,90	992,70	952,20	912,30	873,00	834,30	796,20
	II	641,80	641,00	615,00	587,20	562,60	541,70	517,30
	III	1773,30	617,20	587,20	562,60	541,70	517,30	497,60
	V	1825,60	1012,30	992,70	971,50	952,20	931,30	912,30
4393,49	I,IV	1035,60	994,50	954,00	914,00	874,70	836,00	797,90
	II	644,00	642,60	617,20	589,30	564,60	543,50	519,30
	III	1776,00	617,20	589,30	564,60	543,50	519,30	497,60
	V	1828,50	1014,10	994,50	973,30	954,00	933,00	914,00
4397,99	I,IV	1037,50	996,30	955,70	915,70	876,40	837,60	799,50
	II	644,00	644,30	617,10	589,20	566,60	543,40	519,30
	III	1778,50	619,40	589,20	566,60	543,40	519,30	499,60
	V	1831,10	1015,90	996,30	975,00	955,70	934,80	915,70
4402,49	I,IV	1039,20	998,00	957,50	917,40	878,00	839,30	801,10
	II	646,30	646,10	619,30	591,30	566,50	545,50	521,30
	III	1781,50	619,30	591,30	566,50	545,50	521,30	499,60
	V	1834,00	1017,70	998,00	976,80	957,50	936,50	917,40
4406,99	I,IV	1041,00	999,90	959,20	919,20	879,80	841,00	802,80
	II	646,30	647,60	619,40	593,30	568,60	545,40	521,30
	III	1784,30	621,60	593,30	568,60	545,40	521,30	501,60
	V	1836,60	1019,50	999,90	978,50	959,20	938,30	919,20
4411,49	I,IV	1042,90	1001,80	961,00	921,00	881,50	842,60	804,50
	II	648,50	649,40	621,60	593,20	570,80	547,30	523,30
	III	1787,00	621,60	593,20	570,80	547,30	523,30	501,60
	V	1839,50	1021,30	1001,80	980,40	961,00	940,00	921,00
4415,99	I,IV	1044,60	1003,40	962,70	922,60	883,20	844,30	806,10
	II	648,50	651,00	621,70	595,30	570,70	547,20	523,30
	III	1789,80	623,80	595,30	570,70	547,20	523,30	503,60
	V	1842,30	1023,10	1003,40	982,10	962,70	941,70	922,60
4420,49	I,IV	1046,50	1005,20	964,50	924,40	884,80	846,00	807,70
	II	650,80	652,70	623,80	575,80	573,00	548,50	525,20
	III	1792,60	623,80	597,30	573,00	548,50	525,20	503,60
	V	1845,00	1024,90	1005,20	983,90	964,50	943,50	924,40

* Angaben in DM

Allgemeine Monats-Lohnsteuertabelle (Fortsetzung)

Lohn bis	St.Kl. I/IV	St.Kl. III	St.Kl. V	St.Kl. VI
4298,99	998,00	621,60	1718,50	1770,50
4303,49	1001,60	623,80	1723,60	1776,00
4307,99	1003,40	628,30	1728,80	1778,80
4312,49	1005,20	626,10	1729,10	1781,50
4316,99	1007,00	626,10	1732,20	1784,30
4321,49	1008,80	628,30	1734,60	1787,00
4325,99	1010,50	630,60	1739,80	1789,60
4330,49	1012,30	635,00	1740,10	1792,60
4334,99	1014,10	632,80	1745,60	1795,30
4339,49	1015,90	630,60	1747,00	1798,10
4343,99	1017,70	637,10	1750,80	1800,80
4348,49	1019,50	632,60	1751,30	1803,60
4352,99	1021,30	635,00	1751,30	1806,30

Lohn bis	St.Kl. I/IV	St.Kl. III	St.Kl. V	St.Kl. VI
4424,99	1048,00	650,80	1795,30	1847,60
4429,49	1050,00	653,10	1798,10	1850,50
4433,99	1051,90	653,10	1800,80	1853,30
4438,49	1053,70	657,60	1803,60	1856,10
4442,49	1055,50	655,50	1806,30	1858,80
4447,49	1057,30	657,60	1809,10	1861,60
4451,99	1059,10	657,60	1811,80	1864,30
4456,49	1061,00	662,00	1814,60	1867,10
4460,99	1062,80	660,00	1817,30	1870,00
4465,49	1064,50	657,60	1820,10	1872,60
4469,99	1066,40	662,00	1822,80	1875,50
4474,49	1068,20	666,30	1825,60	1878,30
4478,99	1070,00	664,50	1828,50	1881,00
4483,49	1071,90	666,80	1831,30	1883,60

*) Arbeitnehmer für die die besonderen Lohnsteuer-Tabellen gelten (u. a. Beamte und Rentner), können ihre Steuer unter Anwendung der Zurechnungstabelle auf Seite 153 auch von dieser allgemeinen Monats-Lohnsteuer-Tabelle ablesen.

Allgemeine MONATSLOHNSTEUERTABELLE 1988/89*)

Lohn bis DM	Arbeitnehmer ohne Kinder St.-Kl.	AN mit Kinderfreibeträgen gemäß LSt.-Karte:					
	ohne Kinder DM	0,5 DM	1,0 DM	1,5 DM	2,0 DM	2,5 DM	3,0 DM
4487,99 I,IV	1073,60	1032,00	991,00	950,50	910,50	871,30	832,60
II	666,80	878,00	839,30	801,10	763,70	726,90	690,80
III	1885,00	879,80	841,80	804,50	767,60	730,60	695,50
V,VI	1886,60	1051,80	1033,90	1016,10	998,30	980,40	962,50
4492,49 I,IV	1075,50	1033,90	992,70	952,20	912,20	873,00	834,30
II	669,10	879,80	841,80	802,80	765,30	728,50	692,40
III	1836,60	881,60	843,50	806,20	769,30	732,30	697,20
V,VI	1889,30	1053,70	1035,80	1012,00	999,80	981,90	952,20
4496,99 I,IV	1077,30	1035,60	994,50	954,00	914,00	874,70	836,00
II	669,10	881,60	842,60	804,50	767,00	730,00	693,90
III	1839,10	883,50	845,40	808,00	771,00	734,90	698,80
V,VI	1892,10	1055,60	1037,60	1014,10	1003,40	983,80	954,00
4501,49 I,IV	1079,10	1037,30	996,30	955,70	915,70	876,40	837,60
II	671,30	883,50	844,30	806,10	768,50	731,60	695,50
III	1842,30	885,30	847,10	809,70	772,80	736,50	700,50
V,VI	1894,80	1057,30	1039,50	1021,60	1003,40	985,70	967,80
4505,99 I,IV	1081,00	1039,00	998,00	957,50	917,50	878,00	839,30
II	671,30	885,30	846,00	807,70	770,10	733,20	697,00
III	1845,80	887,10	848,90	811,40	774,50	738,30	702,20
V,VI	1897,50	1059,30	1041,30	1023,50	1005,70	987,70	969,70
4510,49 I,IV	1082,80	1041,00	999,90	959,30	919,30	879,80	841,00
II	673,60	887,10	847,70	809,40	771,80	734,90	698,60
III	1847,60	888,80	850,60	813,10	776,20	739,80	703,90
V,VI	1900,50	1061,00	1044,60	1025,30	1008,50	989,40	959,30
4514,99 I,IV	1084,60	1042,70	1001,60	961,00	921,00	881,60	842,60
II	673,60	888,80	849,40	811,10	773,40	736,50	700,10
III	1850,90	890,70	852,30	814,80	777,90	741,50	705,50
V,VI	1903,30	1062,80	1044,90	1027,20	1009,40	991,30	973,30
4519,49 I,IV	1086,40	1044,60	1003,50	962,70	922,60	883,50	844,30
II	676,00	890,70	851,20	812,70	775,10	738,00	701,70
III	1853,80	892,40	854,00	816,50	779,60	743,20	707,10
V,VI	1906,00	1064,60	1046,60	1028,90	1011,10	993,10	962,70
4523,99 I,IV	1088,30	1046,30	1005,20	964,50	924,40	884,90	846,00
II	676,00	892,40	852,70	814,40	776,70	739,80	703,30
III	1856,60	894,30	855,70	818,20	781,30	744,90	708,80
V,VI	1909,00	1066,50	1048,60	1030,60	1012,80	994,50	976,60
4528,49 I,IV	1090,10	1048,00	1007,00	966,20	926,10	886,50	847,70
II	678,30	893,40	854,40	816,10	778,50	741,40	704,90
III	1858,80	896,00	857,40	819,80	783,10	746,00	710,30
V,VI	1911,90	1068,20	1048,30	1032,50	1015,70	996,20	966,20
4532,99 I,IV	1092,00	1050,00	1008,80	968,00	927,90	888,30	849,40
II	678,30	895,10	856,30	817,80	779,70	742,80	706,50
III	1861,60	897,80	859,30	822,00	784,80	747,70	712,00
V,VI	1914,50	1070,00	1050,50	1032,70	1017,60	997,90	968,00
4537,49 I,IV	1093,80	1051,80	1010,50	969,80	929,50	890,00	851,00
II	680,60	896,90	857,90	819,40	781,60	744,40	708,00
III	1864,30	899,70	861,00	823,60	786,50	749,60	713,40
V,VI	1917,10	1071,70	1052,50	1037,60	1019,50	999,70	969,80
4541,99 I,IV	1095,60	1053,70	1012,30	971,50	931,30	891,70	852,70
II	680,60	898,60	859,60	821,00	783,10	746,00	709,50
III	1867,00	901,30	862,70	825,50	788,20	752,50	715,20
V,VI	1919,80	1075,50	1055,50	1035,50	1021,30	1001,40	971,50
4546,49 I,IV	1097,50	1055,50	1014,10	973,30	933,00	893,40	854,40
II	683,00	900,40	861,50	822,60	784,80	747,60	711,10
III	1870,60	903,10	864,40	826,90	789,80	752,50	716,60
V,VI	1922,60	1075,50	1055,50	1033,90	1014,10	992,70	973,30
4613,99 I,IV	1125,60	1082,80	1041,00	999,90	959,90	919,20	879,80
II	699,10	928,10	886,50	847,70	811,60	771,80	734,90
III	1914,50	931,30	923,40	884,90	849,40	809,80	771,80
V,VI	1964,50	1103,00	1082,60	1061,00	1045,00	1019,50	999,90
4618,49 I,IV	1127,40	1084,60	1042,90	1001,60	961,60	921,00	881,50
II	701,50	927,90	888,30	849,40	811,80	773,40	736,50
III	1914,50	933,00	893,40	854,50	817,60	778,80	548,30
V,VI	1967,10	1104,80	1084,60	1062,80	1042,90	1021,30	1001,60
4622,99 I,IV	1128,80	1086,50	1044,60	1003,40	962,70	922,60	883,00
II	701,50	929,60	890,00	851,10	812,70	775,20	738,00
III	1920,50	935,80	895,30	856,20	819,70	779,70	738,00
V,VI	1970,00	1106,60	1086,60	1064,60	1044,60	1023,00	1001,60
4627,49 I,IV	1130,60	1088,30	1046,30	1005,20	964,50	924,40	884,90
II	704,00	931,30	891,70	852,70	814,40	776,70	739,60
III	1919,80	937,60	896,00	858,00	821,50	780,00	550,30
V,VI	1972,80	1108,50	1088,50	1066,40	1046,50	1024,90	1005,20
4631,99 I,IV	1132,50	1090,10	1048,20	1007,00	966,10	926,10	886,50
II	704,00	933,00	893,40	854,40	816,00	778,80	741,20
III	1922,50	939,40	897,30	859,80	823,30	781,10	550,60
V,VI	1975,50	1110,30	1090,50	1068,20	1049,30	1026,60	1005,00
4636,49 I,IV	1134,40	1092,00	1050,00	1008,80	968,00	927,80	888,30
II	706,30	934,80	895,30	856,20	817,80	779,70	742,80
III	1925,50	941,20	898,00	861,60	825,10	781,50	552,50
V,VI	1978,30	1112,10	1092,00	1070,00	1050,00	1028,50	1008,80
4640,99 I,IV	1136,20	1093,80	1051,90	1010,50	969,80	929,50	890,00
II	706,30	936,50	896,90	857,80	819,30	781,80	744,40
III	1928,10	942,90	899,00	863,30	826,80	781,10	552,50
V,VI	1981,10	1113,80	1094,50	1071,80	1053,70	1030,20	1010,50
4645,49 I,IV	1138,00	1095,60	1053,60	1012,30	971,50	931,30	891,70
II	708,60	938,30	898,60	859,50	821,10	783,00	746,00
III	1931,00	944,80	899,80	865,10	828,50	781,80	554,60
V,VI	1984,00	1115,90	1095,90	1073,60	1053,70	1032,00	1012,30
4649,99 I,IV	1139,90	1097,50	1055,50	1014,10	973,30	933,00	893,40
II	708,60	940,00	900,30	861,20	822,60	784,60	747,60
III	1933,80	946,50	900,50	863,30	630,60	784,80	554,60
V,VI	1986,80	1117,70	1098,50	1075,50	1055,50	1033,90	1014,10
4654,49 I,IV	1141,60	1099,30	1057,20	1015,80	975,00	933,80	895,10
II	711,00	941,80	902,00	862,80	824,40	786,80	749,20
III	1936,80	948,30	901,80	866,70	657,50	785,00	556,60
V,VI	1989,50	1119,50	1099,50	1077,30	1057,20	1035,50	1015,90
4658,99 I,IV	1143,60	1101,10	1059,10	1017,70	976,80	936,50	896,90
II	711,00	943,60	903,70	864,50	826,30	788,00	750,80
III	1939,30	950,10	903,80	868,60	632,60	785,80	556,60
V,VI	1992,30	1121,30	1099,10	1079,30	1059,10	1037,00	1015,70
4663,49 I,IV	1145,40	1103,00	1061,00	1019,50	978,60	938,30	898,60
II	713,30	945,40	905,40	866,20	827,80	789,70	752,50
III	1942,10	951,70	905,50	870,30	632,80	789,30	558,80
V,VI	1995,10	1123,00	1101,60	1081,00	1059,10	1039,20	1019,50
4667,99 I,IV	1147,40	1104,80	1062,80	1021,30	980,40	940,00	900,30
II	713,30	947,00	907,20	867,90	829,30	791,30	754,00
III	1945,00	953,40	908,50	872,00	660,50	789,30	558,80
V,VI	1998,00	1125,00	1103,60	1082,80	1063,00	1041,40	1019,50
4672,49 I,IV	1149,20	1106,60	1064,50	1023,00	982,10	941,70	902,00
II	715,60	948,70	908,90	869,60	831,00	793,10	755,60
III	1947,60	955,50	910,60	873,60	662,10	789,30	561,00
V,VI	2000,60	1127,00	1106,60	1084,60	1064,50	1042,90	1023,00

Monats-Lohnsteuer-Tabelle (Fortsetzung)

Linke Tabellenhälfte — Einkommen 4550,99 – 4609,49 DM; Steuerklassen I,IV / II / III / V / VI

Lohn bis	Kl.							
4550,99	I,IV	1089,30	1057,30	1015,90	975,00	934,80	885,10	856,00
	II	683,60						
	III							
	V	1925,50						
4555,49	I,IV	1101,10	1059,10	1017,70	976,80	936,60	896,90	857,80
	III	685,10						
	V	1875,50						
	VI	1928,10						
4559,99	I,IV	1103,00	1061,00	1019,50	978,50	938,30	898,50	859,50
	V	1878,30						
	VI	1931,00						
4564,49	I,IV	1104,80	1062,80	1021,30	980,40	940,00	900,30	861,10
	III	687,50						
	V	1881,00						
	VI	1933,80						
4568,99	I,IV	1106,60	1064,50	1023,00	982,10	941,70	902,00	862,80
	III	689,30						
	V	1883,80						
	VI	1936,80						
4573,49	I,IV	1108,50	1066,40	1024,90	983,90	943,50	903,70	864,50
	V	1886,60						
	VI	1939,50						
4577,99	I,IV	1110,30	1068,20	1026,60	985,60	945,20	905,40	866,20
	V	1889,30						
	VI	1942,10						
4582,49	I,IV	1112,10	1070,00	1028,50	987,50	947,00	907,50	867,90
	III	692,10						
	V	1892,10						
	VI	1945,00						
4586,99	I,IV	1114,00	1071,80	1030,20	989,20	948,70	908,90	869,60
	V	1894,80						
	VI	1947,60						
4591,49	I,IV	1115,90	1073,60	1032,00	991,00	950,50	910,50	871,30
	III	694,50						
	V	1897,80						
	VI	1950,60						
4595,99	I,IV	1117,70	1075,40	1033,90	992,60	952,20	912,30	873,00
	V	1900,50						
	VI	1953,30						
4600,49	I,IV	1119,50	1077,20	1035,60	994,40	954,00	914,00	874,70
	III	696,90						
	V	1903,30						
	VI	1956,00						
4604,99	I,IV	1121,40	1079,20	1037,50	996,30	955,70	915,70	876,40
	V	1906,10						
	VI	1958,80						
4609,49	I,IV	1123,20	1081,00	1039,20	998,00	957,50	917,50	878,00
	III	699,10						
	V	1908,60						
	VI	1961,60						

Rechte Tabellenhälfte — Einkommen 4676,99 – 4735,49 DM; Steuerklassen I,IV / II / III / V / VI

Lohn bis	Kl.							
4676,99	I,IV	1151,00	1108,50	1066,40	1024,90	983,90	943,50	903,70
	II			912,30	873,00	834,30	796,20	758,90
	III	715,60	689,80	662,10	637,30	610,60	586,40	561,00
	V	1950,50	1128,80	1108,50	1086,50	1066,40	1044,60	1024,90
	VI	2003,50						
4681,49	I,IV	1153,00	1110,30	1068,20	1026,60	985,60	945,20	905,40
	II		952,20	912,30	873,00	834,30	796,20	758,90
	III	718,00	689,80	664,50	637,30	612,80	588,10	563,00
	V	1953,30						
	VI	2006,10						
4685,99	I,IV	1154,80	1112,10	1070,00	1028,50	987,50	947,00	907,50
	V	1956,00						
	VI	2009,00						
4690,49	I,IV	1156,70	1114,00	1071,80	1030,20	989,20	948,70	908,90
	III	720,50	692,10	666,80	639,50	615,00	588,80	563,00
	V	1958,80						
	VI	2011,80						
4694,99	I,IV	1158,50	1115,90	1073,60	1032,00	991,00	950,50	910,50
	V	1961,60						
	VI	2014,60						
4699,49	I,IV	1160,40	1117,70	1075,40	1033,90	992,60	952,20	912,30
	III	722,80	694,50	669,10	641,80	617,10	591,00	567,30
	V	1964,50						
	VI	2017,30						
4703,99	I,IV	1162,30	1119,50	1077,20	1035,60	994,40	954,00	914,00
	V	1967,30						
	VI	2020,30						
4708,49	I,IV	1164,10	1121,40	1079,20	1037,50	996,30	955,70	915,70
	III	725,10	696,80	671,30	644,00	619,50	593,10	568,50
	V	1970,20						
	VI	2023,00						
4712,99	I,IV	1166,10	1123,20	1081,00	1039,20	998,00	957,50	917,50
	V	1972,80						
	VI	2025,80						
4717,49	I,IV	1167,90	1125,00	1082,80	1041,00	999,90	959,20	919,20
	III	727,50	699,10	674,40	646,30	621,60	595,30	571,50
	V	1975,50						
	VI	2028,60						
4721,99	I,IV	1169,80	1127,00	1084,60	1042,90	1001,00	961,00	921,00
	V	1978,20						
	VI	2031,50						
4726,49	I,IV	1171,60	1128,80	1086,50	1044,60	1003,40	962,60	922,60
	III	730,00	701,50	676,00	648,50	623,80	597,50	573,60
	V	1981,10						
	VI	2034,30						
4730,99	I,IV	1173,50	1130,60	1088,30	1046,50	1005,20	964,50	924,40
	V	1984,00						
	VI	2037,00						
4735,49	I,IV	1175,40	1132,50	1090,10	1048,30	1007,00	966,10	926,10
	III	732,30	704,00	678,30	650,80	626,10	599,60	575,80
	V	1986,80						
	VI	2039,60						

*) Arbeitnehmer für die die besonderen Lohnsteuer-Tabellen gelten (u. a. Beamte und Rentner), können ihre Steuer unter Anwendung der Zurechnungstabelle auf Seite 153 auch von dieser allgemeinen Monats-Lohnsteuer-Tabelle ablesen.

Allgemeine MONATSLOHNSTEUERTABELLE 1988/89*)

Linke Tabellenhälfte

Lohn bis DM	St.-Kl.	Arbeitnehmer ohne Kinder DM	AN mit Kinderfreibeträgen gemäß LSt-Karte: 0,5 DM	1,0 DM	1,5 DM	2,0 DM	2,5 DM	3,0 DM
4739,99	I,IV	1177,80	1134,40	1092,00	1050,00	1008,80	968,00	927,90
	III	732,30	975,00	934,80	895,50	856,00	817,60	779,90
	V	1989,50	1756,80	1678,30	1653,10	626,10	601,80	575,80
	VI	2045,50	2048,10	1138,00	1115,90	1093,80	1071,90	1050,00
4744,49	I,IV	1192,10	1136,00	1093,80	1053,00	969,80	929,60	929,50
	III	734,60	977,20	937,00	898,50	821,00	821,00	783,10
	V	1992,00	1756,80	1680,60	685,40	628,80	604,10	578,00
	VI	2045,50	1156,90	1136,80	1114,00	1093,00	1071,80	1051,90
4748,99	I,IV	1181,00	1138,00	1095,80	1053,50	1012,00	971,10	931,30
	III	734,60	978,60	938,30	898,80	859,50	821,00	783,10
	V	1995,10	1758,60	1680,60	685,40	628,80	604,10	578,00
	VI	2048,10	1158,50	1138,00	1115,90	1095,60	1073,60	1053,70
4753,49	I,IV	1182,90	1139,80	1097,50	1055,90	1014,10	973,30	933,00
	III	737,00	980,80	940,60	901,10	861,80	824,00	786,50
	V	1998,00	1760,80	1683,00	687,00	631,00	606,10	580,10
	VI	2050,80	1160,40	1139,90	1117,70	1097,80	1075,50	1055,50
4757,99	I,IV	1184,80	1141,80	1099,30	1057,30	1015,90	975,00	934,80
	III	737,10	982,10	941,70	902,00	862,80	824,80	786,60
	V	2000,60	1762,80	1683,00	687,00	631,00	606,10	580,10
	VI	2053,80	1162,20	1141,80	1119,50	1099,30	1077,30	1057,30
4762,49	I,IV	1186,60	1143,80	1101,00	1059,10	1017,70	976,80	936,60
	III	737,40	983,90	943,50	903,60	864,80	826,90	788,60
	V	2003,60	1764,00	1685,10	689,20	633,00	608,20	582,30
	VI	2056,60	1164,10	1143,60	1121,40	1101,10	1079,10	1059,10
4766,99	I,IV	1188,50	1145,50	1103,00	1061,00	1019,70	978,50	938,30
	III	739,50	985,80	945,20	905,40	866,20	827,80	789,70
	V	2006,10	1766,20	1687,40	691,00	635,10	608,20	582,30
	VI	2059,50	1166,00	1145,50	1123,20	1103,00	1081,00	1061,00
4771,49	I,IV	1190,50	1147,40	1104,80	1062,80	1021,30	980,40	940,00
	III	742,00	987,60	947,00	907,00	867,60	829,40	791,60
	V	2008,70	1767,90	1687,40	692,10	635,70	608,80	584,50
	VI	2062,10	1167,90	1147,30	1125,00	1104,80	1082,80	1062,80
4775,99	I,IV	1192,30	1149,20	1106,60	1064,50	1023,00	982,00	941,70
	III	742,00	989,20	948,70	908,90	869,00	831,00	793,00
	V	2011,80	1769,60	1689,70	694,00	637,00	610,60	584,50
	VI	2065,00	1169,80	1149,20	1127,00	1106,60	1084,60	1064,50
4780,49	I,IV	1194,20	1151,00	1108,50	1066,40	1024,90	983,90	943,50
	III	744,30	991,40	950,80	911,00	871,70	832,20	794,80
	V	2014,40	1771,60	1692,20	695,10	639,00	610,60	586,60
	VI	2067,80	1171,60	1151,00	1128,80	1108,50	1086,50	1066,40
4784,99	I,IV	1196,00	1153,00	1110,30	1068,20	1026,60	985,60	945,20
	III	744,30	992,70	952,00	912,30	873,00	834,30	796,20
	V	2017,50	1773,60	1692,20	696,70	639,80	612,80	586,60
	VI	2070,50	1173,50	1153,00	1130,60	1110,30	1088,30	1068,20
4789,49	I,IV	1198,00	1154,80	1112,10	1070,00	1028,50	987,50	947,00
	III	746,60	994,50	953,80	913,70	874,30	835,30	797,40
	V	2020,30	1775,40	1694,50	698,50	641,80	614,90	588,80
	VI	2073,30	1175,40	1154,80	1132,50	1112,10	1090,10	1070,00
4793,99	I,IV	1199,90	1156,70	1114,00	1071,90	1030,20	989,20	948,70
	III	746,60	995,70	955,70	915,70	876,80	837,60	799,50
	V	2023,00	1777,20	1694,50	699,10	642,60	615,00	588,80
	VI	2076,10	1177,30	1156,70	1134,40	1114,00	1092,00	1071,90
4798,49	I,IV	1201,70	1158,50	1115,90	1073,80	1032,00	991,00	950,50
	III	748,90	996,30	957,10	915,90	877,10	837,90	799,70
	V	2025,80	1779,00	1696,80	694,50	644,40	615,00	591,00
	VI	2079,00	1179,10	1158,50	1136,20	1115,90	1093,80	1073,60

Rechte Tabellenhälfte

Lohn bis DM	St.-Kl.	Arbeitnehmer ohne Kinder DM	AN mit Kinderfreibeträgen gemäß LSt-Karte: 0,5 DM	1,0 DM	1,5 DM	2,0 DM	2,5 DM	3,0 DM
4865,99	I,IV	1230,20	1186,60	1143,60	1101,10	1059,10	1017,70	976,80
	III	766,10	1024,90	983,90	943,50	903,70	864,50	826,10
	V	2067,80	1739,50	711,00	685,10	657,70	631,20	606,10
	VI	2121,00	1207,40	1186,60	1164,10	1143,60	1121,40	1101,10
4870,49	I,IV	1232,10	1188,50	1145,50	1103,00	1061,00	1019,50	978,50
	III	766,10	1026,00	985,10	945,10	905,10	865,20	826,80
	V	2070,50	1739,70	713,30	685,10	660,00	632,80	606,60
	VI	2123,60	1209,30	1188,50	1166,00	1145,50	1123,20	1103,00
4874,99	I,IV	1234,00	1190,50	1147,40	1104,80	1062,80	1021,30	980,40
	III	768,50	1028,50	987,50	947,50	907,10	867,90	829,30
	V	2073,30	1742,00	713,30	687,50	660,00	635,00	608,30
	VI	2126,50	1211,20	1190,50	1167,90	1147,40	1125,00	1104,80
4879,49	I,IV	1235,90	1192,30	1149,20	1106,60	1064,50	1023,00	982,10
	III	771,40	1030,80	989,80	948,60	908,60	868,90	830,10
	V	2076,10	1742,30	715,60	687,50	662,20	635,00	610,60
	VI	2129,30	1213,10	1192,30	1169,80	1149,20	1127,00	1106,60
4883,99	I,IV	1237,80	1194,20	1151,00	1108,50	1064,40	1024,90	983,90
	III	771,00	1032,00	991,00	950,80	910,50	871,30	832,80
	V	2079,00	1744,30	715,60	689,80	662,20	637,30	610,60
	VI	2132,10	1215,00	1194,20	1171,80	1151,00	1128,80	1108,50
4888,49	I,IV	1239,70	1196,00	1153,00	1110,30	1068,20	1026,60	985,60
	III	773,50	1032,00	992,30	952,50	911,80	872,60	833,90
	V	2081,60	1744,60	718,00	691,60	664,50	637,30	612,80
	VI	2134,80	1216,90	1196,00	1173,50	1153,00	1130,60	1110,30
4892,99	I,IV	1241,60	1198,00	1154,80	1112,10	1070,00	1028,50	987,50
	III	773,50	1035,60	994,60	954,80	914,00	874,70	836,00
	V	2084,60	1746,60	718,00	692,70	664,50	639,50	612,80
	VI	2137,80	1218,80	1198,00	1175,40	1154,80	1132,50	1112,10
4897,49	I,IV	1243,50	1199,90	1156,70	1114,00	1071,90	1030,20	989,20
	III	775,80	1035,80	996,10	955,70	915,70	876,30	837,90
	V	2087,40	1746,90	720,30	694,50	666,80	639,50	615,00
	VI	2140,50	1220,70	1199,90	1177,30	1156,70	1134,40	1114,00
4901,99	I,IV	1245,50	1201,70	1158,50	1115,90	1073,80	1032,10	991,00
	III	775,80	1039,00	998,00	957,50	917,50	878,00	839,30
	V	2090,10	1749,10	720,30	694,60	666,80	641,60	615,00
	VI	2143,30	1222,50	1201,70	1179,10	1158,50	1136,20	1115,90
4906,49	I,IV	1247,40	1203,60	1160,40	1117,70	1075,50	1033,90	992,70
	III	778,10	1039,70	999,40	959,80	919,20	879,50	841,40
	V	2093,00	1749,40	722,60	696,50	669,10	641,60	617,30
	VI	2146,10	1224,50	1203,60	1181,00	1160,40	1138,00	1117,70
4910,99	I,IV	1249,30	1205,50	1162,30	1119,50	1077,30	1035,60	994,50
	III	778,30	1042,90	1001,60	961,00	921,00	881,50	842,60
	V	2095,60	1751,50	722,60	696,50	669,10	644,00	617,30
	VI	2149,00	1226,40	1205,50	1182,90	1162,30	1139,90	1119,50
4915,49	I,IV	1251,20	1207,40	1164,10	1121,40	1079,10	1037,50	996,30
	III	780,80	1044,80	1003,30	963,00	922,90	883,20	844,40
	V	2098,50	1751,80	725,00	698,30	669,70	644,00	619,50
	VI	2151,60	1228,30	1207,40	1184,80	1164,10	1141,80	1121,40
4919,99	I,IV	1253,10	1209,30	1166,00	1123,20	1081,00	1039,20	998,00
	III	780,80	1046,50	1005,20	964,50	924,40	884,90	846,30
	V	2101,30	1754,00	725,00	699,10	671,30	646,30	619,50
	VI	2154,60	1230,20	1209,30	1186,60	1166,00	1143,60	1123,20
4924,49	I,IV	1255,00	1211,20	1168,00	1125,00	1082,80	1041,00	1000,00
	III	783,10	1048,00	1006,40	966,70	927,50	886,60	847,60
	V	2104,00	1754,00	727,50	699,50	673,60	646,30	621,60
	VI	2157,30	1232,10	1211,20	1188,50	1167,90	1145,50	1125,00

4802,99	I,IV	1203,60	1160,40	1117,70	1075,20	1033,90	992,70	952,20					
	II	749,10	999,90	959,20	919,20	879,80	841,10	802,80					
	III	2031,50	2083,60	2093,80	2055,80	2019,00	1981,10	1942,90					
	VI	2081,60	1181,00	1160,40	1138,00	1117,70	1095,60	1075,50					
4807,49	I,IV	1205,50	1162,30	1119,50	1077,30	1035,60	994,50	954,00					
	II	751,50	1001,60	961,00	921,00	881,50	842,60	804,50					
	III	2034,50	2086,60	2096,80	2058,80	2022,00	1984,00	1945,90					
	VI	2084,50	1182,90	1162,30	1139,90	1119,50	1097,50	1077,30					
4811,99	I,IV	1207,40	1164,10	1121,40	1079,10	1037,50	996,30	955,70					
	II	751,50	1003,40	962,70	922,70	883,30	844,40	806,20					
	III	2037,60	2089,60	2099,90	2061,80	2025,00	1987,10	1948,90					
	VI	2087,50	1184,80	1164,10	1141,80	1121,40	1099,30	1079,10					
4816,49	I,IV	1209,30	1166,00	1123,20	1081,00	1039,30	998,00	957,50					
	II	754,00	1005,20	964,50	924,40	884,90	846,00	807,70					
	III	2037,00	2092,50	2102,90	2064,80	2027,90	1989,90	1951,90					
	VI	2090,10	1186,60	1166,00	1143,60	1123,20	1101,10	1081,00					
4820,99	I,IV	1211,20	1167,90	1125,00	1082,80	1041,00	999,90	959,20					
	II	756,40	1007,00	966,20	926,10	886,60	847,90	809,40					
	III	2043,60	2095,50	2105,90	2067,70	2030,90	2008,80	1954,80					
	VI	2093,00	1188,50	1167,90	1145,50	1125,00	1103,00	1082,80					
4825,49	I,IV	1213,10	1169,80	1127,00	1084,60	1042,90	1001,60	961,00					
	II	756,30	1008,80	968,00	927,90	888,30	849,40	811,00					
	III	2042,60	2098,50	2108,90	2070,70	2033,90	2011,40	1957,80					
	VI	2095,60	1190,50	1169,80	1147,40	1127,00	1104,80	1084,60					
4829,99	I,IV	1215,00	1171,60	1128,80	1086,50	1044,60	1003,40	962,70					
	II	756,50	1010,60	969,80	929,60	890,10	851,20	812,50					
	III	2045,60	2101,50	2111,90	2073,60	2036,80	2014,30	1960,70					
	VI	2098,50	1192,30	1171,60	1149,20	1128,80	1106,60	1086,50					
4834,49	I,IV	1216,90	1173,50	1130,70	1088,10	1046,50	1005,20	964,50					
	II	758,80	1012,30	971,50	931,30	891,70	852,90	814,40					
	III	2048,10	2104,40	2114,90	2076,60	2039,80	2017,30	1963,60					
	VI	2101,30	1194,20	1173,50	1151,10	1130,70	1108,50	1088,30					
4838,99	I,IV	1218,80	1175,40	1132,50	1090,00	1048,30	1007,00	966,20					
	II	761,30	1014,10	973,30	933,00	893,40	854,70	816,10					
	III	2050,80	2107,40	2117,80	2079,60	2042,80	2020,20	1966,60					
	VI	2104,10	1196,00	1175,40	1153,00	1132,50	1110,30	1090,10					
4843,49	I,IV	1220,70	1177,30	1134,40	1092,00	1050,00	1008,80	968,00					
	II	761,30	1015,90	975,00	934,80	895,10	856,40	817,60					
	III	2053,80	2110,40	2120,70	2082,60	2045,80	2023,10	1969,50					
	VI	2107,00	1198,00	1177,30	1154,80	1134,40	1112,10	1092,00					
4847,99	I,IV	1222,50	1179,10	1136,20	1093,80	1051,90	1010,50	969,80					
	II	763,60	1017,70	976,80	936,60	895,90	858,30	819,30					
	III	2056,60	2113,40	2123,70	2085,60	2048,70	2026,00	1972,50					
	VI	2109,60	1199,90	1179,10	1156,70	1136,20	1114,00	1093,80					
4852,49	I,IV	1224,50	1181,00	1138,00	1095,80	1053,80	1012,30	971,50					
	II	763,60	1019,50	978,50	938,30	898,50	859,50	821,00					
	III	2059,50	2116,30	2126,70	2088,50	2051,70	2029,00	1975,50					
	VI	2112,50	1201,70	1181,00	1158,50	1138,00	1115,90	1095,60					
4856,99	I,IV	1226,40	1182,90	1139,90	1097,50	1055,50	1014,10	973,30					
	II	766,00	1021,30	980,40	940,00	900,30	861,30	822,60					
	III	2062,60	2119,30	2129,60	2091,50	2054,70	2031,90	1978,40					
	VI	2115,30	1203,60	1182,90	1160,40	1139,90	1117,70	1097,50					
4861,49	I,IV	1228,30	1184,80	1141,80	1099,30	1057,30	1015,90	975,00					
	II	766,10	1023,00	982,10	941,70	902,00	862,80	824,30					
	III	2065,60	2118,10	2132,60	2094,50	2057,60	2034,80	1981,40					
	VI	2118,10	1205,50	1184,80	1162,30	1141,80	1119,50	1099,30					

4928,99	I,IV	1257,00	1213,60	1169,80	1127,00	1084,60	1042,90	1001,60					
	II	783,30	1050,20	1008,80	968,00	888,30	849,40	849,40					
	III	2107,00	2156,90	2088,30	2068,00	2088,90	2080,80	621,60					
	VI	2160,00	1234,00	1213,10	1190,50	1169,80	1147,40	1127,00					
4933,49	I,IV	1258,90	1215,50	1171,60	1128,80	1044,60	890,00	851,00					
	II	785,60	1051,90	1010,50	969,80	929,50	890,00	851,00					
	III	2109,60	1756,30	1010,50	1010,50	1010,50	676,00	623,80					
	VI	2163,00	1235,90	1215,00	1192,30	1171,60	1149,20	1128,80					
4937,99	I,IV	1260,80	1216,90	1173,50	1130,60	1088,30	1046,50	1005,20					
	II	788,00	1053,60	1012,30	971,50	931,30	892,40	853,70					
	III	2112,60	758,80	730,00	704,00	676,00	676,00	623,80					
	VI	2165,80	1237,80	1216,90	1194,20	1173,50	1151,00	1130,60					
4942,49	I,IV	1262,70	1218,80	1175,40	1132,50	1090,10	1048,30	1007,00					
	II	788,10	1055,50	1014,10	973,30	933,00	893,40	854,40					
	III	2115,30	758,60	732,30	704,00	678,30	650,80	626,50					
	VI	2168,60	1239,70	1218,80	1196,00	1175,40	1153,00	1132,50					
4946,99	I,IV	1264,60	1220,70	1177,30	1134,40	1092,00	1050,00	1008,80					
	II	790,40	1057,30	1017,30	975,00	934,80	896,00	856,10					
	III	2118,10	761,30	732,30	706,30	678,30	653,10	626,50					
	VI	2171,40	1241,60	1220,70	1198,00	1177,30	1154,80	1134,40					
4951,49	I,IV	1266,50	1222,50	1179,10	1136,20	1093,80	1051,90	1010,50					
	II	790,60	1059,10	1017,70	976,80	936,50	896,90	858,30					
	III	2121,00	761,80	734,60	708,60	680,60	653,10	628,30					
	VI	2174,10	1243,50	1222,50	1199,90	1179,10	1156,70	1136,20					
4955,99	I,IV	1268,40	1224,50	1181,00	1138,00	1095,80	1053,80	1012,30					
	II	793,00	1059,10	1019,50	978,50	938,30	898,50	859,50					
	III	2123,60	763,80	734,60	708,60	680,60	655,30	628,30					
	VI	2177,00	1245,50	1224,50	1201,70	1181,00	1158,50	1138,00					
4960,49	I,IV	1270,40	1226,40	1182,90	1139,90	1097,50	1055,50	1014,10					
	II	793,10	1062,80	1021,30	980,40	940,00	900,30	861,10					
	III	2126,50	763,60	737,10	711,00	683,00	655,30	630,60					
	VI	2179,80	1247,40	1226,40	1203,60	1182,90	1160,40	1139,90					
4964,99	I,IV	1272,30	1228,30	1184,80	1141,80	1099,30	1057,30	1015,90					
	II	795,40	1064,50	1023,00	982,10	941,80	901,90	863,20					
	III	2129,30	766,10	737,10	711,00	683,00	657,60	630,60					
	VI	2182,60	1249,30	1228,30	1205,50	1184,80	1162,30	1141,80					
4969,49	I,IV	1274,20	1230,20	1186,60	1143,60	1101,10	1059,10	1017,70					
	II	795,60	1066,40	1024,90	983,90	943,50	903,70	864,50					
	III	2132,10	766,10	739,50	711,00	685,10	657,60	632,80					
	VI	2185,50	1251,20	1230,20	1207,40	1186,60	1164,10	1143,60					
4973,99	I,IV	1276,10	1232,10	1188,50	1145,50	1103,00	1061,00	1019,50					
	II	798,00	1066,40	1026,60	985,60	945,30	905,40	866,50					
	III	2134,80	768,60	739,50	713,30	685,10	660,00	632,80					
	VI	2188,30	1253,10	1232,10	1209,30	1188,50	1166,00	1145,50					
4978,49	I,IV	1278,00	1234,00	1190,50	1147,40	1104,80	1062,80	1021,30					
	II	798,10	1070,00	1028,50	987,50	947,00	907,10	867,90					
	III	2137,80	768,50	742,00	713,30	687,50	660,00	635,10					
	VI	2191,10	1255,00	1234,00	1211,20	1190,50	1167,90	1147,40					
4982,99	I,IV	1280,00	1235,90	1192,30	1149,20	1106,60	1064,50	1023,00					
	II	800,00	1071,80	1030,30	989,30	948,70	909,00	869,60					
	III	2140,50	771,00	742,00	715,60	687,50	662,10	635,10					
	VI	2193,80	1257,00	1235,90	1213,10	1192,30	1169,80	1149,20					
4987,49	I,IV	1281,90	1237,80	1194,20	1151,00	1108,50	1066,30	1024,90					
	II	800,10	1073,60	1032,10	991,00	950,50	910,50	871,30					
	III	2143,30	771,50	744,30	715,60	689,80	662,10	637,30					
	VI	2196,60	1258,90	1237,80	1215,00	1194,20	1171,60	1151,00					

*) Arbeitnehmer für die die besonderen Lohnsteuer-Tabellen gelten (u. a. Beamte und Rentner), können ihre Steuer unter Anwendung der Zurechnungstabelle auf Seite 153 auch von dieser allgemeinen Monats-Lohnsteuer-Tabelle ablesen.

Allgemeine MONATSLOHNSTEUERTABELLE 1988/89*)

Linke Tabelle

Lohn bis DM	Arbeitnehmer ohne Kinder St.-Kl.	ohne Kinder DM	AN mit Kinderfreibeträgen gemäß LSt-Karte: 0,5 DM	1,0 DM	1,5 DM	2,5 DM	3,0 DM
4991,99	I,IV	1283,60	1239,70	1196,00	1153,00	1068,20	1026,60
	II	800,50	1075,50	1033,90	992,70	912,30	873,00
	III	2146,10	773,50	744,30	718,00	664,50	637,30
	VI	2199,30	1260,80	1239,70	1216,90	1173,50	1153,00
4996,49	I,IV	1285,80	1241,60	1198,00	1154,80	1070,00	1028,50
	II	803,00	1077,30	1035,60	994,50	914,00	874,70
	III	2151,60	775,80	746,60	720,50	666,80	639,60
	VI	2242,30	1263,00	1241,60	1218,90	1175,40	1154,80
5000,99	I,IV	1287,70	1243,60	1199,90	1156,70	1071,90	1030,20
	II	803,00	1079,10	1037,50	996,30	915,70	876,50
	III	2151,60	775,80	746,60	720,50	666,80	639,60
	VI	2205,10	1264,60	1243,60	1220,70	1177,00	1156,70
5005,49	I,IV	1289,60	1245,50	1201,70	1158,50	1073,60	1032,00
	II	805,50	1081,00	1039,20	998,00	917,50	878,00
	III	2154,60	778,30	749,10	722,80	669,10	641,80
	VI	2210,60	1266,50	1245,50	1222,50	1179,10	1158,50
5009,99	I,IV	1291,50	1247,40	1203,60	1160,40	1075,40	1033,90
	II	805,50	1083,00	1041,00	999,80	919,10	880,50
	III	2157,30	778,30	749,10	722,80	669,10	641,80
	VI	2210,60	1268,50	1247,40	1224,50	1181,00	1160,40
5014,49	I,IV	1293,50	1249,40	1205,50	1162,30	1077,30	1035,60
	II	808,00	1084,60	1042,90	1001,60	921,00	881,50
	III	2163,00	780,80	751,50	725,10	671,30	644,00
	VI	2213,60	1270,40	1249,40	1226,40	1182,90	1162,30
5018,99	I,IV	1295,40	1251,20	1207,40	1164,10	1079,10	1037,40
	II	808,00	1086,50	1044,60	1003,40	922,80	883,50
	III	2163,00	780,80	751,50	725,10	671,30	644,00
	VI	2216,30	1272,30	1251,20	1228,30	1184,80	1164,10
5023,49	I,IV	1297,40	1253,00	1209,30	1166,00	1081,00	1039,30
	II	810,50	1088,30	1046,50	1005,20	924,40	884,30
	III	2165,80	783,10	753,90	727,30	673,60	646,30
	VI	2218,90	1274,20	1253,00	1230,20	1186,60	1166,00
5027,99	I,IV	1299,30	1255,00	1211,20	1167,90	1082,80	1041,00
	II	810,50	1090,10	1048,30	1007,00	926,20	886,30
	III	2168,60	783,10	753,90	727,30	673,60	646,30
	VI	2222,00	1276,10	1255,00	1232,10	1188,50	1167,90
5032,49	I,IV	1301,20	1257,00	1213,10	1169,80	1084,60	1042,90
	II	813,00	1092,00	1050,00	1008,90	927,90	888,30
	III	2174,50	785,60	756,30	730,00	676,00	648,50
	VI	2225,60	1278,00	1257,00	1234,00	1190,50	1169,80
5036,99	I,IV	1303,10	1258,90	1215,00	1171,60	1086,50	1044,60
	II	813,00	1093,90	1051,80	1010,70	729,60	890,30
	III	2174,50	785,60	756,30	730,00	676,00	648,50
	VI	2227,50	1280,00	1258,90	1235,90	1192,30	1171,60
5041,49	I,IV	1305,10	1260,80	1216,90	1173,50	1088,30	1046,50
	II	815,50	1095,60	1053,70	1012,30	931,00	891,70
	III	2174,50	788,00	758,60	732,30	678,20	650,80
	VI	2230,00	1281,90	1260,80	1237,80	1194,20	1173,50
5045,99	I,IV	1307,00	1262,70	1218,80	1175,40	1090,20	1048,30
	II	815,50	1097,60	1055,60	1014,20	932,80	893,50
	III	2179,80	788,00	758,60	732,30	678,20	650,80
	VI	2233,10	1283,80	1262,70	1239,70	1196,00	1175,40
5050,99	I,IV	1309,00	1264,60	1220,70	1177,30	1092,00	1050,00
	II	818,00	1099,30	1057,30	1015,90	934,80	895,40
	III	2179,80	790,40	761,00	734,50	680,50	653,10
	VI	2236,00	1285,80	1264,60	1241,60	1198,00	1177,30

Rechte Tabelle

Lohn bis DM	Arbeitnehmer ohne Kinder St.-Kl.	ohne Kinder DM	AN mit Kinderfreibeträgen gemäß LSt-Karte: 0,5 DM	1,0 DM	1,5 DM	2,5 DM	3,0 DM
5117,99	I,IV	1338,10	1293,50	1249,30	1205,50	1162,30	1119,50	1077,30
	II	835,80	1127,00	1084,60	1042,90	1001,60	961,00	921,00
	III	2224,80	808,00	778,80	751,50	722,80	696,80	669,10
	VI	2278,00	1314,80	1293,50	1270,40	1249,30	1226,40	1205,50
5122,49	I,IV	1340,10	1295,40	1251,20	1164,10	1121,40	1079,10
	II	838,10	1128,80	1086,50	1044,60	1003,40	962,70	922,60
	III	2230,40	810,50	781,20	753,90	725,10	698,80	671,30
	VI	2280,80	1318,00	1295,40	1272,30	1251,20	1228,30	1207,40
5126,99	I,IV	1342,00	1297,40	1253,00	1209,30	1166,00	1123,20	1081,00
	II	838,10	1130,70	1088,30	1046,50	1005,20	964,50	924,40
	III	2230,40	810,50	781,20	753,90	725,10	698,80	671,30
	VI	2283,60	1318,70	1297,40	1274,20	1253,10	1230,20	1209,30
5131,49	I,IV	1344,00	1299,30	1255,00	1211,20	1167,90	1125,00	1082,80
	II	840,60	1132,50	1090,10	1048,30	1007,00	966,20	926,10
	III	2233,60	810,50	783,60	754,00	727,30	699,10	673,30
	VI	2286,50	1320,60	1299,30	1276,10	1255,00	1232,10	1211,20
5135,99	I,IV	1346,00	1301,20	1257,00	1213,10	1169,80	1127,00	1084,80
	II	840,60	1134,40	1092,00	1050,00	1008,80	968,00	927,90
	III	2236,00	813,00	783,60	756,30	730,00	701,50	673,60
	VI	2289,10	1322,50	1301,20	1278,00	1257,00	1234,00	1213,10
5140,49	I,IV	1348,00	1303,10	1258,90	1215,00	1171,80	1128,80	1086,50
	II	843,30	1136,20	1093,80	1051,90	1010,50	969,80	929,50
	III	2238,60	815,60	786,10	758,80	730,00	704,00	676,00
	VI	2292,00	1324,50	1303,10	1280,00	1258,90	1235,90	1215,00
5144,99	I,IV	1349,90	1305,10	1260,80	1216,90	1173,60	1130,60	1088,30
	II	843,30	1138,10	1095,60	1053,70	1012,30	971,50	931,00
	III	2241,40	815,60	786,10	758,80	730,00	704,00	676,00
	VI	2294,80	1326,50	1305,10	1281,90	1260,80	1237,80	1216,90
5149,49	I,IV	1351,90	1307,00	1262,70	1218,80	1175,40	1132,50	1090,10
	II	845,80	1139,90	1097,60	1055,60	1014,10	973,30	933,00
	III	2244,30	815,60	788,10	758,80	732,10	704,00	678,10
	VI	2297,30	1328,40	1307,00	1283,80	1262,70	1239,70	1218,80
5153,99	I,IV	1355,80	1310,90	1266,60	1220,70	1177,30	1134,40	1092,00
	II	848,30	1143,80	1101,40	1059,10	1017,70	976,80	936,50
	III	2250,00	818,00	818,00	761,80	734,60	706,30	678,30
	VI	2303,30	1332,50	1310,90	1287,70	1266,50	1243,50	1222,50
5158,49	I,IV	1357,00	1312,90	1268,50	1224,60	1181,10	1138,10	1095,80
	II	848,30	1143,80	1101,40	1059,10	1017,70	976,80	936,50
	III	2250,00	818,00	788,80	761,80	734,60	706,30	678,30
	VI	2303,30	1332,50	1310,90	1287,70	1266,50	1243,50	1222,50
5162,99	I,IV	1357,70	1312,90	1268,50	1224,60	1181,10	1138,10	1095,80
	II	850,80	1143,90	1101,10	1059,10	1019,50	978,60	938,40
	III	2252,60	820,50	790,50	763,60	734,60	708,60	680,60
	VI	2306,10	1334,80	1312,90	1289,60	1268,50	1245,50	1224,50
5167,49	I,IV	1359,70	1314,80	1270,40	1182,90	1139,90	1097,50
	II	850,80	1147,40	1104,80	1062,80	1021,30	980,40	940,00
	III	2255,60	820,50	793,10	766,10	737,10	708,60	683,00
	VI	2308,90	1336,60	1314,80	1291,50	1270,40	1247,40	1226,40
5171,99	I,IV	1363,60	1318,70	1274,20	1230,50	1186,60	1141,80	1099,30
	II	853,50	1151,00	1108,50	1066,40	1024,90	983,90	943,50
	III	2261,10	823,00	793,60	766,60	739,50	711,00	685,10
	VI	2314,70	1340,70	1318,70	1295,40	1274,20	1251,20	1230,20
5176,49	I,IV	1363,60	1318,70	1274,20	1230,50	1186,60	1143,60	1101,10
	II	853,50	1151,00	1108,50	1066,40	1024,90	983,90	943,50
	III	2261,10	823,00	793,60	766,60	739,50	711,00	685,10
	VI	2314,70	1340,10	1318,70	1295,40	1274,20	1251,20	1230,20

5 054,99	I,IV	1310,90	I	1266,50	1222,50	1179,10	1136,20	1093,80	1051,90
	III	818,00	II	1101,10	1059,10	1017,70	976,80	936,50	896,90
	V	2185,50	III	790,60	761,30	734,60	706,30	680,60	653,10
	VI	2238,60	IV	1287,70	1266,50	1243,50	1222,50	1199,90	1179,10
5 059,49	I,IV	1312,90	I	1268,50	1224,50	1181,00	1138,00	1095,60	1053,70
	III	820,50	II	1103,00	1061,00	1019,50	978,50	938,30	898,50
	V	2188,30	III	790,60	763,60	734,60	708,60	680,60	655,30
	VI	2241,60	IV	1289,60	1268,50	1245,50	1224,50	1201,70	1181,00
5 063,99	I,IV	1314,80	I	1270,40	1226,40	1182,90	1139,90	1097,50	1055,50
	III	820,50	II	1104,80	1062,80	1021,30	980,40	940,00	900,30
	V	2191,00	III	793,10	763,60	737,10	708,60	683,00	655,30
	VI	2244,30	IV	1291,50	1270,40	1247,40	1226,40	1203,60	1182,90
5 068,49	I,IV	1316,70	I	1272,30	1228,30	1184,80	1141,80	1099,30	1057,30
	III	823,00	II	1106,60	1064,50	1023,00	982,10	941,70	902,00
	V	2193,80	III	793,10	766,10	737,10	711,00	683,00	657,60
	VI	2247,10	IV	1293,50	1272,30	1249,30	1228,30	1205,50	1184,80
5 072,99	I,IV	1318,70	I	1274,20	1230,20	1186,60	1143,60	1101,10	1059,10
	III	823,00	II	1108,50	1066,40	1024,90	983,90	943,50	903,70
	V	2196,60	III	795,60	766,10	739,50	711,00	685,10	657,60
	VI	2250,00	IV	1295,40	1274,20	1251,20	1230,20	1207,40	1186,60
5 077,49	I,IV	1320,60	I	1276,10	1232,10	1188,50	1145,50	1103,00	1061,00
	III	825,50	II	1110,30	1068,20	1026,60	985,60	945,20	905,40
	V	2199,30	III	795,60	768,50	739,50	713,30	685,10	660,00
	VI	2252,60	IV	1297,40	1276,10	1253,10	1232,10	1209,30	1188,50
5 081,99	I,IV	1322,50	I	1278,00	1234,00	1190,50	1147,40	1104,80	1062,80
	III	825,50	II	1112,10	1070,00	1028,50	987,50	947,00	907,10
	V	2202,30	III	798,10	768,50	742,00	713,30	687,50	660,00
	VI	2255,60	IV	1299,30	1278,00	1255,00	1234,00	1211,20	1190,50
5 086,49	I,IV	1324,50	I	1280,00	1235,90	1192,30	1149,20	1106,60	1064,50
	III	828,10	II	1114,00	1071,90	1030,20	989,20	948,70	908,90
	V	2205,10	III	798,10	771,00	742,00	715,60	687,50	662,10
	VI	2258,50	IV	1301,20	1280,00	1257,00	1235,90	1213,10	1192,30
5 090,99	I,IV	1326,50	I	1281,90	1237,80	1194,20	1151,00	1108,50	1066,40
	III	828,10	II	1115,90	1073,60	1032,00	991,00	950,50	910,50
	V	2207,80	III	800,50	771,00	744,30	715,60	689,80	662,10
	VI	2261,10	IV	1303,10	1281,90	1258,90	1237,80	1215,00	1194,20
5 095,49	I,IV	1328,40	I	1283,80	1239,70	1196,00	1153,00	1110,30	1068,20
	III	830,60	II	1117,70	1075,50	1033,90	992,70	952,20	912,30
	V	2210,60	III	800,50	773,50	744,30	718,00	689,80	664,50
	VI	2264,00	IV	1305,10	1283,80	1260,80	1239,70	1216,90	1196,00
5 099,99	I,IV	1330,40	I	1285,80	1241,60	1198,00	1154,80	1112,10	1070,00
	III	830,60	II	1119,50	1077,30	1035,60	994,50	954,00	914,00
	V	2213,50	III	803,00	773,50	746,60	718,00	692,10	664,50
	VI	2266,80	IV	1307,00	1285,80	1262,70	1241,60	1218,80	1198,00
5 104,49	I,IV	1332,30	I	1287,70	1243,50	1199,90	1156,70	1114,00	1071,90
	III	833,10	II	1121,40	1079,10	1037,50	996,30	955,70	915,70
	V	2216,30	III	803,00	775,80	746,60	720,50	692,10	666,80
	VI	2269,50	IV	1309,00	1287,70	1264,60	1243,50	1220,70	1199,90
5 108,99	I,IV	1334,30	I	1289,60	1245,50	1201,70	1158,50	1115,90	1073,60
	III	833,10	II	1123,20	1081,00	1039,20	998,00	957,50	917,50
	V	2219,10	III	805,50	775,80	749,10	720,50	694,50	666,80
	VI	2272,50	IV	1310,90	1289,60	1266,50	1245,50	1222,50	1201,70
5 113,49	I,IV	1336,20	I	1291,50	1247,40	1203,60	1160,40	1117,70	1075,50
	III	835,60	II	1125,00	1082,80	1041,00	999,90	959,20	919,20
	V	2222,00	III	805,50	778,30	749,10	722,80	694,50	669,10
	VI	2275,30	IV	1312,90	1291,50	1268,50	1247,40	1224,50	1203,60
5 180,99	I,IV	1365,50	I	1320,60	1276,10	1232,10	1188,50	1145,50	1103,00
	III	853,50	II	1153,00	1110,30	1068,20	1026,60	985,60	945,20
	V	2264,00	III	825,50	795,60	768,50	739,50	713,30	685,10
	VI	2317,30	IV	1342,00	1320,60	1297,40	1276,10	1253,10	1232,10
5 185,49	I,IV	1367,50	I	1322,50	1278,00	1234,00	1190,50	1147,40	1104,80
	III	856,00	II	1154,80	1112,10	1070,00	1028,50	987,50	947,00
	V	2266,80	III	825,50	798,10	768,50	742,00	713,30	687,50
	VI	2320,10	IV	1344,00	1322,50	1299,30	1278,00	1255,00	1234,00
5 189,99	I,IV	1369,50	I	1324,50	1280,00	1235,90	1192,30	1149,20	1106,60
	III	856,00	II	1156,70	1114,00	1071,90	1030,20	989,20	948,70
	V	2269,50	III	828,10	798,10	771,00	742,00	715,60	687,50
	VI	2323,00	IV	1346,00	1324,50	1301,20	1280,00	1257,00	1235,90
5 194,49	I,IV	1371,50	I	1326,50	1281,90	1237,80	1194,20	1151,00	1108,50
	III	858,50	II	1158,50	1115,90	1073,60	1032,00	991,00	950,50
	V	2272,50	III	828,10	800,50	771,00	744,30	715,60	689,80
	VI	2325,80	IV	1348,00	1326,50	1303,10	1281,90	1258,90	1237,80
5 198,99	I,IV	1373,50	I	1328,40	1283,80	1239,70	1196,00	1153,00	1110,30
	III	858,50	II	1160,40	1117,70	1075,50	1033,90	992,70	952,20
	V	2275,30	III	830,60	800,50	773,50	744,30	718,00	689,80
	VI	2328,60	IV	1349,90	1328,40	1305,10	1283,80	1260,80	1239,70
5 203,49	I,IV	1375,40	I	1330,40	1285,80	1241,60	1198,00	1154,80	1112,10
	III	861,10	II	1162,30	1119,50	1077,30	1035,60	994,50	954,00
	V	2278,00	III	830,60	803,00	773,50	746,60	718,00	692,10
	VI	2331,30	IV	1351,90	1330,40	1307,00	1285,80	1262,70	1241,60
5 207,99	I,IV	1377,40	I	1332,30	1287,70	1243,50	1199,90	1156,70	1114,00
	III	861,10	II	1164,10	1121,40	1079,10	1037,50	996,30	955,70
	V	2280,80	III	833,10	803,00	775,80	746,60	720,50	692,10
	VI	2334,10	IV	1353,80	1332,30	1309,00	1287,70	1264,60	1243,50
5 212,49	I,IV	1379,40	I	1334,30	1289,60	1245,50	1201,70	1158,50	1115,90
	III	863,60	II	1166,00	1123,20	1081,00	1039,20	998,00	957,50
	V	2283,60	III	833,10	805,50	775,80	749,10	720,50	694,50
	VI	2337,00	IV	1355,80	1334,30	1310,90	1289,60	1266,50	1245,50
5 216,99	I,IV	1381,30	I	1336,20	1291,50	1247,40	1203,60	1160,40	1117,70
	III	863,60	II	1167,90	1125,00	1082,80	1041,00	999,90	959,20
	V	2286,50	III	835,60	805,50	778,30	749,10	722,80	694,50
	VI	2339,80	IV	1357,70	1336,20	1312,90	1291,50	1268,50	1247,40
5 221,49	I,IV	1383,30	I	1338,10	1293,50	1249,30	1205,50	1162,30	1119,50
	III	866,30	II	1169,80	1127,00	1084,60	1042,90	1001,60	961,00
	V	2289,10	III	835,60	808,00	778,30	751,50	722,80	696,80
	VI	2342,60	IV	1359,70	1338,10	1314,80	1293,50	1270,40	1249,30
5 225,99	I,IV	1385,20	I	1340,10	1295,40	1251,20	1207,40	1164,10	1121,40
	III	866,30	II	1171,60	1128,80	1086,50	1044,60	1003,40	962,70
	V	2292,00	III	838,10	808,00	780,80	751,50	725,10	696,80
	VI	2345,50	IV	1361,60	1340,10	1316,70	1295,40	1272,30	1251,20
5 230,49	I,IV	1387,20	I	1342,00	1297,40	1253,10	1209,30	1166,00	1123,20
	III	868,80	II	1173,50	1130,60	1088,30	1046,50	1005,20	964,50
	V	2294,80	III	838,10	810,50	780,80	754,00	725,10	699,10
	VI	2348,30	IV	1363,60	1342,00	1318,70	1297,40	1274,20	1253,10
5 234,99	I,IV	1389,20	I	1344,00	1299,30	1255,00	1211,20	1167,90	1125,00
	III	868,80	II	1175,40	1132,50	1090,10	1048,30	1007,00	966,20
	V	2297,80	III	840,60	810,50	783,30	754,00	727,50	699,10
	VI	2351,00	IV	1365,50	1344,00	1320,60	1299,30	1276,10	1255,00
5 239,49	I,IV	1391,20	I	1346,00	1301,20	1257,00	1213,10	1169,80	1127,00
	III	871,50	II	1177,30	1134,40	1092,00	1050,00	1008,80	968,00
	V	2300,50	III	840,60	813,00	783,30	756,30	727,50	701,50
	VI	2353,80	IV	1367,50	1346,00	1322,50	1301,20	1278,00	1257,00

*) Arbeitnehmer für die die besonderen Lohnsteuer-Tabellen gelten (u. a. Beamte und Rentner), können ihre Steuer unter Anwendung der Zurechnungstabelle auf Seite 153 auch von dieser allgemeinen Monats-Lohnsteuer-Tabelle ablesen.

Allgemeine MONATSLOHNSTEUERTABELLE 1988/89*)

Lohn bis DM	St.-Kl.	Arbeitnehmer ohne Kinder DM	AN mit Kinderfreibeträgen gemäß LSt.-Karte:					
			0,5 DM	1,0 DM	1,5 DM	2,0 DM	2,5 DM	3,0 DM
5243,99	I,IV	1393,10	1348,60	1303,10	1258,80	1215,00	1171,60	1128,80
	II	874,00	1181,00	1138,00	1095,60	1053,70	1012,30	971,60
	III	2303,30	845,80	815,50	788,10	758,80	732,30	704,00
	VI	2356,60	2369,50	2348,00	1324,50	1303,10	1280,00	1258,80
5248,49	I,IV	1395,10	1349,90	1305,10	1260,80	1216,90	1173,50	1130,60
	II	874,00	1181,00	1138,00	1095,60	1053,70	1012,30	971,60
	III	2306,10	848,40	818,00	790,60	761,50	734,60	706,30
	VI	2359,50	2371,60	2349,50	1326,50	1305,10	1281,90	1260,80
5252,99	I,IV	1397,10	1351,90	1307,00	1262,70	1218,60	1175,40	1132,50
	II	881,80	1184,40	1141,40	1098,30	1057,30	1015,90	975,00
	III	2309,00	850,90	820,50	793,10	764,30	737,30	708,60
	VI	2362,10	2373,50	2351,90	1328,40	1307,00	1283,80	1262,70
5257,49	I,IV	1399,00	1353,80	1309,00	1264,60	1220,70	1177,30	1134,40
	II	876,50	1184,40	1141,40	1099,30	1057,30	1015,90	975,00
	III	2311,80	845,80	818,00	788,10	761,50	732,30	706,30
	VI	2365,00	2375,40	2353,40	1330,40	1309,00	1285,80	1264,60
5261,99	I,IV	1401,00	1355,80	1310,90	1266,50	1222,50	1179,10	1136,20
	II	879,10	1186,80	1143,80	1100,80	1059,70	1018,40	1047,40
	III	2314,60	848,60	818,00	790,60	763,60	734,60	706,30
	VI	2367,80	2377,40	2355,80	1332,30	1310,90	1287,70	1266,50
5266,49	I,IV	1403,00	1357,70	1312,90	1268,50	1224,50	1181,00	1138,00
	II	879,10	1188,80	1145,50	1103,00	1061,00	1019,90	978,50
	III	2317,30	848,60	820,50	793,10	763,60	737,10	708,60
	VI	2370,60	2379,40	2357,70	1334,30	1312,90	1289,60	1268,50
5270,99	I,IV	1405,00	1359,70	1314,80	1270,40	1226,40	1182,80	1139,90
	II	881,80	1190,50	1149,20	1106,60	1064,50	1023,00	982,10
	III	2320,10	850,80	823,00	793,10	766,10	737,10	711,00
	VI	2373,50	2381,30	2359,50	1336,20	1314,80	1291,50	1270,40
5275,49	I,IV	1407,00	1361,60	1316,80	1272,30	1228,30	1184,80	1141,80
	II	881,80	1192,30	1149,20	1106,60	1064,50	1023,00	982,10
	III	2322,90	850,80	823,00	795,60	766,10	737,10	711,00
	VI	2376,30	2383,30	2361,60	1338,10	1316,80	1293,50	1272,30
5279,99	I,IV	1409,00	1363,60	1318,70	1274,20	1230,20	1186,60	1143,60
	II	884,30	1194,10	1151,00	1108,40	1066,40	1024,90	983,90
	III	2325,60	853,40	825,50	798,10	768,50	739,50	713,30
	VI	2379,10	2385,20	2363,60	1340,10	1318,70	1295,40	1274,20
5284,49	I,IV	1411,00	1365,50	1320,60	1276,10	1232,10	1188,50	1145,50
	II	884,30	1196,00	1153,00	1110,20	1068,20	1026,60	985,60
	III	2328,60	853,40	825,50	798,10	768,50	742,00	713,30
	VI	2382,00	2387,20	2365,50	1342,00	1320,60	1297,40	1276,10
5288,99	I,IV	1413,00	1367,50	1322,50	1278,00	1234,00	1190,40	1147,40
	II	887,00	1198,00	1154,80	1114,00	1068,20	1028,40	987,40
	III	2331,40	856,00	828,00	798,10	771,00	742,00	715,60
	VI	2384,80	2389,10	2367,50	1344,00	1322,50	1299,30	1278,00
5293,49	I,IV	1415,00	1369,40	1324,50	1280,00	1235,90	1192,30	1149,20
	II	887,00	1199,90	1156,70	1114,00	1072,00	1030,20	989,20
	III	2334,10	856,00	828,00	800,50	771,00	742,00	715,60
	VI	2387,50	2391,00	2369,40	1346,00	1324,50	1301,30	1280,00
5297,99	I,IV	1416,90	1371,30	1326,50	1281,90	1237,80	1194,20	1151,00
	II	887,00	1199,90	1156,70	1114,00	1072,00	1030,20	989,20
	III	2336,90	858,50	828,00	800,50	773,00	744,30	715,60
	VI	2390,30	2393,00	2371,30	1348,00	1326,50	1303,10	1281,90
5302,49	I,IV	1418,90	1373,30	1328,40	1283,80	1239,70	1196,00	1153,00
	II	889,80	1203,60	1160,40	1117,70	1075,60	1033,80	992,70
	III	2339,60	858,50	830,60	803,10	773,00	744,30	718,00
	VI	2393,10	2395,10	2373,30	1349,90	1328,40	1305,10	1283,80

Lohn bis DM	St.-Kl.	Arbeitnehmer ohne Kinder DM	AN mit Kinderfreibeträgen gemäß LSt.-Karte:					
			0,5 DM	1,0 DM	1,5 DM	2,0 DM	2,5 DM	3,0 DM
5369,99	I,IV	1448,80	1403,10	1357,70	1312,90	1268,50	1224,50	1181,00
	II	907,80	1234,80	1190,80	1147,40	1104,80	1062,80	1021,30
	III	2382,00	879,10	850,80	823,00	793,10	766,10	737,10
	VI	2435,10	1426,90	1405,00	1381,30	1359,70	1336,20	1314,80
5374,49	I,IV	1450,80	1405,00	1359,70	1314,80	1270,40	1226,40	1182,90
	II	910,50	1234,80	1190,80	1147,40	1104,80	1062,80	1021,30
	III	2384,80	881,80	850,80	823,00	795,60	766,10	737,10
	VI	2437,80	1428,80	1407,00	1383,30	1361,60	1338,20	1316,80
5378,99	I,IV	1452,80	1407,00	1361,60	1316,80	1272,30	1228,30	1184,80
	II	910,50	1238,40	1195,40	1152,50	1106,50	1066,40	1024,80
	III	2387,60	881,80	853,40	823,00	795,60	768,80	737,10
	VI	2440,60	1428,80	1407,00	1383,30	1361,60	1338,10	1316,70
5383,49	I,IV	1454,80	1409,00	1363,60	1318,70	1274,20	1230,20	1186,60
	II	913,00	1237,80	1195,40	1151,10	1108,50	1066,40	1024,90
	III	2390,30	881,80	853,40	823,00	795,60	766,10	740,10
	VI	2443,50	1430,80	1409,00	1385,20	1363,60	1340,10	1318,70
5387,99	I,IV	1456,80	1411,00	1365,60	1320,60	1276,10	1232,10	1188,60
	II	913,00	1241,60	1198,00	1154,10	1110,00	1068,60	1027,40
	III	2393,10	884,30	853,40	825,50	798,10	768,80	740,10
	VI	2446,30	1432,80	1411,00	1387,20	1365,60	1342,00	1320,60
5392,49	I,IV	1458,80	1413,00	1367,50	1322,50	1278,00	1234,00	1190,50
	II	915,60	1241,60	1198,00	1154,80	1112,20	1070,50	1028,50
	III	2396,00	884,30	856,00	825,50	798,10	771,00	742,50
	VI	2449,00	1434,80	1413,00	1389,20	1367,50	1344,00	1322,50
5396,99	I,IV	1460,80	1415,00	1369,50	1324,50	1280,00	1235,90	1192,30
	II	915,60	1245,50	1202,10	1158,20	1114,10	1073,10	1031,60
	III	2398,80	887,00	856,00	828,10	798,10	771,00	742,50
	VI	2451,80	1436,80	1415,00	1391,20	1369,50	1346,00	1324,50
5401,49	I,IV	1462,80	1416,90	1371,50	1326,50	1281,90	1237,80	1194,20
	II	918,30	1245,50	1201,70	1158,50	1115,80	1073,60	1032,20
	III	2401,50	887,00	858,10	828,10	800,50	771,00	745,00
	VI	2454,80	1438,80	1416,90	1393,10	1371,50	1348,00	1326,50
5405,99	I,IV	1464,80	1418,90	1373,50	1328,40	1283,80	1239,70	1196,00
	II	918,30	1249,30	1205,70	1162,00	1117,70	1076,70	1035,60
	III	2404,30	889,80	858,10	830,60	800,50	773,50	745,00
	VI	2457,50	1440,80	1418,90	1395,10	1373,50	1349,90	1328,40
5410,49	I,IV	1466,80	1420,90	1375,40	1330,40	1285,80	1241,60	1197,90
	II	921,00	1249,30	1205,70	1162,10	1119,50	1077,30	1035,60
	III	2407,10	889,80	861,00	830,60	803,10	773,50	746,60
	VI	2460,30	1442,80	1420,90	1397,10	1375,40	1351,90	1330,40
5414,99	I,IV	1468,80	1422,90	1377,40	1332,30	1287,70	1243,50	1199,90
	II	921,00	1253,10	1209,30	1165,60	1121,30	1080,40	1038,80
	III	2409,80	892,10	861,00	833,10	803,10	775,80	746,60
	VI	2463,10	1444,80	1422,90	1399,00	1377,40	1353,80	1332,30
5419,49	I,IV	1470,80	1424,90	1379,40	1334,30	1289,60	1245,40	1201,70
	II	923,60	1253,10	1209,30	1166,00	1123,10	1081,00	1039,20
	III	2412,60	892,10	863,60	833,10	805,50	775,80	749,10
	VI	2465,90	1446,80	1424,90	1401,00	1379,40	1355,80	1334,30
5423,99	I,IV	1472,80	1426,90	1381,30	1336,20	1291,50	1247,40	1203,60
	II	923,60	1256,90	1213,10	1169,40	1125,20	1084,00	1042,30
	III	2415,40	894,80	863,60	835,60	805,50	778,30	749,10
	VI	2468,80	1448,80	1426,90	1403,00	1381,30	1357,70	1336,20
5428,49	I,IV	1474,80	1428,80	1383,30	1338,10	1293,50	1249,30	1205,50
	II	926,10	1257,00	1213,10	1169,80	1127,00	1084,60	1042,90
	III	2418,10	894,80	866,30	835,60	808,00	778,30	751,50
	VI	2471,50	1450,80	1428,80	1405,00	1383,30	1359,70	1338,10

Monats-Lohnsteuer-Tabelle (Fortsetzung)

Left block

Lohn	Kl.							
5306,99	I,IV	1420,40	1375,40	1330,40	1285,80	1241,60	1198,00	1154,80
	=	889,50	862,50	835,60	808,00	783,50	758,90	734,90
	>	2345,50						
	VI	2396,00						
5311,49	I,IV	1424,80	1379,40	1334,30	1289,60	1245,60	1201,70	1158,50
	=	892,10	863,60	838,10	810,50	783,30	756,70	730,70
	>	2349,70						
	VI	2403,50						
5315,99	I,IV	1428,80	1383,10	1336,20	1291,50	1247,40	1203,80	1160,40
	=	894,60	866,30	838,90	811,20	783,60	758,90	722,60
	>	2351,60						
	VI	2404,30						
5320,49	I,IV	1432,80	1387,20	1342,00	1297,40	1253,20	1209,20	1166,00
	=	897,30	868,80	835,60	805,50	780,80	749,10	722,60
	>	2356,60						
	VI	2410,00						
5324,99	I,IV	1436,80	1391,00	1344,00	1299,30	1255,00	1211,00	1162,30
	=	900,00	871,50	844,00	816,30	789,80	758,90	722,80
	>	2362,50						
	VI	2412,00						
5329,49	I,IV	1440,80	1395,00	1349,30	1305,10	1260,80	1215,00	1171,80
	=	902,50	874,10	846,50	751,50	1003,40	751,50	725,10
	>	2437,80						
	VI	2491,10						
5333,99	I,IV	1444,80	1389,00	1342,00	1297,40	1253,00	1209,30	1166,00
	=	905,10	868,80	840,60	810,50	780,80	754,10	725,20
	>	2362,10						
	VI	2415,50						
5338,49	I,IV	1436,80	1391,00	1344,00	1299,30	1255,00	1211,20	1167,90
	=	907,50	848,30	840,60	810,50	783,30	754,10	727,50
	>	2440,60						
	VI	2496,80						
5342,99	I,IV	1434,80	1389,00	1344,00	1299,30	1255,00	1213,10	1169,80
	=	900,00	871,50	844,00	818,00	790,00	756,30	730,00
	>	2362,00						
	VI	2418,10						
5347,49	I,IV	1442,40	1393,10	1346,00	1301,10	1256,80	1215,00	1171,70
	=	902,30	871,50	844,00	818,00	790,00	756,30	730,00
	>	2446,80						
	VI	2499,50						
5351,99	I,IV	1440,80	1395,00	1348,00	1303,00	1258,60	1216,00	1173,50
	=	902,50	874,10	846,50	820,50	793,10	763,60	732,30
	>	2449,40						
	VI	2502,50						
5356,49	I,IV	1442,40	1397,00	1351,90	1307,00	1262,00	1218,00	1175,40
	=	905,30	874,10	846,50	820,50	793,10	763,60	732,30
	>	2452,30						
	VI	2505,30						
5360,99	I,IV	1444,80	1399,00	1353,80	1309,00	1264,40	1220,70	1177,30
	=	910,00	876,50	848,30	823,00	795,80	766,10	735,30
	>	2454,80						
	VI	2508,00						
5365,49	I,IV	1446,80	1401,00	1355,80	1310,90	1266,50	1222,90	1179,10
	=	907,90	876,50	848,30	823,00	795,60	761,30	735,30
	>	2457,50						
	VI	2510,80						

Right block

Lohn	Kl.							
5432,99	I,IV	1476,80	1430,80	1385,20	1340,00	1295,40	1251,20	1207,40
	=	928,10	1250,30	1216,90	1173,50	1130,60	1088,30	1046,50
	>	2421,00						
	VI	2474,30						
5437,49	I,IV	1478,80	1432,80	1387,20	1342,00	1297,40	1253,10	1209,30
	=	928,80	1260,80	1216,90	1173,50	1130,60	1088,30	1046,50
	>	2423,80						
	VI	2477,10						
5441,99	I,IV	1480,80	1434,80	1389,20	1344,00	1299,20	1255,10	1211,20
	=	931,50	1264,80	1219,50	1175,50	1132,80	1090,50	1048,30
	>	2426,60						
	VI	2480,00						
5446,49	I,IV	1482,80	1436,80	1391,20	1346,00	1301,20	1257,00	1213,10
	=	931,50	1264,80	1220,70	1177,30	1133,60	1092,00	1050,00
	>	2429,50						
	VI	2482,80						
5450,99	I,IV	1484,80	1438,80	1393,20	1348,00	1303,10	1258,90	1215,00
	=	934,10	1265,80	1225,50	1181,00	1136,20	1093,80	1051,90
	>	2432,30						
	VI	2485,60						
5455,49	I,IV	1486,80	1440,80	1395,20	1349,90	1305,10	1260,80	1216,80
	=	934,10	1268,50	1224,50	1181,00	1138,00	1095,60	1053,70
	>	2435,10						
	VI	2485,60						
5459,99	I,IV	1488,90	1442,80	1397,10	1351,90	1307,00	1262,70	1218,80
	=	934,90	1270,40	1224,90	1182,90	1139,90	1097,50	1055,50
	>	2437,80						
	VI	2491,10						
5464,49	I,IV	1490,90	1444,80	1399,20	1353,80	1309,00	1264,60	1220,70
	=	936,80	1272,30	1228,30	1184,80	1141,60	1099,30	1057,30
	>	2440,60						
	VI	2493,90						
5468,99	I,IV	1492,90	1446,80	1401,00	1355,80	1310,90	1266,50	1222,50
	=	939,50	1272,40	1230,60	1186,60	1143,60	1101,10	1059,10
	>	2443,50						
	VI	2496,80						
5473,49	I,IV	1494,90	1448,80	1403,00	1357,70	1312,90	1268,50	1224,50
	=	939,50	1276,10	1232,10	1188,50	1145,50	1103,00	1061,00
	>	2446,30						
	VI	2499,50						
5477,99	I,IV	1496,90	1450,80	1405,00	1359,70	1314,80	1270,40	1226,40
	=	942,10	1280,00	1234,50	1190,50	1147,30	1104,90	1062,70
	>	2449,10						
	VI	2502,50						
5482,49	I,IV	1499,00	1452,80	1407,00	1361,60	1316,70	1272,30	1228,30
	=	942,10	1280,00	1235,90	1192,30	1149,20	1106,60	1064,50
	>	2452,00						
	VI	2505,30						
5486,99	I,IV	1499,90	1454,80	1409,00	1363,60	1318,70	1274,20	1230,20
	=	944,80	1281,90	1237,90	1194,20	1151,00	1108,50	1066,40
	>	2454,80						
	VI	2508,00						
5491,49	I,IV	1503,00	1456,80	1411,00	1365,50	1320,60	1276,10	1232,10
	=	944,80	1283,60	1239,70	1196,00	1153,00	1110,30	1068,20
	>	2457,50						
	VI	2510,80						

*) Arbeitnehmer für die die besonderen Lohnsteuer-Tabellen gelten (u. a. Beamte und Rentner), können ihre Steuer unter Anwendung der Zurechnungstabelle auf Seite 153 auch von dieser allgemeinen Monats-Lohnsteuer-Tabelle ablesen.

Antrag auf Änderung der Lohnsteuerkarte zur Berücksichtigung von Kindern

1989

Angaben zur Person

Die Angaben für den Ehegatten bitte immer ausfüllen!

Antragstellende Person		Ehegatte (Familienname)	
	Familienname		
	Vorname		Vorname
	Straße und Hausnummer		Straße und Hausnummer
	Postleitzahl, Wohnort		Postleitzahl, Wohnort
1) Auch dann angeben, wenn die Ehe in 1989 geschieden wurde.	Geburtsdatum — Tag Monat Jahr		Geburtsdatum — Tag Monat Jahr
	Verheiratet seit — Verwitwet seit		Geschieden seit — Dauernd getrennt lebend seit 1)
	Telefonisch tagsüber zu erreichen unter Nr.		Telefonisch tagsüber zu erreichen unter Nr.
2) Lt. Lohnsteuerkarte			Ist eine Lohnsteuerkarte ausgestellt? Nein ☐ Ja ☐
	Steuerklasse 2) — Zahl der Kinderfreibeträge 2) — Zahl der Kinder 2)		Steuerklasse 2) — Zahl der Kinderfreibeträge 2) — Zahl der Kinder 2)
Werden Sie zur **Einkommensteuer** veranlagt?	Nein ☐ — Ja, beim Finanzamt / Steuernummer		Nein ☐ — Ja, beim Finanzamt / Steuernummer
Wurde ein Antrag auf Lohnsteuerermäßigung für 1988 gestellt?	Nein ☐ — Ja, beim Finanzamt		Nein ☐ — Ja, beim Finanzamt
Wurde ein Antrag auf Lohnsteuer-Jahresausgleich für 1987 gestellt?	Nein ☐ — Ja, beim Finanzamt		Nein ☐ — Ja, beim Finanzamt

Kinderfreibeträge für Kinder mit Wohnsitz im Inland

Bitte auch Kinder eintragen, die bereits auf der Lohnsteuerkarte bescheinigt sind. Leibliche Kinder sind nicht anzugeben, wenn das Verwandtschaftsverhältnis durch Adoption vor dem 1. 1. 1989 erloschen ist.

Vorname des Kindes (ggf. auch abweichender Familienname)	geboren am	Kindschaftsverhältnis zur antragstellenden Person		zum Ehegatten		Bei Kindern unter 16 Jahren (nach dem 1. 1. 1973 geboren): Auf der Lohnsteuerkarte ist das Kind bereits berücksichtigt	nach zu berücksichtigen	Lohnsteuerbescheinigung ist beigefügt
		leibliches Kind/Adoptivkind	Pflegekind	leibliches Kind/Adoptivkind	Pflegekind			
1		☐	☐	☐	☐	☐	☐	☐
2		☐	☐	☐	☐	☐	☐	☐
3		☐	☐	☐	☐	☐	☐	☐
4		☐	☐	☐	☐	☐	☐	☐

Bitte Belege beifügen!

	bei der antragstellenden Person	und/oder bei sonstigen Personen (Name und Anschrift, ggf. Verwandtschaftsverhältnis zum Kind) oder in (Anschrift)	Angaben entfallen bei nicht dauernd getrennt lebenden Ehegatten, soweit für jeden Ehegatten dasselbe Kindschaftsverhältnis angekreuzt ist. Gehört das Kind (t. – beigef. – Bescheinigung der zuständigen Behörde (z. B. der Meldebehörde oder des Jugendamts) zum Haushalt des Vaters?	
		Das Kind ist/war am 1. 1. 1989 (oder erstmals in 1989) im Inland mit Hauptwohnung gemeldet		
Zu 1:	☐		☐ Ja	☐ Nein
Zu 2:	☐		☐ Ja	☐ Nein
Zu 3:	☐		☐ Ja	☐ Nein
Zu 4:	☐		☐ Ja	☐ Nein

Von den in Nr. 1 bis 4 genannten Kindern stehen folgende zu einer weiteren Person in einem Kindschaftsverhältnis:

zu Nr.	Name und Anschrift dieser Person, Art des Kindschaftsverhältnisses

Bei Kindern über 16 Jahre (vor dem 2. 1. 1973 geboren):
Die Eintragung auf der Lohnsteuerkarte wird beantragt, weil das Kind
a) in Berufsausbildung steht (ggf. Angabe der Schule, des Lehrherrn usw.)[3]
b) eine Berufsausbildung mangels Ausbildungsplatzes nicht beginnen oder fortsetzen kann[3]
c) Grundwehrdienst, Zivildienst, befreienden Dienst leistet (nur bei Unterbrechung der Berufsausbildung, bitte erläutern)[3]
d) ein freiwilliges soziales Jahr leistet[3]
e) sich wegen körperlicher, geistiger oder seelischer Behinderung nicht selbst unterhalten kann (ggf. ist anzugeben, warum der Ehegatte oder frühere Ehegatte des Kindes keinen ausreichenden Unterhalt leistet)

[3] Die Kinder werden nur bis zum 27. Lebensjahr berücksichtigt (nach dem 1. 1. 1962 geboren)

von – bis

zu Nr.	Antragsgrund

Ergänzende Angaben für folgende, in Nr. 1 bis 4 genannte Kinder:

Pflegekinder, für die Sie Pflegegeld oder andere Unterhaltsleistungen erhalten

zu Nr.	Höhe der Leistungen		zu Nr.	Höhe der Leistungen		zu Nr.	Höhe der Leistungen	
		DM			DM			DM

leibliche Kinder oder **Adoptivkinder,** für die vor dem 1. 1. 1989 zusätzlich ein **Pflegekindschaftsverhältnis** zu einer weiteren Person begründet worden ist

zu Nr.	Unterhaltsverpflichtung		geleisteter Unterhalt		zu Nr.	Unterhaltsverpflichtung		geleisteter Unterhalt	
		DM		DM			DM		DM

leibliche Kinder, bei denen durch **Adoption** vor dem 1. 1. 1989 das Verwandtschaftsverhältnis nicht erloschen ist

zu Nr.	Unterhaltsverpflichtung		geleisteter Unterhalt		zu Nr.	Unterhaltsverpflichtung		geleisteter Unterhalt	
		DM		DM			DM		DM

Versicherung

Bei der Ausfertigung dieses Antrags und der Anlagen hat mitgewirkt

Herr/Frau/Firma _____ in _____ Fernsprecher _____

Ich versichere, daß ich die Angaben in diesem Antrag und in den ihm beigefügten Anlagen wahrheitsgemäß nach bestem Wissen und Gewissen gemacht habe. Mir ist bekannt, daß erforderlichenfalls Angaben über Kindschaftsverhältnisse der für die Ausstellung von Lohnsteuerkarten zuständigen Gemeinde mitgeteilt werden.

Datum

_____ _____ _____
(Unterschrift der antragstellenden Person) (Unterschrift des Ehegatten)

Verfügung des Finanzamts 1. Änderung der	Steuerklasse	Zahl der Kinderfreibeträge	Zahl der Kinder		Steuerklasse	Zahl der Kinderfreibeträge	Zahl der Kinder
			in				

2. Lohnsteuerkarte und Belege an Antragsteller zurück am

3. Bescheid zur Post am

4. ☐ Mitteilung für Gemeinde fertigen

5. Z.d.A.

_____ _____ _____
(Sachgebietsleiter) (Datum) (Sachbearbeiter)

Anlage LSt 3 D

zum Antrag auf
Lohnsteuer-Ermäßigung für 198___

Förderung des Wohneigentums

Zeile									

1 **I. Angaben zum Gebäude / zur Eigentumswohnung**   *) Bitte Aufstellung/Erläuterung auf besonderem Blatt beifügen.

2 Lage des Grundstücks (Ort, Straße, Hausnummer)

3

Einfamilienhaus Eigentumswohng.	Anderes Haus mit	Wohnungen	davon eigengenutzt:	Anzahl	Ausbau/Erweiterung einer eigengenutzten Wohnung	Eigentumsanteil des Antragstellers und/ oder des Ehegatten:		v. H.

4

Angeschafft/Fertiggestellt am	Eigengenutzt ab	Wohnfläche des Hauses m²	Fläche d. eigengen. Wohnung/Anbau/Erweiterung m²	davon gewerblich/ beruflich genutzt m²	Ferien- oder Wochenendhaus	Freifinanzierter oder steuerbeg. Wohnungsbau in Berlin (West)

5 Objektbeschränkung:
Für folgende Objekte wurde(n) bereits der Abzugsbetrag/die erhöhten Absetzungen beansprucht: | Der Abzugsbetrag wird für ein Folgeobjekt beansprucht *) | Anschaffung/Herstellung erfolgte anläßlich Verlegung des Wohnsitzes und der Berufstätigkeit nach Berlin (West)

6 **II. Abzugsbetrag bei Anschaffung/Fertigstellung der eigengenutzten Wohnung nach dem 31. 12. 1986**

7

	Grund und Boden		Gebäude		
	insgesamt DM	davon 50 v.H. DM	DM		

8 Anschaffungs-/Herstellungskosten (einschl. nachträglicher Aufwendungen der Vorjahre) | | | | Eine Zusammenstellung der Aufwendungen ist beigefügt. | hat vorgelegen.

9 Nachträgliche Anschaffungs-/ Herstellungskosten im Antragsjahr *) | + | + | DM | Nur vom Finanzamt auszufüllen

10 Summe | | + | ▶ |

11 Auf die eigengenutzte Wohnung entfallen | |

12 davon gewerblich oder beruflich genutzt | − |

13 Bemessungsgrundlage (höchstens 300 000 DM)

14 Abzugsbetrag nach
§ 10 e EStG: bis zu 5 v.H. | § 15 b Abs. 1 BerlinFG: 1. u. 2. Jahr bis zu je 10 v.H., danach bis zu 3 v.H. | § 15 b Abs. 2 BerlinFG: in den ersten 3 Jahren bis zu insges. 50 v.H.

15 Nachholung von Abzugsbeträgen nach § 10 e Abs. 3 Satz 1 EStG, soweit sie auf Nichtausnutzung des Höchstsatzes (vgl. Zeile 14) in den Vorjahren entfallen (nur bis zum 4. Jahr) *) | +

16 Nachholung von Abzugsbeträgen nach § 10 e Abs. 3 Satz 2 EStG für im Antragsjahr entstandene nachträgliche Anschaffungs-/Herstellungskosten (Höchstbetrag beachten) *) | +

17 Im Antragsjahr geleistete Schuldzinsen und andere Aufwendungen, die bis zum Beginn der Eigennutzung entstanden sind und weder Anschaffungs-/Herstellungskosten noch Betriebsausgaben/Werbungskosten sind *) | +

18 Abzugsbetrag (Summe Zeilen 14 bis 17, nach Zeile 43 übertragen)

19 **III. Berechnung der erhöhten Absetzungen für Gebäude, die vor dem 1.1.1987 angeschafft oder fertiggestellt worden sind**

20 Anschaffungs-/Herstellungskosten (ohne Aufwendungen für Grund u. Boden) bis zum Ende d. Anschaffungs-/Herstellungsjahrs, in den Fällen des § 14 a Abs. 6 BerlinFG Teilherstellungskosten oder Anzahlungen auf Anschaffungskosten

21 Nachträgliche Herstellungskosten in 19 | DM | in 19 | DM | +

22 Bemessungsgrundlage für erhöhte Absetzungen
Bauantrag oder Baubeginn oder Kaufvertrag: | bei Einfamilien- | bei Zweifamilienhaus | vor dem 30. 7. 1981: höchstens 150 000 DM | 200 000 DM | nach dem 29. 7. 1981: höchstens 200 000 DM | 250 000 DM | =

23 Erhöhte Absetzungen nach | § 7 b EStG | § 14 a Abs. 1 u. 2, § 15 Abs. 1 BerlinFG | § 15 Abs. 2 bis 4 BerlinFG | § 14 a Abs. 4 bis 6 BerlinFG

24 oder für das Antragsjahr | v.H. des Betrags lt. Zeile 22 = | DM

25 bei Nachholung nicht ausgenutzter erhöhter Absetzungen aus den Vorjahren
(Bis zum Ende des Antragsjahrs höchstmögliche erhöhte Absetzungen nach § 7 b EStG: Zweitjahr = 10 v.H., Drittjahr = 15 v.H., Viertjahr = 20 v.H.; § 14 a Abs. 1 u. 2, § 15 Abs. 1 BerlinFG: Zweitjahr = 20 v.H., Drittjahr = 23 v.H., Viertjahr = 26 v.H.)

26 v.H. des Betrags lt. Zeile 22 = | DM

27 In den Vorjahren berücksichtigte erhöhte Absetzungen (zuzüglich Beträge, die auf unentgeltliche Nutzungsüberlassung mit gesicherter Rechtsposition entfallen) | − | DM | ▶ | DM

28 Erhöhte Absetzungen für das Antragsjahr (fett umrandeter Betrag lt. Zeile 24 oder 27, übertragen nach Zeile 30 bzw. 35)

Zeile			DM	Nur vom Finanzamt auszufüllen
29	**IV. Abzug wie Sonderausgaben nach Wegfall der Nutzungswertbesteuerung für Gebäude, die vor dem 1.1.1987 angeschafft oder hergestellt worden sind**			
30	Betrag lt. Zeile 28 für Wohnungen, deren Nutzungswert 1986 pauschal zu ermitteln war oder deren Nutzungswert nicht mehr besteuert wird		DM	
31	Absetzungen nach §§ 82 a, 82 g, 82 i EStDV und Schutzbaugesetz, deren Voraussetzungen 1986 vorlagen, soweit sie auf Wohnungen lt. Zeile 30 entfallen	+	DM	
32	Schuldzinsen nach § 21 a Abs. 4 EStG und Aufwendungen vor Beginn der Eigennutzung (vgl. Zeile 17)	+ ▶		

		Mieteinnahmen	Mietwert	
33	**V. Einkünfte aus Vermietung und Verpachtung**			
34	Mieteinnahmen u. Mietwert der eigengenutzten u. unentgeltlich ohne gesicherte Rechtsposition überlassenen Wohnungen	DM +	DM =	
35	Erhöhte Absetzungen lt. Zeile 28, soweit nicht in Zeile 30 berücksichtigt			
36	Voraussichtliche andere Werbungskosten einschl. Absetzung für Abnutzung im Antragsjahr	+ ▶	–	
37	Überschuß – der Einnahmen – der Werbungskosten – (Zeile 34 abzüglich Zeile 36)			
38	Einkünfte aus weiteren Objekten (Verluste nur abziehbar, wenn das einzelne Objekt spätestens im vorangegangenen Kj. angeschafft/fertiggestellt/genutzt wurde oder wenn erhöhte Absetzungen nach § 14 a BerlinFG geltend gemacht werden)			
39	Einkünfte aus Vermietung und Verpachtung (nach Zeile 45 nur übertragen, wenn Betrag negativ)			

				DM	
40	**VI. Antrag auf Steuerermäßigung für Kinder nach § 34 f EStG** bei erhöhten Absetzungen nach § 7 b EStG, § 15 BerlinFG, sowie bei Abzugsbetrag nach § 10 e EStG, § 15 b BerlinFG				
41	Bei Anschaffung/Fertigstellung der Wohnung nach dem 31.12.1986:	Im bisherigen Abzugszeitraum gehörten auf Dauer zum Haushalt die Kinder lt. Antragsvordruck Abschn. B Nr.	Für jedes Kind 2400 DM ▶		
42	Bei Anschaffung/Fertigstellung der Wohnung vor dem 1.1.1987 und Bauantrag/Kaufvertrag nach dem 29.7.1981:	Im bisherigen Begünstigungszeitraum gehörten auf Dauer zum Haushalt die Kinder lt. Antragsvordruck Abschn. B Nr.	Für das 2. und jedes weitere Kind je 2400 DM ▶		
43	**VII. Berechnung des zu berücksichtigenden Betrags** Abzugsbetrag aus Zeile 18			DM	
44	Betrag aus Zeile 32		+		
45	Negativer Betrag der Einkünfte aus Zeile 39		+		
46	Steuerermäßigung für Kinder, Betrag aus Zeile 41 oder 42		+ ▶		

Hinweis: Geben Sie bitte innerhalb der allgemeinen Erklärungsfrist eine Einkommensteuererklärung ab, weil aufgrund der Eintragung des Freibetrags auf der Lohnsteuerkarte eine Einkommensteuerveranlagung durchzuführen ist.

Wird vom Finanzamt ausgefüllt

Finanzamt – Veranlagungsstelle –   Datum

Steuernummer

U zurück an die Lohnsteuerstelle   DM

Freibetrag nach § 39 a Abs. 1 Nr. 6 EStG | 198

Ich bitte, dem Steuerpflichtigen bei Übersendung der Lohnsteuerkarte folgendes mitzuteilen:

Im Auftrag

2. Für die Einkommensteuerveranlagung 198____ vormerken.   Erl. am _____

3. Z. d. A.

I. A.

– 1. Ausfertigung für das Finanzamt –
(Veranlagungsstelle)

Sachregister